信息学奥赛

课课通（C++）

—

Olympiad in
Informatics
(C++)

林厚从　著
孙未未　审

高等教育出版社·北京

内容简介

全国青少年信息学奥林匹克联赛（NOIP）和全国青少年信息学奥林匹克竞赛（NOI）是最受各级各类学校重视、最受青少年学生欢迎的计算机编程类竞赛活动。本书以“编写程序的需求”为主线，循序渐进，讲述 C++ 的相关知识；以“体验编程的乐趣”为目标，精心设计，激发学生的学习兴趣；以“程序 = 算法 + 数据结构”为核心，巧妙分析，提升学生的计算思维能力；以“NOIP 实战比赛”为背景，精挑细选例题习题，通过细致、规范的分析讲解，举一反三、学以致用，培养学生扎实的编程技能；以“单元一课”为教材结构，每一课包括学习目标、知识讲解和实践巩固版块，结构清晰、目标明确，便于教师展开教学、学生自学上手。此外，本书还配有完备的习题解答、参考代码和测试数据等学习资源。全书分为 10 个单元，共 81 课，由浅入深，基本覆盖了信息学奥赛的所有基础知识。

本书由具有丰富经验的信息学奥赛金牌教练编著，非常适合作为 NOIP 培训教程以及 C++ 程序设计教材。

图书在版编目（CIP）数据

信息学奥赛课课通 ：C++ / 林厚从著. -- 北京 ：高等教育出版社，2018.1(2023.12 重印)
ISBN 978-7-04-049375-7

Ⅰ. ①信… Ⅱ. ①林… Ⅲ. ①C 语言 - 程序设计 - 中小学 - 教学参考资料 Ⅳ. ①G634.673

中国版本图书馆 CIP 数据核字(2018)第 016461 号

策划编辑 刘子峰　责任编辑 刘子峰　封面设计 赵 阳　版式设计 杜微言
插图绘制 杜晓丹　责任校对 李大鹏　责任印制 刘思涵

出版发行 高等教育出版社
社 址 北京市西城区德外大街4号
邮政编码 100120
印 刷 高教社（天津）印务有限公司
开 本 787 mm× 1092 mm 1/16
印 张 36.5
字 数 970 千字
购书热线 010-58581118
咨询电话 400-810-0598
网 址 http://www.hep.edu.cn
http://www.hep.com.cn
网上订购 http://www.hepmall.com.cn
http://www.hepmall.com
http://www.hepmall.cn
版 次 2018 年 1 月第 1 版
印 次 2023 年12月第 9 次印刷
定 价 68.00 元

物 料 号 49375-00

本书编委会

前言

当今世界，各行各业与信息化的深度融合正在加速推进，大数据、智能化、互联网+等信息技术的飞速发展，使得整个社会的工作、学习、生活、娱乐方式都发生了翻天覆地的变化。因此，作为信息技术的核心，计算思维越来越受到人们的重视。它不是试图让人类像计算机一样思考，而是要解决计算能够做些什么（计算理论）、如何做（算法）、能做多好（计算的效率）、能建造什么样的计算工具（计算机工程）等问题。

在我国，计算机编程的教学伴随着计算机的普及同步开展。1984年，邓小平同志就提出了“计算机的普及要从娃娃抓起”。此后，很多中小学校和校外活动机构，都积极开展了计算机编程的教学和竞赛活动。全国青少年信息学奥林匹克联赛（NOIP）和全国青少年信息学奥林匹克竞赛（NOI）就是在这样的背景下诞生、发展起来的。

NOIP和NOI是最受各级各类学校重视、最受青少年学生欢迎的计算机编程类竞赛活动，也是中学生五大学科奥赛活动之一。这些年来，通过这个平台为国家培养和输送了一大批优秀的计算机人才。为了促进中小学计算机编程教学和信息学奥林匹克竞赛活动的普及和开展，笔者结合自己二十余年从事中小学编程教学和信息学竞赛培训的经验，先后编著了《信息学奥赛之数学一本通》《高级数据结构》等一系列教材，深受读者欢迎。

中小学生学习编程的主要目的是开发智力、培养创造力，学会运用计算思维能力解决实际问题。可以说，学会编程就拥有了一笔宝贵的“人生财富”。随着计算机编程语言的发展和信息学竞赛规则的改变，中小学师生迫切需要一本适合初学者的C++简明教程和NOIP学习教材。为此，笔者编著了《信息学奥赛课课通（C++）》。本书有以下几个特点：

1. 以“编写程序的需求”为主线，循序渐进，讲述C++的相关知识。
2. 以“体验编程的乐趣”为目标，精心设计，激发学生的学习兴趣。
3. 以“程序=算法+数据结构”为核心，巧妙分析，提升学生的计算思维能力。
4. 以“NOIP实战比赛”为背景，精挑细选例题习题，通过细致、规范的分析讲解，举一反三、学以致用，培养学生扎实的编程技能。

5. 以“单元—课”为教材结构，每一课包括学习目标、知识讲解和实践巩固版块，结构清晰、目标明确，便于教师展开教学、学生自学上手。

本书分为 10 个单元，共 81 课，基本覆盖了 NOIP 比赛的所有基础知识。此外，本书还配有完备的习题解答、参考代码和测试数据（作者邮箱为 hc.lin@163.com，也可发邮件至编辑邮箱 1548103297@qq.com 索取）。

由于作者水平有限，书中难免存在错误或不妥之处，欢迎广大读者批评指正，并对本书提出建设性意见，以便修订再版时改进。

林厚从

2018 年 1 月

目录

第1单元 程序设计基础 ………………… 001

第1课 计算机系统的组成 …… 001
第2课 信息的表示及存储 …… 004
第3课 编程解题的一般过程 …… 008
第4课 算法及其描述 ………… 010
第5课 程序的基本结构 ……… 014
第6课 Dev-C++ 集成开发环境 …………………… 017

第2单元 顺序结构程序设计 ……… 024

第1课 cout 语句………………… 024
第2课 数据类型 ……………… 027
第3课 常量与变量 …………… 030
第4课 字符与字符串 ………… 033
第5课 算术运算符 …………… 037
第6课 cin 语句 ……………… 040
第7课 赋值语句 ……………… 043
第8课 复合运算符 …………… 047
第9课 运算规则 ……………… 051
第10课 格式控制 …………… 054

第3单元 分支结构程序设计 ……… 061

第1课 关系运算符 …………… 061
第2课 逻辑运算符 …………… 064
第3课 if 语句………………… 068
第4课 if 语句的嵌套………… 074
第5课 条件表达式 …………… 080
第6课 switch 语句 …………… 084
第7课 分支结构应用举例 …… 089

第4单元 循环结构程序设计 ……… 097

第1课 while 语句 …………… 097
第2课 do-while 语句………… 103
第3课 for 语句 ……………… 108
第4课 循环嵌套 ……………… 113
第5课 break 和 continue 语句 …… 117
第6课 程序的调试与跟踪 …… 123
第7课 循环结构应用举例 …… 128

第5单元 数组 ……………………… 134

第1课 一维数组的定义 ……… 134
第2课 一维数组的输入与输出 ……………………… 136
第3课 一维数组的插入删除 …… 142
第4课 一维数组的查找统计…… 145
第5课 一维数组的元素排序…… 150
第6课 一维数组的应用举例…… 157
第7课 二维数组的定义和操作 ……………………… 166
第8课 二维数组应用举例 …… 170
第9课 数字方阵 ……………… 176
第10课 字符数组 …………… 182

第6单元 函数 ……………………… 190

第1课 模块化编程思想 ……… 190
第2课 函数的定义和调用 …… 193
第3课 函数的参数 …………… 198

第 4 课　变量的作用域 ………… 204
第 5 课　函数的递归调用 ……… 208
第 6 课　函数应用举例 ………… 216

第 7 单元　基本数据结构 ………… 224

第 1 课　结构体的引入和应用 …… 224
第 2 课　结构体的扩展 ………… 231
第 3 课　共用体的引入和应用 …… 236
第 4 课　文件 …………………… 238
第 5 课　队列 …………………… 244
第 6 课　队列的应用 …………… 252
第 7 课　栈 ……………………… 260
第 8 课　栈的应用 ……………… 266
第 9 课　哈希表 ………………… 272

第 8 单元　指针 ………………… 278

第 1 课　指针的概念 …………… 278
第 2 课　指针的引用与运算 …… 285
第 3 课　指针与数组 …………… 291
第 4 课　函数指针及扩展 ……… 298
第 5 课　指针应用举例 ………… 306

第 9 单元　基本算法 …………… 321

第 1 课　进制转换 ……………… 321
第 2 课　高精度运算 …………… 328
第 3 课　模拟 …………………… 335
第 4 课　递推 …………………… 349
第 5 课　分治与递归 …………… 362
第 6 课　贪心 …………………… 379
第 7 课　穷举 …………………… 404
第 8 课　算法评价 ……………… 420
第 9 课　宽度优先搜索 ………… 429
第 10 课　深度优先搜索 ……… 449
第 11 课　回溯法 ……………… 466
第 12 课　动态规划 …………… 475
第 13 课　0–1 背包 …………… 498

第 10 单元　位运算及标准模板库 …… 507

第 1 课　位运算 ………………… 507
第 2 课　vector ………………… 513
第 3 课　stack ………………… 522
第 4 课　queue 和 priority_queue …… 530
第 5 课　map 和 pair ………… 539
第 6 课　set …………………… 549
第 7 课　string ………………… 556
第 8 课　algorithm …………… 565

第 1 单元　程序设计基础

第 1 课　计算机系统的组成

学习目标

1. 了解计算机硬件系统和软件系统的基础知识。
2. 初步了解计算机系统的组成结构和工作原理。

知识讲解

1946 年，世界上第一台“通用计算机”埃尼阿克（ENIAC）在美国宾夕法尼亚大学（University of Pennsylvania）诞生。七十多年来，计算机已从微型机、小型机到大型机、巨型机，从工作站到服务器，发展成为一个庞大的家族系列。尽管各种类型的计算机在性能、结构、功能、应用等方面存在着巨大差异，但是它们的基本组成和工作原理却是相同的。

随着计算机技术、网络技术、人工智能技术的飞速发展，计算机已广泛应用于军事、经济、科技、文化、教育、生活等各个领域，成为人们工作与生活不可缺少的“信息处理”工具。虽然计算机的大小、外形、功能、价格等差异很大，但是一个完整的计算机系统都是由硬件系统和软件系统两部分组成的。

1. 计算机硬件系统

计算机硬件系统由运算器、控制器、存储器、输入设备、输出设备五大部件组成。

运算器的作用是按照程序中的指令功能，对数据进行加工处理。运算器主要提供算术运算和逻辑运算。

控制器是计算机系统的控制中心，按照程序中的指令序列和需求，指挥计算机的各个部件有条不紊地协调工作。

运算器和控制器通常集成在一块半导体芯片上，称为中央处理器（又称微处理器，简称 CPU）。比如 Core i7-970 就是 Intel 公司生产的一款 CPU 型号。

存储器分为内存储器（简称内存）和外存储器（简称外存）。内存由半导体材料做成，通过电路和 CPU 相连接。计算机工作时，将用户需要的程序与数据装入内存，CPU 到内存中读取指令与数据进行控制和运算，运算过程中产生的结果还是写入内存。一旦切断电源，这种可读写内存(RAM)中的信息将全部丢失。外存用来处置需要长期保存的数据资料。相对内存而言,外存读写速度慢,但是存储容量大。微型计算机的外存主要包括硬盘、光盘、U 盘(USB 闪存盘)等。

输入设备是计算机在与人进行会话时,接收外部命令或者需要加工的数据而使用的设备。常用的输入设备包括键盘、鼠标、扫描仪、游戏杆等。

输出设备是计算机在与人进行会话时,将处理结果以人们能够识别感受的方式呈现出来的设备。常用的输出设备包括显示器、音箱、打印机和绘图仪等。

2. 计算机软件系统

计算机软件是驱动计算机硬件运行的各种程序,以及开发、使用和维护这些程序的各种技术资料的总称。计算机软件是联系计算机硬件与用户之间的一条纽带。没有软件的计算机硬件系统称为“裸机”。计算机只有配备了完善的软件系统之后才具有实际使用价值。

计算机软件系统分为系统软件和应用软件。系统软件主要用于调度、监控和维护计算机系统,负责管理计算机系统中各种独立的硬件,保证它们协调工作。系统软件的核心是操作系统(Operating System,OS),另外还包括各种服务性程序、语言程序和数据库管理系统等。操作系统是管理和控制计算机硬件与软件资源的计算机程序,是直接运行在“裸机”上的最基本的系统软件,任何其他软件都必须在操作系统的支持下才能运行。常见的操作系统有 Windows、Linux、UNIX、MacOS 等。

应用软件是为了某种特定的用途而被开发的软件。它可以是一个特定的程序,比如一个图像浏览器、一个音乐播放器、一个压缩解压缩软件;也可以是一组功能联系紧密,可以互相协作的程序的集合,比如微软公司的 Office 软件;还可以是一个由众多独立程序组成的庞大的软件系统。

图 1.1-1 所示为计算机硬件系统与软件系统关系图。

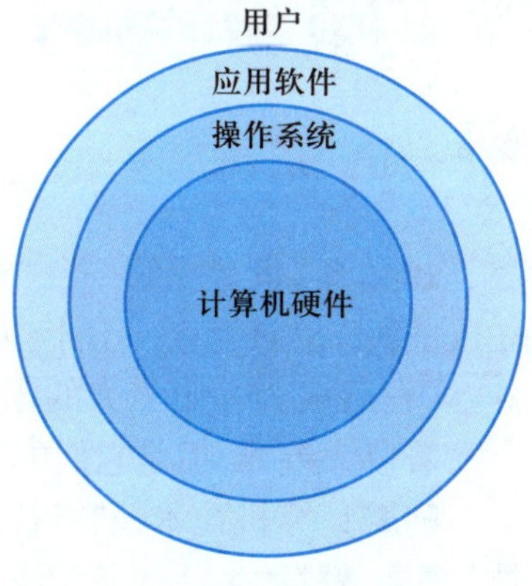

图 1.1-1 计算机硬件系统与软件系统关系图

3. 计算机系统的工作原理

目前,我们所使用的微型计算机硬件系统还是沿用了美籍著名数学家约翰·冯·诺依曼(John von Neumann)提出的模型,它由运算器、控制器、存储器、输入设备、输出设备五大功能部件组成。

随着信息技术的飞速发展,各种各样的信息(如文字、图像、声音、视频等)经过编码处理,都可以变成由计算机处理的数据,如图 1.1-2 所示。

各种各样的信息通过输入设备进入计算机的存储器,然后被送到运算器处理,运算完毕把结果送到存储器存储,最后再通过输出设备呈现出来,整个过程由控制器进行统一控制。这就是整个计算机系统的基本工作原理,如图 1.1-3 所示。

图 1.1-2　多媒体信息的处理

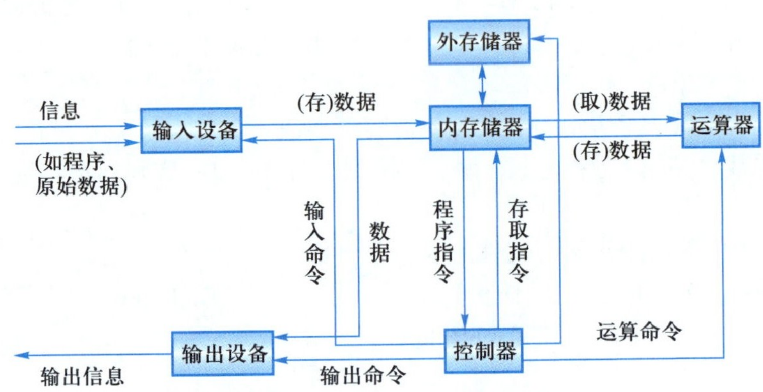

图 1.1-3　计算机系统组成和工作原理

实践巩固

1. 计算机如果缺少(　　),将无法正常启动。
   A. 内存　　B. 鼠标　　C. U 盘　　D. 摄像头　　E. 显示器

2. 目前,微型计算机的(　　)市场占有率最大的厂商包括 Intel、AMD 等公司。
   A. 显示器　　B. CPU　　C. 内存　　D. 鼠标　　E. 硬盘

3. CPU、存储器、输入输出设备是通过(　　)连接起来的。
   A. 接口　　B. 总线　　C. 控制线　　D. 系统文件

4. 断电后会丢失数据的存储器是(　　)。
   A. RAM　　B. ROM　　C. 硬盘　　D. 光盘

5. 微型计算机的问世是由于(　　)的出现。
   A. 中小规模集成电路　　B. 晶体管

C. 超大规模集成电路　　D. 电子管

6. 在计算机硬件系统中，Cache 是（　　）存储器。
A. 只读　　B. 可编程只读
C. 可擦除可编程只读　　D. 高速缓冲

7. 下列输出设备中，采用静电吸附墨粉后转移到纸张上的工作方式的是（　　）。
A. 针式打印机　　B. 喷墨打印机　　C. 激光打印机
D. 笔式绘图仪　　E. 喷墨绘图仪

8. 微型计算机中，控制器的基本功能是（　　）。
A. 控制机器各个部件协调工作　　B. 实现算术运算和逻辑运算
C. 存储各种控制信息　　D. 获取外部信息

9. 中央处理器（CPU）能访问的最大存储器容量取决于（　　）。
A. 地址总线　　B. 数据总线　　C. 控制总线　　D. 实际内存容量

10. 下列软件中，不是操作系统软件的为（　　）。
A. Windows XP　　B. DOS　　C. Linux
D. OS/2　　E. Arch/Info

11. 以下不属于冯·诺依曼计算机模型核心思想的是（　　）
A. 采用二进制形式表示数据和指令　　B. 采用“存储程序”的工作方式
C. 计算机硬件由五大部件组成　　D. 结构化程序设计方法

12. 摩尔定律是由英特尔创始人之一戈登·摩尔（Gordon Moore）提出来的。根据摩尔定律，在过去几十年以及在可预测的未来几年，单块集成电路的集成度大约每（　　）个月翻一番。
A. 1　　B. 6　　C. 18　　D. 36

第 2 课　信息的表示及存储

学习目标

1. 体会二进制原理和表示方法。
2. 熟知常用字符的编码（ASCII 码）。
3. 熟知计算机中存储信息的基本单位。
4. 了解计算机中整数和小数的表示方法。

知识讲解

计算机本质上是一个电子设备，为了能够快速存储、处理、传递信息，其内部采用了大量的电子元器件。在这些电子元器件中，电路的通和断、电压的高和低这两种状态最容易表示和实现，也最方便实现对电路本身的控制。将计算机所能表示的这两种状态用“0”和“1”来表示，即采用“二进制”计数原理来表示和存储各种信息，包括计算机内部的所有运算和操作。

1. 二进制原理和表示方法

比特(bit)是计算机存储信息的最小单位，它只有“0”或“1”两种取值。1 比特，也就是“二进制数”的一位，它不足以表示任何信息。

二进制数是用若干“0”和“1”组成的，它的基数是“2”，进位规则是“逢二进一”，借位规则是“借一当二”。对应“十进制”中的 0~9 十个数，二进制分别表示为 0、1、10、11、100、101、110、111、1000、1001。小数也可以，如 1011.01。为了区分十进制中的数，一般把二进制写成$(1011.01)_2$。

计算机中的任何信息都是用“0”和“1”进行二进制编码、表示和存储的，包括英文字母、符号、汉字、图片、音乐、视频等。

为了方便书写，二进制有时还采用十六进制等编码方法表示，如$(1FA9)_{16}$。

2. 字符编码和存储单位

ASCII 码，全称为美国信息交换标准代码(American Standard Code for Information Interchange)，是一种包括英文字母、数字、常用符号的全球通用编码方法。ASCII 码用 7 个二进制位来表示一个字符，最多可以表示 $2^7=128$ 个字符。例如，“回车符”的 ASCII 码为 0001101(对应十进制数 13)，“空格”的 ASCII 码为 0100000(对应十进制数 32)，字符“0”的 ASCII 码为 0110000(对应十进制数 48)，字符“A”的 ASCII 码为 1000001(对应十进制数 65)，字符“a”的 ASCII 码为 1100001(对应十进制数 97)。

计算机将 8 个二进制位合在一起，作为存储的基本单位，称为 1 个字节(byte，简写成 B)。

由于 ASCII 码采用 7 位二进制编码，所以一个基本字符在计算机中占用 1 个字节。另外，ASCII 码没有用到字节的最高位，所以很多系统就利用这一位作为校验码，以提高字符信息传输的可靠性。一个汉字在计算机中占用 2 个字节。

随着信息的爆炸式增长，计算机存储器的容量越来越大，存储单位也越来越大、越来越多。常见的有千字节(KB)、兆字节(MB)、吉字节(GB)、太字节(TB)、拍字节(PB)、艾字节(EB)、泽字节(ZB)，它们之间的换算关系都是 1024 (2^{10})，即 1KB=1024B，1MB=1024KB，1GB=1024MB，1TB=1024GB，1PB=1024TB，1EB=1024PB，1ZB=1024EB。例如，一个微型计算机的内存为 4GB、硬盘为 640GB，一张图片占用 2.5MB 的存储空间等。

3. 整数和小数的表示方法

计算机中的整数、小数虽然都是采用二进制表示，但是原理和方法是不一样的。整数采用的是精确表示，小数采用的是近似表示，其可以表示的数据范围和精度也不一样。

(1) 整数的表示

计算机中要处理的整数分“无符号数”和“有符号数”两种。下面介绍有符号整数。有符号数有原码、反码和补码三种表示方法。

用一个数(假设 1 字节)的最高位表示正负，“0”表示正数，“1”表示负数,如 00000111 表示 +7,10001000 表示 -8。用这种方法表示的数称为“原码”。这种表示数的方法进行两个异号数相加或两个同号数相减时很不方便,而且 0 的编码不唯一,所以计算机中引入了“反码”和“补码”的表示方法。

对于一个正数,反码就是其原码;对于一个负数,反码就是除符号位外,将原码的各位全部取反(0 变 1,1 变 0)。例如,原码为 01000101,其反码还是 01000101;原码为 11000101,其反码就是 10111010。

对于一个正数,补码就是原码(反码);对于一个负数,其补码等于反码加 1。例如,原码为 01000101,其补码就是 01000101;对于原码 11000101,其补码为 10111011。

(2) 小数的表示

小数在计算机中通常采用“浮点”方式表示,也就是“科学记数法”的表示方式:$N=M\times R^{E}$。其中,R 表示基数,十进制(数学中)就是 10,二进制(计算机中)就是 2。一旦机器定义好了基数值,就不能再改变了。因此,基数在数据中是隐含不出现的。E 表示 R 的指数,称为数 N 的阶码。阶码确定了数 N 的小数点位置,反映了该浮点数所表示的数的范围。M 表示数 N 的全部有效数字,称为数 N 的尾数,其位数反映了数据的精度。图 1.2-1 为浮点数表示示意图。

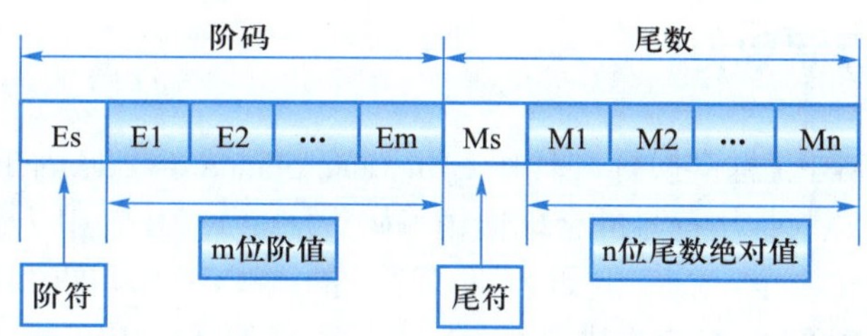

图 1.2-1 浮点数表示示意图

阶码和尾数都是带符号的数,尾数常用原码或补码表示,阶码多用补码表示。

浮点数的具体格式随不同机器而有所区别。假设一台计算机的字长是 16 位,则其二进制浮点数组成为阶码 4 位、尾数 12 位,再假设阶码、尾数分别用补码和原码表示,则 -0.11×2^{2} 表示为:

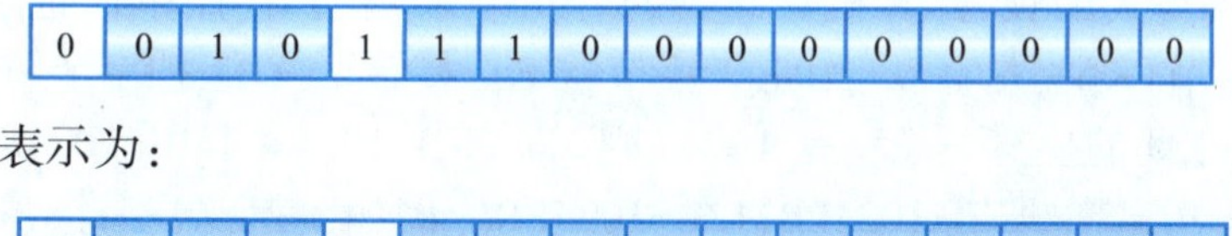

0	0	1	0	1	1	1	0	0	0	0	0	0	0	0	0

而 0.11×2^{-3} 表示为:

1	1	0	1	0	1	1	0	0	0	0	0	0	0	0	0

实践巩固

1. 十六进制数 9A 在(　　)进制下是 232。

A. 四　　B. 八　　C. 十　　D. 十二

2. 二进制数 00100100 和 00010101 的和是(　　)。

A. 00101000　　B. 001010100　　C. 01000101　　D. 00111001

3. 在字长为 16 位的计算机系统中,一个带符号整数的二进制补码为 1111111111101101,其对应的十进制整数应该是(　　)。

A. 19　　B. −19　　C. 18　　D. −18

4. 算式 $(2047)_{10}-(3FF)_{16}+(2000)_8$ 的结果是(　　)。

A. $(2048)_{10}$　　B. $(2049)_{10}$　　C. $(3746)_8$　　D. $(1AF7)_{16}$

5. 64KB 的存储器用十六进制表示,其最大的地址码是(　　)。

A. 10000　　B. FFFF　　C. 1FFFF　　D. EFFFF

6. 以下二进制数的值与十进制数 23. 456 的值最接近的是(　　)。

A. 10111.0101　　B. 11011.1111　　C. 11011.0111

D. 10111.0111　　E. 10111.1111

7. 已知 $x=(0.1011010)_2$,则 x/2 的补码为 $(\quad)_2$。

A. 0.1011101　　B. 11110110　　C. 0.0101101　　D. 0.100110

8. 在 8 位二进制补码中,10101011 表示的数是十进制的(　　)。

A. 43　　B. −85　　C. −43　　D. −84

9. 一张分辨率为 800×600 的 16 位色位图,存储图像信息所需的空间为(　　)。

A. 937.5KB　　B. 4218.75KB　　C. 4320KB　　D. 2880KB

10. 地址总线的位数决定了 CPU 可直接寻址的内存空间大小。例如,地址总线为 16 位,其最大的可寻址空间为 64KB。如果地址总线是 32 位,则理论上最大可寻址的内存空间为(　　)。

A. 128KB　　B. 1MB　　C. 1GB　　D. 4GB

11. 字符“0”的 ASCII 码值为 48,则字符“9”的 ASCII 码值为(　　)。

A. 39　　B. 57　　C. 120　　D. 视具体的计算机而定

12. 一片容量为 8GB 的 SD 卡能存储大约(　　)张大小为 2MB 的数码照片。

A. 1600　　B. 2000　　C. 4000　　D. 16000

第 3 课 编程解题的一般过程

学习目标

1. 体会使用计算机编程解题的一般过程。
2. 初识计算机程序及 C++ 编程软件。

知识讲解

使用计算机编程解题的过程一般分为分析问题、设计算法、编写和调试程序、运行程序验证结果 4 个步骤，如图 1.3–1 所示。下面结合一个题目来体会这个过程。

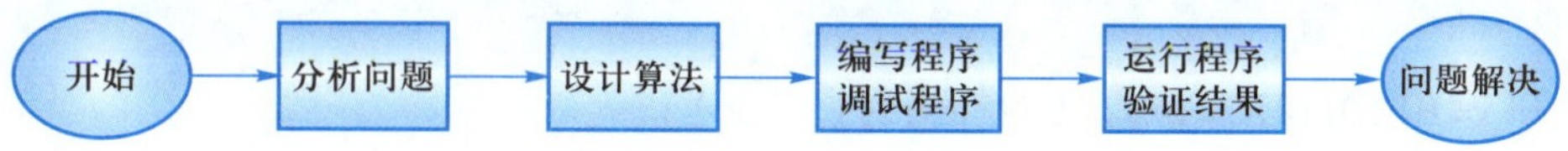

图 1.3–1 使用计算机编程解题的一般过程

例 1 输入一个圆的半径，输出该圆的周长和面积。

【问题分析】

步骤 1：分析问题

要编写程序，首先要对问题进行详细的分析，弄清楚已知什么，要求什么，怎么求。

本题已知一个圆的半径 r，要求的是该圆的周长和面积。由数学知识可知，圆的周长计算公式为 L=2×π×r，圆的面积计算公式 S=π×r×r，其中 π=3.14159。

步骤 2：设计算法

根据问题分析的结果，确定解决问题的方法及具体步骤。可以用流程图、伪代码、自然语言等方式描述算法。

本题可以用以下 5 个步骤解决（自然语言描述）：

1）从键盘输入圆的半径 r；

2）利用公式 L=2×π×r 计算圆的周长；

3）利用公式 S=π×r×r 计算圆的面积；

4）输出该圆的周长；

5）输出该圆的面积。

步骤 3：编写和调试程序

采用一种程序设计语言将设计的算法实现。常见的编程语言有 QBasic、Pascal、C++、C、Java、Visual Basic 等。本题用 C++ 语言实现的代码如下：

```
//p1-3-1
#include<iostream>
using namespace std;
int main(){
    const float pi = 3.14159;
    double r,l,s;
    cin >> r;
    l = 2 * pi * r;
    s = pi * r * r;
    cout << l << ' ' << s << endl;
    return 0;
}
```

启动 C++ 编程软件,在程序编辑窗口中输入以上代码后,保存并编译。如果发现错误,可以进行编辑修改、跟踪调试,直至编译正确。

“编译”是将高级语言“源程序”翻译成“目标程序”。编译程序(compiler,compiling program)也称为“编译器”,是指把用高级程序设计语言编写的源程序,翻译成等价的机器语言格式的目标程序的翻译程序。编译程序属于采用生成性实现途径实现的翻译程序,以高级程序设计语言编写的源程序作为输入,而以汇编语言或机器语言表示的目标程序作为输出。编译出的目标程序通常还要经历运行阶段,以便在运行程序的支持下运行,加工初始数据,算出所需的计算结果。

步骤 4:运行程序验证结果

运行程序,输入符合题意的不同数据(半径),查看输出的结果是否正确,是否按照题意解决了问题。

例如,输入“10”,则输出“62.8318 314.159”。

实践巩固

1. 以下编程语言中,面向对象的是( )。
   A. QBasic　B. ASM　C. Smalltalk　D. FORTRAN

2. 下列不属于面向对象程序设计语言的是( )。
   A. C　B. C++　C. Java　D. C#

3. 下列表达的算法能在计算机中执行的是( )。
   A. 流程图　B. N–S 结构图　C. 程序　D. 自然语言　E. 伪代码

4. 计算机界的最高奖是( )。
   A. 菲尔兹奖　B. 诺贝尔奖　C. 图灵奖　D. 普利策奖

5. 目前计算机芯片(集成电路)制造的主要原料是( ),它是一种可以在沙子中提炼出的物质。

A. 硅　　B. 铜　　C. 锗　　D. 铝　　E. 锡

6. 计算机最早的应用领域是(　　)。

A. 数值计算　　B. 人工智能　　C. 机器人　　D. 过程控制　　E. 文字处理

7. 计算机病毒是人为制造的能够侵入计算机系统并给计算机带来故障的程序或指令集合,其传染的必要条件是(　　)。

A. 在内存中运行病毒程序　　B. 对磁盘进行读写操作

C. 在内存中运行含有病毒的可执行程序　　D. 复制文件

8. 下列科学家中,被称为"计算机之父"和"博弈论之父"的是(　　)。

A. 艾伦·麦席森·图灵(Alan Mathison Turing)

B. 约翰·冯·诺依曼(John von Neumann)

C. 艾兹格·迪科斯彻(Edsger Wybe Dijkstra)

D. 唐纳德·克努特(Donald Ervin Knuth)

E. 尼古拉斯·沃斯(Niklaus Wirth)

9. 第一个给计算机写程序的人是(　　)。

A. Alan Mathison Turing　　B. Ada Lovelace　　C. John von Neumann

D. John McCarthy　　E. Edsger Wybe Dijkstra

第 4 课　算法及其描述

学习目标

1. 理解算法的概念及其特征。
2. 学会使用自然语言、流程图描述算法。
3. 了解算法的三种基本结构,并尝试用流程图描述。

知识讲解

1. 算法的概念

所谓算法,就是解决一个实际问题的方法和具体步骤。

算法是程序设计的灵魂。世界著名计算机科学家 N. Wirth 指出:程序 = 算法 + 数据结构。可见,算法在计算机程序设计中具有多么重要的地位。

第 3 课讨论的问题“根据圆的半径求周长和面积”，解决的算法就是“公式法”，或者叫“解析法”，求解过程共分为 5 个步骤。

2. 算法的特征

一般而言，算法具有以下几个特征：

1）可行性。算法中的每一个操作都应该是计算机可以执行的。程序设计语言就是由一些基本操作（命令）和运算组成的，如输入操作（cin）、赋值运算（=）等。

2）确定性。算法中的每一步都必须有确切的含义，不能有二义性。如“增加 X 的值”，并没有说明增加多少，计算机就无法执行明确的运算。

3）有穷性。一个算法必须在执行有限次运算或操作后结束。例 1.3–1 的算法实现就是 5 次操作，当然 10000 次、10000000 次也可以，但不能超过人们事先设定的时间限制或者承受能力。

4）输入。算法执行前一般会有若干输入，但有时也可以没有输入。例 1.3–1 中就要输入半径 r。

5）输出。算法执行完毕，至少要有一个输出，据此判断算法的正确性。例 1.3–1 中最后输出周长 L 和面积 S 的值。

3. 算法的描述

算法一般可以用自然语言、流程图、N–S 图、伪代码等方式描述。

自然语言就是人们日常使用的语言。用自然语言描述算法虽然比较自然和容易接受，但叙述烦琐冗长，容易出现“二义性”。例 1.3–1 的算法描述采用的就是自然语言。

流程图是用一组几何图形表示计算机中各种类型的操作，在图形上用扼要的文字和符号表示具体的操作，并用带有箭头的流程线表示操作的先后顺序。用流程图描述算法，能够将解决问题的步骤清晰、直观地表示出来。表 1.4–1 列出了流程图的基本符号及其含义。

表 1.4–1 流程图的基本符号及其含义

图形符号	图形名称	图形含义
开始 结束	起止框	表示算法的开始或结束
	输入框、输出框	表示算法的输入操作或输出操作
	处理框	表示一个具体的操作或运算
条件	判断框	判断给定的条件是否满足，决定执行哪一条路径（一系列操作）
→ ← ↓ ↑	流程线	表示算法执行的路径，箭头代表方向
○	连接圈	表示算法流向的出口连接点或入口连接点，同一对出口与入口的连接圈内标以相同的数字或字母

4. 算法的基本结构

任何一个算法都可以表示成三种基本结构：顺序结构、分支结构和循环结构。

(1) 顺序结构

顺序结构是一种最简单、最基本的控制结构。计算机从前往后，依次执行所有的操作步骤，不遗漏、不重复。如图 1.4–1 所示，算法先执行 A，再执行 B，最后执行 C。

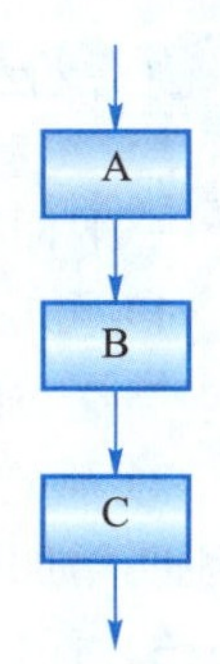

图 1.4–1　顺序结构的流程图

例 1　给变量 x、y 分别赋值，再交换 x 和 y 的值，最后重新输出 x 和 y 的值。

【问题分析】

算法已经很清楚，可以用自然语言描述如下：

1) 给 x 和 y 赋初值；

2) 定义一个临时变量 m，将 x 中的数据赋值给 m；

3) 将 y 中的数据赋值给 x；

4) 将 m 中的数据赋值给 y；

5) 输出 x 和 y 的值。

其流程图描述如图 1.4–2 所示。

(2) 分支结构

分支结构由一个“判断条件”和两个“分支”构成，根据判断条件的成立与否，决定执行哪一条分支路径。如图 1.4–3a 所示，条件成立就执行 A，否则执行 B。也可以出现图 1.4–3b 所示的

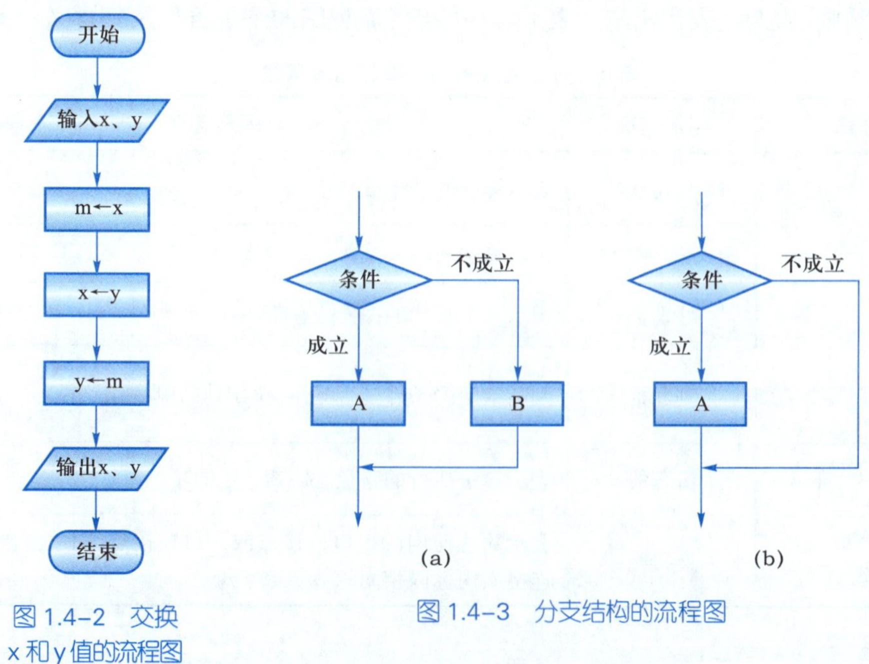

图 1.4–2　交换 x 和 y 值的流程图

图 1.4–3　分支结构的流程图

情况，即条件不成立时什么也不做。

例 2 输入两个数，输出较大者。

【问题分析】

设置一个变量 max，用于存放较大数。输入 a、b 两个数后，将 a 与 b 进行比较，把较大的那个变量值赋值 max，最后再输出 max 的值。

用自然语言描述如下：

1）输入 a、b 的值；

2）如果 a>b，那么 max 赋值为 a，否则 max 赋值为 b；

3）输出 max 的值。

其流程图描述如图 1.4–4 所示。

(3) 循环结构

循环结构又称重复结构，目的是将某一条或某一组语句重复执行若干次，其中的“某一条或某一组语句”称为循环体。循环结构一般有两种类型，一种是“当型”循环，是先判断条件是否成立，如果成立再执行循环体（如图 1.4–5 所示）；另一种是“直到型”循环，先执行循环体，再判断条件是否成立，如果成立再执行循环体（如图 1.4–6 所示）。其中的“条件”称为循环控制条件。

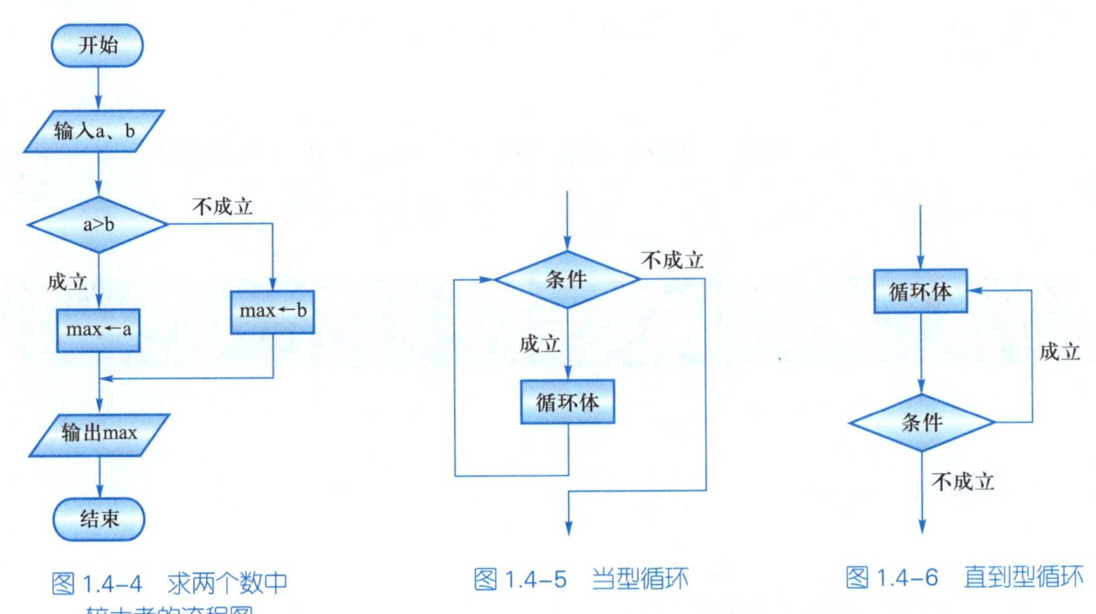

图 1.4–4 求两个数中较大者的流程图

图 1.4–5 当型循环

图 1.4–6 直到型循环

例 3 求 1+2+3+…+100 的值。

【问题分析】

本题可以用“解析法”直接计算出结果为 (1+100)×100/2=5050。但是在计算机中也可以采用循环结构实现。可以将本题抽象成如下一个生活问题：假设有一个空箱子，第 1 次向里面放 1 支笔，第 2 次向里面放 2 支笔，……第 100 次向里面放 100 支笔，最后统计箱子中一共有多少支笔。很明显，重复做的事是“每次向箱子中放 i 支笔”，i 从 1 到 100。设结果为 sum，则这一操作可以抽象成：sum ← sum+i。

用自然语言描述如下：

1）sum ← 0；

2）i ← 1；

3）如果 i 小于或等于 100，那么继续，否则转 6）；

4）sum ← sum+i；

5）i ← i+1，转 3）继续；

6）输出 sum 的值。

其流程图描述如图 1.4–7 所示。

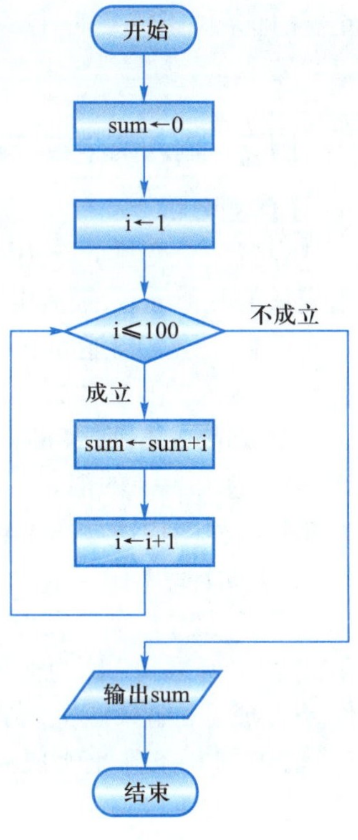

图 1.4–7　求 1+2+3+…+100 的流程图

实践巩固

1. 已知梯形的上底 a、下底 b 和高 h，求梯形的面积。请用自然语言和流程图分别描述求解算法。

2. 输入 a、b、c 三个整数，输出它们当中的最大数。请用自然语言和流程图分别描述求解算法。

3. 输入 m、n 两个自然数，输出它们的最大公约数。请用自然语言和流程图分别描述求解算法。

4. 输入一个自然数 n，判断它是否为素数（质数）。请用自然语言和流程图分别描述求解算法。

第 5 课　程序的基本结构

学习目标

1. 了解 C++ 程序的基本结构。
2. 知晓标识符、关键字等基本概念。

知识讲解

C++ 是一种面向对象的程序设计语言，同时又兼备了结构化程序设计语言的一些特点。与其他程序设计语言相比较，C++ 简洁、紧凑，功能丰富，表达能力强，使用灵活方便，目标程序效率高，可移植性好，适合编写各种软件。

例 1 输入 a 和 b 两个整数的值，输出表达式 3a-2b+1 的值。

【问题分析】

算法很简单，首先输入 a 和 b，然后求出表达式的值存放到 c 中，最后输出 c 的值。参考程序如下：

```
//p1-5-1
#include<iostream>                    // 头文件
using namespace std;                  // 名字空间
int main(){                           /* 主函数 */
    int a,b,c;
    cin >> a >> b;
    c = 3 * a - 2 * b + 1;
    cout << c << endl;
    return 0;
}
```

运行程序，输入“8 6”，则输出“13”。下面，结合以上程序，对 C++ 程序的基本结构作一些详细说明。

(1) 头文件

语句“#include <iostream>”指示编译器对程序进行预处理时，嵌入一个名为 iostream 的 C++ 标准头文件，此文件包含输入输出的相关信息，是编程的必写语句。

头文件是 C++ 程序对其他程序的引用，包括功能函数、数据接口声明的载体文件等。include 就是包括的意思，格式为“#include < 引用文件名 >”。

(2) 名字空间

语句“using namespace std;”指定名字空间为 std。std 是标准(standard)的意思。如果没有这个语句，那么下面程序中的语句“cout <<c<<endl;”就要写成“std::cout <<c<<std: :endl;”。

C++ 提供的名字空间技术可以有效防止变量、函数、类同名的问题。C++ 标准库中的所有组件都是在 std 名字空间中声明和定义的，也是编程的必写语句。

(3) 主函数

在 C++ 程序中，必须有且只能有一个名为“main”的函数，称为“主函数”。函数是 C++ 程序中的最小功能单位，函数体用一对大括号括住，“int”表示函数的返回值类型。main 函数中必须要有一个语句“return 0;”，表示函数的返回值为 0，目的是告诉操作系统程序正常结束并退出，是编程比赛的必写语句。

(4) 语句

程序是通过各种命令语句的有机组合完成一定功能的，每个语句都以“;”结尾。“int a,b,c;”表示定义 3 个整型变量 a、b 和 c。“cin>>a>>b;”表示从键盘依次读入两个数给 a 和 b。“c=3*a-2*b+1;”是赋值语句，表示先根据 a 和 b 的值计算出右边表达式的结果，然后再赋给左边的变量 c，“=”称为赋值号。“cout<<c<<endl;”表示在屏幕上输出变量 c 的值并换行。

另外，“//”后面或者“/*”到“*/”中间的语句表示注释，是为了增加程序的可读性，实际编译运行时是被忽略的。

(5) 标识符

程序中的变量名“a”“b”“c”等称为标识符。标识符用来表示一个对象的名字。C++ 中的标识符由大小写字母、数字和下画线构成,中间不能有空格,长度不限,不能以数字开头。标识符是严格区分大小写的,a 与 A 是不同的两个标识符。例如,sum、average、Day、a1、_num、num_of_stu 都是合法的标识符,而 Mr.Wang、234NUM、#34、a>=b、int、￥1234 都是不合法的标识符。

(6) 关键字

程序中的“int”“return”称为关键字。C++ 中预留了一些单词,这些单词具有特定的含义,不能被用来作标识符,称为关键字或保留字。C++ 的常用关键字见表 1.5–1。

表 1.5–1 C++ 的常用关键字

asm	do	if	return	typedef
auto	double	inline	short	typeid
bool	dynamic_cast	int	signed	typename
break	else	long	sizeof	union
case	enum	mutable	static	unsigned
catch	explicit	namespace	static_cast	using
char	export	new	struct	virtual
class	extern	operator	switch	void
const	false	private	template	volatile
const_cast	float	protected	this	wchar_t
continue	for	public	throw	while
default	friend	register	true	
delete	goto	reinterpret_cast	try	

实践巩固

1. 下列字符串中为合法标识符的是(　　)。

A. int　　B. a(x)　　C. _1a　　D. a+b

2. 阅读程序,写出程序运行的结果。(NOIP2014 普及组初赛)

```
//x1-5-2
#include<iostream>
using namespace std;
int main(){
    int a,b,c,d,ans;
    cin >> a >> b >> c;
    d = a - b;
    a = d + c;
    ans = a * b;
    cout << "Ans=" << ans << endl;
    return 0;
}
```

键盘输入“2 3 4”，则屏幕输出（　　）。

A. Ans=8　　B. Ans=9　　C. 9　　D. 12

第 6 课　Dev–C++ 集成开发环境

学习目标

1. 学会 Dev–C++ 的安装，熟悉 Dev–C++ 集成开发环境。
2. 学会编辑、保存、打开、编译、运行、调试 C++ 程序。

知识讲解

Dev–C++ 是一款 Windows 环境下的 C++ 集成开发环境（Integrated Development Environment，IDE），小巧轻量但功能齐备，适合初学者与编程高手的不同需求，是 C++ 语言的首选开发工具。

1. Dev–C++ 的安装

获取一个较新版本的 Dev–C++ 安装包（本书以 Dev–Cpp 5.6.0 MinGW 4.8.1 版本为例）。双击开始安装开发环境，默认语言为“English”，单击“OK”按钮。然后，选择同意使用协议，单击“I Agree”按钮，使用默认设置，单击“Next”按钮，最后选择硬盘中的一个目录开始安装，单击“Install”按钮。整个过程如图 1.6–1 所示。

安装完毕，启动 Dev–C++，进行相关设置，如图 1.6–2 所示。

2. 编辑程序

使用“文件”菜单中的“新建”→“源代码”命令，如图 1.6–3 所示，进入代码编辑区。输入以下程序代码：

```
//p1-6-1
#include<iostream>
using namespace std;
int main(){
    int a,b,c;
    cin >> a >> b;
    c = 3 * a - 2 * b + 1;
    cout << c << endl;
    return 0;
}
```

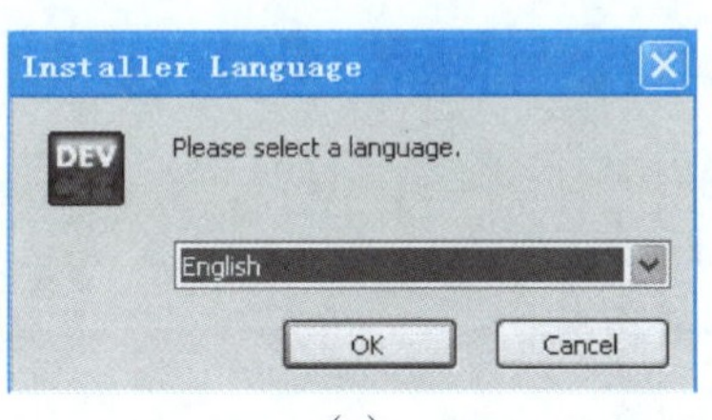

(a)

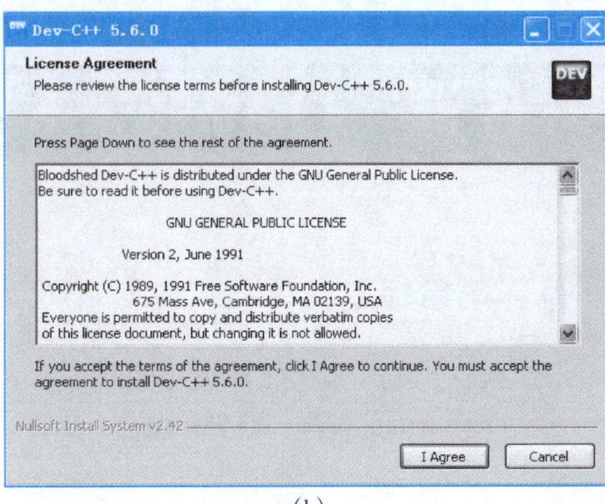

(b)

Dev-C++ 5.6.0
Choose Components
Choose which features of Dev-C++ 5.6.0 you want to install.
Check the components you want to install and uncheck the components you don't want to install. Click Next to continue.
Select the type of install: Safe
Or, select the optional components you wish to install:
Dev-C++ program files (required)
Icon files
MinGW 4.8.1 compiler
Language files
Associate C and C++ files to Dev-C++
Shortcuts
Description
Position your mouse over a component to see its description.
Space required: 614.0MB
Nullsoft Install System v2.42
< Back Next > Cancel

(c)

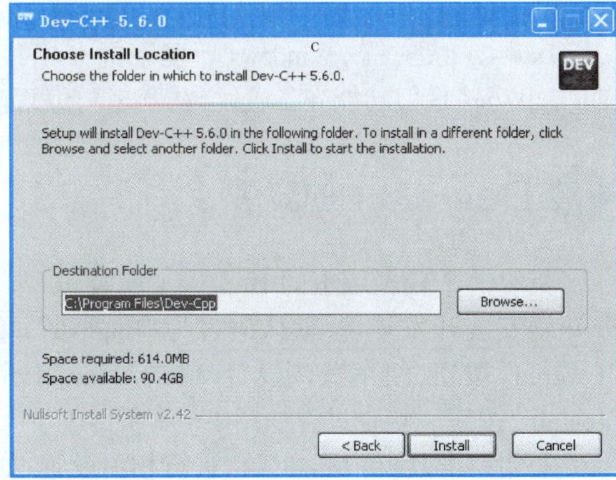

(d)

Dev-C++ 5.6.0
Installing
Please wait while Dev-C++ 5.6.0 is being installed.
Extract: libshlwapi.a
Extract: librpcns4.a
Extract: librpcrt4.a
Extract: librtm.a
Extract: librtutils.a
Extract: libscrnsave.a
Extract: libscrnsavw.a
Extract: libscsiport.a
Extract: libsecur32.a
Extract: libsetupapi.a
Extract: libshell32.a
Extract: libshfolder.a
Extract: libshlwapi.a
Nullsoft Install System v2.42
< Back Next > Cancel

(e)

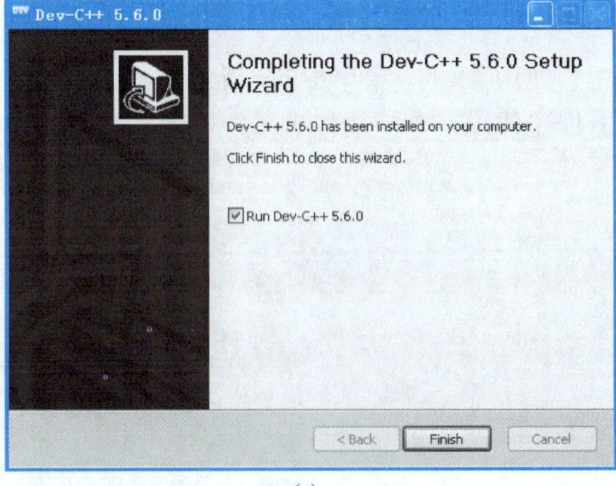

(f)

图 1.6-1　Dev-C++ 的安装

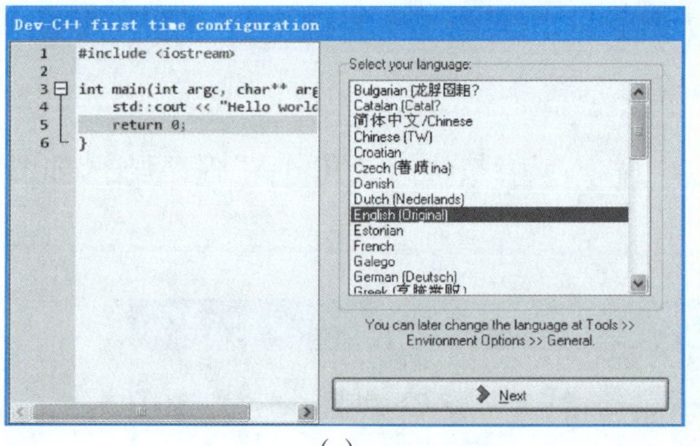

(a)

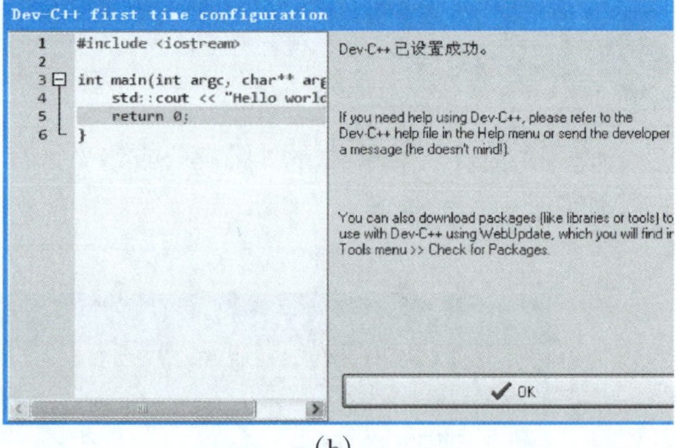

(b)

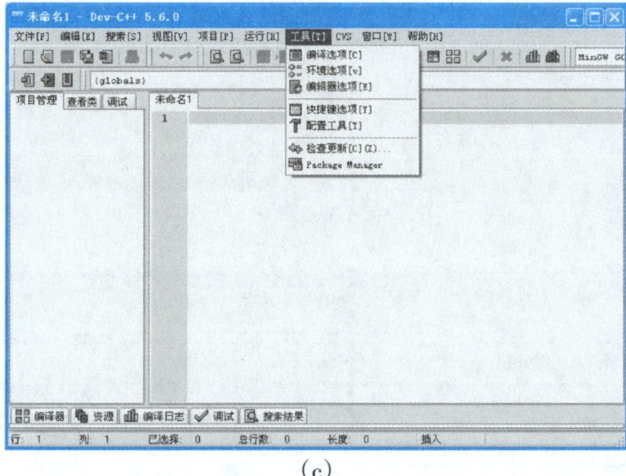

(c)

图 1.6-2 Dev-C++ 的设置

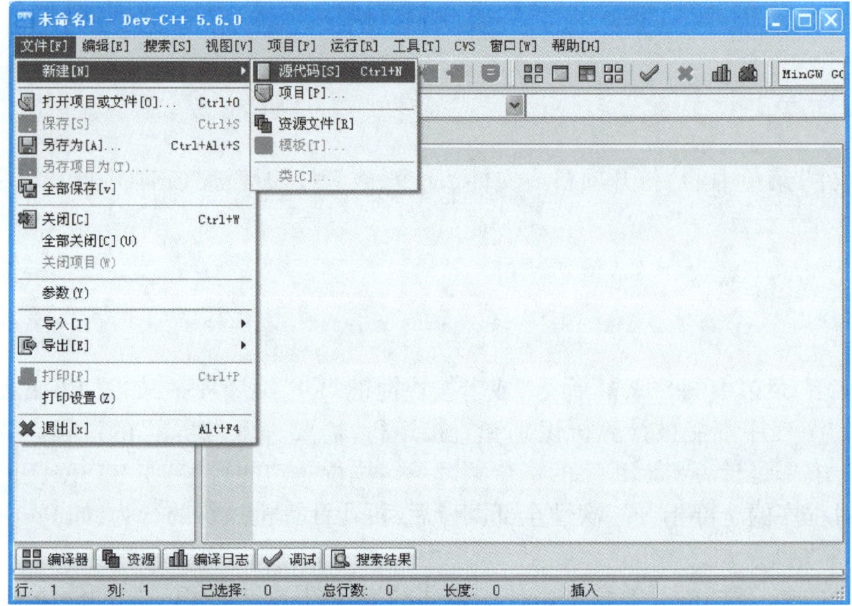

图 1.6-3 新建源代码

3. 保存程序

使用“文件”菜单中的“保存”或者“另存为”命令，或者按快捷键“Ctrl+S”保存程序，如图 1.6–4 所示。

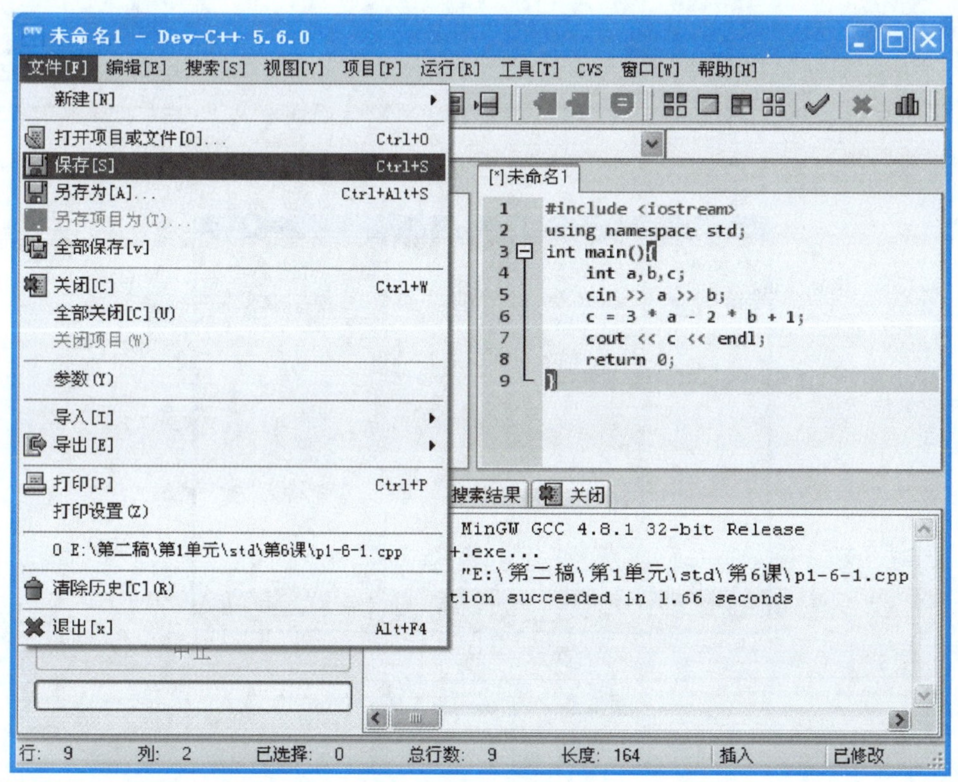

图 1.6–4 保存程序

4. 打开程序

使用“文件”菜单中的“打开项目或文件”命令，或者按快捷键“Ctrl+O”打开程序，如图 1.6–5 所示。

5. 编译程序

使用“运行”菜单中的“编译”命令，或者按快捷键“F9”编译程序，如图 1.6–6 所示。

编辑好的源程序不能被计算机识别和直接运行，需要一个“翻译”的过程。翻译分为解释和编译两种。解释是计算机对程序的指令翻译一句执行一句的行为，如 BASIC、Java 语言等；编译是计算机对程序的全部指令一次性全部翻译后，再让计算机执行的行为，如 Pascal、C、C++ 语言等，如图 1.6–7 所示。

需要注意的是，不同的计算机语言使用不同的编译器，或者使用不同的编译器版本，甚至在不同操作系统环境下，翻译结果也会略有区别。

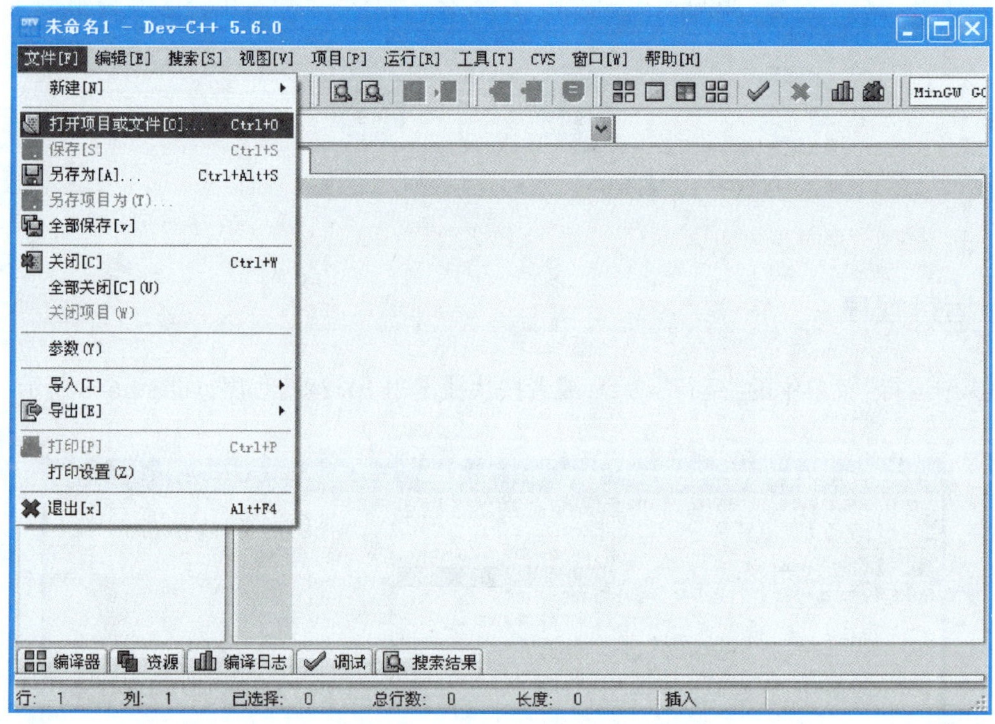

图 1.6-5　打开程序

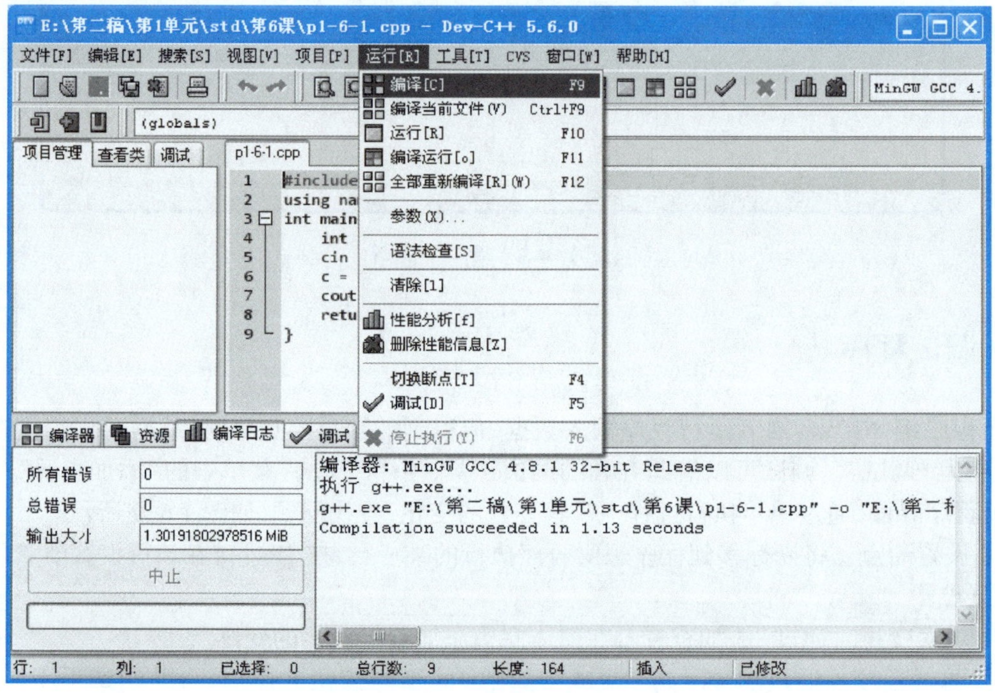

图 1.6-6　编译程序

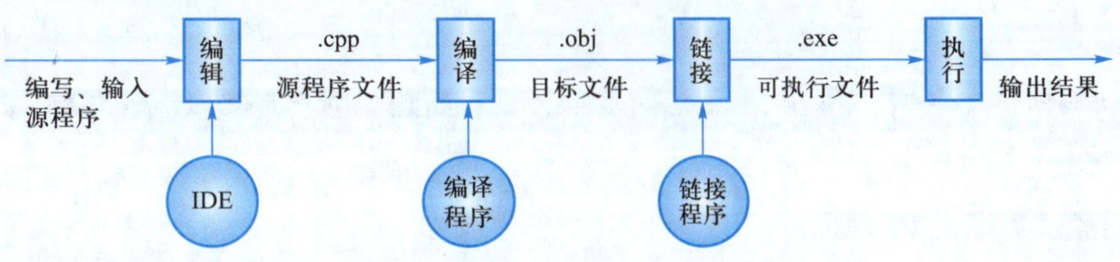

图 1.6–7　C++ 程序的执行过程

6. 运行程序

使用“运行”菜单中的“运行”命令，或者按快捷键“F10”运行程序，如图 1.6–8 所示。

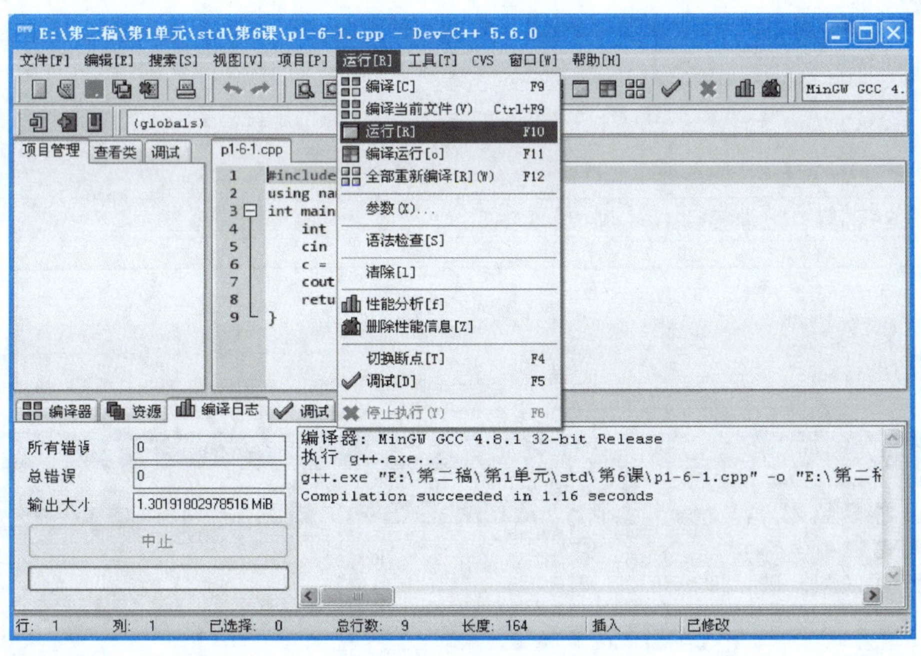

图 1.6–8　程序的运行

7. 调试程序

当程序编译错误，或者运行程序输入数据，但得到的结果不正确时，就需要仔细检查、修改程序，称为“调试”。调试可以借助 IDE 的调试工具，使用“调试”菜单中的“添加查看”命令，弹出调试程序界面，通过单步执行过程中观察变量的变化，查找问题，如图 1.6–9 所示。

1）设置断点。将光标移到程序想要暂停执行的某一行，按“F4”键在该行设置断点（该行将变成红色）。

2）观察变量。通过“添加查看”，在窗体左边添加希望观察的变量。

3）调试程序。通过窗体下方“调试”选项中的不同按钮的操作，帮助调试程序。也可以按“F7”键执行当前行并跳到下一行。按快捷键“Ctrl+F7”可以跳到下一个断点。按快捷键“Shift+F4”可以跳到光标所在行并在该行设置断点。

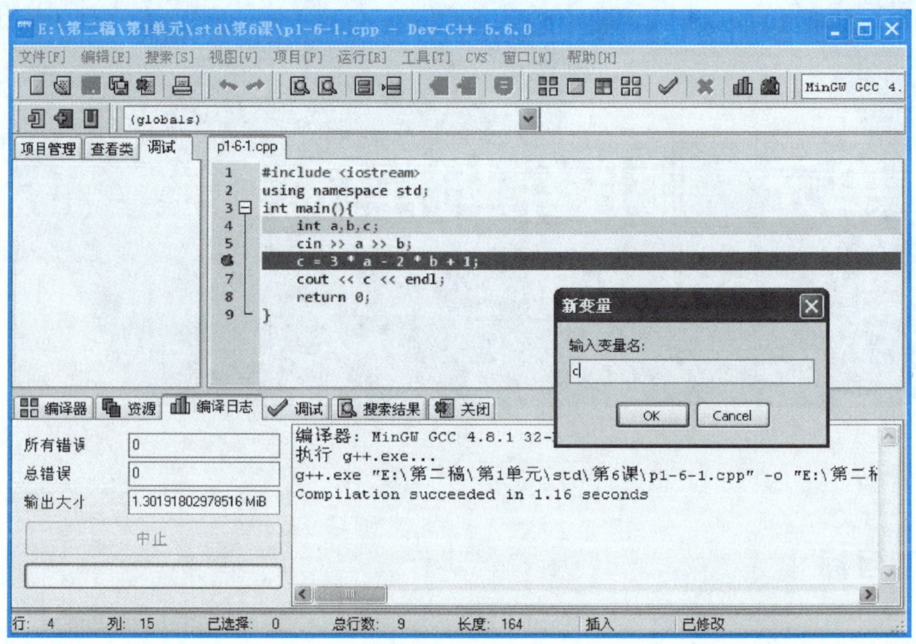

图 1.6-9　程序的调试

实践巩固

1. 下列关于计算机语言的说法中，正确的是（　　）。
   A. C++ 和 QBasic 都是编译执行的高级语言
   B. 高级语言程序比汇编语言程序更容易从一种计算机移植到另一种计算机上
   C. C++ 是历史上的第一个支持面向对象的计算机语言
   D. 高级语言比汇编语言更高级，是因为其程序的运行效率更高

2. 下列关于程序语言的叙述中，不正确的是（　　）。
   A. 编写机器代码不比编写汇编代码容易
   B. 高级语言需要编译成目标代码或通过解释器解释后才能被 CPU 执行
   C. 同样一段高级语言程序通过不同的编译器可能产生不同的可执行程序
   D. 汇编代码可被 CPU 直接运行
   E. 不同的高级语言语法略有不同

3. 下列关于汇编语言的说法中，错误的是（　　）。
   A. 汇编语言是一种与具体硬件相关的程序设计语言
   B. 在编写复杂程序时，相对于高级语言而言，汇编语言代码量较大，且不易调试
   C. 汇编语言可以直接访问寄存器、内存单元，以及 I/O 端口
   D. 随着高级语言的诞生，汇编语言如今已完全被淘汰，不再使用

第 2 单元　顺序结构程序设计

第 1 课　cout 语句

学习目标

1. 理解 C++ 中的标准输出流。
2. 掌握 C++ 中 cout 语句的使用。

知识讲解

在 C++ 中，所有的数据输入、输出都是以“流(stream)”的形式。流是一个处于传输状态的字节序列，是字节在对象之间的“流动”。流的操作包括输入与输出。输出操作是从内存输出到外部设备，如显示器、打印机、磁盘、网络连接等，是字节从内存到外部设备的流动。

使用输入 / 输出流，必须加上头文件：#include<iostream>。

cout 语句是 C++ 中实现输出功能的语句，其格式如下：

```
cout << 项目 1 << 项目 2 << …<< 项目 n;
```

如果项目是表达式，则输出表达式的值；如果项目加引号，则输出引号内的内容；如果项目是 endl，则表示换行。

例 1　阅读并上机调试以下程序，体会 cout 语句的使用。

```
//p2-1-1
#include<iostream>
using namespace std;
int main(){
    cout << 2 + 4 << endl;
    cout << "ABCD" << endl;
    int a = 10,b = 5;
    cout << a + b << endl;
```

```
    return 0;
}
```

例 2　阅读并上机调试以下程序，观察程序运行的结果。

```
//p2-1-2
#include<iostream>
using namespace std;
int main(){
    cout << "   *\n";              //"\n" 也表示换行
    cout << "  ***\n";
    cout << " *****\n";
    cout << "*******\n";
    cout << "  ***\n";
    cout << "  ***\n";
    cout << "  ***\n";
    cout << "  ***\n";
    cout << "  ***\n";
    return 0;
}
```

例 3　已知梯形的上底长为 15，下底长为 20，高为 12，编程输出该梯形的面积。

【问题分析】

根据梯形面积的计算公式“(上底 + 下底)× 高 /2”，直接计算面积并输出。

```
//p2-1-3
#include<iostream>
using namespace std;
int main(){
    int a,b,h,s;
    a = 15;b = 20;h = 12;
    s = (a + b) * h / 2;
    cout << s << endl;
    return 0;
}
```

1. 阅读程序，写出程序的运行结果。

```
//x2-1-1
#include<iostream>
using namespace std;
int main(){
    int a,b,c,d,ans;
    a = 2;b = 3;c = 4;
    d = a - b;
    a = d + c;
    ans = a * b;
    cout << "Ans=" << ans << endl;
    return 0;
}
```

2. 阅读并上机调试程序，体会实数的输出格式（思考保留小数点后几位）。

```
//x2-1-2
#include<iostream>
#include<iomanip>          //格式函数的头文件
using namespace std;
int main(){
    cout << 10.0 / 6.0 << endl;
    cout << fixed << setprecision(8) << 10.0 / 6.0 << endl;
    return 0;
}
```

3. 阅读并上机调试程序，体会把整数以不同进制的形式输出。

```
//x2-1-3
#include<iostream>
#include<iomanip>
using namespace std;
int main(){
    int a;
    cin >> a;
    cout << "dec:" << dec << a << endl;               //以十进制形式输出整数
    cout << "hex:" << hex << a << endl;               //以十六进制形式输出整数
    cout << "oct:" << setbase(8) << a << endl;        //以八进制形式输出整数
    return 0;
}
```

第 2 课　数据类型

学习目标

1. 熟知 C++ 中的常用数据类型。
2. 学会根据具体需求使用不同的数据类型。

知识讲解

计算机最早的应用就是数学计算，计算就会涉及数据和数据类型。数据有数据类型、取值范围、运算类型三个要素。

在 C++ 程序中，使用的各种变量都应"先声明，后使用"。变量声明就会涉及数据类型、初始值和作用域等。Dev-C++ 是 Windows 平台下的 32 位编译器，各种数据类型的字节长度（数）、取值范围是不同的。

C++ 中的主要数据类型如图 2.2-1 所示。

本课介绍基本数据类型，包括整型、布尔型、字符型和实型（浮点型），见表 2.2-1。

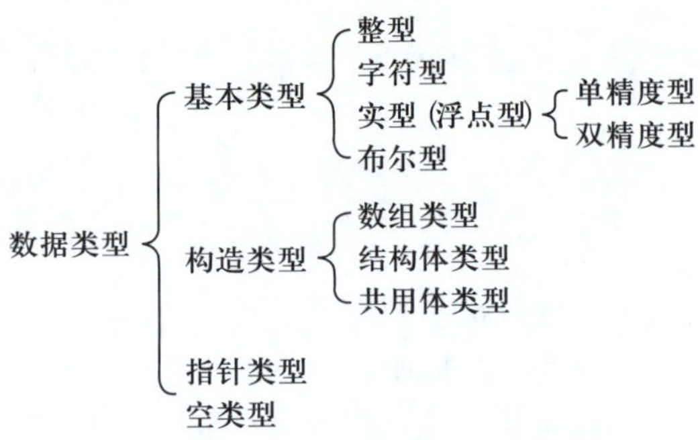

图 2.2-1　C++ 中的主要数据类型

表 2.2-1　数据类型及其字节长度、取值范围

类型	具体类型	字节长度	取值范围
整型	int	4（32 位）	-2147483648~2147483647
	short	2（16 位）	-32768~32767
	long	4（32 位）	-2147483648~2147483647
	long long	8（64 位）	$-2^{63}\sim2^{63}-1$
布尔型	bool	1（8 位）	0 或 1（严格意义上是非 0）
字符型	char	1（8 位）	-128~127
实型（浮点型）	float	4（32 位）	-3.4E+38~3.4E+38，6~7 位有效数字
	double	8（64 位）	-1.79E+308~1.79E+308，15~16 位有效数字
	long double	不确定（与编译器有关）	-1.2E+4932~1.2E+4932，18~19 位有效数字

另外，整数还有“无符号”类型，其取值只会是正数和 0，范围扩大一倍。例如 unsigned int 类型的取值范围为 0~4294967295。

例 1　阅读并上机调试以下程序，观察运行结果。

```
//p2-2-1
#include<iostream>
using namespace std;
int main(){
    int a,b,c;
    double d,e;
    a = 5;b = 6;
    d = 2.53;
    c = a + b;
    e = c + d;
    cout << a << "+" << b << "=" << c << endl;
    cout << c << "+" << d << "=" << e << endl;
    return 0;
}
```

【问题分析】

运行程序，输出：

5+6 = 11

11+2.53 = 13.53

程序中定义了 a、b、c 三个整型变量和 d、e 两个实型变量，并进行了赋初值和加法运算。需要注意的是，整型数据和实型数据进行混合运算，得到的结果是实型数据。

例 2　阅读并上机调试以下程序，观察运行结果，体会 int 类型的数据范围。

```
//p2-2-2
#include<iostream>
using namespace std;
int main(){
    int a = 2147483647;
    a = a + 1;
    cout << "a=" << a << endl;
    return 0;
}
```

【问题分析】

运行程序，输出“a=-2147483648”。

程序中定义了一个整型变量 a，并赋初值为 2147483647，a 的值加 1 后超过了 int 类型的数据范围,这种情况称之为“数据溢出”。C++ 程序中出现这类错误时,编译和运行过程中并不报错。所以,需要特别细心,注意范围检查。

例 3 阅读并上机调试以下程序,观察运行结果。

```
//p2-2-3
#include<iostream>
using namespace std;
int main(){
    int b = 0,a = 100;
    char ch = 'A';
    b = a + ch;
    cout << ch << " " << int(ch) << " " << b << endl;
    return 0;
}
```

【问题分析】

运行程序,输出“A 65 165”。

程序中定义了 b、a 两个整型变量和一个字符型变量 ch,并进行了初始化。需要注意的是,在 C++ 中,字符型数据可以直接参与整型或者实型数据的运算,按照其 ASCII 码值使用。int(ch) 表示把 ch 字符强制转换成 int 类型。

例 4 阅读并上机调试以下程序,体会 sizeof 函数的使用。

```
//p2-2-4
#include<iostream>
using namespace std;
int main(){
    cout << sizeof(char) << endl;
    cout << sizeof(int) << endl;
    cout << sizeof(unsigned int) << endl;
    cout << sizeof(long int) << endl;
    cout << sizeof(short int) << endl;
    cout << sizeof(float) << endl;
    cout << sizeof(double) << endl;
    return 0;
}
```

【问题分析】

运行程序,输出:

```
1
4
4
4
2
4
8
```

sizeof 函数的作用是获取各种数据类型的长度。例如 sizeof(long)就等于 4。另外,使用 sizeof 函数可以得到一个特定变量的存储空间大小。例如,对于 int 型变量 x,sizeof(x)的值也等于 4。

实践巩固

1. 已知直角三角形的两条直角边长度,编程求它的面积。

2. 已知一个普通三角形的三条边长,编程求它的面积。

3. 小明初一了,今年春节收到了 1000 元压岁钱。他决定存到银行 3 年,等到高一时再作其他投资。不过,他不想存 3 年定期,而是每次存 1 年,到期把本金和利息再全部存 1 年。已知 1 年期的年利率是 4.53%。编程求 3 年后他可以拿到手多少元钱,输出精确到分。

第 3 课 常量与变量

学习目标

1. 区分 C++ 中的常量与变量。
2. 学会常量和变量的定义使用。

知识讲解

在程序中参与运算的量分为常量和变量。例如,语句组“int a,b,h,s;s=(a + b) * h / 2;”中,2 是常量,而 a、b、h、s 是变量。

1. 常量

常量是在程序运行过程中,其值保持不变的量。常量也有不同的类型,如 100 是整型常量,3.1415926 是实型常量,“A”是字符型变量。也可以定义一个符号来代替一个常量,称之为“符号常量”。C++ 中定义一个符号常量的格式如下:

```
类型名 const 常量名;
```

或

```
const 类型名 常量名;
```

例如:

```
int const A = 100;
const float PI = 3.1415926;
```

使用符号常量是为了方便程序的修改,增强程序的可读性。为了更清晰地区别常量和变量,常量名通常用大写字母表示。

2. 变量

变量是指在程序运行过程中,其值可以改变的量。C++ 中定义一个变量的格式如下:

```
类型名  变量名 1, 变量名 2, …, 变量名 n;
```

例如:

```
int sum,total;
double area;
```

(1) 变量名

程序中的常量名、变量名、函数名等都称之为"标识符"。C++ 中的标识符命名规则如下:

1) 标识符不能和系统里的关键字同名。

2) 标识符只能包括字母、数字和下划线"_",并且开头只能是字母或下划线。

3) 标识符必须先定义、后使用。

4) 在同一作用域内,标识符不能重复定义。

5) 标识符是区分大小写的,如 A 和 a、sum 和 Sum 都是不同的标识符。

6) 标识符要尽量做到"见名知义",增强程序的可读性。

例 1 找出符合 C++ 规则的标识符。

Mr.Wang sum Day school_name a>=b ¥1234

lotus_1_2 sum123_ _day 234NUM #34 int

【问题分析】

符合 C++ 规则的标识符有 sum、Day、school_name、lotus_1_2、sum123_、_day。

(2) 变量的初始化

变量在定义的同时,可以给它指定一个初始值,称为变量的初始化。例如:

```
int a = 3,b = 4,c = 5;
float s = 2.5;
```

(3) 变量的赋值

在 C++ 中,可以通过“赋值”语句来修改变量的值。赋值语句的格式如下:

```
变量名 = 值或者表达式 ;
```

其中,“=”称为“赋值号”。赋值号右边如果是表达式,则系统会先计算出表达式的值,再赋给左边的变量。例如:

```
int a = 3,b = 4;
a = 5;
b = a * 2 + 1;
```

例 2　阅读并上机调试以下程序,观察运行结果,体会变量的含义。

```
//p2-3-2
#include<iostream>
using namespace std;
int main(){
    int a;
    a = 3;
    cout << a << endl;
    a = 10;
    cout << a << endl;
    a = a * 5;
    cout << a << endl;
    return 0;
}
```

实践巩固

1. 下列为合法标识符的是(　　)。

A. a12345　　B. 1_b　　C. 3x　　D. h(x)

2. 阅读程序,写出程序的运行结果。

```
//x2-3-2
#include<iostream>
using namespace std;
int a,b,c,ans = 100;
int main(){
    a = 1;b = 2;c = 5;
    a = a + b;
    b = a + b + c;
    ans = ans + a + b + c;
    cout << ans << endl;
    return 0;
}
```

3. 阅读并上机调试以下程序，比较 #define 与 const 的区别。

```
//x2-3-3
#include<iostream>
using namespace std;
#define PI 3.14159  //const double PI = 3.14159;
int main(){
    double square = 0,volume = 0,radius = 0;
    cin >> radius;
    square = 3.14159 * radius * radius;
    volume = 4 * 3.14159 * radius * radius * radius / 3;
    cout << "square=" << square << "volume=" << volume << endl;
    return 0;
}
//#define（宏常量）与 const 的比较：
//(1)const 常量有数据类型，而宏常量没有数据类型。
//编译器对前者进行类型安全检查，对后者只进行字符替换，没有类型安全检查，
//并且在字符替换时可能会产生意料不到的错误（边际效应）。
//(2)有些集成化的调试工具可以对 const 常量进行调试，但是不能对宏常量进行调试。
```

第 4 课　字符与字符串

学习目标

1. 体会字符型变量的使用。
2. 体会字符串的含义和简单使用。

3. 理解转义字符的含义和使用。

知识讲解

存放单个字符的变量，称为字符变量。字符变量的值是用一对单引号括起来的一个字符，如'a' 和'?' 等。

存放一串有若干字符的变量，称为字符串变量。字符串变量的值是用一对双引号括起来的字符序列，如"Good Morning!" 和"a" 等。如果双引号内什么都没有，称为空字符串，与双引号内有一个空格的字符串是不一样的。

1. 字符变量

定义字符变量的格式如下：

```
char 标识符 1, 标识符 2,…, 标识符 n;
```

例如：

```
char c1,c2,ch = '#';
     c1 = 'a'; c2 = '9';
```

字符变量在内存中占用 1 个字节。在 C++ 中，字符数据在内存中实际存储的是其 ASCII 码值。例如，字符 0 的 ASCII 码值为 48（十进制），字符 A 的 ASCII 码值为 65（十进制），字符 a 的 ASCII 码值为 97（十进制），而且可以输出字符形式，也可以输出整数形式，甚至还可以进行算术运算。

例 1　阅读并上机调试以下程序，观察运行结果，体会字符变量的输入与输出。

```
//p2-4-1
#include<iostream>
using namespace std;
int main(){
    char c1,c2,c3;
    c1 = 48;
    c2 = 65;
    c3 = 97;
    cout << c1 << " " << c2 << " " << c3 << " ";
    cout << int(c1) << " " << int(c2) << " " << int(c3) << endl;
    return 0;
}
```

【问题分析】

运行程序，输出“0 A a 48 65 97”。

例 2 阅读并上机调试以下程序，观察运行结果，体会字符变量的运算。

```
//p2-4-2
#include<iostream>
using namespace std;
int main(){
    char c1,c2,c3;
    c1 = 'a';
    c2 = 'Z';
    c1 = c1 - 32;
    c2 = c2 + 32;
    c3 = '0' + 9;
    cout << c1 << " " << c2 << " " << c3 << endl;
    return 0;
}
```

【问题分析】

运行程序，输出“A z 9”。

2. 转义字符

C++ 中定义了一些字符前加“\”的特殊字符，称为转义字符。常见的转义字符见表 2.4–1。

在 C++ 中，单个字符的输入、输出也可以通过字符输入、输出函数进行。

字符输入函数：getchar(输入字符)，表示从终端输入 1 个字符。

字符输出函数：putchar(输出字符)，表示向终端输出 1 个字符。

表 2.4–1 转义字符

字符形式	含义	ASCII 码值(十进制)	字符形式	含义	ASCII 码值(十进制)
\n	换行	10	\"	双撇号字符 "	34
\\	反斜杠字符 \	92	\0	空操作字符	0
\'	单撇号字符 '	39			

例 3 阅读并上机调试以下程序，观察运行结果，体会 getchar 和 putchar 的使用方式。

```
//p2-4-3
#include<cstdio>
```

```
using namespace std;
int main(){
    char a = 'A';putchar(a);     // 输出一个 A
    putchar('\\');               // 输出 '\'
    putchar('\n');               // 输出回车换行
    char c; c = getchar();
    putchar(c + 1);              // 输入一个字符，输出它在 ASCII 码表中的后一个字符
    return 0;
}
```

3. 字符串变量

在 C++ 中，可以用字符数组 char s [ ]存放字符串，也可以用 STL 中的 string 类型，例如：

```
string s = "1234 asdf"
```

每一个字符串的结尾都要加一个“字符串结束标志”，而且是系统自动添加上去的，C++ 规定以转义字符“\0”作为字符串结束标志，所以字符串“hello”在计算机中占用 6 字节，如下所示：

h	e	l	l	o	\0

所以，‘a’是不等于“a”的。

getchar 和 putchar 是输入、输出一个字符，如果要输入、输出一个字符串，可以用字符串输入、输出函数 gets 和 puts。

例 4 阅读并上机调试以下程序，观察运行结果，体会 gets 和 puts 的使用方式。

```
//p2-4-4
#include<cstdio>
using namespace std;
char s[20];                 // 定义一个长度为 20 的字符数组 s
int main(){
    gets(s);
    puts(s);
    return 0;
}
```

【问题分析】

运行程序，若输入“abcd 123”，则输出“abcd 123”。

实践巩固

1. 阅读程序，写出程序的运行结果。

```
//x2-4-1
#include<iostream>
using namespace std;
int main(){
    char i,j;
    i = 'c';
    j = 'd';
    i = i - 32;
    j = j - 32;
    cout << i << ' ' << j << endl;
    return 0;
}
```

2. 远古时代，魔法师之间的通信曾经使用过这样一种加密术：对于信中的每个字母，会用ASCII 码表中它后面的第 t 个字母代替。例如当 t=4 时，“China”加密的规则是用原来字母后面第 4 个字母代替原来的字母，如字母“A”后面第 4 个字母是“E”，则用“E”代替“A”。因此，“China”应译为“Glmre”。请编写一个程序输入任意一个字符，加密后输出。

3. 读入一个字符串，长度不小于 3。要求把前 3 位的字符全改成“a”，然后再输出改完后的字符串。

第 5 课　算术运算符

学习目标

1. 熟知算术运算符。
2. 熟练掌握算术表达式的书写。
3. 了解一些常用的数学函数。

知识讲解

C++ 中的常用算术运算符有 +、-、*、/、% 和括号，具体使用说明见表 2.5-1。

表 2.5-1 算术运算符

运算符	含义	说明	举例
+	加法	加法运算	1 + 2 = 3,1.5 + 2 = 3.5
-	减法	减法运算	5 - 4 = 1,5.12 - 8 = -2.88
*	乘法	乘法运算	4 * 5 = 20,0.125 * 8 = 1.0
/	除法	除法运算	6 / 5 = 1,5 / 2.0 = 2.5 -5.0 / 2 = -2.5,-5.0 / -2.0 = 2.5
%	模	取余运算	7 % 5 = 2,7 % - 5 = 2 -7 % 5 = -2,-7 % - 5 = -2
( )	括号	改变运算的顺序	2 * (5 + 1) = 12,100 / (8 * 2) = 6

将常量、变量、算术运算符、括号以及函数连接在一起的计算式,称为算术表达式。当一个算术表达式中包含多个运算符时,遵循的计算顺序(运算优先级)为:先算括号里的,再算乘法、除法、模,最后算加法、减法,同一级别的按照类型从左往右依次计算。表达式的计算结果称为表达式的值。

例 1 输入长方形的长和宽(整型数据),计算并输出长方形的周长和面积。例如,输入“8 3”,输出“22 24”。

```
//p2-5-1
#include<iostream>
using namespace std;
int main(){
    int a,b,c,s;
    cin >> a >> b;        //从键盘输入两个整数给 a 和 b
    c = 2 * (a + b);
    s = a * b;
    cout << c << " " << s << endl;
    return 0;
}
```

例 2 求任意一个三位数的三个数字之和。例如,输入“897”,输出“24”。

```
//p2-5-2
#include<iostream>
using namespace std;
int main(){
    int n,a,b,c;
    cin >> n;             //从键盘输入一个整数给 n
```

```
    a = n % 10;
    b = n / 10 % 10;
    c = n / 100;
    cout << a + b + c << endl;
    return 0;
}
```

C++ 还提供了一些简单的数学函数，方便人们的计算。常用的数学函数说明见表 2.5-2。

表 2.5-2　常用数学函数

函数格式	含义	举例
int abs (int i)	返回整型参数 i 的绝对值	abs (-5)=5
double fabs (double x)	返回双精度参数 x 的绝对值	fabs (-2.5)=2.5
double ceil (double x)	返回不小于 x 的最小整数（上取整）	ceil (2.5)=3.0 ceil (-2.5)=-2.0
double floor (double x)	返回不大于 x 的最大整数（下取整）	floor (2.5)=2.0 floor (-2.5)=-3.0
double pow (double x, double y)	返回 x 的 y 次幂的值	pow (2, 3)=8
double sqrt (double x)	返回 x 的平方根	sqrt (9)=3
double log (double x)	返回 ln (x) 的值（以 e 为底）	log (2.71) ≈ 1 log (8)/log (2)=3
double log10 (double x)	返回 lg (x) 的值（以 10 为底）	log10 (100)=2

但是，在使用这些数学函数前，必须添加“cmath”或者“math.h”头文件。

例 3　在一个直角坐标系中存在两个点。输入两个点的坐标（整数），输出它们连成的线段长度。例如，输入“39 22 11 5”，输出“32.7567”。

```
//p2-5-3
#include<iostream>
#include<cmath>
using namespace std;
int main(){
    double x1,y1,x2,y2;
    cin >> x1 >> y1 >> x2 >> y2;
    cout << sqrt(pow(x1 - x2,2) + pow(y1 - y2,2));
    return 0;
}
```

实践巩固

1. 计算以下表达式的值。

(1) 17/3=________　(2) 18.0/4=________

(3) 4567%1000=________　(4) 17%3=________

(5) -17%4=________　(6) 4567%100=________

2. 当 a=2、b=3、c=4 时，求以下算术表达式的值。

(1) a*b+c　(2) a*(b+c)　(3) (1+b)*c　(4) a*a*b*b

3. 阅读程序，写出程序的运行结果。

```
//x2-5-3
#include<iostream>
#include<cmath>
using namespace std;
int main(){
    cout << ceil(-5.01) << endl;
    cout << floor(-5.99) << endl;
    cout << pow(3.5,2.0) << endl;
    cout << pow(-5,3) << endl;
    cout << sqrt(100.0) << endl;
    return 0;
}
```

4. 超市里有香蕉、苹果、葡萄三种水果，单价分别为 5 元 / 斤、8 元 / 斤、12 元 / 斤，计算并输出三种水果的平均价格(实型)。如果只有 39 元钱，并且只能购买某一种水果整数斤，请计算并输出可以分别买几斤、各剩余多少钱。

5. 小林同学在操场跑步，他总共跑了 x 秒，请编程将其拆解为小时、分钟、秒输出。例如，输入“1245”，输出“0 20 45”。

6. 输入一个四位数，将这个数的各位数字倒序合成一个新数，输出原数和新数的差。例如，输入“4321”，输出“3087”。

第 6 课　cin 语句

学习目标

掌握 cin 语句的格式和应用。

知识讲解

cin 是 C++ 中实现输入功能的语句,其格式一般为:

```
cin >> 项目1 >> 项目2 >> … >> 项目n;
```

在使用 cin 语句从键盘输入多个数据项的时候,一定要注意三个一致:数据个数一致、输入顺序一致、数据类型一致。

例 1 阅读下列程序,体会 cin 语句的使用。

```
//p2-6-1
#include<iostream>
using namespace std;
int main(){
    int a,b,c;
    cin >> a >> b >> c;
    char d,e;
    cin >> d >> e;
    float f;
    cin >> f;
    cout << "a=" << a << " b=" << b << " c=" << c << endl;
    cout << "d=" << d << " e=" << e << " f=" << f << endl;
    return 0;
}
```

【问题分析】

运行程序,输入“1 23 456 A # 789.012”,则输出:

a=1 b=23 c=456

d=A e=# f=789.012

键盘输入的数据类型完全与定义的变量类型一致,输出也完全正确。如果输入改为“1 2 3 4 5 6”,则输出:

a=1 b=2 c=3

d=4 e=5 f=6

可以发现,输出结果也是正确的。因为数字“4”和“5”也可以作为一个字符型数据。同时,可以把一个整型输入(赋值)给一个实型变量。但是不能把实型输入给整型或者字符型变量。例如:键盘输入“1.5 2.4999 -66.99 1 2 3”,则输出:

a=1 b=0 c=-148210510

d=v e=↕ f=3.21416e-039

可以发现,几个变量的值完全不对。所以,一定要注意键盘输入数据的类型与定义的变量类型保持一致。

例 2 编程从键盘输入一个小写字母，将它转换成大写字母输出。

【问题分析】

```
//p2-6-2
#include<iostream>
using namespace std;
int main(){
    char ch1,ch2;
    cin >> ch1;
    ch2 = ch1 - 32;
    cout << ch2 << endl;
    //cout << ch1 - 32 << endl; 可以直接输出 ch2 的 ASCII 码
    return 0;
}
```

例 3 从键盘输入一个梯形的上底、下底和高（整型数据），输出该梯形的面积（保留小数点后 2 位）。例如，输入“5 8 7”，则输出“45.50”。

【问题分析】

```
//p2-6-3
#include<iostream>
#include<iomanip>
using namespace std;
int main(){
    int a,b,h;
    float area;
    cin >> a >> b >> h;
    area = (a + b) * h / 2.0;
    cout << setprecision(2) << fixed << area << endl;
    return 0;
}
```

实践巩固

1. 编程从键盘输入 5 位同学的成绩（整型数据），输出他们的平均分，保留小数点后一位。例如，输入“94 99 100 100 97”，则输出“98.0”。

2. 小明从零花钱中拿了 n 张 10 元的纸币去文具店买铅笔，铅笔每支 0.45 元。请问：他最多能买多少支铅笔，还剩下多少钱？例如，输入 n 的值为 4，则输出“buy=88 left=0.4”。

第 7 课 赋值语句

学习目标

掌握赋值语句的使用方法。

知识讲解

在 C++ 中，可以通过“赋值语句”来修改变量的值。赋值语句的格式如下：

```
变量名 = 值或者表达式；
```

其中，“=”称为“赋值号”。例如，“int a,b;a=12;b=a+3;”表示定义了 2 个整数变量 a 和 b，给 a 赋值为 12，给 b 赋值为 a+3，即 b 的值为 15。

需要注意的是：a=b 与 a==b 是完全不同的意义，“==”是关系运算符。

例 1 阅读程序，写出程序的运行结果。

```
//p2-7-1
#include<iostream>
using namespace std;
int main(){
    int a,b,s,d;
    bool l,e;
    a = 3;
    b = 3;
    s = a + b;
    d = a / b;
    l = a < b;
    e = a == b;
    cout << s <<' '<< d <<' '<< l <<' '<< e << endl;
    return 0;
}
```

【问题分析】

运行程序，输出“6 1 0 1”。

计算时，“a < b”和“a==b”的结果分别是 bool 类型的值 0 和 1。

在 C++ 中，赋值语句非常灵活，有多种复合写法。

(1) 算术复合

例如，“a = a + x;”可以写成“a += x;”，其他类似的还有“a -= x;”“a *= x;”“a /= x;”“a %= x;”等。

例 2　阅读程序，写出程序的运行结果。

```
//p2-7-2
#include<iostream>
using namespace std;
int a,b;
int main(){
    cin >> a >> b;
    a += b;
    b -= 1;
    cout << a << " " << b << endl;
    a /= 2;
    b *= b;
    cout << a << " " << b << endl;
    a %= b;
    b %= 10;
    cout << a << " " << b << endl;
    return 0;
}
```

【问题分析】

运行程序，输入“100 56”，输出：

156 55

78 3025

78 5

(2) 赋值复合

C++ 支持在一个表达式里出现连续的赋值号，即一次给几个变量赋同一个值。此时计算顺序是从右到左，有括号存在的，先计算括号内的表达式。

例 3　阅读程序，写出程序的运行结果。

```
//p2-7-3
#include<iostream>
using namespace std;
```

```
int a,b;
int main(){
    a = b = 5;
    cout << a << ' '<< b << endl;
    (a = b) = 10;
    cout << a << ' '<< b << endl;
    (a += b) = 20;
    cout << a << ' '<< b << endl;
    return 0;
}
```

【问题分析】

运行程序，输出：

5 5

10 5

20 5

(3) 逗号表达式

在 C++ 中，允许用逗号连接几个表达式，构成一个更大的表达式，称为“逗号表达式”。其格式如下：

```
表达式 1, 表达式 2, …, 表达式 n;
```

各个表达式的计算顺序是从左往右，最终整个表达式的值是“表达式 n”的值。

例 4 阅读程序，写出程序的运行结果。

```
//p2-7-4
#include<iostream>
using namespace std;
int main(){
    int j = 10,k = 1000;
    int i = (k + 1,j + 100,999 + j);
    cout << i << endl;
    return 0;
}
```

【问题分析】

运行程序，输出“1009”。

给 i 赋值的语句中赋值号右边的括号是必须要加的，因为逗号运算符的优先级低于赋值号的优先级。

实践巩固

1. 阅读程序,写出程序的运行结果。

```
//x2-7-1
#include<iostream>
using namespace std;
int main(){
    int a,b,c,d;
    cin >> a >> b;
    a *= b;
    b--;                        // b-- 表示 b = b - 1
    (c = d = a) = b;
    d = (a++,b+10,c--);         // a++ 表示 a = a + 1
    cout << a << " " << b << " " << c << " " << d << endl;
    return 0;
}
输入:100 20
输出:
```

2. 输入一个不含有数字 0 的四位正整数 a,计算并输出 b、c、d 的值。其中,b 表示把这个数倒过来;c 表示把高两位和低两位交换;d 表示把它的各位数字求和。例如,输入"1234",则输出"4321 3412 10"。

3. 班主任给小玉一个任务:到文具店里买尽量多的签字笔。已知一支签字笔的价格是 1 元 9 角,而班主任给小玉的钱是 a 元 b 角,$0 \leqslant a \leqslant 10000$,$0 \leqslant b \leqslant 9$。小玉想知道,她最多能买多少只签字笔。例如,输入"10 3",输出"5"。

4. 成绩(NOIP2017 普及组复赛,score,1s,256MB)

【问题描述】

牛牛最近学习了 C++ 入门课程,这门课程的总成绩计算方法是:总成绩 = 作业成绩 ×20% + 小测成绩 ×30% + 期末考试成绩 ×50%。牛牛想知道,这门课程自己最终能得到多少分。

【输入格式】

输入一行包含三个非负整数 A、B、C,分别表示牛牛的作业成绩、小测成绩和期末考试成绩。相邻两个数之间用一个空格隔开,三项成绩满分都是 100 分。

【输出格式】

输出一行一个整数,即牛牛这门课程的总成绩,满分也是 100 分。

【输入样例】

60 90 80

【输出样例】

79

【样例说明】

牛牛的作业成绩是 60 分，小测成绩是 90 分，期末考试成绩是 80 分，总成绩是 $60 \times 20\% + 90 \times 30\% + 80 \times 50\% = 12 + 27 + 40 = 79$。

【数据说明】

对于 30% 的数据满足：A=B=0。

对于另外 30% 的数据满足：A=B=100。

对于 100% 的数据满足：0 ≤ A、B、C ≤ 100 且 A、B、C 都是 10 的整数倍。

第 8 课　复合运算符

学习目标

理解并学会使用 C++ 中的复合运算符。

知识讲解

在 C++ 中，复合运算符实际上是赋值语句的一种缩写形式，使得修改变量值的操作更加简洁。

1. 自加运算符和自减运算符

自加运算符“++”有两种写法，即 i++ 或者 ++i。在单独使用时，其作用相同，都相当于 i=i+1。自减运算符“--”也有两种写法，即 i-- 或者 --i。在单独使用时，其作用相同，都相当于 i=i-1。但是，在赋值语句中使用时，两种用法结果就不一样了。++i 和 --i 是在使用 i 前，先把 i 的值加 1 和减 1；而 i++ 和 i-- 是在使用 i 后，再把 i 的值加 1 和减 1。

需要注意的是，++ 和 -- 只能用于变量，不能出现类似于 5++ 或者 (a+b)++ 的情况。另外，在遇到多个 ++ 和 -- 时，计算的结合方向（结合律）是按照表达式自右向左进行。例如：

```
int a,b = 5;
b++;                //b 的值变为 6
++b;                //b 的值变为 7
a = b++;            //a 的值为 7,b 的值变为 8
a = ++b;            //b 的值变为 9,a 的值也为 9
```

例1 阅读程序,写出程序的运行结果。

```
//p2-8-1
#include<iostream>
using namespace std;
int main(){
    int i = 3,j;
    j = ++i;
    cout << j << i << endl;
    j = i++;
    cout << j << i << endl;
    return 0;
}
```

【问题分析】

运行程序,输出:

44

45

例2 阅读并上机调试程序,结合程序的运行结果,体会自加、自减运算符。

```
//p2-8-2
#include<iostream>
#include<cstdio>
using namespace std;
int main(){
    int a = 5,b,c,i = 10;
    b = a++;
    printf("no.1:a = %d,b = %d\n",a,b);
    c = ++b;
    printf("no.2:a = %d,b = %d,c = %d\n",a,b,c);
    printf("no.3:i,i++,i++= %d,%d,%d\n",i,i++,i++);
    printf("no.4:i = %d\n",++i);
    printf("no.5:i = %d\n",--i);
    printf("no.6:i = %d\n",i++);
    printf("no.7:i = %d\n",i--);
    printf("no.8:i = %d\n",-i++);
    printf("no.9:i = %d\n",-i--);
    printf("no.10:i = %d\n",i);
    getchar();
```

```
    return 0;
}
```

【问题分析】

运行程序，输出：

no.1:a=6,b=5

no.2:a=6,b=6,c=6

no.3:i,i++,i++=12,11,10

no.4:i=13

no.5:i=12

no.6:i=12

no.7:i=13

no.8:i=-12

no.9:i=-13

no.10:i=12

2. 复合算术赋值

上一课已经初步学习了复合算术赋值，如 +=、-=、*=、/=、%=。对于复合算术运算符的用法，以“+=”为例，a +=b 等效于 a=a + b。例如：

```
int a,b;
a = b= 5;         //a 的值为 5,b 的值为 5
a += b;           //a 的值为 10，相当于 a = a+b
a -= b;           //a 的值为 5，相当于 a = a-b
a *= b;           //a 的值为 25，相当于 a = a*b
a /= b;           //a 的值为 5，相当于 a = a/b
a %= b;           //a 的值为 0，相当于 a = a%b
```

需要注意的是，a *=b + 8 等价于 a=a *(b + 8)。复合算术赋值运算的优点是程序更精炼，编译效率高。

例 3 阅读程序，写出程序的运行结果。

```
//p2-8-3
#include<iostream>
using namespace std;
int main(){
    int a = 10,b,c,t = 0,s = 100;
    a += 20;
    c = b *= b = a;
```

```
    (s /= c) %= a;
    t += (a + b) * c;
    cout << a << ' ' << b << ' ' << c << ' ' << s << ' ' << t << endl;
    return 0;
}
```

【问题分析】

运行程序,输出“30 900 900 0 837000”。

实践巩固

1. 下列表达式中整型变量 a 的值均为 10,且各表达式互不影响,求 a 和 b 的值。

表达式	a 变量的值	表达式	a、b 变量的值
++a		b=a++	
--a		b=--a	
a++		b=2 * a++	
a--		b=a-- * 2	

2. 阅读程序,写出程序的运行结果。

```
//x2-8-2
#include<iostream>
using namespace std;
int main(){
    int i = 1;
    i = (++i) + (++i);
    cout << i << endl;
    return 0;
}
```

3. 阅读程序,写出程序的运行结果。

```
//x2-8-3
#include<cstdio>
using namespace std;
int main(){
    int b = 13,a = 10;
    (a = (b *= b)) += 4;
    printf("%d %d\n",a,b);
    return 0;
}
```

第 9 课　运算规则

学习目标

1. 掌握 C++ 的运算规则（优先级和结合性）。
2. 掌握数据类型的自动转换和强制转换。

知识讲解

在 C++ 中，整型数据和实型数据可以混合运算，字符型数据可以和整型数据通用。因此，13+'a'+3.14–4.5*'b' 是合法的表达式。但是，在具体计算时，编译系统会自动将不同类型的数据转换成同一类型，再进行运算，称为数据类型的“自动转换”，其转换规则按图 2.9–1 所示的箭头方向进行。

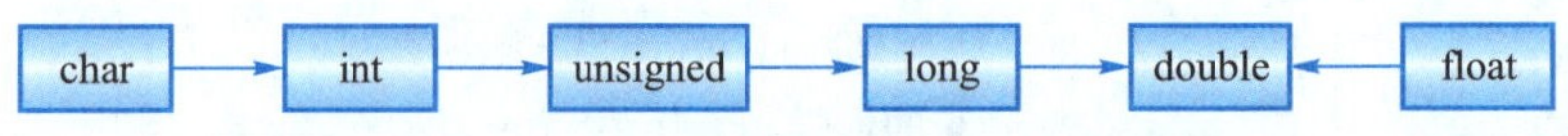

图 2.9–1　数据类型的自动转换规则

例如，求抽象表达式 int + char +int*float – double/long 的值，其计算顺序如下：

第 1 步：计算“*”，系统先将 int 类型的数自动转换成 float 类型，结果为 float 类型；

第 2 步：计算“/”，系统先将 long 类型的数转换为 double 类型，结果为 double 类型；

第 3 步：计算最左边的“+”，系统先将 char 类型的数转换成 int 类型，结果为 int 类型；

第 4 步：计算第 2 个“+”，系统先将 int 类型的数转换成 double 类型，结果为 double 类型；

第 5 步：计算“–”，两个 double 类型的数相减，结果为 double 类型。

C++ 语言还规定了运算符的优先级和结合性。在表达式求值时，先按运算符的优先级别高低次序执行，例如先乘除后加减。如果一个运算对象两侧的运算符的优先级别相同，如 a–b+c，则按规定的“结合方向”处理。算术运算符的结合方向为“先左后右”，又称之为“左结合性”。有些运算符的结合方向为“自右向左”，即右结合性，例如赋值运算符。部分运算符的优先级和结合性见表 2.9–1。

表 2.9–1　部分运算符的优先级和结合性

优先级	运算符	结合性	优先级	运算符	结合性
1	( )、[]	从左往右	5	<<、>>、>>>	从左往右
2	!、+(正)、–(负)、~、++、––	从右往左	6	<、<=、>、>=、instanceof	从左往右
3	*、/、%	从左往右	7	==、!=	从左往右
4	+(加)、–(减)	从左往右	8	&(按位与)	从左往右

续表

<table>
<tr><th>优先级</th><th>运算符</th><th>结合性</th><th>优先级</th><th>运算符</th><th>结合性</th></tr>
<tr><td>9</td><td>^</td><td>从左往右</td><td>12</td><td>||</td><td>从左往右</td></tr>
<tr><td>10</td><td>|</td><td>从左往右</td><td>13</td><td>?:</td><td>从右往左</td></tr>
<tr><td>11</td><td>&&</td><td>从左往右</td><td>14</td><td>=、+=、-=、*=、/=、%=
&=、|=、^=、~=、<<=、
>>=、>>>=</td><td>从右往左</td></tr>
</table>

在赋值运算中，赋值号两边数据的类型不同时，赋值号右边量或者表达式值的类型将自动转换为左边量的类型。如果右侧数据类型长度比左边长，将丢失一部分数据，这样会降低精度，丢失的部分按四舍五入的规则向前舍入。

在 C++ 中，除了“自动转换”外，还可以“强制类型转换”。格式为：

```
(类型名)(表达式)
(类型名)变量
```

例如：

```
(double)a                  //将 a 强制转换成 double 型
(int)(x+y)                 //将 x+y 的值强制转换为 int 型
(float)(4%3)               //将 4%3 的值强制转换成 float 型
```

例 1　阅读并上机调试程序，观察运行结果，体会赋值语句中的自动类型转换。

```
//p2-9-1
#include<iostream>
using namespace std;
int main(){
    float pi = 3.14159;
    int s,r = 4;
    s=r * r * pi;
    cout << s << endl;
    return 0;
}
```

【问题分析】

运行程序，输出“50”。

例 2 阅读并上机调试程序，观察运行结果，体会强制类型转换的应用。

```
//p2-9-2
#include <iostream>
using namespace std;
int main(){
    int x;
    float a = 15.75;
    double b = 323.01;
    cout << (int) a << endl;
    cout << (int) (b + 0.5) % 10 << endl;
    cout << (int) b % (int) a + 1 << endl;
    return 0;
}
```

【问题分析】

运行程序，输出：

15

3

9

实践巩固

1. 阅读程序，写出程序的运行结果。

```
//x2-9-1
#include<iostream>
using namespace std;
int main(){
    int a,b,c;
    long long s;
    a = 1532646572;
    b = 1458679433;
    c = 1253467832;
    s = (long long)a + b + c;
    cout << "s=" << s << endl;
    return 0;
}
```

2. 假设如下程序运行后输出“-32768 -32768”。请问下画线处定义 a 和 b 要使用哪种数据类型，为什么？

```
//x2-9-2
#include<iostream>
using namespace std;
int main(){
    ______ a,b;
    a = 32768;
    b = a;
    printf("%d %d\n",a,b);
    return 0;
}
```

3. 阅读程序,写出程序的运行结果。

```
//x2-9-3
#include<iostream>
using namespace std;
int main(){
    int a = 12,b = 3;
    char c = 'a';
    float d = 3.51;
    long long e = 1000000000;
    double f = 999999999.99,x,y,z;
    x = a + c + b * d - f / e;
    y = (int) 3.999 + (int) 4.001;
    z = (double)102 + '9';
    cout << x << ' ' << y << ' ' << z << endl;
    return 0;
}
```

4. 小王在物理实验室看到了一个感兴趣的实验设备“电阻”。于是,他自学了一些书籍,发现了一个公式:对于阻抗为 r_1 和 r_2 的电阻,其并联电阻阻抗值的计算公式为 $R=1/(1/r_1 + 1/r_2)$。现在,请编程输入两个电阻阻抗的大小(浮点型),输出并联之后的阻抗值大小(结果保留小数点后 2 位)。例如,输入“1 2”,输出“0.67”。

第 10 课 格式控制

学习目标

1. 了解 C++ 的格式控制。
2. 学会 scanf 和 printf 函数的使用。
3. 知晓 scanf、printf 与 cin、cout 的区别。

知识讲解

C++ 语言兼容 C 语言中的基本语句语法。scanf 和 printf 是 C 语言中的输入输出函数(语句),在 C++ 语言环境中也可以使用。“f”是 format(格式)之意,就是要按照指定的格式输入输出值,所以又称为格式输入输出函数。对于大数据的输入、输出,使用 scanf 和 printf,比 C++ 中的输入输出流语句(cin 和 cout)效率更高、速度更快。

scanf 和 printf 是标准库函数,使用前需要加上 cstdio 头文件。

1. printf 函数

printf 函数的格式为:

```
printf(格式控制字符串, 输出列表);
```

例如,“printf("%d,%c\n",i,c);”表示将变量 i 以整数形式输出,变量 c 以字符形式输出,两个输出项之间用一个逗号隔开。

格式控制字符串是用双引号括起来的字符串。包括两种信息:一种是普通字符,按原样输出;另一种是格式说明,由 % 和格式字符组成,如 %d,作用是将输出的数据转换成指定的格式输出,格式包括数据的类型、形式、长度、小数位数等。常用的格式字符见表 2.10–1。

表 2.10–1 常用的格式字符

格式字符	说明
%d	以十进制形式输出带符号整数,正号(+)不输出
%o	以八进制形式输出无符号整数,不输出前缀 0
%x,%X	以十六进制形式输出无符号整数,不输出前缀 0x
%u	以十进制形式输出无符号整数
%c	以字符形式输出一个字符
%s	输出字符串
%f,%lf	以小数形式输出单、双精度数,隐含输出 6 位小数
%e,%E	以指数形式输出实数
%l	加在格式符 d、o、x、u 前,用于长整型数据

实际使用时,要注意数据类型应与上述格式说明匹配,否则会发生错误。以下是一些使用说明:

1) 输出整数形式可以用 %d 或 %md,m 为指定的输出字符的宽度,输出数据右对齐。例如,“printf("a=%d,a=%4d",a,a);”若 a=1,结果为“a=1,a=   1”。

2) 输出长整型可以用 %ld,一个 int 型数据可以用 %d 或 %ld 格式输出。

3) 输出字符串用 %s,如“printf("%s","hello");”。

4) “%ms”,输出的字符串占 m 列,如字符串本身长度大于 m,则突破 m 的限制,将字符串全部输出;若串的长度小于 m,则左补空格。

5）“%-ms”，若串长小于 m，则在 m 列范围内，字符串向左靠，右补空格。

6）“%m.ns”，输出占 m 列，但只取字符串中左端 n 个字符。这 n 个字符输出在 m 列的右侧，左补空格。

7）“%-m.ns”，m、n 含义同上，n 个字符输出在 m 列范围的左侧，右补空格，如果 n>m，则 m 自动取 n 值，即保证 n 个字符正常输出。

8）“%m.nf”，输出浮点数，占 m 列，其中有 n 位小数，如果数值长度小于 m，则左补空格。

9）“%-m.nf”，同上，只是使输出的数值向左端靠齐，右端补空格。

例 1　阅读并上机调试程序，体会 printf 函数的使用。

```
//p2-10-1
#include<cstdio>
using namespace std;
int main(){
    printf("%d",1);              //输出 1
    printf("%o",8);              //输出 10
    printf("%x",17);             //输出 11
    printf("%u",12);             //输出 12
    printf("%c",49);             //输出 1
    printf("%s","1ab11");        //输出 1ab11
    printf("%f",0.14);           //输出 0.140000
    printf("%e",0.1);            //输出 1.000000e-001
    printf("%lld",21473648);     //输出 2147483648
    return 0;
}
```

2. scanf 函数

scanf 函数的格式为：

```
scanf（格式控制字符串，地址表列）；
```

scanf 的作用是输入指定形式的数据。其中，地址列表可以是变量的地址，也可以是字符串的首地址。例如：

```
int a,b;
scanf("%d,%d",&a,&b);
```

表示先在内存中各开辟 4 字节的空间给 a 和 b，当遇到 scanf 语句时，就把键盘上输入的 2 个数依次存入 a、b 所在的空间(及地址中)。“&a”表示取 a 变量的地址，“&”称为取地址符。简而言之，就是先找地址后放值。

使用 scanf 函数时，需要注意以下问题：

1）如果在格式控制字符串中有其他字符，则运行程序输入数据时，对应的位置也要输入这些相同的字符。例如：

```
scanf("%d,%d",&a,&b);
```

键盘输入应该是“3,4”，而不能是“3 4”。

2）scanf 函数输入时可以过滤掉不想读入的字符。例如：

```
scanf("%d+%d+%d",&a,&b,&c);
```

键盘输入“1+2+3”，则 scanf 可以无视“+”，使得 a、b、c 的值分别为 1、2、3。

再如：

```
scanf("%3d %*3d %2d",&m,&n);
```

键盘输入“113 118 69”，则 m、n 的值分别为 113、69，因为“*”表示跳过相应数据。

例 2 阅读并上机调试程序，体会 scanf 函数的使用。

```
//p2-10-2
#include<cstdio>
#include<cmath>
int main(){
    double x1,y1,x2,y2,q;
    scanf("%lf %lf %lf %lf",&x1,&y1,&x2,&y2);
    q = sqrt((x1 - x2) * (x1 - x2) + (y1 - y2) * (y1 - y2));
    printf("%.3f\n",q);
    return 0;
}
```

【问题分析】

运行程序，输入“1.5 2.5 9.3 8.1”，输出“9.602”。

3. scanf、printf 与 cin、cout 的比较

cin 是输入流，cout 是输出流，重载了“>>”“<<”运算符，包含在头文件 <iostream> 中。

cin 代表标准输入设备，使用提取运算符“>>”从键盘取得数据，送到输入流对象 cin 中，然后送到内存。cin 是自动判断变量类型，比如一个 char 数据只能用默认的 char 方法取数据。

cout 先把要输出的东西存入缓冲区，遇到“endl”或者“return 0”再输出并刷新缓冲区，导致效率降低。

scanf 是格式化输入，printf 是格式化输出，包含在头文件 <cstdio> 中。

因为 scanf 是用指针操作的,没有类型安全机制,比如对于一个 char 类型数据,就可以用“%f”获得输入,而不会报错,但在运行时会出现异常。scanf 函数取数据时遇到回车、空格、TAB 就会停止。

printf 输出效率比较高,但是编写代码相对而言麻烦一些。

例3　阅读并上机调试以下两个程序,观察程序的运行时间,分析比较 cin 和 scanf 的效率。

```
//p2-10-3a
#include<iostream>
#include<ctime>
#include<cstdio>
#include<windows.h>
using namespace std;
const int num = 10000000;
int main(){
    freopen("data.in","r",stdin);
    int i,n,start,end;
    start = clock();
    for(i = 0; i < num - 2; i++)
        cin >> n;        //用 cin 读取这 1000000 个随机数
    end = clock();
    cout << double(end - start)/CLOCKS_PER_SEC << endl;
    Sleep(5000);         //注意:Sleep 的 S 需要大写
    system("pause");
    return 0;
}
```

```
//p2-10-3b
#include<ctime>
#include<cstdio>
#include<stdlib.h>
#include<windows.h>
#include<iostream>
using namespace std;
const int num = 10000000;
int main(){
    freopen("data.in","r",stdin);
    int i,n,start,end;
    start = clock();
    for(i = 0; i < num; i++)
        scanf("%d",&n);//用 scanf 读取这 1000000 个数
    end = clock();
    printf("%f\n",double(end - start)/CLOCKS_PER_SEC);
```

```
    system("pause");
    Sleep(5000);// 注意：Sleep 的 S 需要大写
    return 0;
}
```

实践巩固

1. 阅读程序，写出程序的运行结果。

```
//x2-10-1
#include<iostream>
#include<cstdio>
using namespace std;
int main(){
    int a = 100;
    double b = 246.343;
    printf("a = %d\n",a);
    printf("2*a = %d\n",2*a);
    printf("a = %2d\n",a);
    printf("%3f\n",b);
    printf("%20.2lf\n",b);
    printf("%-20.2lf\n",b);
    printf("%.2lf\n",b);
    return 0;
}
```

2. 求三角形面积。

【问题描述】

输入一个三角形的三条边长，求此三角形的面积。

【输入格式】

一行三个整数 a、b、c，中间用一个空格隔开，表示三条边的边长。

【输出格式】

一行一个实数，表示三角形的面积。结果保留小数后两位。

【输入样例】

3 4 5

【输出样例】

6.00

3. 求等差数列。

【问题描述】

给出 n 个整数 $a_1,a_2,a_3,\cdots,a_n$，如果对于任意的 $i(2\leqslant i\leqslant n)$，$a_i-a_{i-1}$ 都相等，称这列数为“等差数列”。现在给出一个等差数列的前两项 a_1,a_2，求第 n 项的值是多少。

【输入格式】

一行三个整数 a_1,a_2 和 n,之间用一个空格隔开。其中,$-100 \leqslant a_1,a_2 \leqslant 100$,$1 \leqslant n \leqslant 1000$。

【输出格式】

一行一个整数,即第 n 项的值。

【输入样例】

1 4 100

【输出样例】

298

第 3 单元　分支结构程序设计

第 1 课　关系运算符

学习目标

1. 熟练掌握 C++ 中的关系运算符。
2. 熟知关系运算符和数学运算符的优先级。
3. 学会正确书写关系表达式。

知识讲解

前面已经学习过算术运算符及算术表达式。在程序设计中，还会用到关系运算符和逻辑运算符。

1. 关系运算符

在数学中，用 >、≥、<、≤、=、≠ 来表示数值及算术表达式之间的关系。在 C++ 中，同样提供了六种关系运算符，包括 >(大于)、<(小于)、>=(大于或等于)、<=(小于或等于)、==(等于)、!=(不等于)。

由关系运算符连接起来的表达式，称为关系表达式。关系表达式的结果是一个逻辑值“真”或“假”。“真”表示这个关系成立，“假”表示这个关系不成立。在 C++ 中，通常用 0 表示假，用非 0 值(通常用 1)表示真。关系运算符举例见表 3.1–1。

表 3.1–1　关系运算符举例

关系运算符	含义	应用举例	表达式结果
==	等于	1==2	0
!=	不等于	1!=2	1
<	小于	1<2	1
>	大于	1>2	0
<=	小于或等于	1<=2	1
>=	大于或等于	1>=2	0

使用关系运算符需要注意以下问题。

(1) “等于”与“赋值”的区别

“==”表示关系运算“等于”，例如 a==5，表示判断变量 a 与 5 是否相等，结果为一个逻辑值，a 的值保持不变。

“=”表示“赋值”操作，例如 a=5，表示将常量 5 赋值给变量 a。

(2) 实型数据(浮点数)的关系运算

整型数据的关系运算按照数值大小进行比较，字符型数据按照 ASCII 码值大小进行比较。但是，实型数据(浮点数)在计算机中是近似存储的，直接比较大小会出现问题。比如：0.666666 是否等于 0.666667 呢？这个结果不一定，若要求误差在 0.001 范围内，则相等；若要求在 0.00000001 范围内，则不等。所以，在 C++ 中，一般用两个数值的差与要求的精度进行比较，判断它们是否相等，或者判断一个数是否等于 0。例如：

```
float const zero = 1e-3;
```

判断 fabs(x-y)<zero 或者 fabs(x)<zero。

(3) 运算符的优先级

运算符的优先级就是在一个表达式中，既有各种算术运算符，又有各种关系运算符时，按照什么先后顺序进行计算。在 C++ 中，算术运算符、关系运算符、赋值运算符的计算顺序见表 3.1-2，当然，有括号的先算括号里面。

表 3.1–2 运算符的优先级

算术运算符	*、/、%	由高到低 ↓
	+、-	
关系运算符	<、>、<=、>=	
	==、!=	
赋值运算符	=	

2. 关系运算符的应用举例

例 1 假设变量定义为“int x=6，y=4，z=5；”，请分别写出下列表达式的值。

(1) x + y > y + z

(2) 'x' < 'z'

(3) x == x >= y

(4) (x < y) > (y <= z)

【问题分析】

(1) 先执行“>”两边的加法运算，因为 x+y=10，y+z=9，大于关系成立，所以表达式的值为 1。

(2) 因为字符‘x’的 ASCII 码值小于字符‘z’的 ASCII 码值，小于关系成立，所以表达式的值为 1。

(3) 先执行“>=”运算，其值为 1。再执行“==”运算，6 不等于 1，所以表达式的值为 0。

(4) 先执行两个括号中的关系运算。左边的小于关系不成立，所以值为 0。右边的小于或等于关系成立，所以值为 1。再执行中间的大于运算，所以整个表达式的值为 0。

例 2 阅读程序，写出程序的运行结果。

```
//p3-1-2
#include<iostream>
using namespace std;
int main(){
    int n1 = 4,n2 = 5,n3;
    n3 = (n1 > n2);
    cout << n3 << ",";
    n3 = (n1 < n2);
    cout << n3 << ",";
    n3 = (n1 == 4);
    cout << n3 << ",";
    n3 = (n1 == 5);
    cout << n3 << endl;
    return 0;
}
```

【问题分析】

运行程序，输出“0,1,1,0”。

例 3 阅读程序，写出程序的运行结果。

```
//p3-1-3
#include<iostream>
using namespace std;
int main(){
    char x,y;
    x = 'm';
    y = 'n';
    int n;
    n = x < y;
    cout << n << endl;
    n = x == y - 1;
    cout << n << endl;
    n = ('y' != 'Y') + (5 > 3) + (y - x == 1);
    cout << n << endl;
    return 0;
}
```

【问题分析】

按照字符的比较规则,变量 x 小于变量 y 成立,所以第一行输出 1。按照字符运算规则,变量 y-1 的值为字符'm'和变量 x 相等,所以第二行输出 1。字符'y'和字符'Y'的 ASCII 码值不同,所以"!="的关系式成立,"5 > 3"也成立,"y - x==1"也成立,所以第三行输出 3。

实践巩固

1. 假设变量定义为"int a=2,b=3,c=4;",请分别写出下列表达式的值。

(1) a>2　　(2) a>b+c　　(3) a==2　　(4) a=='a'

(5) b=a==2　　(6) 'a'>'A'　　(7) b=='a'+1　　(8) c-a==a

2. 下列选项中,不符合 C++ 语法的表达式为(　　)。

A. 0<=x<100　　B. i=j==0　　C. (char)(65+3)　　D. x+1=x+1

3. 小写字母转换(change,1s,128MB)

【问题描述】

编写一个程序,将键盘输入的小写字母转换成对应的大写字母输出到屏幕。

【输入格式】

一行一个小写英文字母。

【输出格式】

一行一个对应的大写英文字母。

【样例输入】

y

【样例输出】

Y

第 2 课　逻辑运算符

学习目标

1. 熟练掌握 C++ 中的逻辑运算符。
2. 熟知逻辑运算符的优先级。
3. 学会正确书写逻辑表达式。

知识讲解

在数学中,经常需要表示一个 0~100 之间(包含 0 和 100)的整数,或者 x 大于 y 且 x 大于 z 这样的关系,可以写成 $0 \leqslant x \leqslant 100$,或者 x>y 且 x>z。在 C++ 中,如何表示呢?这就要用到逻

辑运算符。

C++ 提供了 &&(逻辑与)、||(逻辑或)和！(逻辑非)三种逻辑运算符。其中,&& 和 || 是双目运算符,而！是单目运算符。

由逻辑运算符连接起来的表达式,称为逻辑表达式,其运算结果也是一个逻辑值“真”或“假”。三种运算的规则见表 3.2-1~ 表 3.2-3。

表 3.2-1 逻辑非运算规则

A	!A	A	!A
0	1	1	0

表 3.2-2 逻辑与运算规则

A	B	A&&B	A	B	A&&B
0	0	0	1	0	0
0	1	0	1	1	1

表 3.2-3 逻辑或运算规则

A	B	A||B	A	B	A||B
0	0	0	1	0	1
0	1	1	1	1	1

使用逻辑运算符需要注意这样几个问题。

(1) 逻辑运算符的优先级问题

逻辑运算符的优先级见表 3.2-4。

表 3.2-4 运算符的优先级

优先级	运算符	结合性	优先级	运算符	结合性
1	( )	从左到右	6	==、!=	从左向右
2	!、+(正)、-(负)、++、--	从右到左	7	&&	从左向右
3	*、/、%	从左向右	8	||	从左向右
4	+(加)、-(减)	从左向右	9	=、+=、-=、*=、/=、%=	从左向右
5	<、<=、>、>=	从左向右			

例 1 写出下列语义的 C++ 表达式。

1) 一个 0~100 之间(不包括 0 和 100)的数 a。

2) x 大于 y 且 x 大于 z。

3) x 是英文字母。

【问题分析】

1) a>0 && a<100

2) x>y && x>z

3) 字符可以按照ASCII码值来比较大小,英文字母有小写和大写两种,只要满足其一即可,所以表达式为:x>='a' && x<='z' || x>='A' && x<='Z'。

(2) 整型数据也可以参与逻辑运算

整型数据在参与逻辑运算时,根据其值是0或非0,分别当作逻辑值"假"或"真"进行处理。

例2 假设变量定义为"int a=0,b=0,c=1,d=1;",请写出表达式 a && b || c && d 的结果。

【问题分析】

根据运算符的优先级,a && b 的值为0,c && d 的值为1,0 || 1 的值为1,所以整个表达式值为1。

例3 阅读程序,写出程序的运行结果。

```
//p3-2-3
#include<iostream>
using namespace std;
int main(){
    int a,b,c,d;
    a = 2;b = 3;c = 0;
    d = (a + b || c);
    cout << d << endl;
    return 0;
}
```

【问题分析】

根据运算符的优先级,d的值为1。所以,运行程序,输出"1"。

(3) 逻辑表达式是"短路计算"

在逻辑表达式的计算过程中,一旦能够确定整个表达式的值,就会立刻停止计算。例如,对于"A && B",如果已经计算出表达式A为假,那么整个表达式的值肯定为假,于是表达式B就不需要再计算下去了。同理,对于"A || B",如果已经计算出表达式A为真,那么整个表达式必定为真,于是表达式B也不必计算下去了。

例4 阅读程序,写出程序的运行结果。

```
//p3-2-4
#include<iostream>
using namespace std;
int main(){
```

```
    int a,b,c,d;
    a = 2;b = 3;c = 0;
    d = (a > b) && (c = 4);
    cout << d << " "<< c << endl;
    return 0;
}
```

【问题分析】

因为“a>b”不成立，按照逻辑表达式“短路计算”的原则，可以确定 d 为 0，而且不会去执行“c=4”的赋值运算，所以 c 的值还是 0。程序输出“0 0”。

例 5 写出判断某一年份 x 是否是“闰年”的表达式。

【问题分析】

判断“闰年”的口诀是：四年一闰，百年不闰，四百年又闰。2016 年是闰年，因为 2016 能被 4 整除；2100 年不是闰年，因为它能被 100 整除；但 2000 年是闰年，因为它能被 400 整除。

所以，判断某一年份是否是闰年有两种情况：一种是能被 400 整除；另一种是能被 4 整除但不能被 100 整除。所以，可以表示成：

(x % 400==0)||((x % 4==0)&&(x % 100 !=0))

实践巩固

1. 假设变量定义如下为“int A=1,B=0,C=0,D=1;”，以下逻辑运算表达式的值为真(1)的有(　　)。

A. (A && B)||(C && D)　　B. ((A && B)||C)&& D　　C. A &&((B || C)|| D)

D. (A &&(B || C))|| D　　E. (A || B)&&(C || D)

2. 阅读程序，写出程序的运行结果。

```
//x3-2-2
#include<iostream>
using namespace std;
int main() {
    int a,b,c,d;
    a = 2;b = 3;c = 0;
    d = (a < b || (c = 4));
    cout << d << " "<< c << endl;
    return 0;
}
```

3. 阅读程序，写出程序的运行结果。

```
//x3-2-3
#include<iostream>
using namespace std;
int main(){
    int a = 0,b = 1;
    bool flag = (a++) && (b++);
    cout << a << "," << b << endl;
    flag = a++ && b++;
    cout << a << "," << b << endl;
    flag = a++ || b++;
    cout << a << "," << b << endl;
    return 0;
}
```

第3课 if 语句

学习目标

1. 掌握 if 语句的两种格式。
2. 理解分支结构和复合语句。
3. 熟练应用 if 语句解决一些实际问题。

知识讲解

在日常生活中，经常碰到这样的情况：如果一个条件成立，去做 A 这件事情；否则，去做 B 这件事情。例如，如果明天不下雨，学校就组织去郊游；否则，就组织去看电影。在程序设计中，把这种情况称为“分支结构”或者“选择结构”。

在 C++ 中，分支结构可以用 if 语句或者 switch 语句实现。

1. if 语句

if 语句有两种格式。第一种格式为：

```
if( 表达式 )
    语句 1;
else
    语句 2;
```

表示如果“表达式”的值为真(条件成立)，那么执行“语句 1”；否则，执行“语句 2”。其流程图如图 3.3-1 所示。

if 语句的第二种格式为：

```
if(表达式)
    语句;
```

表示如果"表达式"的值为真(条件成立)，那么执行"语句"；否则，什么也不做(else 及其后面省略)。其流程图如图 3.3-2 所示。

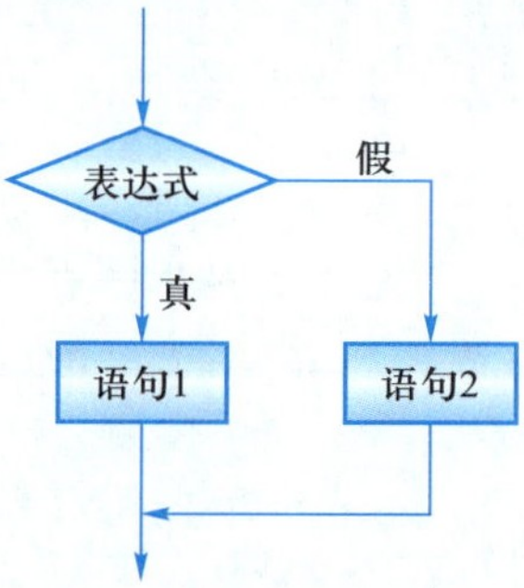

图 3.3-1 if-else 语句的流程图

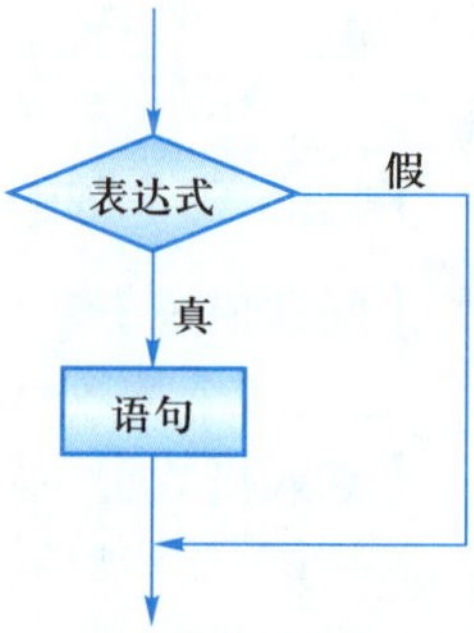

图 3.3-2 if 语句的流程图

例 1 旅游费用。

【问题描述】

风华公司"南京一日游"的收费标准为：5 人以内(含 5 人)按散客标准，每人 300 元；超过 5 人，按团体标准，每人 280 元。请根据输入的人数，输出其旅游费用。

【输入格式】

一行一个正整数 n，表示人数，$1 \leq n \leq 5000000$。

【输出格式】

一行一个正整数，表示需要的总旅游费用。

【输入样例】

9

【输出样例】

2520

【问题分析】

这是一个"选择性"问题，根据人数 n 来选择不同的收费标准。条件就是 $n \leq 5$，如果成立，那么收费为 $n \times 300$；否则，收费为 $n \times 280$。

```
//p3-3-1a
#include<iostream>
using namespace std;
int main(){
    int n;
    cin >> n;
    if(n <= 5)
        cout << n * 300 << endl;
    else
        cout << n * 280 << endl;
    return 0;
}
```

也可以写成格式 2 的形式：

```
//p3-3-1b
#include<iostream>
using namespace std;
int main(){
    int n,ans;
    cin >> n;
    ans = n * 300;
    if(n > 5)
        ans = n * 280;
    cout << ans << endl;
    return 0;
}
```

例 2　三个数的大小比较。

【问题描述】

输入三个整数 x、y 和 z，判断是否满足 $x \leqslant y \leqslant z$。若满足，则输出“YES”；否则，输出“NO”。

【输入格式】

一行三个整数 x、y 和 z，int 范围以内。

【输出格式】

一行一个单词，表示答案。

【输入样例 1】

3 6 7

【输出样例 1】

YES

【输入样例 2】

3 7 6

【输出样例 2】

NO

【问题分析】

如果逻辑表达式“x<=y && y<=z”为真，则输出“YES”；否则，输出“NO”。

```
//p3-3-2
#include<iostream>
using namespace std;
int main(){
    int x,y,z;
    cin >> x >> y >> z;
    if(x <= y && y <= z) cout << "YES" << endl;
    else cout << "NO" << endl;
    return 0;
}
```

2. 复合语句

例 3 数据交换。

【问题描述】

输入 a、b 两个整数，如果 a 大于 b，则交换 a 与 b 的值，再输出 a 和 b 的值。

【输入格式】

一行两个整数 a、b，int 范围以内。

【输出格式】

一行两个整数，a、b 最后的值，中间空一格。

【输入样例 1】

6 7

【输出样例 1】

6 7

【输入样例 2】

10 8

【输出样例 2】

8 10

【问题分析】

交换 a 与 b 的值需要用到 3 条语句。所以，当判断条件“a>b”成立时，需要依次执行完这 3 条语句，这时就需要用花括号“{ }”将这 3 条语句括起来，这些括起来的语句组合称为“复合语句”，流程图如图 3.3–3 所示。

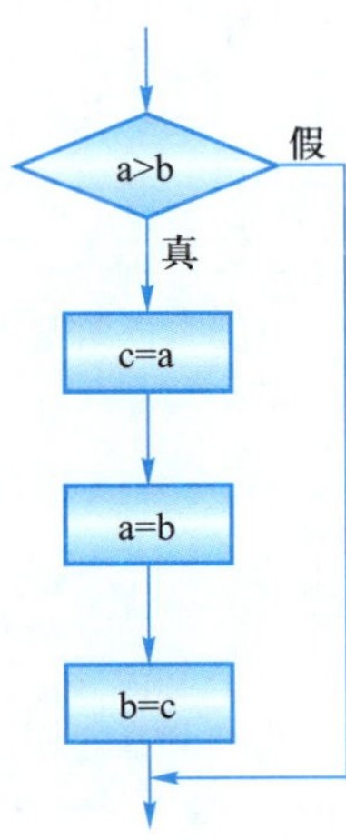

图 3.3–3 复合语句的流程图

```
//p3-3-3
#include<iostream>
using namespace std;
int main(){
    int a,b,c;
    cin >> a >> b;
    if(a > b){
        c = a;
        a = b;
        b = c;
    }
    cout << a << " " << b << endl;
    return 0;
}
```

实践巩固

1. 阅读程序，回答问题。

```
//x3-3-1
#include<iostream>
using namespace std;
int main(){
    int a,b;
    cin >> a >> b;
    if(a == b)
        cout << "Equal" << endl;
    else
        cout << "Unequal" << endl;
    return 0;
}
```

(1) 输入“5 6”，输出什么？
(2) 输入“5 5”，输出什么？
(3) 将程序中的（a==b）修改成（a=b），再分别输入“5 6”和“5 5”呢？

2. 阅读程序，回答问题。

```
#include<iostream>
using namespace std;
int main(){
    int a,b,c = 0,d = 0;
    cin >> a >> b;
    if(a > b){
        c = a / b;
        d = a % b;
    }
    cout << c << " " << d << endl;
    return 0;
}
```

(1) 输入“10 3”，输出什么？
(2) 输入“3 10”，输出什么？
(3) 如果将 if(a > b) 后面的一组大括号去掉，再分别输入“10 3”和“3 10”，则输出什么？

3. 求绝对值（abs，1s，128MB）。

【问题描述】

输入一个整数，输出其绝对值。

【输入格式】

一行一个整数，int 范围以内。

【输出格式】

一行一个整数，表示答案。

【输入样例】

–5

【输出样例】

5

4. 判断闰年(leap,1s,128MB)。

【问题描述】

输入某一个年份 x,判断该年是否为闰年。是则输出“YES”,否则输出“NO”。

【输入格式】

一行一个正整数 x,int 范围以内。

【输出格式】

一行一个单词,表示判断结果。

【输入样例】

2000

【输出样例】

YES

5. 判断正负(judgepn,1s,128MB)。

【问题描述】

输入一个整数 N,判断并输出其正负。

【输入格式】

一行一个整数 N,$-10^9 \leqslant N \leqslant 10^9$。

【输出格式】

如果 N>0,输出“Positive”;

如果 N=0,输出“Zero”;

如果 N<0,输出“Negative”。

【输入样例】

1

【输出样例】

Positive

6. 整除问题(divide,1s,128MB)。

【问题描述】

输入一个数整 N,判断它能否同时被 3 和 5 整除。

【输入格式】

一行一个整数 N,$-10^9 \leqslant N \leqslant 10^9$。

【输出格式】

一行一个单词,如果能同时被 3 和 5 整除输出“YES”,否则输出“NO”。

【样例输入】

15

【样例输出】

YES

第 4 课　if 语句的嵌套

学习目标

1. 理解 if 语句嵌套的含义。
2. 熟练应用 if 语句及其嵌套解决一些实际问题。

知识讲解

在分支结构中经常会遇到这样的情况：如果条件 1 成立，就去做 A 事情，否则去做 B 事情，但是，在做 A 事情（或者 B 事情）时，还要根据条件 2 是否成立，决定是做 A1（或者 B1）这件子事情，还是去做 A2（或者 B2）这件子事情。在程序设计中，把这种情况称为分支结构的“嵌套”，一般用来解决三种及以上的分支情况。

例 1　三个数的大小比较。

【问题描述】

输入三个整数 x、y、z，判断其是否满足 x≤y≤z。若满足，输出“YES”；否则，输出“NO”。

【输入格式】

一行三个整数 x、y、z，int 范围以内。

【输出格式】

一行一个单词，表示答案。

【输入样例】

3 6 7

【输出样例】

YES

【问题分析】

前面已经介绍过用逻辑表达式“x<=y && y<=z”来表示“YES”的条件，本题也可以用 if 语句的嵌套来解决，如图 3.4–1 所示。

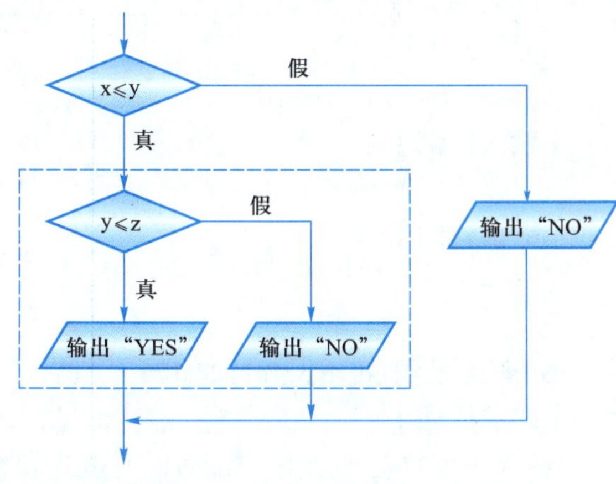

图 3.4–1　if 语句的嵌套示意图

```
//p3-4-1
#include<iostream>
using namespace std;
int main(){
    int x,y,z;
    cin >> x >> y >> z;
    if(x <= y)
```

```
        if(y <= z)
            cout << "YES" << endl;
        else
            cout << "NO" << endl;
    else
        cout << "NO" << endl;
    return 0;
}
```

在上述程序中，if…else…语句的 if 子句里又套了一个 if…else…语句。使用 if 语句的嵌套要注意以下几个问题。

(1) 分支结构可以嵌套很多层

p3-4-1 的程序中，在第一层的 if 子句里嵌套了一个 if 语句(第二层)，也就是嵌套一层。有时，情况分类很多，也可以根据需要，在第一层的 else 子句里嵌套，还可以在第二层的 if 里继续嵌套第三层，在第三层的 if 里继续嵌套第四层……

(2) if 与 else 的配对关系

一个程序中可能会出现很多的 if 和 else 子句，那么，如何匹配呢？一句话，程序中的 else 子句总是与离它最近的前面一个 if 子句配对。

例 2 阅读程序，写出程序的运行结果。

```
//p3-4-2a
#include<iostream>
using namespace std;
int main(){
    int x = 4,y = 3,z = 2;
    if(x <= y)
        if(y <= z)
            cout << "YES" << endl;
    else
        cout << "NO" << endl;
    return 0;
}
```

【问题分析】

程序不会输出任何结果，因为其中的 else 子句从书写格式上看，与外层“if(x<=y)”语句配对，但其实是与内层的“if(y<=z)”配对，而外层的“if(x<=y)”是不成立的，又没有 else 子句，所以直接执行后面的“returne 0;”语句。

(3) 编程要形成良好的代码风格

为了增强程序的可读性，if…else…语句及其嵌套都采用“缩进”对齐格式，让同层的 if 子句与 else 子句对齐。如程序 3-4-2a，应该写成如下风格：

```
//p3-4-2b
#include<iostream>
using namespace std;
int main(){
    int x = 4,y = 3,z = 2;
    if(x <= y)
        if(y <= z)
            cout << "YES" << endl;
        else
            cout << "NO" << endl;
    return 0;
}
```

例 3 判断闰年。

【问题描述】

输入某一年份 x，判断该年份是否是闰年。是则输出“YES”，否则输出“NO”。

【输入格式】

一行一个正整数 x，int 范围以内。

【输出格式】

一行一个单词，表示判断结果。

【输入样例】

2000

【输出样例】

YES

【问题分析】

前面已经介绍过判断闰年的条件表达式。对于闰年的判断，也可以采用嵌套的方法来实现，如图 3.4–2 所示。

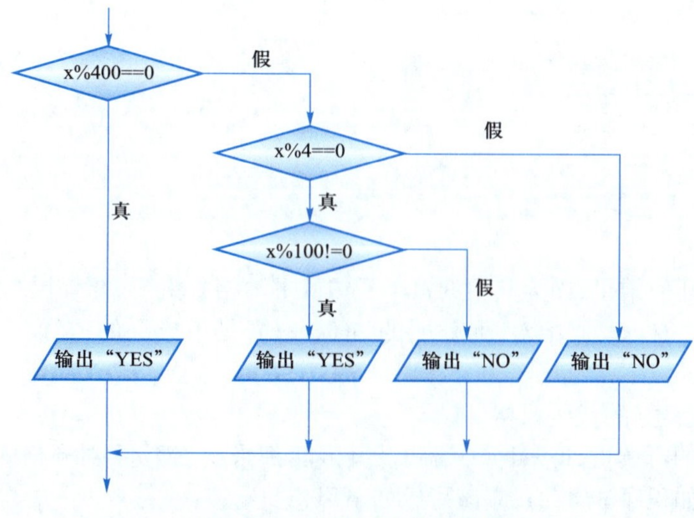

图 3.4–2 判断闰年的示意图

```
//p3-4-3
#include<iostream>
using namespace std;
int main(){
    int x;
    cin >> x;
    if(x % 400 == 0)
        cout << "YES" << endl;
    else
        if(x % 4 == 0)
            if(x % 100 != 0)
                cout << "YES" << endl;
            else
                cout << "NO" << endl;
        else
            cout << "NO" << endl;
    return 0;
}
```

例 4　优惠购物。

【问题描述】

某商场为迎接即将到来的“六一”儿童节，推出了一系列优惠活动。

(1) 如果是该商场的 VIP 客户，那么：

如果购买的商品价值在 500 元以下(含 500 元)，将享受 8.5 折优惠；

如果购买的商品价值在 500 元以上，1000 元以下(含 1000 元)，将享受 8 折优惠；

如果购买的商品在 1000 元以上，除了享受 7.5 折优惠，还将获得一个惊喜大礼包。

(2) 如果不是 VIP 客户，那么：

如果购买的商品价值在 500 元以下(含 500 元)，将享受 9 折优惠；

如果购买的商品价值在 500 元以上，除了享受 9 折优惠，同时还将获得一个惊喜大礼包。

本题的任务是根据顾客的身份和购买商品的价值，给出一个应付金额，以及在付款时，是否可以领取大礼包。

【输入格式】

第一行一个字符“V”或“C”，“V”表示该顾客是 VIP 客户，“C”表示是普通客户。

第二行一个正整数，int 范围以内，表示该顾客购买的商品价值。

【输出格式】

第一行表示是否可以领取大礼包，如果可以输出“YES”，否则输出“NO”。

第二行一个实数，保留两位小数，表示顾客应付金额。

【样例输入】

V

580

【样例输出】

NO

464.00

【问题分析】

设 id 表示顾客的身份，price 表示顾客购买的商品价值，flag=0 表示无大礼包，flag=1 表示有大礼包，discount 表示顾客享受的折扣，则计算流程如下：

```
flag = 0;
如果 id 等于"V"
    如果 price ≤ 500, 则 discount = 0.85;
    否则，如果 price ≤ 1000, 则 discount = 0.8;
        否则，discount = 0.75, flag = 1;
否则
    discount = 0.9;
    如果 price>500, 则 flag = 1;
```

```
//p3-4-4
#include<cstdio>
using namespace std;
int main (){
    char id;
    int flag = 0;
    float price,discount;
    scanf("%c", &id);
    scanf("%f", &price);
    if(id == 'V')
        if(price <= 500)
            discount = 0.85;
        else
            if(price <= 1000)
                discount = 0.8;
            else{
                discount = 0.75;
                flag = 1;
            }
    else{
        discount = 0.9;
        if(price > 500)
            flag = 1;
    }
    if(flag)
        printf("YES\n");
    else
        printf("NO\n");
    printf("%.2f\n", price * discount);
    return 0;
}
```

实践巩固

1. 阅读程序，写出程序的运行结果。

```
//x3-4-1
#include<iostream>
using namespace std;
int main(){
    int a,b,c;
    a = 1;
    b = 2;
    c = 3;
    if(a > b){
        if(a > c)
            cout << a << ' ';
        else
            cout << b << ' ';
    }
    cout << c << endl;
    return 0;
}
```

2. 成绩问题。(score，1s，128MB)

【问题描述】

给出一名学生的语文和数学成绩，判断其是否恰好有一门课不及格(成绩小于 60 分)。

【输入格式】

一行两个整数，0~100 之间(包含 0 和 100)，分别表示语文和数学成绩。

【输出格式】

若该生恰好有一门课不及格，输出“1”；否则，输出“0”。

【样例输入】

50 80

【样例输出】

1

3. 骑车与走路。(bikewalk，1s，128MB)

【问题描述】

在大学校园里，没有自行车，上课、办事会很不方便。但实际上，并非去办任何事情都是骑车快，因为骑车总要找车、开锁、停车、锁车等，这要耽误一些时间。假设找到自行车，开锁并骑上自行车的时间为 27 秒；停车锁车的时间为 23 秒；步行每秒行走 1.2 米，骑车每秒行走 3.0 米。请判断走不同的距离去办事，是骑车快还是走路快。

【输入格式】

一行一个整数，int 范围以内，表示一次办事要行走的距离，单位为米。

【输出格式】

一行一个单词，如果骑车快，则输出一行“Bike”；如果走路快，则输出一行“Walk”；如果一样快，输出一行“All”。

说明：时间误差在 0.0001 范围内，则认为一样快。

【样例输入】

120

【样例输出】

Bike

4. 计算邮资。(postage，1s，128MB)。

【问题描述】

请根据邮件的重量和用户选择是否加急计算邮费。计算规则：重量在 1000 以内(包括)，基本费 8 元；超过 1000 克的部分，每 500 克加收超重费 4 元，不足 500 克部分按 500 克计算；如果用户选择加急，多收 5 元。

【输入格式】

一行，包含一个大于 0 的整数和一个字符“y”或“n”，之间用一个空格隔开，分别表示重量(int 范围以内，单位为克)和是否加急。如果字符是“y”，说明选择加急；如果字符是“n”，说明不加急。

【输出格式】

输出一行一个正整数，表示邮费。

【样例输入】

1200 y

【样例输出】

17

第 5 课　条件表达式

学习目标

学会书写和使用条件表达式解决一些实际问题。

知识讲解

C++ 语言表达能力强，表达式类型丰富。其中就有一个“条件表达式”，通过它也可以来实现有选择的取值。条件表达式的格式为：

```
<表达式 1> ? <表达式 2> : <表达式 3>
```

其运算规则为：首先计算表达式 1 的值，若表达式 1 的值为真(非 0)，则只计算表达式 2，并将其结果作为整个表达式的值；否则，只计算表达式 3，并将其结果作为整个表达式的值。

例 1 阅读程序，写出程序的运行结果。

```
//p3-5-1
#include<iostream>
using namespace std;
int main(){
    int x = 5,y = 10,z;
    z = x > y ? x : y;
    cout << z << endl;
    z = x > 0 ? 1 : -1;
    cout << z << endl;
    cout << (x % 2 == 0 ? "x is even" : "x is odd") << endl;
    return 0;
}
```

【问题分析】

条件表达式“x > y ? x:y”中的条件“x > y”不成立，按照运算规则，其表达式的值为 y，所以 z 为 10，第一行输出 10。条件表达式“x > 0 ? 1:-1”中的条件“x > 0”成立，所以其表达式的值为 1，所以 z 为 1，第二行输出 1。条件表达式“x % 2==0 ? "x is even":"x is odd"”中的条件“x % 2==0”不成立，其表达式的值为“x is odd”，所以第三行输出“x is odd”。

例 2 旅游费用。

【问题描述】

风华公司“南京一日游”的收费标准为：5 人以内(含 5 人)按散客标准，每人 300 元。超过 5 人，按团体标准，每人 280 元。请根据输入的人数，输出其旅游费用。

【输入格式】

一行一个正整数 n，表示人数，1≤n≤5000000。

【输出格式】

一行一个正整数，表示需要的总旅游费用。

【输入样例】

9

【输出样例】

2520

【问题分析】

```
//p3-5-2
#include<iostream>
```

```
using namespace std;
int main(){
    int n;
    cin >> n;
    cout << (n <= 5 ? n * 300:n * 280) << endl;
    return 0;
}
```

例 3 判断闰年。

【问题描述】

输入某一年份 x,判断该年份是否是闰年。是则输出“YES”,否则输出“NO”。

【输入格式】

一行一个正整数 x,int 范围以内。

【输出格式】

一行一个单词,表示判断结果。

【输入样例】

2000

【输出样例】

YES

【问题分析】

```
//p3-5-3
#include<iostream>
using namespace std;
int main(){
    int x;
    cin >> x;
    cout << (x % 400 == 0 ? "YES":(x % 4 == 0 ? (x % 100 != 0 ? "YES" : "NO") :
      "NO")) << endl;
    return 0;
}
```

实践巩固

1. 小写字母转换。(lowercase,1s,128MB)

【问题描述】

输入一个字符,判断其是否为小写字母,如果是就将它转换成对应的大写字母;如果不是,则不要转换。输出最后得到的字符。

【输入格式】

一行一个字符。

【输出格式】
一行一个字符,表示答案。
【样例输入】
y
【样例输出】
Y

2. 输出最大数。(maxnum,1s,128MB)
【问题描述】
输入三个整数,int 范围以内,输出这三个数中的最大数。
【输入格式】
一行三个整数,int 范围以内,每两个数之间用一个空格隔开。
【输出格式】
一行一个整数,表示答案。
【样例输入】
50 38 -9
【样例输出】
50

3. 分段函数(function,1s,128MB)。
【问题描述】
编写程序,计算下列分段函数 y=f(x)的值:
(1) 如果 x>0,则 y=1;
(2) 如果 x=0,则 y=0;
(3) 如果 x<0,则 y=-1。
【输入格式】
一行一个整数 x,int 范围以内。
【输出格式】
输出 x 对应的分段函数值 y。
【样例输入】
500
【样例输出】
1

第6课 switch语句

学习目标

1. 掌握 switch 语句的格式和含义。
2. 学会应用 switch 语句解决一些实际问题。

知识讲解

在一些实际问题中，分类情况特别多，如果用 if 语句嵌套实现，层数太多，容易出错。为此，C++ 提供了一种多分支语句——switch。

switch 语句的一般格式为：

```
switch(表达式){
    case 常量表达式 1: 语句组 1; [break;]
    case 常量表达式 2: 语句组 2; [break;]
    …
    case 常量表达式 n: 语句组 n; [break;]
    [default: 语句组 n+1]
}
```

执行过程为：先计算表达式的值，然后从前往后依次与 case 子句中所列出的各个常量表达式的值进行比较，若表达式的值与常量中的值相等，就开始进入相应的 case 后面的语句组执行，遇到后续的 case 也不再进行判断(默认匹配)，直至遇到 break 语句或 switch 语句结束。default 表示表达式与所有常量表达式的值都不匹配，那么就执行其后面的语句组，通常将 default 放在最后。如果表达式与各分支常量表达式的值都不匹配时，不需要执行任何语句，则 default 可以省略。

例 1 阅读下面程序，思考输入“–”，则输出什么。

```
//p3-6-1
#include<iostream>
using namespace std;
int main(){
    char symbol;
    cin >> symbol;
    switch(symbol){
```

```
        case '+':cout << "+" << endl; break;
        case '-':cout << "-" << endl; break;
        case '*':cout << "*" << endl; break;
        case '/':cout << "/" << endl; break;
        default:cout << "Input Invalid!";
    }
    return 0;
}
```

【问题分析】

按照 switch 语句的执行过程，应该输出“-”。

例 2　阅读下面程序，思考输入“-”，则输出什么。

```
//p3-6-2
#include<iostream>
using namespace std;
int main(){
    char symbol;
    cin >> symbol;
    switch(symbol){
        case '+':cout << "+" << endl;
        case '-':cout << "-" << endl;
        case '*':cout << "*" << endl;
        case '/':cout << "/" << endl;
        default:cout << "Input Invalid!";
    }
    return 0;
}
```

【问题分析】

相比例 1，每个 case 子句的语句组后都没有 break 语句，也就不能及时跳出 switch 语句。所以，程序输出四行，第一行为“-”，第二行为“*”，第三行为“/”，第四行为“Input Invalid!”。

使用 switch 语句要注意以下几点。

1) switch 后面的表达式，取值只能是整型、字符型、布尔型或枚举型。case 后面的常量表达式，其值类型要与 switch 后面表达式的类型一致。

2) 任意两个 case 后的表达式值必须各不相同，否则将引起歧义。

3) 语句组可以是一条语句，也可以是一个复合语句。

4) 多个 case 语句可以共用一组程序。

例3 阅读程序,思考分别输入"A""B""C",则程序输出什么。

```
//p3-6-3
#include<iostream>
using namespace std;
int main(){
    char ch;
    cin >> ch;
    switch(ch){
        case 'A':
        case 'B':
        case 'C':cout << "Pass" << endl; break;
    }
}
```

【问题分析】

因为三个 case 子句共用一个语句组"cout << "Pass" << endl;break;"所以输出结果均为"Pass"。

例4 优惠购物。

【问题描述】

某商场的客户分为白金卡会员、金卡会员、银卡会员和普通客户。为了回馈广大顾客,现推出以下优惠活动:

(1) 如果客户是白金会员,现在将享受7折优惠;

(2) 如果客户是金卡会员,现在将享受8折优惠;

(3) 如果客户是银卡会员,现在将享受9折优惠;

(4) 如果客户是普通客户,现在将享受9.5折优惠。

本题的任务是根据顾客的身份和购买商品的价格,给出应付金额。

【输入格式】

第一行一个字符。"P"表示白金会员,"G"表示金卡会员,"S"表示银卡会员,其他字符表示普通客户。

第二行一个整数,int 范围以内,表示该顾客购买的商品金额。

【输出格式】

一行一个实数,保留两位小数,表示顾客应付金额。

【样例输入】

G

580

【样例输出】

464.00

【问题分析】

设 id 表示顾客的身份，price 表示顾客购买的商品金额，根据 id 的值来计算顾客应付金额。因为情况较多，所以使用 switch 语句实现。

```
//p3-6-4
#include<cstdio>
using namespace std;
int main(){
    char id;
    float price,discount;
    scanf("%c\n",&id);
    scanf("%f",&price);
    switch(id){
        case 'P':discount = 0.7; break;
        case 'G':discount = 0.8; break;
        case 'S':discount = 0.9; break;
        default:discount = 0.95;
    }
    printf("%.2f\n",price * discount);
    return 0;
}
```

例 5　某年某月的天数。

【问题描述】

输入 x 和 y，输出 x 年 y 月有多少天。

【输入格式】

一行两个正整数 x 和 y，分别表示年份和月份。x 在 int 范围以内，y 为 1~12。

【输出格式】

一行一个正整数，表示该年该月有多少天。

【样例输入】

2000 3

【样例输出】

31

【问题分析】

我们知道，每年的 1、3、5、7、8、10、12 这 7 个月份都是 31 天。而每年的 4、6、9、11 这 4 个月份都是 30 天。如果是闰年，则 2 月份是 29 天，否则是 28 天。所以，可以用 switch 语句来判断月份，然后在“case 2”的子句里嵌套一个 if 语句来判断是否是闰年，输出“29”或者“28”。

```
//p3-6-5
#include<iostream>
using namespace std;
int main(){
```

```
    int x,y,day;
    cin >> x >> y;
    switch(y){
        case 1:  case 3:  case 5:
        case 7:  case 8:  case 10:
        case 12:day = 31; break;
        case 4:  case 6:  case 9:
        case 11:day = 30; break;
        case 2:{
            if((x % 400 == 0) || ((x % 4 == 0) && (x % 100 != 0)))
                day = 29;
            else
                day = 28;
            break;
        }
    }
    cout << day << endl;
    return 0;
}
```

实践巩固

1. 单词转换(numword,1s,128MB)。

【问题描述】

输入十个数 1~10,输出其对应的英文单词。

【输入格式】

一行一个正整数,1~10 之间。

【输出格式】

一行一个英文单词,要求首字母大写,其他字母小写。

【样例输入】

1

【样例输出】

One

2. 小江赴约会(appointment,1s,128MB)。

【问题描述】

小江的朋友小谢约他下周一起去看展览,但小江每周的 1、3、5 必须上课。请帮小江判断他能否接受小谢的邀请,如果能,输出“YES”;如果不能,则输出“NO”。

【输入格式】

输入一行,小谢邀请小江去看展览的日期,用数字 1~7 表示从星期一 ~ 星期日。

【输出格式】

输出一行,如果小江可以接受小谢的邀请,输出“YES”;否则,输出“NO”。

【样例输入】

2

【样例输出】

YES

3. 简单计算器(cal,1s,128MB)。

【问题描述】

一个最简单的计算器,支持 +、-、*、/ 这四种运算。仅须考虑输入、输出为整数的情况,数据和运算结果不会超过 int 范围。

【输入格式】

输入一行 3 个参数,3 个参数之间以一个空格隔开。其中,第 1、2 个参数为整数,int 范围以内,第 3 个参数为操作符(+、-、*、/)。

【输出格式】

输出一行一个整数,为运算结果。然而:

(1) 如果出现除数为 0 的情况,则输出“Divided by zero”;

(2) 如果出现无效操作符(即不是 +、-、*、/),则输出“Invalid operator”。

【样例输入】

1 2 +

【样例输出】

3

第 7 课 分支结构应用举例

学习目标

1. 总结反思,建立分支结构的知识体系。
2. 实践巩固,熟练应用分支结构解决一些实际问题。

知识讲解

例 1 水果价格。

【问题描述】

有苹果(apples)、梨(pears)、橘子(oranges)、葡萄(grapes)4 种水果,单价分别是 3.00 元 / 千克,2.50 元 / 千克,4.10 元 / 千克和 10.2 元 / 千克。

在屏幕上显示如样例所示的菜单。当用户输入编号 1~4,首先显示查询提示,然后显示相应水果的单价(保留 1 位小数)。如果输入其他编号,则显示单价为 0(无小数)。

【输入格式】

一行一个整数,0~9 之间。

【输出格式】

提示信息和相应水果的单价,格式如样例输出所示。

【样例输入】

3

【样例输出】

[1]apples

[2]pears

[3]oranges

[4]grapes

Price=4.1

【问题分析】

首先输出提示,然后依据输入的数字选择相应的语句执行。由于是多分支结构,所以建议使用 switch 语句。

```
//p3-7-1
#include<iostream>
using namespace std;
int main(){
    int x;
    cin >> x;
    cout << "[1]apples" << endl;
    cout << "[2]pears" << endl;
    cout << "[3]oranges" << endl;
    cout << "[4]grapes" << endl;
    cout << "Price=";
    switch(x){
        case 1:cout << "3.0" << endl; break;
        case 2:cout << "2.5" << endl; break;
        case 3:cout << "4.1" << endl; break;
        case 4:cout << "10.2" << endl; break;
        default:cout << "0" << endl;
    }
    return 0;
}
```

例 2 虫子吃苹果。

【问题描述】

小苏买了一箱苹果共有 n 个,很不幸的是箱子里混进了一条虫子。虫子每 x 小时能吃掉一个苹果。假设虫子在吃完一个苹果之前不会吃另一个,那么经过 y 小时,这箱苹果中还有多少个苹果没有被虫子吃过?

【输入格式】

一行三个整数,表示 n、x、y,int 范围以内,之间用一个空格隔开。

【输出格式】

一行一个整数,即所求答案。

【输入样例】

3 2 1

【输出样例】

2

【问题分析】

如果 y%x 等于 0,则剩余的苹果为 n-y/x;否则,答案为 n-y/x-1。特殊情况是,如果经过 y 小时虫子吃掉的苹果比 n 多,则说明剩余苹果为 0。

```
//p3-7-2
#include<iostream>
using namespace std;
int main(){
    int n,x,y;
    cin >> n >> x >> y;
    int k = y / x;
    if(y % x) k++;//y % x 等价于 y % x != 0
    if(k <= n) cout << n - k << endl;
    else cout << 0 << endl;
    return 0;
}
```

例 3 字符判断。

【问题描述】

键盘输入任意一个字符,判断是大写字母、小写字母还是数字。

【输入格式】

一行一个字符。

【输出格式】

如果是大写字母,输出"capital";如果是小写字母,则输出"lowercase";如果是数字,则输出"number";其他字符输出"others"。

【样例输入】

A

【样例输出】

capital

【问题分析】

C++ 中的字符可以直接比较大小,依据就是其对应的 ASCII 码值。而且在 ASCII 码中大写字母、小写字母和数字字符都是连续编号的。所以,判断字符类别可以直接进行关系运算,也可以通过它的ASCII码范围来实现。

```
//p3-7-3
#include<iostream>
using namespace std;
int main(){
    char ch;
    cin >> ch;
    if(ch >= 'A' && ch <= 'Z') cout << "capital" << endl;
    else
        if(ch >= 'a' && ch <= 'z') cout << "lowercase" << endl;
        else
            if(ch >= '0' && ch <= '9') cout << "number" << endl;
            else cout << "others" << endl;
    return 0;
}
```

例4 随机函数。

【问题描述】

编程随机生成2个1~9之间的整数a、b,再随机生成1个1~4的整数c,1、2、3、4分别对应+、−、*、/这4个运算符号。程序输出a和b通过c所对应的运算符号组成的算术表达式及其结果。

【输入格式】

无输入。

【输出格式】

输出a和b的算术表达式及其结果,具体参照样例输出。

【样例输出】

5+3=8

【样例说明】

样例输出只是一种可能,不唯一,但是输出格式要相同。

【问题分析】

C++中的函数rand()返回[0,RAND_MAX]之间的随机整数,其中,RAND_MAX一般为32767。但是,在调用rand()之前一般要先设置"随机种子",通常可以用srand(time(0))来实现。函数rand()和srand()需要包含"cstdlib"头文件,函数time()需要包含"ctime"头文件。

一般来说,产生a~b之间的随机整数可以表示为a+rand()%(b−a+1)。

```
//p3-7-4
#include<cstdio>
#include<cstdlib>
#include<ctime>
using namespace std;
int main(){
    int a,b,c;
```

```
    srand(time(0));
    int x = 1,y = 9;
    a = x + rand() % (y - x + 1);
    b = x + rand() % (y - x + 1);
    x = 1;
    y = 4;
    c = x + rand() % (y - x + 1);
    switch(c){
        case 1:printf("%d+%d = %d\n",a,b,a + b); break;
        case 2:printf("%d-%d = %d\n",a,b,a - b); break;
        case 3:printf("%d*%d = %d\n",a,b,a * b); break;
        case 4:printf("%d/%d = %d\n",a,b,a / b); break;
    }
    return 0;
}
```

实践巩固

1. 图形判断。(rectria，1s，128MB)

【问题描述】

从键盘输入一个大写字母，如果是“J”，则下一行输入两个正整数，表示一个矩形的长和宽，计算并输出该矩形的周长和面积；如果不是“J”，则下一行输入三个数，表示一个三角形的三条边长，计算并输出该三角形的周长。

【输入格式】

输入两行，第一行为一个大写英文字母。

若第一行英文字母为“J”，则第二行有两个正整数；否则，第二行有三个正整数(保证能构成三角形)，int 范围以内。

【输出格式】

如果是矩形，则输出 2 个数(中间用一个空格隔开)，表示矩形的周长和面积；否则，输出 1 个数，表示三角形的周长。所有答案均在 int 范围以内。

【输入样例 1】

N

3 8 9

【输出样例 1】

20

【输入样例 2】

J

3 8

【输出样例 2】

22 24

2. ISBN码。(NOIP2008普及组复赛,isbn,1s,64MB)

【问题描述】

每一本正式出版的图书都有一个ISBN码与之对应。ISBN码包括9位数字、1位识别码和3位分隔符,其规定格式如“x-xxx-xxxxx-x”,其中符号“-”是分隔符(键盘上的减号),最后一位是识别码。例如,0-670-82162-4就是一个标准的ISBN码。ISBN码的首位数字表示书籍的出版语言,例如0代表英语;第一个分隔符“-”之后的3位数字代表出版社,例如670代表维京出版社;第二个分隔之后的5位数字代表该书在出版社的编号;最后一位为识别码。

识别码的计算方法如下:

首位数字乘以1,加上次位数字乘以2,……以此类推,用所得的结果mod 11(% 11),所得的余数即为识别码,如果余数为10,则识别码为大写字母X。例如ISBN码0-670-82162-4中的识别码4是这样得到的:对067082162这9个数字,从左至右,分别乘以1,2,…,9,再求和,即$0\times1+6\times2+\cdots+2\times9=158$,然后取158 mod 11(158 % 11)的结果4作为识别码。

本题的任务是编写程序判断输入的ISBN码中识别码是否正确,如果正确,则仅输出“Right”;如果错误,则输出正确的ISBN码。

【输入格式】

一行一个字符序列,表示一本书的ISBN码(保证输入符合ISBN码的格式要求)。

【输出格式】

共一行,假如输入的ISBN码的识别码正确,那么输出“Right”;否则,按照规定的格式,输出正确的ISBN码(包括分隔符“-”)。

【输入样例1】

0-670-82162-4

【输出样例1】

Right

【输入样例2】

0-670-82162-0

【输出样例2】

0-670-82162-4

3. 买铅笔。(NOIP2016普及组复赛,pencil,1s,64MB)

【问题描述】

林老师需要去商店买n支铅笔作为小朋友们参加NOIP的礼物。他发现商店一共有3种包装的铅笔,不同包装内的铅笔数量有可能不同,价格也有可能不同。为了公平起见,他决定只买同一种包装的铅笔。

商店不允许将铅笔的包装拆开,因此林老师可能需要购买超过n支铅笔才够给小朋友们发礼物。

现在,林老师想知道,在商店每种包装的数量都足够的情况下,要买够至少n支铅笔最少需要花费多少钱。

【输入格式】

第一行一个正整数n,表示需要的铅笔数量。

接下来三行,每行用两个正整数描述一种包装的铅笔:其中第一个整数表示这种包装内铅笔的数量;第二个整数表示这种包装的价格。

保证所有的 7 个数都是不超过 10000 的正整数。

【输出格式】

输出一行一个整数,表示林老师最少需要花费的钱。

【样例输入 1】

57

2 2

50 30

30 27

【样例输出 1】

54

【样例输入 2】

9998

128 233

128 2333

128 666

【样例输出 2】

18407

【样例输入 3】

9999

101 1111

1 9999

1111 9999

【样例输出 3】

89991

【样例 1 说明】

铅笔的三种包装分别是:两支装,价格为 2;50 支装,价格为 30;30 支装,价格为 27。林老师需要购买至少 57 支铅笔。如果他选择购买第一种包装,那么他需要购买 29 份,共计 2×29=58 支,需要花费的钱为 2×29=58 元。实际上,林老师会选择购买第三种包装,这样需要买两份。虽然最后买到的铅笔数量更多了,为 30×2=60 支,但花费却减少为 27×2=54 元,比第一种少。对于第二种包装,虽然每支铅笔的价格是最低的,但要够发必须买两份,实际的花费达到了 30×2=60 元,因此林老师也不会选择。所以最后输出的答案是 54。

【子任务】

子任务会给出部分测试数据的特点。如果在解决题目中遇到了困难,可以尝试只解决一部分测试数据。

每个测试点的数据规模及特点见表 3.7–1。

表 3.7–1 中"整倍数"的意义为:若为"K",表示对应数据所需要的铅笔数量 n 一定是每种包装铅笔数量的整倍数(这意味着一定可以不用多买铅笔)。

表 3.7–1　测试点的数据规模及特点

测试点	整倍数	其他特点
1,2,3,4	√	三种包装内的铅笔数量都是相同的
5,6,7,8	×	
9,10,11,12	√	后两种包装的铅笔数量是相同的
13,14,15,16	×	
17,18	√	没有特殊性质
19,20	×	

第 4 单元 循环结构程序设计

第 1 课 while 语句

学习目标

1. 理解循环结构的含义。
2. 熟练掌握 while 语句的格式和功能。
3. 初步应用 while 语句解决一些实际问题。

知识讲解

在程序设计中，经常需要反复执行某一条语句或一个语句块，这种结构称为“循环结构”或者“重复结构”。其实，计算机最擅长的就是重复做一件事情，所以循环结构在程序设计中应用非常广泛。

在 C++ 中，循环结构有三种实现语句：while 语句、do-while 语句和 for 语句。

1. while 语句的含义

while 语句的格式如下：

```
while（表达式）{
    循环体
}
```

其含义为：先计算表达式（一般称为循环条件）的值，当表达式的值为真（循环条件成立）时，去执行一次循环体。和 if 语句不同的是，执行完一次循环体后，while 语句又回到开始处，继续计算和判断表达式的真假，决定是否再次执行循环体。也就是“当表达式成立时，不断重复执行循环体”，所以又称为“当型循环”，如图 4.1-1 所示。

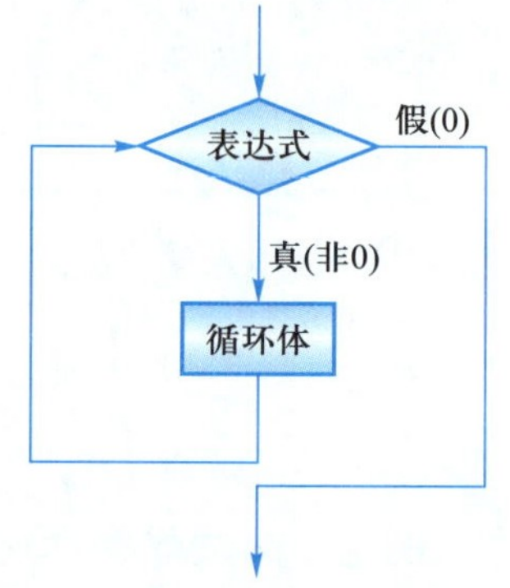

图 4.1-1 while 语句的流程图

例如，以下代码段就可以执行 10 次循环体，每一次输出一个“@”，并且 i 自加 1。所以，整个代码的作用就是输出 10 个“@”。一般把 i 称为循环控制变量。

```
int i = 1;
while(i <= 10){
    printf("@");
    i++;
}
```

如果把“i++”修改为“i += 2 ;”，运行发现，程序输出 5 个“@”。如果再把“i <= 10”修改为“i < 1 ;”，运行发现，程序没有任何输出，因为第一次循环条件就不成立，循环体一次也没执行。如果不小心将循环体中的语句“i++”漏了，会怎样呢？通过分析和上机测试发现，程序会一直执行“printf("@");”语句，永远也不会结束。这种情况称为“死循环”。

所以，在 while 语句中，一定要注意“循环条件表达式”的书写，以及循环体中“循环控制变量”的更新，从而避免死循环。同时，循环条件表达式和循环控制变量的变化，也决定了循环体被执行的次数。

2. while 语句的应用举例

例 1　求 1+2+3+…+100 的值。

【问题分析】

设 sum 存放答案，初始化为 0。再设 i 为循环控制变量，初始化为 1。当循环条件（i<=100）成立时，反复执行以下循环体：

(1) 将 i 累加到和 sum 中；

(2) 将 i 取值为下一个数，即 i++。

最后，输出 ans 的值。

```
//p4-1-1
#include<iostream>
using namespace std;
int main(){
    int i = 1,sum = 0;
    while(i <= 100) sum += i++;
    cout << sum << endl;
    return 0;
}
```

例 2　阅读程序，写出程序的运行结果。

```
//p4-1-2
#include<iostream>
using namespace std;
```

```
int main(){
    int i = 100,x = 0,y = 0;
    while(i > 0){
        i--;
        x = i % 8;
        if(x == 1) y++;
    }
    cout << y << endl;
    return 0;
}
```

【问题分析】

一般采用列表观察、找规律的方法，阅读和理解程序。对于本题而言，循环条件为“i > 0”，用到 i、x 和 y 这 3 个变量，列表如表 4.1-1。

表 4.1-1 例 2 分析表

i 的取值	循环条件	循环体执行情况
100	非 0	i 更新为 99，x 赋值为 3，y 的值不变还是 0
99	非 0	i 更新为 98，x 赋值为 2，y 的值不变还是 0
98	非 0	i 更新为 97，x 赋值为 1，y 的值变为 1
97	非 0	i 更新为 96，x 赋值为 0，y 的值不变还是 1
96	非 0	i 更新为 95，x 赋值为 7，y 的值不变还是 1
		⋮
1	非 0	i 更新为 0，x 赋值为 0，y 的值不变还是 13
0	0	退出循环

通过找规律发现，每次 i 是 8*x+1 时，y 的值会加 1，也就是 97、89、81、…、9、1，一共 99/8+1=13。所以，程序最后输出 y 的值为 13。

例 3 统计正数。

【问题描述】

输入若干整数，以 0 结尾，统计其中有多少个正整数。

【输入格式】

一行若干整数，最后一个为 0。

【输出格式】

一行一个整数，表示输入的数据中正整数的个数。

【样例输入】

3 6 -3 2 0

【样例输出】

3

【问题分析】

对于本题来说，首先要输入一个整数，当它不为 0 时，需要反复执行：

(1) 判断该数是否为正数，如果是，则答案累加 1；

(2) 输入下一个数，再返回去判断是否为 0。

```
//p4-1-3
#include<iostream>
using namespace std;
int main(){
    int x,s = 0;
    cin >> x;
    while(x != 0){// 也可以简写成 while(x)
        if(x > 0) s++;
        cin >> x;
    }
    cout << s << endl;
    return 0;
}
```

例 4　投资收益。

【问题描述】

小华在去年赚了一大笔钱。他想把这些钱用于投资，并对自己能得到多少收益感到好奇。已知投资的年利率为 r(0~20 之间的整数)，小华现有 m 元钱。他想知道投资多少年后，他的钱将会超过 y 元。

【输入格式】

一行三个整数 r、m 和 y，相邻两个整数之间用一个空格隔开。m 为 100~1000000 之间的整数。

【输出格式】

一行一个整数，即要投资的年数。保证答案的范围在 1~400 之间。

【样例输入】

5 5000 6077

【样例输出】

4

【样例说明】

第一年后：1.05 * 5000 = 5250；

第二年后：1.05 * 5250 = 5512.5；

第三年后：1.05 * 5512.5 = 5788.125；

第四年后：1.05 * 5788.125 = 6077.53125。

【问题分析】

小华手里有 m 元钱，目标是超过 y 元钱，k 表示答案(初始化为 0)。所以，当条件“m <= y”成立时，要反复执行：

(1) 修改 m 的值,即 m = m * (1 + r%);

(2) 修改 k 的值,即 k++。

循环结束后,k 的值即为所求的答案。

```
//p4-1-4
#include<iostream>
using namespace std;
int main(){
    double r,m,y;
    int k = 0;
    cin >> r >> m >> y;
    while(m <= y){
        m = m * (1 + r / 100);
        k = k + 1;
    }
    cout << k << endl;
    return 0;
}
```

实践巩固

1. 阅读程序,写出程序的运行结果。(NOIP2016 普及组初赛)

```
//x4-1-1
#include<iostream>
using namespace std;
int main(){
    int max,min,sum,count = 0;
    int tmp;
    cin >> tmp;
    if(tmp == 0) return 0;
    max = min = sum = tmp;
    count++;
    while(tmp != 0){
        cin >> tmp;
        if(tmp != 0){
            sum += tmp;
            count++;
            if(tmp > max) max = tmp;
            if(tmp < min) min = tmp;
        }
    }
    cout << max << "," << min << "," << sum / count << endl;
```

```
    return 0;
}
```

输入:1 2 3 4 5 6 0 7

输出:

2. 斐波那契数列。(fib,1s,128MB)

【问题描述】

斐波那契数列是指这样的数列:第一个数和第二个数都为1,接下来每个数都等于前面2个数之和。编程输入一个正整数k,输出斐波那契数列第k个数。

【输入格式】

一行一个正整数k,1≤k≤46。

【输出格式】

一行一个正整数,表示斐波那契数列第k个数的大小。

【样例输入】

19

【样例输出】

4181

3. 人口增长问题。(population,1s,128MB)

【问题描述】

假设目前的世界人口有x亿,按照每年0.1%的增长速度,n年后将有多少人?

【输入格式】

一行两个正整数x和n,之间有一个空格。其中,1≤x≤100,1≤n≤100。

【输出格式】

一行一个数,表示答案。以亿为单位,保留到小数点后4位。

【样例输入】

13 10

【样例输出】

13.1306

4. 球的高度。(height,1s,128MB)

【问题描述】

一个皮球从某一高度落下(整数,单位:米),每次落地后反跳回原来高度的一半再落下。编程计算在第10次落地时,皮球一共经过了多少米?第10次可以反弹到多高?

【输入格式】

一行一个整数h,int范围以内,表示球的初始高度。

【输出格式】

第一行:皮球第10次落地时,一共经过的米数。

第二行:第10次弹跳的高度。

注意:结果可能是实数,建议用 double 类型保存,直接用 cout 输出即可。

【样例输入】

20

【样例输出】

59.9219
0.0195312

第 2 课 do-while 语句

学习目标

1. 熟练掌握 do-while 语句的格式和功能。
2. 体会 do-while 语句与 while 语句的区别。
3. 熟练运用 do-while 语句解决一些实际问题。

知识讲解

do-while 语句是 C++ 中用于解决至少执行一次重复操作(循环体)的循环语句。

1. do-while 语句的含义

do-while 语句的格式如下:

```
do{
    循环体
}while(表达式);
```

其含义为:先执行一次循环体,然后判断表达式是否成立,如果成立,则返回继续执行循环体,直到表达式不成立,才退出循环。一般称之为"直到型循环",如图 4.2-1 所示。

do-while 语句与 while 语句都可以实现循环结构,区别是:do-while 语句先执行循环体,再判断表达式。所以,至少执行一次循环体。

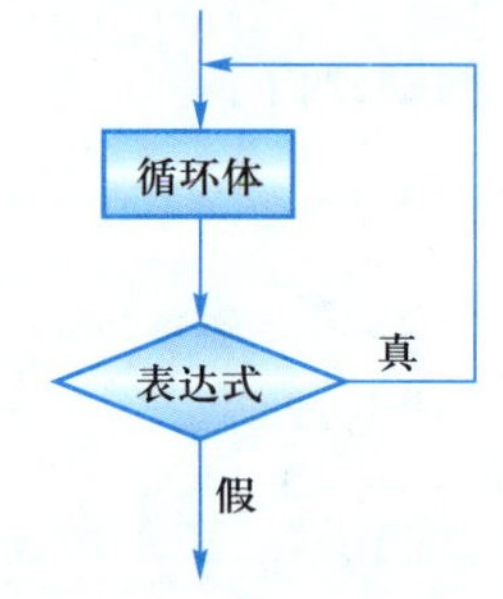

图 4.2-1 do-while 语句的流程图

2. do-while 语句的应用举例

例 1　用 do-while 语句实现：输出一行 10 个“@”。

【问题分析】

```
//p4-2-1
#include<cstdio>
using namespace std;
int main(){
    int i = 1;
    do{
        printf("@");
        i++;
    }while(i <= 10);
    return 0;
}
```

例 2　统计正数。

【问题描述】

用 do-while 语句实现：输入若干整数，以 0 结尾，统计其中有多少个正整数。

【输入格式】

一行若干整数，最后一个为 0。

【输出格式】

一行一个整数，表示输入的数据中正整数的个数。

【样例输入】

3 6 -3 2 0

【样例输出】

3

【问题分析】

```
//p4-2-2
#include<iostream>
using namespace std;
int main(){
    int x,s = 0;
    do{
        cin >> x;
        if(x > 0) s++;
    }while(x != 0);
    cout << s << endl;
```

```
    return 0;
}
```

例 3 投资收益。

【问题描述】

小华在去年赚了一大笔钱！他想把这些钱用于投资，并对自己能得到多少收益感到好奇。已知投资的年利率为 r(0~20 之间的整数)，小华现有 m 元钱。他想知道投资多少年后，他的钱将会超过 y 元。要求用 do-while 语句实现。

【输入格式】

一行三个整数 r、m 和 y，相邻两个整数之间用一个空格隔开。m 为 100~1000000 之间的整数。

【输出格式】

一行一个整数，即要投资的年数。保证答案的范围在 1~400 之间。

【样例输入】

5 5000 6077

【样例输出】

4

【问题分析】

```
//p4-2-3
#include<iostream>
using namespace std;
int main(){
    double r,m,y;
    int k = 0;
    cin >> r >> m >> y;
    do{
        m = m * (1 + r / 100);
        k = k + 1;
    }while(m <= y);
    cout << k << endl;
    return 0;
}
```

例 4 数字和。

【问题描述】

输入一个正整数，输出它的各位数字之和。

【输入格式】

一行一个正整数，int 范围以内。

【输出格式】

一行一个正整数，表示答案。

【样例输入】

258

【样例输出】

15

【问题分析】

求一个正整数的各位数字之和，需要“分解”出它的每一位数字，每次进行累加。定义累加器 s，初始化为 0。对于正整数 n，分解的过程就是从低位到高位，不断求余累加（s += n % 10）和整除（n = n / 10），直到 n 等于 0。

```
//p4-2-4
#include<cstdio>
using namespace std;
int main(){
    int n,s = 0;
    scanf("%d",&n);
    do{
        s += n % 10;
        n /= 10;
    }while(n != 0);
    printf("%d\n",s);
    return 0;
}
```

实践巩固

1. 阅读程序，回答问题。

```
//x4-2-1
#include<iostream>
using namespace std;
int main(){
    int s,a,n;
    s = 0; a = 1;
    cin >> n;
    do{
        s += 1; a -= 2;
    }while(a != n);
    cout << s << endl;
    return 0;
}
```

若要使程序的输出值为 2，应该从键盘输入（　　）。

A. -1　　B. -3　　C. -5　　D. 0

2. 角谷猜想。(suppose,1s,128MB)

【问题描述】

所谓角谷猜想,是指对于任意一个正整数,如果是奇数,则乘 3 加 1;如果是偶数,则除以 2。得到的结果再按照上述规则重复处理,最终总能够得到 1。

请编程,验证角谷猜想。

【输入格式】

一行一个正整数 N,1≤N≤2000000。

【输出格式】

若干行,每行表示一步运算,最后一行输出“End”,具体格式参见样例输出。

【样例输入】

5

【样例输出】

5*3+1=16

16/2=8

8/2=4

4/2=2

2/2=1

End

3. 数字反转。(rev,1s,128MB)

【问题描述】

给定一个整数,请将该数各个位上数字反转得到一个新数。新数也应满足整数的常见形式,即除非给定的原数为零,否则反转后得到的新数的最高位数字不应为零(参见例 2)。

【输入格式】

一行一个整数 N,$-10^9 \le N \le 10^9$。

【输出格式】

一行一个整数,表示反转后的新数。

【样例输入 1】

123

【样例输出 1】

321

【样例输入 2】

-380

【样例输出 2】

-83

第 3 课 for 语句

学习目标

1. 熟练掌握 for 语句的格式、功能和应用场合。
2. 学会用 for 语句改写 while 和 do-while 语句。
3. 熟练应用 for 语句解决一些实际问题。

知识讲解

在实际应用中，如果重复执行的操作（循环体）次数是固定的、已知的，则一般使用 for 语句。for 语句的格式如下：

```
for( 表达式 1; 表达式 2; 表达式 3){
    循环体
}
```

for 循环的执行过程如图 4.3–1 所示。

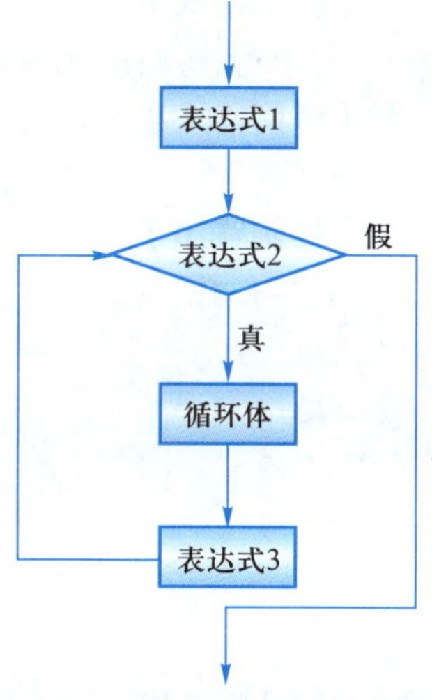

图 4.3–1 for 语句的流程图

例 1 用 for 语句实现：输出一行 10 个“@”。

【问题分析】

```
//p4-3-1a
#include<cstdio>
using namespace std;
int main(){
    for(int i = 1; i <= 10; i++)
        printf("@");
    printf("\n");
    return 0;
}
```

for 语句写法灵活，上述程序也可以写成：

```
//p4-3-1b
#include<cstdio>
using namespace std;
```

```
int main(){
    int i = 1;
    for(; i <= 10; i++) printf("@");
    printf("\n");
    return 0;
}
```

还可以写成:

```
//p4-3-1c
#include<cstdio>
using namespace std;
int main(){
    int i = 1;
    for(; i <= 10; ){
        printf("@\n");
        i++;
    }
    printf("@\n");
    return 0;
}
```

例 2 斐波那契数列。

【问题描述】

斐波那契数列是指这样的数列:第一个数和第二个数都为 1,接下来每个数都等于前面两个数之和。编程输入一个正整数 k,输出斐波那契数列第 k 个数。

【输入格式】

一行一个正整数 k,1≤k≤46。

【输出格式】

一行一个正整数,表示斐波那契数列第 k 个数的大小。

【样例输入】

19

【样例输出】

4181

【问题分析】

```
//p4-3-2
#include<iostream>
using namespace std;
int main(){
    int k;
    cin >> k;
```

```
    int k1 = 1,k2 = 1,k3 = 1;
    for(int i = 3; i <= k; i++){
        k3 = k1 + k2;
        k1 = k2;          //迭代法
        k2 = k3;
    }
    cout << k3 << endl;
    return 0;
}
```

例 3　求平均年龄。

【问题描述】

给出一个班级里每名学生的年龄(正整数),求所有学生的平均年龄,保留到小数点后两位。

【输入格式】

一行一个正整数 n,表示学生的人数,1≤n≤100。

后面 n 行,每行一个正整数,表示学生的年龄,15≤年龄≤25。

【输出格式】

一行一个浮点数,保留到小数点后两位。

【样例输入】

2

18

17

【样例输出】

17.50

【问题分析】

```
//p4-3-3
#include<cstdio>
using namespace std;
int main(){
    int n;
    float s = 0;
    scanf("%d",&n);
    for(int i = 1; i <= n; i++){
        int x;
        scanf ("%d", &x);
        s += x;
    }
    printf("%.2f\n",s/n);
    return 0;
}
```

例 4 整数的个数。

【问题描述】

给定 k 个正整数，每个数都是大于或等于 1，且小于或等于 10。编程统计其中 1、5 和 10 出现的次数。

【输入格式】

第一行一个正整数 k；

第二行包含 k 个正整数，每两个正整数之间用一个空格隔开。

【输出格式】

第一行为 1 出现的次数，第二行为 5 出现的次数，第三行为 10 出现的次数。

【样例输入】

5

1 5 8 10 5

【样例输出】

1

2

1

【问题分析】

```
//p4-3-4
#include<cstdio>
using namespace std;
int main(){
    int n;
    int s1 = 0,s2 = 0,s3 = 0;
    scanf ("%d", &n);
    for(int i = 1; i <= n; i++){
        int x;
        scanf("%d",&x);
        if(x == 1) s1++;
        if(x == 5) s2++;
        if(x == 10) s3++;
    }
    printf("%d\n%d\n%d\n",s1,s2,s3);
    return 0;
}
```

实践巩固

1. 若有如下程序段(设 s、a、b、c 均已定义为整型变量，且 a、c 均已赋值，c 大于 0)：

```
s = a;
for(b = 1; b <= c; b++) s = s + 1;
```

则与上述程序段修改 s 值的功能等价的赋值语句是(　　)。

A. s = a + b;　　B. s = a + c;　　C. s = s + c;　　D. s = b + c;

2. 阅读程序,写出程序的运行结果。

```
//x4-3-2
#include<iostream>
using namespace std;
int main(){
    int a,b,i,tot,c1,c2;
    cin >> a >> b;
    tot = 0;
    for(i = a; i <= b; i++){
        c1 = i / 10;
        c2 = i % 10;
        if((c1 + c2) % 3 == 0) tot++;
    }
    cout << tot << endl;
    return 0;
}
输入: 7 31
输出:
```

3. 最高分。(maxscore,1s,128MB)

【问题描述】

林老师讲授的《计算概论》这门课期中考试刚刚结束,他想知道考试中的最高分。因为人数比较多,他觉得这件事情交给计算机来做比较方便。请帮助林老师解决这个问题。

【输入格式】

第一行为正整数 n(1≤n≤101),表示参加这次考试的人数。

第二行是这 n 个学生的成绩,相邻两个数之间用一个空格隔开,所有成绩均为 0~100 之间的整数。

【输出格式】

一行一个整数,即最高的成绩。

【样例输入】

5

85 78 90 99 60

【样例输出】

99

4. 奖牌计数。(medal,1s,128MB)

【问题描述】

2020 年奥运会,A 国的运动员参与了 n 天的决赛项目(1≤n≤17)。现在要统计一下 A 国所获得的金、银、铜牌数目及总奖牌数。

【输入格式】

第一行是 A 国参与决赛项目的天数 n;

其后 n 行,每一行是该国某一天获得的金、银、铜牌数目,以一个空格隔开。

【输出格式】

一行 4 个整数,为 A 国所获得的金、银、铜牌总数及总奖牌数,两个整数之间用一个空格隔开。

【样例输入】

```
3
1 0 3
3 1 0
0 3 0
```

【样例输出】

```
4 4 3 11
```

5. 奇数求和。(oddsum,1s,128MB)

【问题描述】

计算非负整数 m~n(包括 m 和 n)之间所有奇数的和,0≤m≤n≤300。

【输入格式】

一行两个整数 m 和 n,之间用一个空格隔开。

【输出格式】

一行一个整数,表示 m~n 之间所有奇数的和。

【样例输入】

```
7 15
```

【样例输出】

```
55
```

第 4 课 循环嵌套

学习目标

1. 理解循环嵌套的含义。
2. 熟练应用循环语句及其嵌套解决一些实际问题。

知识讲解

在第三单元中，已经介绍了分支结构的嵌套。循环结构与之类似，也可以在一个循环语句的循环体里出现另一个循环语句，不管是while语句、do-while语句还是for语句。这样的循环结构称为“循环嵌套”。

例1 输出矩形。

【问题描述】

输入n和m，输出一个n行m列的“*”矩形图案。

【输入格式】

一行两个正整数n和m，中间用一个空格隔开，1≤n、m≤100。

【输出格式】

输出一个n行m列的“*”矩形图案。

【样例输入】

3 4

【样例输出】

```
****
****
****
```

【问题分析】

要输出n行，所以可以编写一个外层循环，穷举行。然后，在循环体里，还要输出m个“*”，所以再嵌套一个内层循环，穷举每一行的“*”个数。

```
//p4-4-1
#include<cstdio>
using namespace std;
int main(){
    int n,m;
    scanf ("%d %d",&n,&m);
    for(int i = 1; i <= n; i++){
        for(int j = 1; j <= m; j++) printf("*");
        printf("\n");
    }
    return 0;
}
```

例2 数字三角形。

【问题描述】

输入一个正整数n，输出n行的数字三角形。其中，第1行为数字1，第2行为数字23，第3

行为数字 456,第 4 行为数字 7890,第 5 行为数字 12345，…

【输入格式】

一行一个正整数 n,1≤n≤100。

【输出格式】

n 行的数字三角形。

【样例输入】

4

【样例输出】

1

23

456

7890

【问题分析】

```
//p4-4-2
#include<cstdio>
using namespace std;
int main(){
    int n,t = 1;
    scanf ("%d",&n);
    for(int i = 1; i <= n; i++){
        for(int j = 1; j <= i; j++){
            printf("%d",t % 10);
            t++;
        }
        printf("\n");
    }
    return 0;
}
```

例 3　与 7 无关的数。

【问题描述】

一个正整数,如果它能被 7 整除,或者它的某一位上的数字为 7,则称其为“与 7 相关”的数。现在,请编程求出所有小于或等于 n 的“与 7 无关”的正整数个数。

【输入格式】

一行一个正整数 n,$n \leq 10^6$。

【输出格式】

一行一个整数,表示答案。

【样例输入】

21

【样例输出】

17

【问题分析】

```
//p4-4-3
#include<iostream>
using namespace std;
int main(){
    int n,ans = 0;
    cin >> n;
    for(int i = 1; i <= n; i++){
        int flag1 = 1, flag2 = 1;
        if(i % 7 == 0) flag1 = 0;
        int x = i;
        while(x && flag2){
            if(x % 10 == 7) flag2 = 0;
            x = x / 10;
        }
        if(flag1 && flag2) ans++;
    }
    cout << ans << endl;
    return 0;
}
```

实践巩固

1. 求最大跨度值。(maxspan,1s,128MB)

【问题描述】

给定一个长度为 n 的非负整数序列,请计算序列的“最大跨度值”。最大跨度值是指用序列中的最大数减去最小数。

【输入格式】

第一行为序列的个数 n,1≤n≤1000;

第二行为 n 个不超过 1000 的非负整数,之间用一个空格分隔。

【输出格式】

一行一个整数,表示序列的最大跨度值。

【样例输入】

6

3 0 8 7 5 9

【样例输出】

9

2. 求含 k 个 3 的数。(threek,1s,128MB)

【问题描述】

输入 3 个正整数 m、n 和 k，其中：1<m≤n<100000，1<k<5，判断 m 和 n 之间有多少个数能被 19 整除（含 m 和 n），且恰好含有 k 个 3。

【输入格式】

一行 3 个正整数，分别表示 m、n 和 k 的值，中间用一个空格隔开。

【输出格式】

一行一个整数，满足条件的数的个数。

【样例输入】

1 100 1

【样例输出】

1

3. 求阶乘的和。（sumfact，1s，128MB）

【问题描述】

给定正整数 n，求不大于 n 的正整数的阶乘的和，即求 1!+2!+3!+…+n!，其中，n!=1 × 2 × 3 × … × n。

【输入格式】

一行一个正整数 n，1<n<12。

【输出格式】

一行一个正整数，表示答案。

【样例输入】

5

【样例输出】

153

第 5 课　break 和 continue 语句

学习目标

1. 理解 break 语句和 continue 语句的作用。
2. 学会使用 break 语句和 continue 语句。

知识讲解

在循环结构中，有时需要提前跳出循环体，或者忽略本次循环的后续语句而去执行下一次循环。为此，C++ 提供了 break 语句和 continue 语句。

1. break 语句

在循环体中遇到 break 语句，就会立刻跳出循环体，执行循环结构后面的语句。

例 1 与 7 无关的数。

【问题描述】

一个正整数，如果它能被 7 整除，或者它的某一位上的数字为 7，则称其为“与 7 相关”的数。现在，请编程求出所有小于或等于 n 的“与 7 无关”的正整数个数。

【输入格式】

一行一个正整数 n，$n \leqslant 10^6$。

【输出格式】

一行一个整数，表示答案。

【样例输入】

21

【样例输出】

17

【问题分析】

判断 x 中是否有数字 7 的时候，一旦出现“x % 10 == 7”，则说明 x 是与 7 相关的数，就可以用 break 语句立刻退出当前的 while 循环，这样可以提高程序的效率。

```
//p4-5-1
#include<iostream>
using namespace std;
int main(){
    int n,ans = 0;
    cin >> n;
    for(int i = 1; i <= n; i++){
        int flag1 = 1,flag2 = 1;
        if(i % 7 == 0) flag1 = 0;
        int x = i;
        while(x){
            if(x % 10 == 7) {flag2 = 0; break;}
            x = x / 10;
        }
        if(flag1 && flag2) ans++;
    }
    cout << ans << endl;
    return 0;
}
```

2. continue 语句

在循环体中遇到 continue 语句，就会忽略本次循环的后续语句而去执行下一次循环。

例 2 与 7 无关的数。

【问题描述】

一个正整数，如果它能被 7 整除，或者它的某一位上的数字为 7，则称其为"与 7 相关"的数。请编程求出所有小于或等于 n 的"与 7 无关"的正整数个数。

【输入格式】

一行一个正整数 n，$n \leqslant 10^6$。

【输出格式】

一行一个整数，表示答案。

【样例输入】

21

【样例输出】

17

【问题分析】

当 i 是 7 的倍数，即"i % 7 == 0"时，说明 i 已经是与 7 相关的数了，此时，就不再需要判断 i 的某一位是否是 7 了。所以，可以用 continue 忽略本次循环的后续语句，而去执行下一次循环，判断下一个数了。这样做同样可以提高程序的效率。

```
//p4-5-2
#include<iostream>
using namespace std;
int main(){
    int n,ans = 0;
    cin >> n;
    for(int i = 1; i <= n; i++){
        int flag = 1;
        if(i % 7 == 0)  continue;
        int x = i;
        while(x){
            if(x % 10 == 7) {flag = 0; break;}
            x = x / 10;
        }
        if(flag) ans++;
    }
    cout << ans << endl;
    return 0;
}
```

3. break 语句和 continue 语句的应用举例

例 3　素数的判定。

【问题描述】

输入一个正整数，判断其是否为素数。如果是，则输出“prime”；否则，输出“not prime”。

【输入格式】

一行一个正整数 n，$2 \leqslant n \leqslant 10^7$。

【输出格式】

一行一个字符串。

【样例输入】

8

【样例输出】

not prime

【问题分析】

```
//p4-5-3
#include<iostream>
#include<cmath>
using namespace std;
int main(){
    int x;
    cin >> x;
    for(int i = 2; i <= sqrt(x); i++){// 或者 i*i <= x
        if(x % i == 0){
            cout << "not ";
            break;
        }
    }
    cout << "prime" << endl;
    return 0;
}
```

例 4　素数的统计。

【问题描述】

输入两个正整数 m 和 n，判断 m 和 n 之间（含 m 和 n）一共有多少个素数。

【输入格式】

一行两个正整数 m 和 n，$2 \leqslant m \leqslant n \leqslant 10^4$。

【输出格式】

一行一个整数，表示素数的个数。

【样例输入】

5 10

【样例输出】

2

【问题分析】

```
//p4-5-4
#include<iostream>
#include<cmath>
using namespace std;
int main(){
    int m,n,i,j,ans = 0;
    cin >> m >> n;
    for(i = m; i <= n; i++){
        for(j = 2; j < sqrt(i); j++)
            if(i % j == 0) break;
        if(j <= sqrt(i)) continue;
        ans++;
    }
    cout << ans << endl;
    return 0;
}
```

实践巩固

1. 阅读和比较以下两个程序，分别写出它们的运行结果。

```
//x4-5-1a
#include<iostream>
using namespace std;
int main(){
    for(int i = 10; i > 0; i--){
        if(i == 5) continue;
        cout << i << endl;
    }
    return 0;
}
```

输出：

```
//x4-5-1b
#include<iostream>
using namespace std;
int main(){
```

```
    for(int i = 10; i > 0; i--){
        if(i == 5) break;
        cout << i << endl;
    }
    return 0;
}
```

输出：

2. 以下程序运行后的输出结果是（　　）。

A. 2,2　　B. 2,3　　C. 3,2　　D. 3,3

```
//x4-5-2
#include<iostream>
#include<cstdio>
using namespace std;
int main(){
    int k = 4,n = 0;
    while(n < k){
        n++;
        if(n % 3 != 0) continue;
        k--;
    }
    cout << k << "," << n << endl;
    return 0;
}
```

3. 最大公约数(greatest,1s,128MB)

【问题描述】

输入两个正整数 x 和 y,输出它们的最大公约数。

【输入格式】

一行两个正整数 x 和 y,$2 \leq x \leq y \leq 10^7$,中间用一个空格隔开。

【输出格式】

一行一个正整数,表示它们的最大公约数。

【样例输入】

8 12

【样例输出】

4

第 6 课 程序的调试与跟踪

学习目标

熟练掌握程序的调试与跟踪。

知识讲解

在编写程序的过程中，错误是在所难免的。一般来说，程序代码越长、算法和数据结构越复杂，出错的概率越高。因此，调试就成了极其重要的一个环节。学会程序的调试与跟踪，可以快速、准确地发现并改正错误。

1. 静态查错

程序写好后，首先要从头至尾通读程序，检查是否存在下面几个问题：语句的顺序、思路、逻辑是否有误；语法是否有误，如关键字是否录入错误、变量是否没有定义就使用、变量的大小写问题、用错标点符号等。其他常见的错误还有以下几个方面。

(1) 变量未赋初值

例如以下程序段是要输出 a 数组中的最大元素，但却没有给 max 赋初值，很有可能会造成输出答案错(比如输入的全是负数)。

```
for(int i = 1; i <= n; i++)
    if(a[i] > max) max = a[i];
cout << max << endl;
```

(2) 中间运算结果越界

例如以下几条语句：

```
int a = 100000;
int b;
b = a * a / 100;
cout << b << endl;
```

很明显，100000 × 100000/100 = 100000000，但是输出结果是错误的。原因是 C++ 在进行编译时，先计算出“a * a”，把它放到一个中间变量中，然后再把“/ 100”放到 b 中。而“a * a”的结果超出了 int 范围，这就是造成错误的根本原因。

(3) if-else 语句混乱

初学者在使用 if-else 语句的嵌套时经常会出错。if-else 语句的规则是：if 语句可以没有

else 语句与之相匹配;else 语句总是与它前面的、最近的 if 语句匹配。例如下面这个例子:

```
if(条件a)
    if(条件b) 代码段b
else 代码段a
```

本例的原意是让“代码段 a”在“条件 a”不成立时执行,但由于 else 语句总是匹配最近的 if 语句,因此这个 else 是与“if(条件 b)”这个语句相匹配的。也就是说,代码段 a 要满足“条件 a 成立且条件 b 不成立”时才会执行,与原意相去甚远。

(4) 实数比较出错

在比较两个实数是否相等时,如果直接用等号,往往会造成错误。这是浮点运算存在误差所造成的,解决办法是使用两数差的绝对值与一个相对极小量进行比较。例如:if(fabs(x-y)<1e-6) …或者 if(fabs(x)<1e-6) …。

2. 通过添加输出语句调试程序

这是 C++ 中调试程序的常用方法。比如,想查看以下程序中,当“x % i == 0”成立时变量 x 和 i 的值,则可以在 if 里面输出这两个变量的值。

```
//p4-6-1
#include<iostream>
using namespace std;
int main(){
    int x;
    cin >> x;
    for(int i = 2; i < x; i++){
        if(x % i == 0) {
            cout << x << " " << i << endl;   //用于查看 x 和 i 的值
            cout << "not ";
            break;
        }
    }
    cout << "prime" << endl;
    return 0;
}
```

一定要注意,使用这种方法调试程序结束后,一定要删除或者注解掉“调试输出信息”的语句。

3. 借助 IDE 的调试工具实施单步跟踪

下面以 Dev-Cpp 5.6.0 MinGW 4.8.1 版本为例,介绍通过“单步执行”观察跟踪某个变量的值的变化。

1）设置断点。将光标移到程序想要暂停执行的一行，单击“运行”菜单，执行“切换断点”命令（F4），在该行设置断点（该行将变成红色），表示程序将运行到该行处暂停，如图 4.6–1、图 4.6–2 所示。

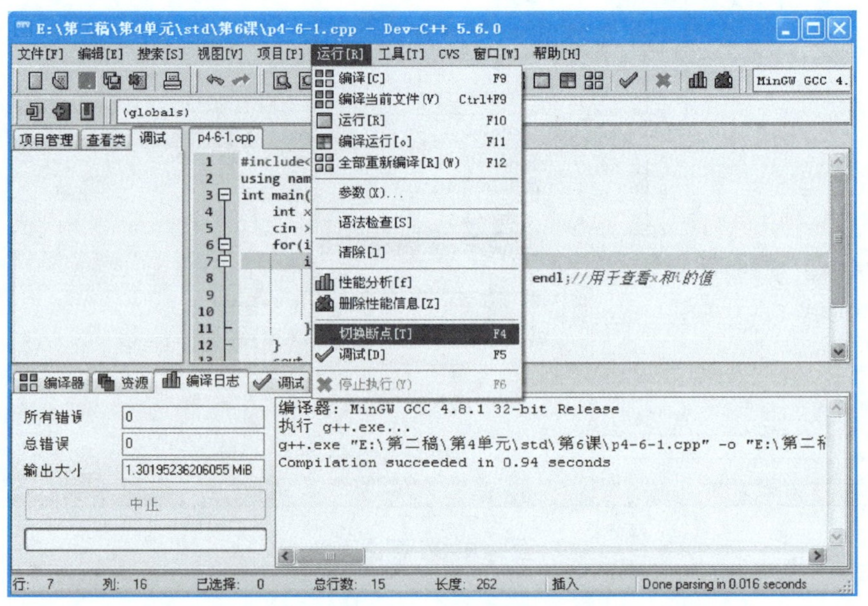

图 4.6–1　找到菜单命令

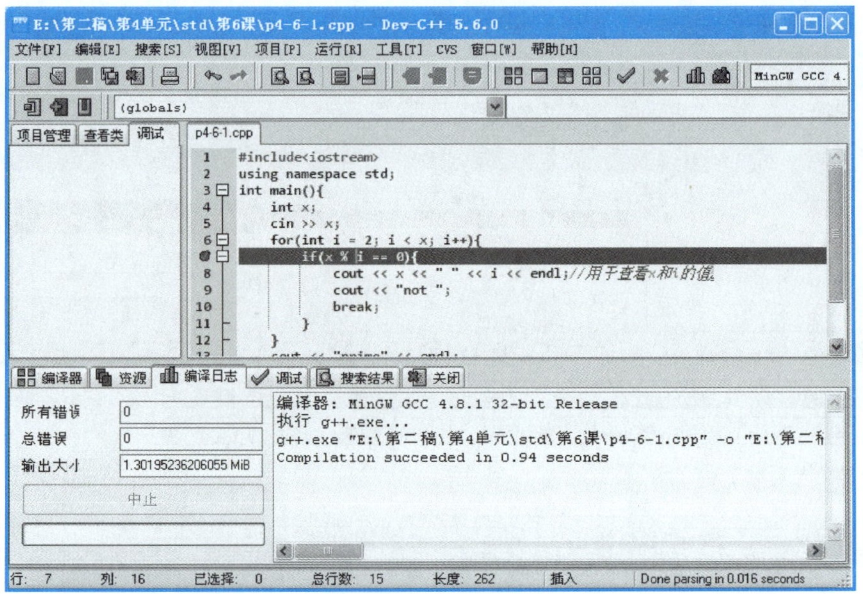

图 4.6–2　设置好断点

2）单击“运行”菜单，执行“调试”命令（F5），进入调试程序，如图 4.6–3 所示。在弹出的窗口中，输入 x 的值 25。

3）添加查看变量。单击窗体下方“调试”选项中的按钮，执行“添加查看”命令，如图 4.6–4 所示，在窗体左边添加希望观察的变量。

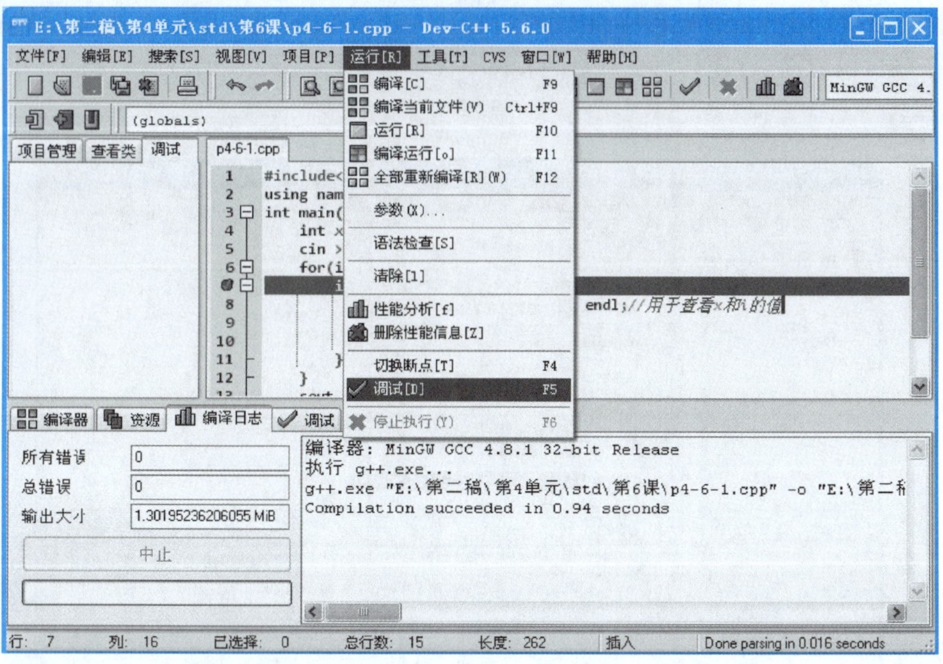

图 4.6–3　调试程序

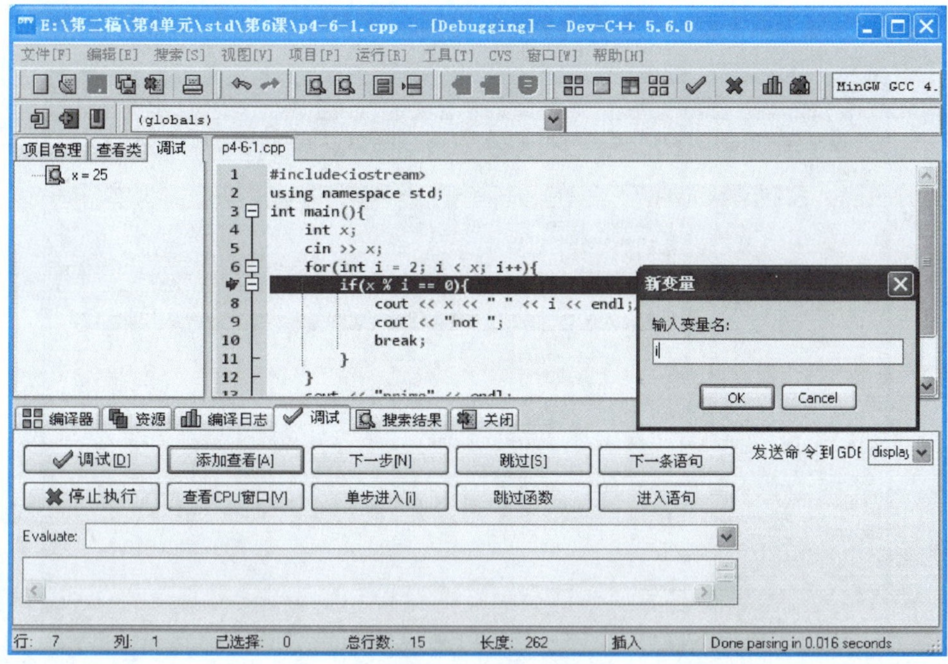

图 4.6–4　添加查看变量

4）调试程序。通过窗体下方“调试”选项中不同按钮的操作，如图 4.6–5 所示，进行单步跟踪调试。也可以按“F7”键执行当前行，并跳到下一行。

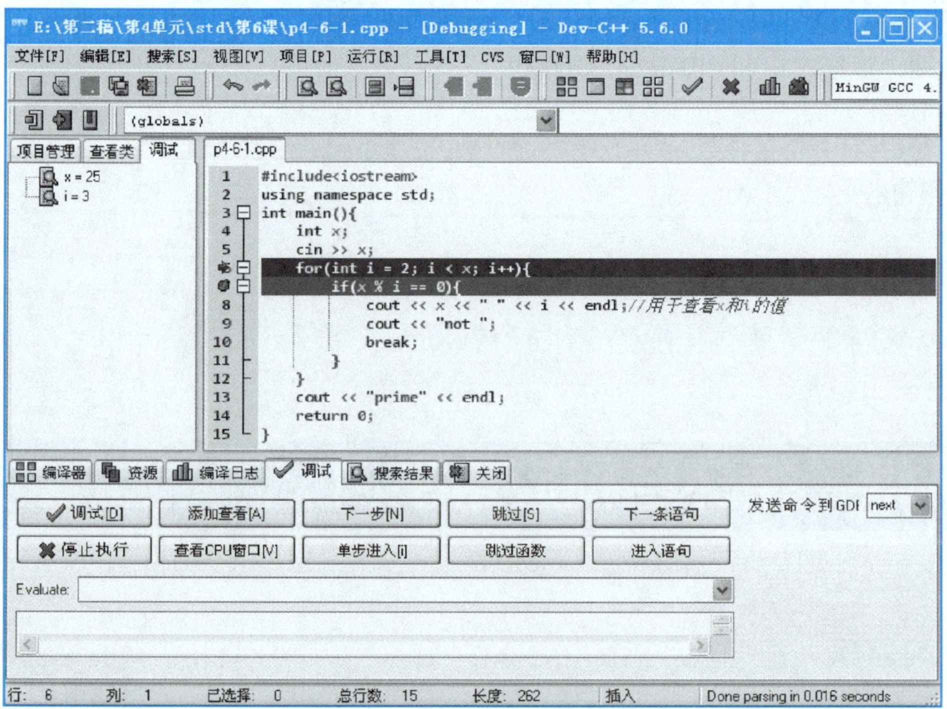

图 4.6-5 进行单步跟踪调试

实践巩固

1. 编程计算圆周率 π。已知 π/4=1-1/3+1/5-1/7+⋯,直到某一项的绝对值小于 10^{-6} 为止。

2. 数的累加。(sum,1s,128MB)

【问题描述】

将正整数 m 和 n 之间(包括 m 和 n)能被 17 整除的数累加输出。

【输入格式】

一行两个正整数 m 和 n,以一个空格隔开,0<m<n<1000。

【输出格式】

一行一个整数,表示累加得到的结果。

【样例输入】

50 85

【样例输出】

204

3. 求完全数。(totally,1s,128MB)

【问题描述】

一个正整数如果恰好等于它的所有因子之和,这个数就称为“完全数”。例如,6 的因子为 1、2、3,而 6=1+2+3,因此 6 是“完全数”。编程找出 m 和 n 之间(包括 m 和 n)的所有完全数。

【输入格式】

一行两个正整数 m 和 n,0<m<n≤10000。

【输出格式】

若干行,每行一个正整数,表示所有的完全数,按从小到大的顺序输出。

【样例输入】

4 30

【样例输出】

6

28

第 7 课　循环结构应用举例

学习目标

1. 总结与反思建立循环结构的知识体系。
2. 实践巩固，熟练应用循环结构解决一些实际问题。

知识讲解

例 1　金币问题。(NOIP2015 普及组复赛,coin,1s,64MB)

【问题描述】

国王将金币作为工资,发放给忠诚的骑士。第一天,骑士收到一枚金币;之后两天(第二天和第三天),每天收到两枚金币;之后三天(第四、五、六天),每天收到三枚金币;之后四天(第七、八、九、十天),每天收到四枚金币，……这种工资发放模式会一直这样延续下去。当连续 N 天每天收到 N 枚金币后,骑士会在之后的连续 N+1 天里,每天收到 N+1 枚金币。

请编程计算在前 K 天里,1 ≤ K ≤ 10000,骑士一共获得了多少枚金币。

【输入格式】

一行一个正整数 K,表示发放金币的天数。

【输出格式】

一行一个正整数,表示骑士收到的金币数。

【样例输入 1】

6

【样例输出 1】

14

【样例输入 2】

1000

【样例输出 2】

29820

【样例 1 说明】

骑士第一天收到一枚金币;第二天和第三天,每天收到两枚金币;第四、五、六天,每天收到三枚金币。因此一共收到 1+2+2+3+3+3=14 枚金币。

【问题分析】

设共有 N 天,当前为第 i 天,则当 i ≤ N 时,可以统计之后连续 K 天所得的金币,在统计过程中,如果 i>N,则退出统计。

```
//p4-7-1
#include<iostream>
using namespace std;
int main(){
    int i = 1,k = 1,s = 0,n;
    cin >> n;
    while(i <= n){
        for(int j = 1; j <= k; j++){
            s += k;
            i++;
            if(i > n) break;
        }
        k = k + 1;
    }
    cout << s << endl;
    return 0;
}
```

例 2 比例简化。(NOIP2014 普及组复赛,ratio,1s,64MB)

【问题描述】

在社交媒体上,经常会看到针对某一个观点同意与否的民意调查以及结果。例如,对某一观点表示支持的有 1498 人,反对的有 902 人,那么赞同与反对的比例可以简单地记为 1498∶902。

不过,如果把调查结果就以这种方式呈现出来,大多数人肯定不会满意。因为这个比例的数值太大,难以一眼看出它们的关系。对于上面这个例子,如果把比例记为 5∶3,虽然与真实结果有一定的误差,但依然能够较为准确地反映调查结果,同时也显得比较直观。

现给出支持人数 A,反对人数 B,以及一个上限 L,请将 A 比 B 化简为 A′比 B′,要求在 A′和 B′均不大于 L 且 A′和 B′互质(两个整数的最大公约数是 1)的前提下,A′ / B′ ≥ A/B 且 A′ / B′ −A/B 的值尽可能小。

【输入格式】

一行三个正整数 A、B、L,每两个正整数之间用一个空格隔开,分别表示支持人数、反对人数以及上限。其中,1≤A≤1000000,1≤B≤1000000,1≤L≤100,A/B≤L。

【输出格式】

一行两个正整数 A′和 B′,中间用一个空格隔开,表示化简后的比例。

【样例输入】

1498 902 10

【样例输出】

5 3

【问题分析】

由于 L≤100,可以穷举 A′和 B′,然后判断 A′和 B′是否互质。如果互质,那么判断“A′ /B′ - A / B”的值是否更小,如果满足,则更新最小值 mindiff 和答案 resa 和 resb。

```
//p4-7-2
#include <cstdio>
#include <iostream>
using namespace std;
int main(){
    int a,b,l;
    cin >> a >> b >> l;
    double mindiff = (double)100000000;
    int resa,resb;
    for(int i = 1; i <= l; i++)
        for(int j = 1; j <= l; j++){
            int x,y,z;
            if(i < j){
                x = j;
                y = i;
            }
            else{
                x = i;
                y = j;
            }
            do{
                z = x % y;
                x = y;
                y = z;
            }while(z);
            if(x == 1 && ((double)i) / j >= ((double)a) / b
                && ((double)i) / j - ((double)a) / b < mindiff){
                mindiff = ((double)i) / j - ((double)a) / b;
                resa = i;
                resb = j;
            }
        }
    cout << resa << ' ' << resb << endl;
    return 0;
}
```

实践巩固

1. 计数问题。(NOIP2013 普及组复赛,count,1s,64MB)

【问题描述】

试计算在区间 1~n 的所有整数中,数字 x 共出现了多少次。

例如,在 1~11 中,即在 1、2、3、4、5、6、7、8、9、10、11 中,数字 1 出现了 4 次。

【输入格式】

一行两个整数 n、x,之间用一个空格隔开,1≤n≤1000000,0≤x≤9。

【输出格式】

一行一个整数,表示 x 出现的次数。

【样例输入 1】

11 1

【样例输出 1】

4

2. 津津的储蓄计划。(NOIP2004 提高组复赛,save,1s,64MB)

【问题描述】

津津的零花钱一直都是自己管理。每个月的月初妈妈给津津 300 元钱。津津会预算这个月的花销,并且总能做到实际花销和预算的相同。

为了让津津学习如何储蓄,妈妈提出,津津可以随时把整百的钱存在她那里,到了年末她会加上 20%还给津津。因此津津制订了一个储蓄计划:每个月的月初,在得到妈妈给的零花钱后,如果她预计到这个月的月末手中还会有多于 100 元或恰好 100 元,她就会把整百的钱存在妈妈那里,剩余的钱留在自己手中。

例如,11 月初津津手中还有 83 元,妈妈给了津津 300 元。津津预计 11 月的花销是 180 元,那么她就会在妈妈那里存 200 元,自己留下 183 元。到了 11 月月末,津津手中会剩下 3 元钱。

津津发现这个储蓄计划的主要风险是,存在妈妈那里的钱在年末之前不能取出。有可能在某个月的月初,津津手中的钱加上这个月妈妈给的钱,不够这个月的原定预算。如果出现这种情况,津津将不得不在这个月省吃俭用以压缩预算。

现在请根据 2004 年 1~12 月每个月津津的预算,判断其会不会出现这种情况。如果不会,计算到 2004 年年末,妈妈将津津平常存的钱加上 20%还给津津之后,津津手中会有多少钱。

【输入格式】

共 12 行,每行是一个小于 350 的非负整数,分别表示 1~12 月津津的预算。

【输出格式】

一行一个整数。如果储蓄计划实施过程中出现某个月钱不够用的情况,输出 -X,X 表示出现这种情况的第一个月;否则,输出到 2004 年年末津津手中会有多少钱。

【样例输入 1】

290

230

280

200
300
170
340
50
90
80
200
60

【样例输出 1】

-7

【样例输入 2】

290
230
280
200
300
170
330
50
90
80
200
60

【样例输出 2】

1580

3. 回文日期。(NOIP2016 普及组复赛,date,1s,64MB)

【问题描述】

在日常生活中,通过年、月、日这三个要素可以表示出一个唯一确定的日期。

牛牛习惯用 8 位数字表示一个日期,其中,前 4 位代表年份,接下来两位代表月 份,最后两位代表日期。显然:一个日期只有一种表示方法,而两个不同的日期的表示方法不会相同。

牛牛认为,一个日期是回文的,当且仅当表示这个日期的 8 位数字是回文的。现在,牛牛想知道:在他指定的两个日期之间(包含这两个日期本身),有多少个真实存在的日期是回文的。

【提示】

一个 8 位数字是回文的,当且仅当对于所有的 i(1≤i≤8)从左向右数的第 i 个数字和第 9-i 个数字(即从右向左数的第 i 个数字)是相同的。

例如,对于 2016 年 11 月 19 日,用 8 位数字 20161119 表示,它不是回文的;对于 2010 年 1 月 2 日,用 8 位数字 20100102 表示,它是回文的;对于 2010 年 10 月 2 日,用 8 位数字 20101002 表示,它不是回文的。

【输入格式】

第一行表示牛牛指定的起始日期 date1。

第二行表示牛牛指定的终止日期 date2。

保证 date1 和 date2 都是真实存在的合法日期，且年份部分一定为 4 位数字，且首位数字不为 0。保证 date1 一定不晚于 date2。

【输出格式】

一行一个整数，表示在 date1 和 date2 之间，有多少个日期是回文的。

【输入样例 1】

20110101

20111231

【输出样例 1】

1

【输入样例 2】

20000101

20101231

【输出样例 2】

2

【样例说明】

对于样例 1，符合条件的日期是 20111102。

对于样例 2，符合条件的日期是 20011002 和 20100102。

第5单元　数组

第1课　一维数组的定义

学习目标

1. 理解数组的含义。
2. 学会一维数组的定义。
3. 掌握一维数组的元素引用和物理存储方式。

知识讲解

通过前面的学习，可以编程完成这样一个任务：输入3名同学的身高并降序输出。但是，如果将同学人数改为50人，仅用目前所学的知识编程，就要定义50个简单变量h0，h1，…，h49，分别存储每名同学的身高。然后，用如下语句输入50名同学的身高：

```
cin >> h0 >> h1 >> … >> h49; // 程序中是不能用省略号来表示的
```

显然，这样的程序代码冗长烦琐，编程效率也很差。其实，在这个任务中，h0，h1，…，h49都是作用相同、类型相同的变量。那么，可不可以把它们集中在一起定义、存储和操作呢？

为此，C++提供了“数组”类型。数组就是一组相同类型的变量，它们往往都是为了表示同一批对象的统一属性，如一个班级所有同学的身高、全球所有国家的人口数等。数组可以是一维的，也可以是二维或多维的。在数学中，可以用h_i（$1 \leqslant i \leqslant 50$）表示第i个同学的身高，i为编号。在C++中，使用一维数组时，一般是从0开始编号，h［i］就表示第i+1个同学的身高，i称为“下标变量”。读入50个同学的身高，语句就可以这样书写：

```
for(i = 0; i <= 49; i++) cin >> h[i];
```

使用了数组和循环后，即使读入10000名同学的身高，代码也不冗长了，只要修改成“i <= 9999”即可。所以，数组经常应用在大批量、同一类型的数据处理任务中。

1. 一维数组的定义

定义一维数组的格式如下：

```
类型标识符　数组名 [ 常量表达式 ];
```

其中，类型标识符可以是任何基本数据类型，也可以是结构体等构造类型，相同类型的数组可以一起定义。数组名必须是合法的标识符。常量表达式的值即为数组元素的个数。

例如，“int h [50];”就表示定义一个一维数组 h，共有 50 个元素，它们的编号从 0 开始到 49，每个元素都是 int 类型。

下面的几个定义也是允许的：

```
int d[50],g[100];
int a[5*10];
#define N 50
int b[N];
```

假设要存储 10000 个人的中考成绩和性别，可以定义两个数组：

```
int score[10000];// 或者 float score[10000];
bool xb[10000];// 或者 char xb[10000];
```

2. 一维数组的元素引用

数组定义好后，就可以“引用”数组中的任意一个元素。引用格式为“数组名[下标]”，如 h[5]、h[i*2+1]等。其中，下标只能为整型常量或整型表达式，值必须在数组定义的下标范围内，否则会出现“下标越界错误”。

需要注意的是，不能一次引用整个数组，只能逐个引用数组的单个元素。例如，对于一个数组 a 来说，语句“cout << a;”是不合法的。

3. 一维数组的存储结构

数组在计算机内存单元中是连续存储的。程序一旦执行到数组的定义语句，就会开辟出若干字节的内存单元。例如，对于已定义的数组“int h [50];”，假设系统给它分配的内存单元地址从 1000 开始，则“1000”就称为该数组在内存中的“首地址”。由于每个元素都是 int 类型，占用 4 个字节，所以 h 数组在内存单元中的存储状态可以用图 5.1-1 形象地表示。

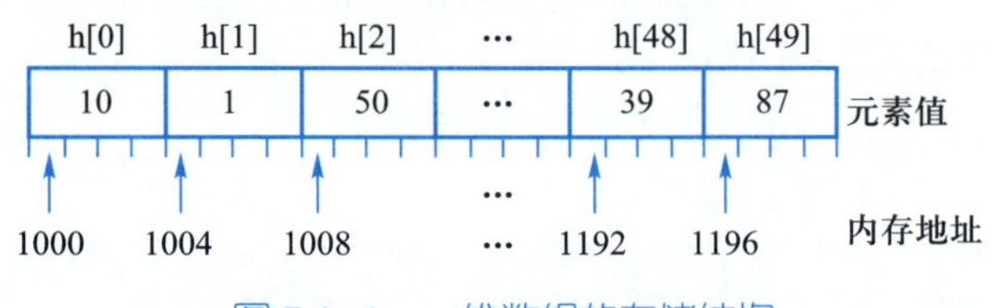

图 5.1-1　一维数组的存储结构

可以算出以上 h 数组共占用 50 × 4=200

个字节的空间。也就是说，整个数组所占的内存大小等于数组元素类型的大小乘以数组元素的个数。C++ 还提供了一个 sizeof 函数，可以直接求出一个数组所占的内存空间。

同时，根据数组在内存单元中的首地址和数组类型，可以计算出该数组中任意第 i 个元素的起始地址。例如，图 5.1–1 中的元素 h［49］在内存中的起始地址计算公式为 1000+49×4=1196。

实践巩固

1. 对于以下数组定义“int a［2］;”，描述正确的是（　　）。
   A. 定义一维数组 a，包含 a［1］和 a［2］两个元素
   B. 定义一维数组 a，包含 a［0］和 a［1］两个元素
   C. 定义一维数组 a，包含 a［0］、a［1］和 a［2］三个元素
   D. 定义一维数组 a，包含 a(0)、a(1) 和 a(2) 三个元素

2. 引用数组元素时，其下标的数据类型允许为（　　）。
   A. 整型常量
   B. 整型常量表达式
   C. 整型常量或整型常量表达式
   D. 任何类型的表达式

3. 假设一个一维数组在内存中的“首地址”是 100，每个元素占用两个字节，则第 5 个元素的存储地址开始于（　　）。
   A. 110　　B. 108　　C. 100　　D. 109

第 2 课　一维数组的输入与输出

学习目标

1. 熟练掌握一维数组的输入与输出操作。
2. 学会应用一维数组解决一些实际问题。

知识讲解

上一课中提到过，对数组的操作只能逐个引用单个元素。所以，一维数组的输入、输出等操作，都是采用循环语句结合下标变化逐个元素进行。例如，输出一个数组可以写成：

```
int h[100];
for(i = 0; i < 100; i++) cout << h[i];
```

那么,批量数据如何一次性输入到一维数组中呢?一般有以下两种方法。

(1) 键盘读入

例如:

```
int h[100];
for(i = 0; i < 100; i++) cin >> h[i];
```

(2) 直接赋值

例如:

```
int h[100],a[20];
for(i = 0; i < 100; i++) h[i] = 0;
for(i = 0; i < 20; i++) a[i] = i * 2 + 1;
```

C++ 里还提供了两个函数给数组“整体”赋值。

(1) memset 函数

memset 函数是给数组“按字节”进行赋值,一般用在 char 型数组中,如果是 int 类型的数组,一般赋值为 0 和 -1。使用前需要包含头文件:#include <cstring>。

例如,“memset(h,0,sizeof(h));”就是将 h 数组所有元素均赋值为 0。

(2) fill 函数

fill 函数是给数组“按元素”进行赋值,可以是整个数组,也可以是部分连续元素,可以赋任何值。使用前需要包含头文件:#include <algorithm>。例如,“fill(a,a+10,5);”就是将 a 数组的前 10 个元素赋值为 5。

另外,C++ 还支持在定义数组的同时,给所有或者部分元素赋值。例如:

```
int a[10]={0,1,2,3,4,5,6,7,8,9};
int a[10]={0,1,2,3,4};// 部分赋初值，后面的元素自动初始化为 0
int a[]={1,2,3,4,5};// 不定义数组长度，直接根据赋值个数定
```

例 1 阅读并上机调试程序,体会 memset 和 fill 函数的作用。

```
//p5-2-1
#include<iostream>
#include<cstring>
using namespace std;
int main(){
    int a[10],b[10],c[10],d[10],i;
    memset(a,0,sizeof(a));// 将 a 数组所有元素均赋值为 0
    for(i = 0; i < 9; i++) cout << a[i] << " ";
    cout << a[9] << endl;
    memset(b,1,sizeof(b));
    // 将 b 数组所有元素均赋值为二进制数 2^0+2^8+2^16+2^24=16843009
```

```
    for(i = 0; i < 9; i++) cout << b[i] << " ";
    cout << b[9] << endl;
    memset(c,0,5);
    //将c数组前5个字节都赋值为0，所以只能确定c[0]==0，其他元素值不确定
    for(i = 0; i < 9; i++) cout << c[i] << " ";
    cout << c[9] << endl;
    fill(d,d+5,8);//将d数组前5个元素都赋值为8，其他元素值不确定
    for(i = 0; i < 9; i++) cout << d[i] << " ";
    cout << d[9] << endl;
    return 0;
}
```

例 2　走楼梯。(stairs,1s,256MB)

【问题描述】

一个楼梯有 n 级，小苏同学从下往上走，一步可以跨一级，也可以跨两级。问：他走到第 N 级楼梯有多少种走法？

【输入格式】

一行一个整数 n，0<n≤30。

【输出格式】

一行 n 个整数，之间用一个空格隔开，表示走到第 1 级、第 2 级、……第 n 级分别有多少种走法。

【输入样例】

2

【输出样例】

1 2

【问题分析】

假设 f(i) 表示走到第 i 级楼梯的走法，则走到第 i(i>2) 级楼梯有两种可能：一种是从第 i-1 级楼梯走过来；另一种是从第 i-2 级楼梯走过来。根据加法原理，f(i)= f(i-1)+ f(i-2)，边界条件为：f(1) = 1，f(2) = 2。具体实现时，定义一维数组 f，用赋值语句从前往后对数组的每一个元素逐个赋值。本质上，f(i) 构成了斐波那契数列。

```
//p5-2-2
#include<cstdio>
using namespace std;
int main(){
    int n,i,f[31];
    scanf("%d",&n);
    f[1] = 1; f[2] = 2;
    for(i = 3; i <= n; i++) f[i] = f[i-1] + f[i-2];
    for(i = 1; i < n; i++) printf("%d ",f[i]);
    printf("%d\n",f[n]);
    return 0;
}
```

例 3　幸运数的划分。(lucky，1s，256MB)

【问题描述】

判断一个正整数 n 是否能被一个“幸运数”整除。幸运数是指一个只包含 4 或 7 的正整数，如 7、47、477 等都是幸运数，17、42 则不是幸运数。

【输入格式】

一行一个正整数 n，1≤n≤1000。

【输出格式】

一行一个字符串，如果能被幸运数整除输出“YES”；否则，输出“NO”。

【输入样例】

47

【输出样例】

YES

【问题分析】

分析发现，1~1000 范围内的幸运数只有 14 个。于是，将这 14 个幸运数直接存储到一个数组 lucky 中，再穷举判断其中有没有一个数能整除 n。

```
//p5-2-3
#include<cstdio>
using namespace std;
int main(){
    int n,lucky[14] = {4,7,44,47,74,77,444,447,474,477,744,747,
                       774,777};// 在数组定义时给数组赋值
    scanf("%d", &n);
    bool flag = false;
    for(int i = 0; i < 14; i++)
        if(n % lucky[i] == 0) flag = true;
    if(flag) printf("YES\n");
    else printf("NO\n");
    return 0;
}
```

例 4　陶陶摘苹果。(NOIP2005 普及组复赛，apple，1s，256MB)

【问题描述】

陶陶家的院子里有一棵苹果树，每到秋天树上就会结出 10 个苹果。苹果成熟的时候，陶陶就会跑去摘苹果。陶陶有一张 30 厘米高的板凳，当她不能直接用手摘到苹果的时候，就会踩到板凳上再试试。

现在已知 10 个苹果到地面的高度，以及陶陶把手伸直的时候能够达到的最大高度，请帮陶陶算一下她能够摘到的苹果的数目。假设她碰到苹果，苹果就会掉下来。

【输入格式】

第一行包含 10 个 100~200 之间(包括 100 和 200)的整数(以厘米为单位)分别表示 10 个

苹果到地面的高度,两个整数之间用一个空格隔开。

第二行只包括一个100~120之间(包含100和120)的整数(以厘米为单位),表示陶陶把手伸直的时候能够达到的最大高度。

【输出格式】

一行一个整数,表示陶陶能够摘到的苹果的数目。

【输入样例】

100 200 150 140 129 134 167 198 200 111

110

【输出样例】

5

【问题分析】

定义一个数组保存10个苹果到地面的高度,再根据陶陶踩在板凳上的高度来统计她能够摘到的苹果数目。

```
//p5-2-4
#include<iostream>
using namespace std;
int main(){
    int apple[11],i,h,ans = 0;
    for(int i = 1; i <= 10; i++) cin >> apple[i];
    cin >> h;
    for(i = 1; i <= 10; i++)
        if(h + 30 >= apple[i]) ans++;
    cout << ans << endl;
    return 0;
}
```

实践巩固

1. 校门外的树。(NOIP2005 普及组复赛,tree,1s,256MB)

【问题描述】

学校大门外长度为L的马路上有一排树,每两棵相邻的树之间的间隔都是1米。可以把马路看成一个数轴,马路的一端在数轴0的位置,另一端在L的位置,数轴上的每个整数点(即0,1,2,…,L)都种有一棵树。

由于马路上有一些区域要用来建地铁。这些区域用它们在数轴上的起始点和终止点表示。已知任一区域的起始点和终止点的坐标都是整数,区域之间可能有重合的部分。现在要把这些区域中的树(包括区域端点处的两棵树)移走。请计算将这些树都移走后,马路上还有多少棵树。

【输入格式】

第一行有两个正整数L(1≤L≤10000)和M(1≤M≤100),L代表马路的长度,M代表区域的数目,L和M之间用一个空格隔开。

接下来的M行,每行包含两个不同的整数,用一个空格隔开,表示一个区域的起始点和终止点的坐标。

【输出格式】

一行一个整数，表示马路上剩余的树的数目。

【输入样例】

500 3
150 300
100 200
470 471

【输出样例】

298

【数据规模】

对于 10% 的数据，区域之间没有重合的部分；对于其他的数据，区域之间有重合的情况。

2. 高个子的人数。(num，1s，256MB)

【问题描述】

给定 n 个同学的身高(均为 100~200 之间的整数)，求超过平均身高的同学人数。

【输入格式】

第一行包含一个整数 n，n≤10000。
第二行包含 n 个正整数，之间用一个空格隔开。

【输出格式】

一行一个整数，表示超过平均身高的同学人数。

【输入样例】

6
160 155 170 175 172 164

【输出样例】

3

3. 旗手。(flagman，1s，256MB)

【问题描述】

导游往往喜欢从所带的旅游团中选一个身高最高的游客，站在旅游团的前面帮着拿旅行社的旗帜。现在给定 n 个游客的身高(均为正整数)，将身高最高的游客(如果身高最高的游客不唯一，那么选择最前面的那一个)和第一个游客调换位置，再依次输出他们的身高。

【输入格式】

第一行一个正整数 n，1≤n≤10000，表示有 n 个游客。
第二行包含 n 个正整数，之间用一个空格隔开，表示 n 个游客的身高。

【输出格式】

一行 n 个正整数，每两个数之间用一个空格隔开，表示调换位置后各个位置上游客的身高。

【输入样例】

6
160 155 170 175 172 164

【输出样例】

175 155 170 160 172 164

第 3 课　一维数组的插入删除

学习目标

1. 学会一维数组的元素插入和删除操作。
2. 应用一维数组的插入和删除操作解决一些实际问题。

知识讲解

在实际应用中，经常需要在数组中插入一个元素，或者删除数组中的某一个元素，称为数组的“插入”操作或者“删除”操作。插入一个元素，需要先找到插入的位置（假设下标为 x），将这个元素及其之后的所有元素依次往后移一位（注意要从后往前进行操作），再将给定的元素插入（覆盖）到位置 x，如图 5.3–1 所示。删除某一个元素，也需要先找到删除的位置（假设下标为 x），将下标为 x+1 及其之后的所有元素依次向前移一位，覆盖原来位置上的元素，如图 5.3–2 所示。

插入或者删除一个区间（连续若干个数），只要重复以上单个元素的操作即可。另外，插入操作需要注意把数组下标定义的足够大。

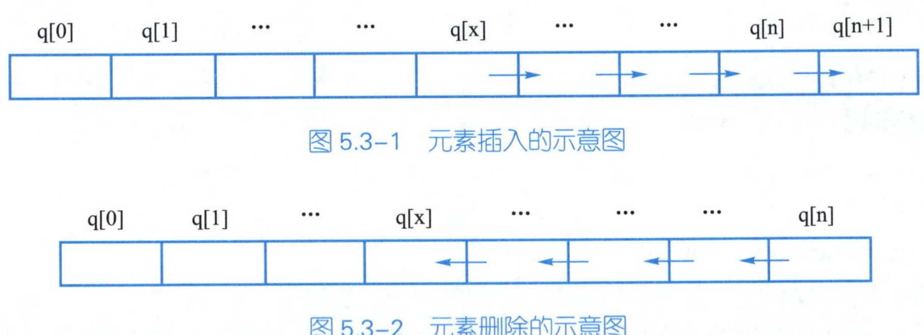

图 5.3–1　元素插入的示意图

图 5.3–2　元素删除的示意图

例 1　插队问题。(jumpque，1s，256MB)

【问题描述】

有 n 个人（每个人有一个唯一的编号，用 1~n 之间的整数表示）在一个水龙头前排队准备接水，现在第 n 个人有特殊情况，经过协商，大家允许他插队到第 x 个位置。输出第 n 个人插队后的排队情况。

【输入格式】

第一行 1 个正整数 n，表示有 n 个人，2<n≤100。

第二行包含 n 个正整数，之间用一个空格隔开，表示排在队伍中的第 1~ 第 n 个人的编号。

第三行包含 1 个正整数 x，表示第 n 个人插队的位置，1≤x<n。

【输出格式】

一行包含 n 个正整数，之间用一个空格隔开，表示第 n 个人插队后的排队情况。

【输入样例】

7

7 2 3 4 5 6 1

3

【输出样例】

7 2 1 3 4 5 6

【问题分析】

N 个人的排队情况可以用数组 q 表示，q［i］表示排在第 i 个位置上的人。定义数组时多定义一个位置，然后重复执行：q［i+1］=q［i］，其中，i 从 n~x。最后再执行 q［x］=q［n+1］，输出 q［1］~q［n］。

```
//p5-3-1
#include<cstdio>
using namespace std;
int main(){
    int n,i,x,q[102];
    scanf("%d",&n);
    for(i = 1; i <= n; i++) scanf("%d",&q[i]);
    scanf("%d",&x);
    for(i = n; i >= x; i--) q[i+1] = q[i];
    q[x] = q[n+1];
    for(i = 1; i < n; i++) printf("%d ",q[i]);
    printf("%d\n",q[n]);
    return 0;
}
```

例 2 队伍调整。(removenum，1s，256MB)

【问题描述】

有 n 个人（每个人有一个唯一的编号，用 1~n 之间的整数表示）在一个水龙头前排队准备接水，现在第 x 个人有特殊情况离开了队伍，求第 x 个人离开队伍后的排队情况。

【输入格式】

第一行 1 个正整数 n，表示有 n 个人，2<n≤100。

第二行包含 n 个正整数，之间用一个空格隔开，表示排在队伍中的第 1 个到第 n 个人的编号。

第三行包含 1 个正整数 x，表示第 x 个人离开队伍，1≤x≤n。

【输出格式】

一行包含 n-1 个正整数，之间用一个空格隔开，表示第 x 个人离开队伍后的排队情况。

【输入样例】

7

7 2 3 4 5 6 1
3

【输出样例】

7 2 4 5 6 1

【问题分析】

```
//p5-3-2
#include<cstdio>
using namespace std;
int main(){
    int n,i,x,q[102];
    scanf("%d",&n);
    for(i = 1; i <= n; i++) scanf("%d",&q[i]);
    scanf("%d",&x);
    for(i = x; i < n; i++) q[i] = q[i+1];
    n--;
    for(i = 1; i < n; i++) printf("%d ",q[i]);
    printf("%d\n",q[n]);
    return 0;
}
```

实践巩固

1. 整理题库。(sortque,1s,256MB)

【问题描述】

为了提高大家的程序设计水平,谢老师建立了一个校内题库。题库中共有 n 道题,第 i 道题目的难易程度用 t_i 表示,这 n 道题根据由易到难的顺序已排好。现在老师决定插入 m 道难度为 d_j 的题到题库中,题库中的题仍然按由易到难的顺序排好。

【输入格式】

第一行包含两个用一个空格隔开的整数 n 和 m。

第二行包含 n 个用一个空格隔开的正整数 t_i,表示题库中每道题的难度。

第三行包含 m 个用一个空格隔开的正整数 d_j,表示待插入的每道题的难度。

$1 \leq t_i \leq 32767, 1 \leq d_j \leq 32767, 1 \leq n \leq 1000, 1 \leq m \leq 1000$。

【输出格式】

一行若干个用一个空格隔开的正整数,表示插入后题库的试题难度情况。

【输入样例】

5 1
1 1 2 3 7
1

【输出样例】

1 1 1 2 3 7

2. 删除试题。(delque,1s,256MB)

【问题描述】

题库中有 n 道编程试题，根据题号给定 n 道试题的难易程度(均为 1~10 之间的正整数)，删除难度为 x 的试题。

【输入格式】

第一行包含两个正整数 n 和 x，之间用一个空格隔开。

第二行包含 n 个正整数，之间用一个空格隔开，表示每道试题的难度。

【输出格式】

一行包含若干正整数，之间用一个空格隔开，表示删除难度为 x 的试题后题库中的试题情况。

【输入样例】

```
6 1
1 10 3 1 7 2
```

【输出样例】

```
10 3 7 2
```

第 4 课　一维数组的查找统计

学习目标

1. 学会在一维数组中进行顺序查找和二分查找。
2. 熟练应用查找和统计操作解决一些实际问题。

知识讲解

生活中，人们经常需要做一些“查找”操作。例如，在英文字典中查找某个英文单词及其读音，在学生数据库中查找学籍号，出行前查询火车车次、飞机航班等信息，考试后查询某个同学的成绩，等等。

一维数组的查找操作，就是在一维数组中查找有没有某个元素，它的值等于指定的值 x。查找操作的结果可能是一个没找到、找到一个或者找到很多个。常见的查找算法有“顺序”查找和“二分”查找。顺序查找就是按照从前往后的顺序，将数组中的元素依次与要查找的数 x 进行比较。如果数组中的元素是有序的(递增或者递减)，也可以采用二分查找。二分查找又称“折半”查找，其优点是比较次数少、查找速度快。假设数组 a [n]是严格递增的，每个元素都是 int 型，现在要查找 x 这个元素，则二分查找的算法框架可以这样写：

```
int left = 0,right = n-1;
int find = n;//find 标记找到的位置，初始化为 n，表示没找到
while(left <= right){
```

```
        int mid = (left + right) / 2;
        if(a[mid] == x){// 找到了, 就标记位置, 并退出循环
            find = mid;
            break;
        }
        if(x < a[mid]) right = mid - 1;//x 只能在左半部分
        if(a[mid] < x) left = mid + 1; //x 只能在右半部分
    }
    if(find != n) printf("%d\n",find);
    else printf("not find\n");
```

例 1 抽奖 1。(lottery,1s,256MB)

【问题描述】

公司举办年会,为了活跃气氛,设置了摇奖环节。参加聚会的每位员工都有一张带有号码的抽奖券。现在,主持人依次公布 n 个不同的获奖号码,小谢看着自己抽奖券上的号码 num,无比紧张。请编写一个程序,如果小谢获奖了,请输出他中的是第几个号码;如果没有中奖,请输出 0。

【输入格式】

第一行一个正整数 n,表示有 n 个获奖号码,2<n≤100。

第二行包含 n 个正整数,之间用一个空格隔开,表示依次公布的 n 个获奖号码。

第三行一个正整数 num,表示小谢抽奖券上的号码。

1≤获奖号码,num<10000。

【输出格式】

一行一个整数,如果小谢中奖了,表示中奖的是第几个号码;如果没有中奖,则为 0。

【输入样例】

7

17 2 3 4 9555 6 1

3

【输出样例】

3

【问题分析】

```
//p5-4-1
#include<cstdio>
using namespace std;
int main(){
    int n,i,num,f,g[101];
    scanf("%d",&n);
    for(i = 1; i <= n; i++) scanf("%d",&g[i]);
    scanf("%d",&num);
    f = 0;
    for(i = 1; i <= n; i++)
```

```
        if(g[i] == num){f = i; break;}
    printf("%d\n",f);
    return 0;
}
```

例 2　抽奖 2。(lottery2,1s,256MB)

【问题描述】

公司举办年会，为了活跃气氛，设置了摇奖环节。参加聚会的每位员工都有一张带有号码的抽奖券。现在，主持人从小到大依次公布 n 个不同的获奖号码，小谢看着自己抽奖券上的号码 win，无比紧张。请编写一个程序，如果小谢获奖了，请输出他中奖的是第几个号码；如果没有中奖，请输出 0。

【输入格式】

第一行一个正整数 n，表示有 n 个获奖号码，2<n≤100。

第二行包含 n 个正整数，之间用一个空格隔开，表示依次公布的 n 个获奖号码。

第三行一个正整数 win，表示小谢抽奖券上的号码。

1≤获奖号码，win<10000。

【输出格式】

一行一个整数，如果小谢中奖了，表示中奖的是第几个号码；如果没有中奖，则为 0。

【输入样例】

7

1 2 3 4 6 17 9555

3

【输出样例】

3

【问题分析】

```
//p5-4-2
#include<cstdio>
using namespace std;
int main(){
    int n,i,win,f,left,right,mid,g[101];
    scanf("%d",&n);
    for(i = 1; i <= n; i++) scanf("%d",&g[i]);
    scanf("%d",&win);
    f = 0;
    left = 1; right = n;
    while(left <= right){
        mid = (left + right) / 2;
        if(g[mid] == win){f = mid; break;}
        if(win < g[mid]) right = mid - 1;
        if(g[mid] < win) left = mid + 1;
```

```
    }
    printf("%d\n",f);
    return 0;
}
```

例3 比身高。(num,1s,256MB)

【问题描述】

有N个人排成一排,假设他们的身高均为正整数,请找出其中符合以下条件的人:排在他前面且比他高的人数与排在他后面且比他高的人数相等。

【输入格式】

第一行为一个正整数N,1<N<1000,表示有多少个人。

下面N行,每行一个正整数,表示从前往后每个人的身高,假设每个人的身高≤10000。

【输出格式】

一行一个整数,表示满足这个条件的人数。

【输入样例】

4
1
2
1
3

【输出样例】

2

【样例说明】

第3、第4个人满足条件。

【问题分析】

```
//p5-4-3
#include<cstdio>
using namespace std;
int h[1001],n,i,j,ans,t1,t2;
int main(){
    scanf("%d",&n);
    for(i = 1; i <= n; i++) scanf("%d",&h[i]);
    for(i = 1; i <= n; i++){
        t1 = t2 = 0;
        for(j = 1; j < i; j++)
            if(h[j] > h[i]) t1++;//排在他前面且比他高的人数
        for(j = i + 1; j <= n; j++)
            if(h[j] > h[i]) t2++;//排在他后面且比他高的人数
        if(t1 == t2) ans++;
    }
```

```
    printf("%d\n",ans);
    return 0;
}
```

实践巩固

1. 美人松的高度 1。(height1,1s,256MB)

【问题描述】

又到过年了,狗熊岭的动物们都忙碌了起来,张灯结彩准备过年。李老板却要光头强砍一些百年美人松回去。美人松都是很高的,它们的高度不超过长整型。现在光头强看到丛林里有 N 棵美人松,当然每棵松的高度是已知的。李老板要问光头强:高度为 K 的美人松有多少棵?

【输入格式】

第一行一个正整数 N,$1\leqslant N\leqslant 10^6$。

第二行 N 个正整数,之间用一个空格隔开,表示 N 棵美人松的高度。

第三行一个正整数 K,表示询问高度为 K 的美人松有多少棵,$1\leqslant K\leqslant 1000$。

【输出格式】

一行一个整数,表示对应高度为 K 的树的数量,如果没有则输出 0。

【输入样例】

```
5
3 4 5 2 3
3
```

【输出样例】

```
2
```

2. 美人松的高度 2。(height2,1s,256MB)

【问题描述】

又到过年了,狗熊岭的动物们都忙碌了起来,张灯结彩准备过年。李老板却要光头强砍一些百年美人松回去。美人松都是很高的,它们的高度不超过长整型。现在光头强看到丛林里有 N 棵美人松按照从矮到高的排好,当然每棵松的高度是已知的。李老板要问光头强 M 次,每次询问高度为 K 的美人松有多少棵。

【输入格式】

第一行两个正整数 N 和 M,之间用一个空格隔开,$1\leqslant N\leqslant 10^6$,$1\leqslant M\leqslant 1000$。

第二行 N 个正整数,之间用一个空格隔开,表示 N 棵美人松的高度。

第三行 M 个正整数,之间用一个空格隔开,表示 M 个询问,每次询问高度为 K 的美人松有多少棵,$1\leqslant K\leqslant 1000$。

【输出格式】

一行 M 个正整数,之间用一个空格隔开,分别表示对应每次询问高度为 K 的树的数量,如果没有,则输出 0。

【输入样例】

5 2

2 3 3 4 5

3 4

【输出样例】

2 1

3. 美人松的高度 3。(height3,1s,256MB)

【问题描述】

又到过年了,狗熊岭的动物们都忙碌了起来,张灯结彩准备过年。李老板却要光头强砍一些百年美人松回去。美人松都是很高的,它们的高度不超过长整型。现在光头强看到丛林里有 N 棵美人松,当然每棵松的高度是已知的。李老板要光头强将高度为 K 的美人松全部砍掉,请输出光头强砍掉高度为 K 的美人松后丛林里的情况。

【输入格式】

第一行,一个正整数 N($1 \leq N \leq 10^6$)。

第二行,N 个用一个空格隔开的正整数,表示 N 个美人松的高度。

第三行,表示要砍的美人松高度为 K,$1 \leq K \leq 1000$。

【输出格式】

一行若干用空格隔开的整数,表示光头强砍掉高度为 K 的美人松后的情况。

【输入样例】

5

3 4 5 2 3

3

【输出样例】

4 5 2

第 5 课 一维数组的元素排序

学习目标

1. 掌握选择排序、冒泡排序和插入排序。
2. 应用排序算法解决一些实际问题。

知识讲解

“排序”就是按照某个关键字的大小,将若干对象从小到大或者从大到小进行重新排列。关键字是对象的某一个属性,它可以是任何基本数据类型,甚至结构体等。例如,体育课上会按照身高从矮到高站队,这就是“升序”排序,身高是每个人的一个属性,也就是排序的关键字。再如,将所有单词按照“字典序”倒过来排序，如 zoo、yes、most、key、computer、book、bad、apple 等，就是“降序”排序，关键字的类型就是字符串。

排序算法非常多，本课学习其中最基本的三种：选择排序、冒泡排序和插入排序。它们本质上都是通过数组中的元素比较和交换来实现的，所以关键是数组下标的分析。本课结合一个具体例子，分析和讲解这三种算法。

例 1　站队。(height，1s，256MB)

【问题描述】

给出 n 个同学的身高，请根据他们的身高升序排列并输出排序结果。

【输入格式】

第一行 1 个正整数 n，表示有 n 个同学的身高，2<n≤100。

第二行包含 n 个正整数，之间用一个空格隔开，表示 n 个同学的身高。每个同学的身高都在 150~200 厘米之间。

【输出格式】

一行 n 个正整数，之间用一个空格隔开，表示 n 个同学根据身高升序排列的结果。

【输入样例】

7
180 170 176 160 155 150 160

【输出样例】

150 155 160 160 170 176 180

【问题分析】

算法 1　选择排序

选择排序的基本思想是：每一趟从待排序的数据中，通过“打擂台”比较选出最小元素，放在这些数据的最前面。这样，第一趟把 n 个数中（第 1 个到第 n 个）最小的放在第一个位置，第二趟把剩余的 n–1 个数中（第 2 个到第 n 个）最小的放在第二个位置，第三趟把剩余的 n–2 个数中（第 3 个到第 n 个）最小的放在第三个位置，……第 n–1 趟把剩下的 2 个数中（第 n–1 个到第 n 个）最小的放在第 n–1 个位置，剩下的最后一个数（第 n 个）一定最大，自然落在了第 n 个位置。

对于样例，排序过程如下：

待排序数据	180	170	176	160*	155	150	160
第一趟排序	【*150*】	170	176	160*	155	*180*	160
第二趟排序	【150	*155*】	176	160*	170	180	160
第三趟排序	【150	155	*160**】	*176*	170	180	160
第四趟排序	【150	155	160*	*160*】	170	180	*176*
第五趟排序	【150	155	160*	160	*170*】	180	176
第六趟排序	【150	155	160*	160	170	*176*】	*180*

上述过程中，【 】以内的元素为已经完成排序的（其位置不再变化了）。为了观察多个相同元素的排序情况，给第一个 160 加了个标记“*”。

```
//p5-5-1a，选择排序
#include<iostream>
using namespace std;
int main(){
    int n,i,j,k,temp,h[101];
    cin >> n;
    for(i = 1; i <= n; i++) cin >> h[i];
    for(i = 1; i <= n; i++){
        k = i;
        for(j = i+1; j <= n; j++)
            if(h[j] < h[k]) k = j;// 在 i~n 之间的最小元素
        temp = h[i];
        h[i] = h[k];
        h[k] = temp;// 将 i~n 之间的最小元素放到第 i 个位置
    }
    for(i = 1; i < n; i++) cout << h[i] << " ";
    cout << h[n] << endl;
    return 0;
}
```

算法 2 冒泡排序

冒泡排序的基本思想是：从第一个数开始，依次不断比较相邻的两个元素，如果“逆序”就交换。这样，一趟排序结束后，最大的元素就放在了第 n 个位置了。对于样例数据，第一趟冒泡排序的过程如下：

待排序数据	180	170	176	160*	155	150	160
第 1、2 个人比较	*170*	*180*	176	160*	155	150	160
第 2、3 个人比较	170	*176*	*180*	160*	155	150	160
第 3、4 个人比较	170	176	*160**	*180*	155	150	160
第 4、5 个人比较	170	176	160*	*155*	*180*	150	160
第 5、6 个人比较	170	176	160*	155	*150*	*180*	160
第 6、7 个人比较	170	176	160*	155	150	*160*	*180*

可以看出，身高最高的同学已经排在了他应该在的位置(第 n 个位置)。然后用同样的方法，第二趟把剩余的前 n–1 个数中最大的交换到第 n–1 个位置，第三趟把剩余的前 n–2 个数中最大的交换到第 n–2 个位置，……经过 n–1 趟，排序结束。

```
//p5-5-1b，冒泡排序
#include<iostream>
using namespace std;
int main(){
    int n,i,j,temp,h[101];
    cin >> n;
```

```
    for(i = 1; i <= n; i++) cin >> h[i];
    for(i = 1; i < n; i++)
        for(j = 1; j <= n-i; j++)
            if(h[j] > h[j+1]){
                temp = h[j];
                h[j] = h[j+1];
                h[j+1] = temp;
            }
    for(i = 1; i < n; i++) cout << h[i] << " ";
    cout << h[n] << endl;
    return 0;
}
```

对于冒泡排序，还可以做些算法“优化”。如果一趟排序下来，都没有任何“逆序”数对，即没有发生“交换”操作，则说明已经排好序了。此时，就可以立刻退出循环。

```
//p5-5-1c，优化后的冒泡排序
#include<iostream>
using namespace std;
int main(){
    int n,i,j,temp,h[101];
    cin >> n;
    for(i = 1; i <= n; i++) cin >> h[i];
    for(i = 1; i < n; i++){
        bool flag = true;
        for(j = 1; j <= n-i; j++)
            if(h[j] > h[j+1]){
                temp = h[j];
                h[j] = h[j+1];
                h[j+1] = temp;
                flag = false;
            }
        if(flag) break;
    }
    for(i = 1; i < n; i++) cout << h[i] << " ";
    cout << h[n] << endl;
    return 0;
}
```

算法 3　插入排序

插入排序的基本思想是：把所有待排序元素分成前后两段，前一段是已经排好序的，后一段是待排序的。每一趟都是把后一段的第一个数“插入”到前一段的某一个位置，保证前一段仍然是有序的。开始时，第 1 个数作为前一段肯定是有序的；第一趟，把第 2 个数插入进去，保证前 2 个数有序；第二趟，把第 3 个数插入进去，保证前 3 个数有序；……第 n–1 趟，把第 n 个数插入进去，保证 n 个数都有序。

对于样例，第一趟排序的过程如下（【　】内的为有序的前一段）：

待排序数据	【180】	170	176	160*	155	150	160
第一趟排序	【*170*	180】	176	160*	155	150	160
第二趟排序	【170	*176*	180】	160*	155	150	160
第三趟排序	【*160**	170	176	180】	155	150	160
第四趟排序	【*155*	160*	170	176	180】	150	160
第五趟排序	【*150*	155	160*	170	176	180】	160
第六趟排序	【150	155	160*	*160*	170	176	180】

```
//p5-5-1d，插入排序
#include<iostream>
using namespace std;
int main(){
    int n,i,j,k,temp,h[101];
    cin >> n;
    for(i = 1; i <= n; i++) cin >> h[i];
    for(i = 2; i <= n; i++){
        temp = h[i];
        k = 1;
        while(h[k] <= temp && k < i) k++;
        for(j = i-1; j >= k; j--) h[j+1] = h[j];
        h[k] = temp;
    }
    for(i = 1; i < n; i++) cout << h[i] << " ";
    cout << h[n] << endl;
    return 0;
}
```

实践巩固

1. 近似排序。（ssort，1s，256MB）

【问题描述】

写一个程序，从输入文件读入一对正整数 x 和 y，将这两个数之间（包括这两个数本身）的所有数按下述特别规则排序后输出。该特别规则是：按两数倒过来的值进行比较决定其大小，如 30 倒过来为 3，29 倒过来为 92，则 29 大于 30。

【输入格式】

一行两个正整数 x 和 y，用一个空格隔开，$1 \leqslant x \leqslant y \leqslant 10000$，$y-x \leqslant 100$。

【输出格式】

包括 y-x+1 行，每行一个正整数，按两数倒过来的值进行比较决定其大小，然后由小到大输出。

【输入样例】

22 39

【输出样例】

30

31

22

32

23

33

24

34

25

35

26

36

27

37

28

38

29

39

2. 统计数字。(NOIP2007 提高组复赛,count,1s,256MB)

【问题描述】

某次科研调查时得到了 n 个自然数,每个数均不超过 1500000000。已知不相同的数不超过 10000 个,现在需要统计这些自然数各自出现的次数,并按照自然数从小到大的顺序输出统计结果。

【输入格式】

第 1 行一个正整数 n,表示自然数的个数。

第 2~n+1 行,每行一个自然数。

【输出格式】

包含 m 行,m 为 n 个自然数中不相同数的个数。请按照自然数从小到大的顺序输出,每行输出两个正整数,分别是自然数和该数出现的次数,之间用一个空格隔开。

【输入样例】

8

2

4

2

4

5

100

2

100

【输出样例】

2 3

4 2

5 1

100 2

【数据规模】

对于 40% 的数据满足：$1 \leq n \leq 1000$；

对于 80% 的数据满足：$1 \leq n \leq 50000$；

对于 100% 的数据满足：$1 \leq n \leq 200000$。

3. 谁在正中间。(middle，1s，256MB)

【问题描述】

农夫约翰为了找到最“中间”的奶牛，正在调查他的牛群。一半奶牛的产奶量不多于这只“中间”奶牛，另一半的产奶量不少于这只“中间”奶牛。约翰想知道这只“中间”奶牛的产奶量是多少。

给出一个奇数 N 表示奶牛总数，以及她们的产奶量 C_i，要求找出“中间”产量。$1 \leq N \leq 10000$，$1 \leq C_i \leq 1000000$。

【输入格式】

第 1 行一个正整数 N。

第 2~N+1 行，每行一个正整数，表示其中一只奶牛的产奶量。

【输出格式】

一行一个整数，表示“中间”产量的一个整数。

【输入样例】

5

2

4

1

3

5

【输出样例】

3

4. 排名。(paiming，1s，256MB)

【问题描述】

一年一度的江苏省小学生程序设计比赛开始了，组委会公布了所有学生的成绩，成绩按分数从高到低排名，成绩相同按年级从低到高排。现在主办单位想知道每一个排名的学生前，有几位学生的年级低于他。

【输入格式】

第 1 行只有一个正整数 n（$1 \leq n \leq 200$），表示参赛的学生人数。

第 2~n+1 行，每行有两个正整数 s（$0 \leqslant s \leqslant 400$）和 g（$1 \leqslant g \leqslant 6$），之间用一个空格隔开，其中第 i+1 行的第一个数 s 表示第 i 个学生的成绩，第 i+1 行的第二个数 g 表示第 i 个学生的年级。

【输出格式】

输出 n 行，每行只有一个正整数，其中第 i 行的数 k 表示排第 i 名的学生前面有 k 个学生排名比他高，且年级比他低。

【输入样例】

```
5
300 5
200 6
350 4
400 6
250 5
```

【输出样例】

```
0
0
1
1
3
```

第 6 课　一维数组的应用举例

学习目标

1. 学会跟踪数组元素调试程序。
2. 综合应用一维数组的基本操作解决一些实际问题。

知识讲解

例 1　学习对象。（learn，1s，256MB）

【问题描述】

n 个信息学选手站在一排，每个选手的位置依次用 1~n 表示，第 i 个信息学选手的编程能力用一个整数 H_i 表示。每个信息学选手都希望找一个编程能力比自己高但又与自己编程能力最接近的选手学习，如果有多个符合条件的选手则选择位置在最前面的选手学习。请编程输出每位选手学习对象的位置，如果没有学习对象，则输出 0。

【输入格式】

第 1 行一个正整数 n，$1 \leqslant n \leqslant 1000$；

第 2~n+1 行共 n 个正整数，依次表示每位选手的编程能力，$1 \leqslant H_i \leqslant 1000000$。

【输出格式】

n 行，每行输出一个整数，表示每个选手学习对象的位置。

【输入样例】

6
3
2
6
1
1
2

【输出样例】

3
1
0
2
2
1

【问题分析】

第 i 个选手的学习对象，就是从前往后查找一个选手 j，要求 $H_i<H_j$ 且 H_j 要尽可能小(打擂台)，如果 j 可以取多个值，则选取最小的值(保留前面)。

```
//p5-6-1
#include<iostream>
using namespace std;
int n,i,j,ans,maxh,h[1001];
int main(){
    cin >> n;
    for(i = 1; i <= n; i++) cin >> h[i];
    for(i = 1; i <= n; i++){
        ans = 0;
        maxh = 1000001;
        for(j = 1; j <= n; j++)
            if(h[j] > h[i] && h[j] < maxh){
                ans = j;
                maxh = h[j];
            }
        cout << ans << endl;
    }
    return 0;
}
```

例 2 商品排序。(bsort,1s,256MB)

【问题描述】

某商场的仓库中有 n 件商品,每件商品的价格在 0~1000 之间(价格为 0 的商品为赠品)。现在商场经理要求将这 n 件商品按价格由低到高排序。请编程输出 n 件商品排序后的情况。

【输入格式】

第一行一个正整数 n,表示有 n 件商品,1≤n≤100000。

接下来的 n 行,每行一个整数,表示第 i 件商品的价格。

【输出格式】

n 行,每行输出一个整数。

【输入样例】

5
1
8
1
2
2

【输出样例】

1
1
2
2
8

【问题分析】

本题可以选用学过的任意一种排序算法实现,但是测试程序发现会“超时”,因为本题最多有 100000 件商品,三种排序都需要两层循环嵌套。

其实,分析数据发现一个重要特征:数据虽然很多,但是数据范围比较小。这种情况下,可以使用另外一种排序算法——桶排序。定义一个 int 型数组 num[1001],num[x]记录整数 x 出现的次数,初始化都为 0,每读到一个数 x,就执行 num[x]=num[x]+1。输出时,从 0~1000 穷举 x,每个 x 输出 num[x]次。

```
//p5-6-2, 桶排序
#include<iostream>
using namespace std;
int n,i,j,number,num[1001];
int main(){
    cin >> n;
    for(i = 1; i <= n; i++){
        cin >> number;
        num[number]++;// 记录整数 number 出现的次数
    }
    for(i = 0; i < 1001; i++)
```

```
        for(j = 1; j <= num[i]; j++)
            cout << i <<endl;// 输出 num[i] 次 i
    return 0;
}
```

例 3 素数大酬宾。(prime,1s,256MB)

【问题描述】

某商场的仓库中有 n 种商品,每件商品按 1~n 依次编号。现在商场经理突发奇想,决定将编号为素数(质数)的所有商品拿出来搞优惠酬宾活动。请编程帮助仓库管理员将编号为素数的商品选出来。

【输入格式】

一行一个正整数 n,表示有 n 种商品,2≤n≤100000。

【输出格式】

一行若干个正整数,表示若干种商品编号且每个编号均为素数,请从小到大输出,每两个数之间有一个空格。

【输入样例】

20

【输出样例】

2 3 5 7 11 13 17 19

【问题分析】

算法 1 穷举法

穷举商品编号 2~n,判断每个编号是否为素数。这种方法效率不高,一旦 n 过大,程序就会超时。

```
//p5-6-3a
#include<iostream>
#include<cmath>
using namespace std;
int main(){
    int n,i,j;
    bool flag;
    cin >> n;
    cout << 2;
    for(i = 3; i <= n; i++){
        flag = true;
        for(j = 2; j <= sqrt(i); j++)
           if(i % j == 0){
              flag = false;
              break;
           }
        if(flag) cout << " " << i;
    }
```

```
    cout << endl;
    return 0;
}
```

算法 2　筛选法

筛选法又称为筛法，是由希腊著名数学家埃拉托色尼（Eratosthenes）提出的。相比穷举法，筛选法的效率更高。以求 1~20 之内素数为例，具体步骤如下：

1）将所有数（2~n）放入"筛子"中，把 1 删除；

2）2 在筛中，将 2 的倍数 2，4，…，20 删除（筛去）；

3）3 在筛中，将 3 的倍数 6，9，…，18 删除（筛去）；

4）4 不在筛中，不执行删除（筛去）操作；

……

10）10 不在筛中，不执行删除（筛去）操作。

因为 20 以内最大的因子就是 10，所以不用再筛大于 10 的数了，其实只要筛到 $\sqrt{20}$ 即可。编程实现时，定义一个 bool 型数组 p，p[i]=true 表示 i 还在筛子中，p[i]=false 表示 i 已经被删除了。例如，要输出 20 以内的素数，筛子中的元素变化情况如下：

步骤	筛中的数
步骤 1	2 3 4 5 6 7 8 9 10 11 12 13 14 15 16 17 18 19 20
步骤 2	2 3 5 7 9 11 13 15 17 19
步骤 3	2 3 5 7 11 13 17 19
⋮	
步骤 10	2 3 5 7 11 13 17 19

```
//p5-6-3b
#include<iostream>
#include<cmath>
using namespace std;
int main(){
    int n,i,j;
    bool p[100001];
    for(i = 0; i <= 100000; i++) p[i] = true;
    p[1] = false;
    cin >> n;
    cout << 2;
    for(i = 2; i <= sqrt(n); i++)
        if(p[i])
            for(j = 2; i*j <= n; j++) p[i*j] = false;
    for(i = 3; i <= n; i++)
        if(p[i]) cout << " " << i;
    cout << endl;
    return 0;
}
```

例4 约瑟夫问题。(jsf,1s,256MB)

【问题描述】

有m个人,其编号分别为1~m。按顺序围成一个圈,现在给定一个数n,从第一个人开始依次报数,报到n的人出圈,然后再从下一个人开始,继续从1开始依次报数,报到n的人再出圈,……如此循环,直到最后一个人出圈为止。编程输出所有人出圈的顺序。

【输入格式】

一行两个正整数m和n,之间用一个空格隔开,1≤m<100,1≤n≤32767。

【输出格式】

输出m行,每行一个正整数,表示依次出圈的人的编号。

【输入样例】

8 5

【输出样例】

5
2
8
7
1
4
6
3

【问题分析】

定义bool型数组p,表示每个人在圈中的状态。假设p[i]为true表示第i个人还在圈中,p[i]为false表示第i个人已出圈。模拟报数的过程,从第一个人(i=1)开始报数,定义计数器j,初始化为0,如果p[i]为true,则j加1,当j为n时,报到的这个人出圈(p[i]=false,且j=0),……直到所有人都已出圈。程序实现时,另外设计一个计数器t,记录圈中的剩余人数,初始化为m。

```
//p5-6-4
#include<iostream>
using namespace std;
int main(){
    int m,n,i,j,t;
    bool p[100];
    cin >> m >> n;
    for(i = 0; i < 100; i++) p[i] = true;
    t = m; i = 0; j = 0;
    while(t > 0){
        i++;
        if(i == m+1) i = 1;// 实现圈的效果
        if(p[i]){
            j++;
            if(j == n){
```

```
                cout << i << endl;
                p[i] = false;
                j = 0;
                t--;
            }
        }
    }
    return 0;
}
```

为了更好地理解和调试程序，下面介绍 C++ 中的“单步跟踪”，即跟踪程序中的变量值的变化，包括数组元素值的变化。

首先，需要设置“断点”。如果在某一行代码处添加了断点，那么程序运行到断点处就会暂停，不再继续往下运行，直到接到继续运行的命令。断点设置好后，所在行的背景色会变为红色，如图 5.6–1 所示。

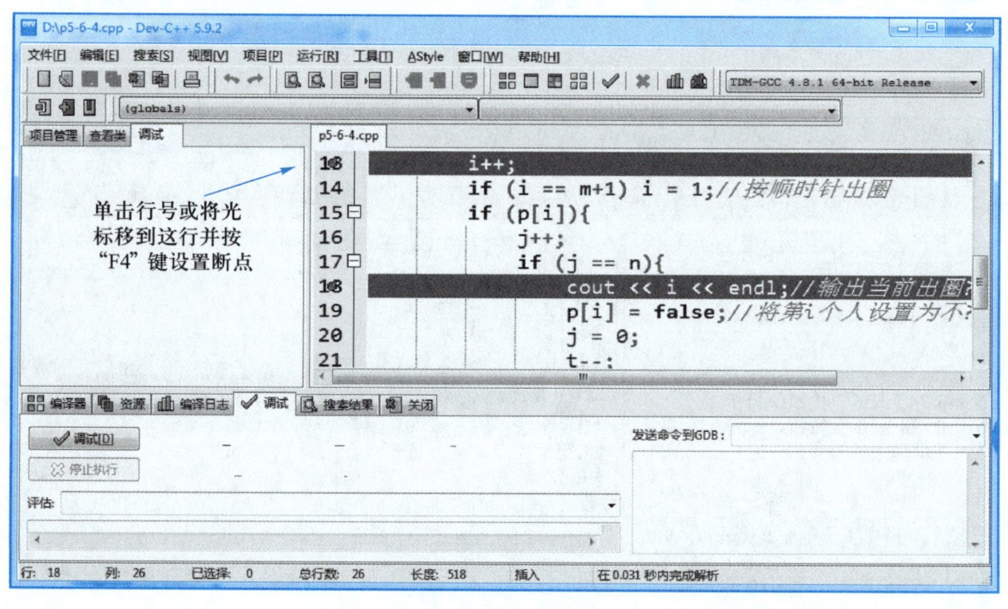

图 5.6–1　设置断点

然后，就可以设置需要“跟踪”的变量，如图 5.6–2 所示。如果要跟踪整个数组，假设 int a[100]，那么直接输入数组名“a”；如果要跟踪数组 a 的前 10 个元素，那么输入“a[0]@10”；如果要跟踪数组 a 的第 10~30 个元素，则输入“a[9]@21”。

最后，单步调试程序，跟踪变量值的变化，如图 5.6–3 所示。

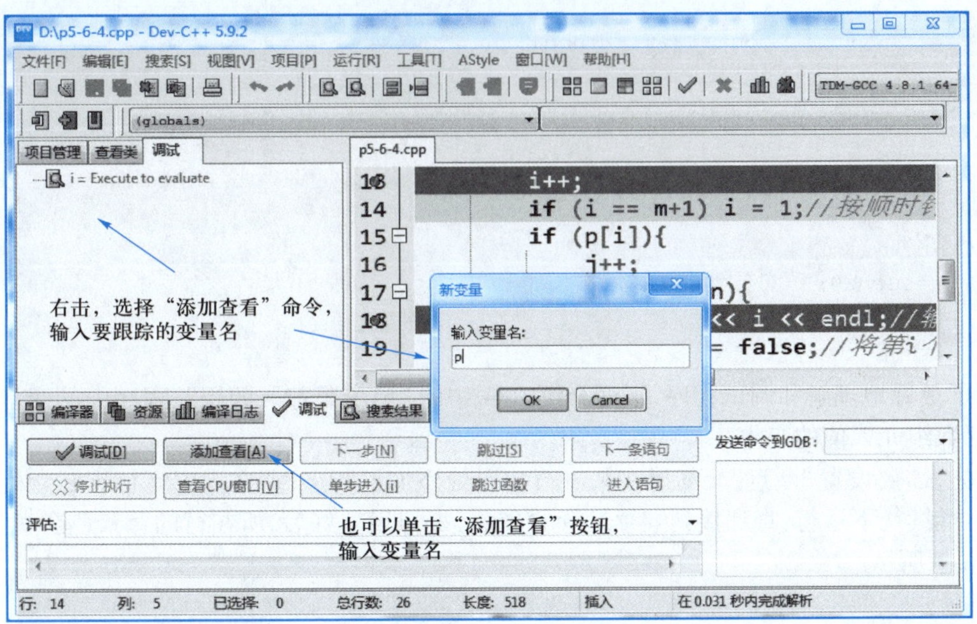

图 5.6–2　添加跟踪变量

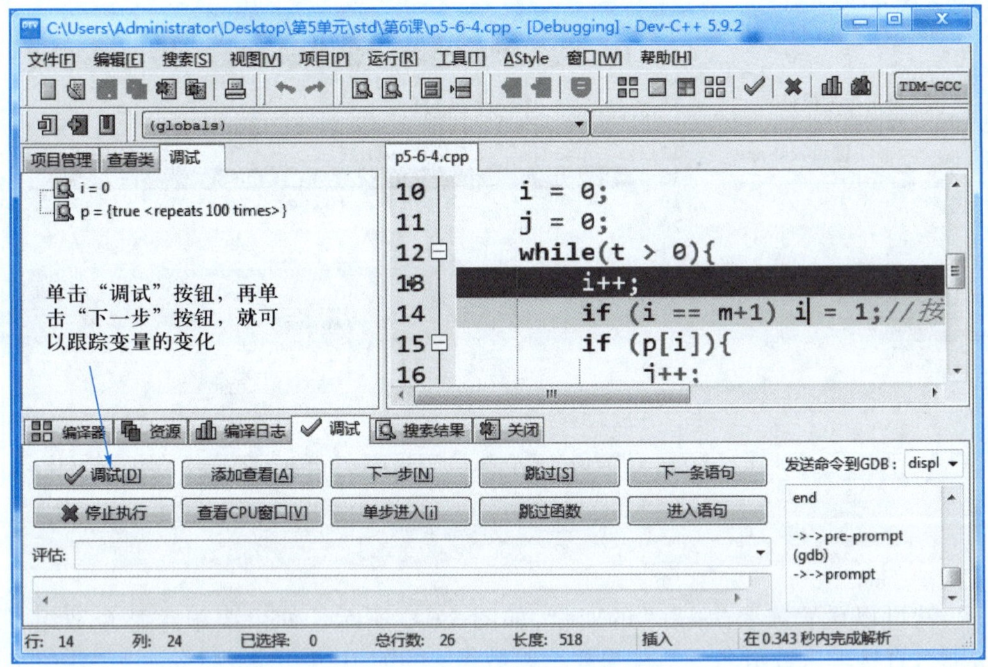

图 5.6–3　调试跟踪

实践巩固

1. 质数个数。(qprime，1s，256MB)

【问题描述】

农夫约翰想从正整数 A~B 之间选一些素数来作为奶牛的编号,作为编号的数各位上的数字至少有一个特定的数字 D。如 A 为 11、B 为 15、D 为 3 时,则 A~B 之间有 11、13 两个素数,但组成 11 的两个数字中没有 3,所以只有一个数 13 符合条件。

【输入格式】

一行三个正整数 A、B 和 D,之间用一个空格隔开。

【输出格式】

一行一个正整数,表示包含数字 D 的质数个数。

【输入样例】

10 15 3

【输出样例】

1

【数据规模】

对于 100% 的数据满足:$1\leqslant A\leqslant B\leqslant 4000000$,$B\leqslant A+2000000$,$0\leqslant D\leqslant 9$。

2. 明明的随机数。(NOIP2006 普及组复赛,random,1s,256MB)

【问题描述】

明明想在学校中请一些同学一起做一项问卷调查,为了实验的客观性,他先用计算机生成了 N 个 1~1000 之间的随机整数(N≤100),对于其中重复的数字,只保留一个,把其余相同的数去掉,不同的数对应着不同的学生的学号。然后再把这些数从小到大排序,按照排好的顺序去找同学做调查。请协助明明完成"去重"与"排序"的工作。

【输入格式】

第 1 行为 1 个正整数,表示所生成的随机数的个数。

第 2 行有 N 个正整数,之间用一个空格隔开,为所产生的随机数。

【输出格式】

第 1 行为 1 个正整数 M,表示不相同的随机数的个数。

第 2 行为 M 个正整数,之间用一个空格隔开,为从小到大排好序的不相同的随机数。

【输入样例】

10

20 40 32 67 40 20 89 300 400 15

【输出样例】

8

15 20 32 40 67 89 300 400

3. 约瑟夫的新问题。(newjsf,1s,256MB)

【问题描述】

将 1~ M这M个自然数按由小到大的顺序沿顺时针方向围成一圈。以 S 为起点,先沿顺时针方向数到第 N 个数就出圈,然后再沿逆时针方向数到第 K 个数再出圈,再沿顺时针方向数到第 N 个数就出圈,然后再沿逆时针方向数到第 K 个数再出圈, ……这样按顺时针方向和逆时针方向不断出圈,直到全部数都出圈为止。

请打印先后出圈的数的序列。

【输入格式】

4 行,每行为一个自然数,分别表示 M、S、N、K,值都不超过 1000。

【输出格式】

一行包含 N 个正整数,之间用一个空格隔开,表示先后出圈的数的序列。

【输入样例】

8
1
3
2

【输出样例】

3 1 5 2 7 4 6 8

第 7 课 二维数组的定义和操作

学习目标

1. 理解二维数组及其存储结构。
2. 掌握二维数组的初始化、输入输出等基本操作。

知识讲解

由前面介绍可知,一维数组的元素可以是任何基本数据类型,也可以是结构体。那么,如果一维数组的每一个元素又是一个一维数组,则称这种数组为“二维数组”。

1. 二维数组的定义和初始化

定义二维数组的一般格式为:

```
类型标识符 数组名[常量表达式1][常量表达式2];
```

常量表达式 1 的值表示第一维大小,常量表达式 2 的值表示第二维大小,常量表达式 1 和常量表达式 2 的乘积就是二维数组的元素个数。例如:

```
int h[4][5];
```

表示数组 h 有 4×5=20 个元素,每个元素都是 int 型。可以把 h[0]~h[3]作为一维数组的名字,数组 h[0]又有 5 个元素 h[0][0]、h[0][1]、h[0][2]、h[0][3]和 h[0][4]。形式上可以把二维数组看作一张表格或一个矩阵。例如,h 数组可以被看作下面这个表格:

h[0][0]	h[0][1]	h[0][2]	h[0][3]	h[0][4]
h[1][0]	h[1][1]	h[1][2]	h[1][3]	h[1][4]
h[2][0]	h[2][1]	h[2][2]	h[2][3]	h[2][4]
h[3][0]	h[3][1]	h[3][2]	h[3][3]	h[3][4]

在二维数组定义的同时，可以进行初始化赋值。例如：

```
int a[2][3] = {{1,2,3},{4,5,6}};// 分行初始化
int a[2][3] = {1,2,3,4,5,6};     // 不分行初始化
```

以上两种初始化都相当于下面 6 个语句：

```
a[0][0] = 1; a[0][1] = 2; a[0][2] = 3;
a[1][0] = 4; a[1][1] = 5; a[1][2] = 6;
```

也可以给数组中的部分元素初始化。例如：

```
int a[2][3] = {{1,2},{4}};
```

第一行只有 2 个初值，按顺序分别赋值给 a[0][0] 和 a[0][1]，第二行的初值 4 赋给 a[1][0]，其他元素默认为 0。

在定义二维数组时，可以省略第一维的大小，但是第二维的大小不能省略。例如，“int a[ ][5];”是允许的，被省略的第一维大小根据初值的个数由系统来确定。例如：

```
int a[][4] = {1,2,3,4,5,6,7,8,9,10,11,12};
```

系统根据 { } 中的元素个数，自动确定 a 数组的第一维大小为 3。

2. 二维数组的存储及元素引用

因为二维数组本质上是一维数组的每一个元素又是一个一维数组，而计算机内部存储一维数组采用的是连续存储单元。所以，二维数组的存储方式是“行优先”的连续存储，先逐个存储第 0 行上的所有元素，再逐个存储第 1 行上的所有元素，依此类推。

引用二维数组的某一个元素，格式为：

```
数组名 [ 下标 1] [ 下标 2]
```

例如：

```
cin >> h[3][1]; h[3][1] = h[3][1] * 2; cout << h[3][1];
```

3. 二维数组的输入输出

二维数组的输入、输出操作也是针对每一个元素进行，结合两个维度的下标变化，用循环嵌套实现。

例 1　回型方阵。(hxfz,1s,256MB)

【问题描述】

输入一个正整数 n，输出 n×n 的回型方阵。例如，n=5 时，输出：

1 1 1 1 1
1 2 2 2 1
1 2 3 2 1
1 2 2 2 1
1 1 1 1 1

【输入格式】

一行一个正整数 n，2≤n≤9。

【输出格式】

共 n 行，每行包含 n 个正整数，之间用一个空格隔开。

【输入样例】

5

【输出样例】

1 1 1 1 1
1 2 2 2 1
1 2 3 2 1
1 2 2 2 1
1 1 1 1 1

【问题分析】

定义一个二维数组 a[n][n]存储回型方阵。

方法 1　先给左上角的 a[n/2][n/2]赋值，a[i][j]=min(i,j)，右上角、左下角、右下角三部分，通过下标的对称性复制过去即可。例如，a[i][n+1-j]=a[n+1-i][j]=a[n+1-i][n+1-j]=a[i][j]。

方法 2　通过“一圈一圈”赋值的方法做，先给 a[1][1]~a[n][n]全部赋值 1，然后给 a[2][2]~a[n-1][n-1]全部赋值 2，……共 n/2 圈(如果 n 是奇数，则最后一圈就是一个数)。

```
//p5-7-1a
#include<iostream>
using namespace std;
int n,i,j,k,mi,ma,a[10][10];
int main(){
    cin >> n;
```

```
    for(i = 1; i <= (n+1)/2; i++)
        for(j = 1; j <= (n+1)/2; j++){
            a[i][j] = min(i,j);
            a[i][n+1-j]=a[n+1-i][j]=a[n+1-i][n+1-j]=a[i][j];
        }
    for(i = 1; i <= n; i++){
        for(j = 1; j <= n-1; j++){
            cout << a[i][j] << " ";
        }
        cout << a[i][n] << endl;
    }
    return 0;
}
```

```
//p5-7-1b
#include<iostream>
using namespace std;
int n,i,j,k,a[10][10];
int main(){
    cin >> n;
    for(k = 1; k <= (n+1)/2; k++)
        for(i = k; i <= n+1-k; i++)
            for(j = k; j <= n+1-k; j++)
                a[i][j] = k;
    for(i = 1; i <= n; i++){
        for(j = 1; j < n; j++)
            cout << a[i][j] << " ";
        cout << a[i][n] << endl;
    }
    return 0;
}
```

实践巩固

1. 对于定义“int a[3][4];”,则对 a 数组元素的非法引用是(　　)。

A. a[0][2*1]　　B. a[1][3]　　C. a[4–2][0]　　D. a[0][4]

2. 对二维数组进行定义,正确的语句是(　　)。

A. int a[3][ ]　　B. float a[3,2]　　C. double a[3][4]　　D. float a(3)(4)

3. 对二维数组进行初始化,正确的语句是(　　)。

A. int c[3][ ]={{3},{3},{4}};　　B. int c[ ][3]={{3},{3},{4}};

C. int c[3][2]={{3},{3},{4},{5}};　　D. int c[ ][3]={{3},{1},{1,2,3,4}};

4. 数字三角形。(numtri,1s,256MB)

【问题描述】

读入一个正整数 n,输出一个 n 行的数字三角形(见输出样例)。

【输入格式】

一行一个正整数 n,2≤n<10。

【输出格式】

共 n 行,第 i 行包含 i 个正整数,每个整数占 5 列。

【输入样例】

5

【输出样例】

```
    1
    2    3
    4    5    6
    7    8    9   10
   11   12   13   14   15
```

第 8 课 二维数组应用举例

学习目标

综合应用二维数组的基本操作解决一些实际问题。

知识讲解

例 1 杨辉三角形。(triangle,1s,256MB)

【问题描述】

输入正整数 n,输出杨辉三角形的前 n 行。例如,n=5 时,杨辉三角形如下:

```
        1
      1   1
    1   2   1
  1   3   3   1
1   4   6   4   1
```

【输入格式】

一行一个正整数 n,1≤n≤20。

【输出格式】

共 n 行,第 i 行包含 i 个正整数,之间用一个空格隔开。

【输入样例】

5

【输出样例】

1

1 1

1 2 1

1 3 3 1

1 4 6 4 1

【问题分析】

定义一个二维数组 tri 存储杨辉三角形(其实只用到二维数组的左下部分)。对于第 i 行(1≤i≤n),共有 i 个数,其中第一个数和最后一个数都是 1,其他数 tri[i][j]=tri[i−1][j−1]+tri[i−1][j]。具体实现,采用"递推法",逐行逐列给每个数组元素赋值。

```
//p5-8-1
#include<iostream>
#include<cstring>
#include<iomanip>
using namespace std;
int n,i,j,tri[21][21];
int main(){
    cin >> n;
    for(i = 1; i <= n; i++){
        tri[i][1] = 1;
        tri[i][i] = 1;
        for(j = 2; j < i; j++)
            tri[i][j] = tri[i-1][j-1] + tri[i-1][j];
    }
    for(i = 1; i <= n; i++){
        for(j = 1; j < i; j++) cout << setw(6) << tri[i][j] << " ";
        cout << setw(6) << tri[i][i] << endl;
    }
    return 0;
}
```

例 2 数字三角形。(numtri,1s,256MB)

【问题描述】

读入一个正整数 n,输出如下形式的数字三角形(具体见样例)。

【输入格式】

一行一个正整数 n,1≤n<100。

【输出格式】

共 n 行,第 i 行包含 i 个正整数,每个正整数占 5 列。

【输入样例】

5

【输出样例】

```
    1    2    3    4    5
         1    2    3    4
              1    2    3
                   1    2
                        1
```

【问题分析】

定义二维数组 a 存储所求的数字三角形，初始化为 0。对于右上角的每一个元素 a[i][j]，分析发现：a[i][j]=j−i+1。具体实现采用“赋值法”。

```
//p5-8-2
#include<iostream>
#include<iomanip>
using namespace std;
int a[101][101];
int main(){
    int n,i,j;
    cin >> n;
    for(i = 1; i <= n; i++)
       for(j = i; j <= n; j++) a[i][j] = j - i + 1;
    for(i = 1; i <= n; i++){
       for(j = 1; j <= n; j++)
          if(!a[i][j]) cout << setw(5) << "";
          else cout << setw(5) << a[i][j];
       cout << endl;
    }
    return 0;
}
```

例 3　奖学金。(NOIP2007 普及组复赛，scholar，1s，256MB)

【问题描述】

学校得到了一笔赞助，打算拿出其中一部分为学习成绩优秀的前 5 名学生发奖学金。期末，每个学生都有语文、数学、英语 3 门课的成绩。先按总分从高到低排序，如果两个同学总分相同，再按语文成绩从高到低排序；如果两个同学总分和语文成绩都相同，那么规定学号小的同学排在前面。这样，每个学生的排序是唯一确定的。

任务：先根据输入的 3 门课的成绩计算总分，然后按上述规则排序，最后按排名顺序输出前 5 名学生的学号和总分。注意，在前 5 名同学中，每个人的奖学金都不相同，因此必须严格按上述规则排序。例如，在某个正确答案中，如果前两行的输出数据(每行输出两个数：学号、总分)是：

7 279

5 279

这两行数据的含义是：总分最高的两个同学的学号依次是 7 号、5 号。这两名同学的总分都是 279（总分等于输入的语文、数学、英语三科成绩之和），但学号为 7 的学生语文成绩更高一些。如果前两名的输出数据是：

5 279

7 279

则按输出错误处理，不能得分。

【输入格式】

第 1 行为一个正整数 n，表示该校参加评选的学生人数。

第 2~n+1 行，每行有 3 个用一个空格隔开的数字，每个数字都在 0~100 之间。第 j 行的 3 个数字依次表示学号为 j−1 的学生的语文、数学、英语的成绩。每个学生的学号按照输入顺序编号为 1~n（恰好是输入数据的行号减 1）。

所给的数据都是正确的，不必检验。

【输出格式】

输出共有 5 行，每行是两个用一个空格隔开的正整数，依次表示前 5 名学生的学号和总分。

【输入样例】

6

90 67 80

87 66 91

78 89 91

88 99 77

67 89 64

78 89 98

【输出样例】

6 265

4 264

3 258

2 244

1 237

【数据规模】

对于 50% 的数据满足：各学生的总成绩各不相同。

对于 100% 的数据满足：6≤n≤300。

【问题分析】

本题涉及“多关键字”排序。用一个二维数组 stu 保存 n 位同学的学号、语文、数学 、英语、总分成绩，然后以总分成绩为第一关键字（降序）、语文成绩为第二关键字（降序）、学号为第三关键字（升序）排序。最后输出排序后的前 5 个同学的学号和总分。

```
//p5-8-3
#include <iostream>
#include<cstdio>
using namespace std;
int n,i,j,temp,stu[350][5];//stu[i][0]、stu[i][1]、stu[i][2]、stu[i][3]、
```

```
stu[i][4] 分别表示第 i 个同学的学号，语文、数学、英语、总分成绩
int main(){
    cin >> n;
    for(i = 1; i <= n; i++){
        cin >> stu[i][1] >> stu[i][2] >> stu[i][3];
        stu[i][0] = i;
        for(j = 1; j <= 3; j++) stu[i][4] += stu[i][j];
    }
    for(i = 1; i < n; i++){// 排序
        for(j = i + 1; j <= n; j++)
            if (stu[i][4] < stu[j][4] || stu[i][4] == stu[j][4] &&
                stu[i][1] < stu[j][1] || stu[i][4] == stu[j][4] &&
                stu[i][1] == stu[j][1] && stu[i][0] > stu[j][0]){
                temp = stu[i][0],stu[i][0] = stu[j][0],stu[j][0] = temp;
                temp = stu[i][1],stu[i][1] = stu[j][1],stu[j][1] = temp;
                temp = stu[i][2],stu[i][2] = stu[j][2],stu[j][2] = temp;
                temp = stu[i][3],stu[i][3] = stu[j][3],stu[j][3] = temp;
                temp = stu[i][4], stu[i][4] = stu[j][4],stu[j][4] = temp;
            }
    }
    for(i = 1; i <= 5; i++)
        cout << stu[i][0] << " " << stu[i][4] << endl;
    return 0;
}
```

实践巩固

1. 蛇形数字三角形。(snaketri，1s，256MB)

【问题描述】

输入一个正整数 N，输出 N 行的蛇形数字三角形(具体见样例)。

【输入格式】

一行一个正整数 N，3≤N≤30。

【输出格式】

N 行，第 1 行 N 个数，第 2 行 N-1 个数，……第 N 行一个数。每个数占 5 列。

【输入样例】

9

【输出样例】

```
 1  2  4  7 11 16 22 29 37
 3  5  8 12 17 23 30 38
 6  9 13 18 24 31 39
10 14 19 25 32 40
15 20 26 33 41
```

21 27 34 42

28 35 43

36 44

45

2. 铺地毯。(NOIP2011 提高组复赛,carpet,1s,256MB)

【问题描述】

为了准备一个独特的颁奖典礼,组织者在会场的一片矩形区域(可看作是平面直角坐标系的第一象限)铺上一些矩形地毯。一共有 n 张地毯,编号从 1~n。现在将这些地毯按照编号从小到大的顺序平行于坐标轴先后铺设,后铺的地毯覆盖在前面已经铺好的地毯之上。

地毯铺设完成后,组织者想知道覆盖地面某个点的最上面的那张地毯的编号。注意:在矩形地毯边界和 4 个顶点上的点也算被地毯覆盖。

【输入格式】

第 1 行一个正整数 n,表示总共有 n 张地毯。

接下来的 n 行中,第 i+1 行表示编号 i 的地毯信息,包含 4 个正整数 a、b、g、k,每两个整数之间用一个空格隔开,分别表示铺设地毯的左下角坐标(a,b)以及地毯在 x 轴和 y 轴方向的长度。

第 n+2 行包含两个正整数 x 和 y,表示所求的地面的点的坐标(x,y)。

【输出格式】

输出一行一个整数,表示所求的地毯的编号;若此处没有被地毯覆盖,则输出 -1。

【输入样例】

3

1 0 2 3

0 2 3 3

2 1 3 3

2 2

【输出样例】

3

【样例解释】

如图 5.8-1,1 号地毯用实线表示,2 号地毯用虚线表示,3 号用双实线表示,覆盖点(2,2)的最上面一张地毯是 3 号地毯。

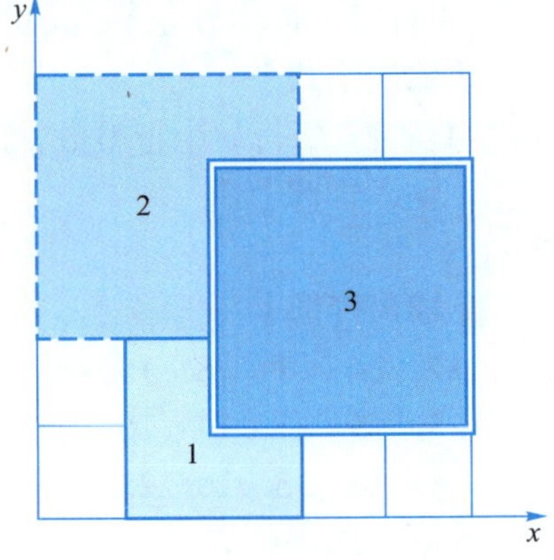

图 5.8-1 铺地毯的样例解释

【数据规模】

对于 30% 的数据满足:n≤2。

对于 50% 的数据满足:0≤a,b,g,k≤100。

对于 100% 的数据满足:0≤n≤10000,0≤a,b,g,k≤100000。

第 9 课 数字方阵

学习目标

应用二维数组解决一些数字方阵问题，体会数组的下标运算。

知识讲解

数字方阵就是一个行列数相等的二维数组，其中的每个元素都是数字。解决数字方阵问题，一般有两种方法：解析法和模拟法。解析法就是找出每一个方阵元素 f[i][j]与 i、j 和数组规模 n 的通项公式，然后直接用两重循环给数组元素赋值，相对比较容易，一般用在初始化等场合。模拟法就是把数字方阵看成一个动态的填数过程，把 n^2 个数依次填入数组中，每填好一个数，就定位好下一个数的位置 i 和 j。

例 1　n 阶奇数幻方。(magic，1s，256MB)

【问题描述】

行列数相等的矩阵称为方阵。把正整数 $1\sim n^2$（n 为奇数）排成一个 n×n 方阵，使得方阵中的每一行、每一列以及两条对角线上的数之和都相等，这样的方阵称为“n 阶奇数幻方”。

编程输入 n，输出 n 阶奇数幻方。

【输入格式】

一行一个正整数 n，1≤n<20，n 为奇数。

【输出格式】

共 n 行，每行 n 个正整数，每个正整数占 5 列。

【输入样例】

```
5
```

【输出样例】

```
17   24    1    8   15
23    5    7   14   16
 4    6   13   20   22
10   12   19   21    3
11   18   25    2    9
```

【问题分析】

定义一个二维数组模拟填数的过程。分析样例发现，n 阶奇数幻方可以按下列方法生成：先把数字 1 填在第 1 行的正中间 a[1][n/2+1]，然后用一个循环穷举 k，填入数字 $2\sim n^2$，每次先找位置再填数，找位置的规律如下：如果数 k 填在第 i 行第 j 列，那么一般情况下，下一个数 k+1 应该填在它的右上方，即第 i-1 行第 j+1 列。但是，有两种特殊情况：如果右上方无格子，也就是越界了(i-1=0 或 j+1=n+1)，那么就应该把下一个数放到第 n 行或者第 1 列；如果右上方已经有数了(a[i][j]不等于初值),那么下一个数 k+1 就应该填在第 k 个数的正下方。

```
//p5-9-1
#include<iostream>
#include<iomanip>
#include<cstring>
using namespace std;
int dx[4] = {0,1,0,-1};
int dy[4] = {1,0,-1,0};
int main(){
    int n,i,j,k,ni,nj,a[21][21];
    memset(a,0,sizeof(a));
    cin >> n;
    i = 1; j = n / 2 + 1;
    a[i][j] = 1;
    for(k = 2; k <= n * n; k++){
        if(k % n == 1) i++;
        else{
             i--; j++;
             if(i == 0) i = n;
             if(j == n+1) j = 1;
        }
        a[i][j] = k;
    }
    for(i = 1; i <= n; i++){
        for(j = 1; j <= n; j++)
            cout << setw(5) << a[i][j];
        cout << endl;
    }
    return 0;
}
```

例 2 螺旋方阵。(square,1s,256MB)

【问题描述】

一个 n 行 n 列的螺旋方阵按如下方法生成:从方阵的左上角(第 1 行第 1 列)出发,初始时向右移动;如果前方是未曾经过的格子,则继续前进;否则,右转。重复上述操作直至经过方阵中所有格子。根据经过顺序,在格子中依次填入 1,2,3, …,n,便构成了一个螺旋方阵。下面是一个 n=4 的螺旋方阵。

1	2	3	4
12	13	14	5
11	16	15	6
10	9	8	7

编程输入一个正整数n,生成一个n×n的螺旋方阵。

【输入格式】

一行一个正整数n,1≤n≤20。

【输出格式】

共n行,每行n个正整数,每个正整数占5列。

【输入样例】

5

【输出样例】

```
    1    2    3    4    5
   16   17   18   19    6
   15   24   25   20    7
   14   23   22   21    8
   13   12   11   10    9
```

【问题分析】

定义一个二维数组模拟填数的过程。根据题意,设置一个变量d用来表示填数的方向,d = 0~4,依次表示向右、向下、向左、向上填数。再定义两个常量数组,表示各个方向上前进一步带来的行、列坐标的变化值。把数字1填在第1行第1列,然后向右填数字2,……填到不能填的位置(越界或者已经填了数),就换个方向(++d % 4)接着填。

```
//p5-9-2
#include<iostream>
#include<iomanip>
#include<cstring>
using namespace std;
int dx[4] = {0,1, 0,-1};
int dy[4] = {1,0,-1, 0};
int main(){
    int n,i,j,k,d,a[51][51];
    cin >> n;
    for(i = 0; i <= n+1; i++)
       for(j = 0; j <= n+1; j++) a[i][j] = -1;
    for(i = 1; i <= n; i++)
       for(j = 1; j <= n; j++) a[i][j] = 0;
    i = 1; j = 1; d = 0;
    for(k = 1; k <= n*n; k++){
        a[i][j] = k;
        if(a[i+dx[d]][j+dy[d]] != 0) d = (++d) % 4;
        i = i + dx[d];
        j = j + dy[d];
    }
    for(i = 1; i <= n; i++){
        for(j = 1; j <= n; j++)
           cout << setw(5) << a[i][j];
```

```
        cout << endl;
    }
    return 0;
}
```

例 3 蛇形方阵。(snake,1s,256MB)

【问题描述】

输入一个正整数 n,生成一个 n×n 的蛇形方阵(具体见样例)。

【输入格式】

一行一个正整数 n,1≤n≤20。

【输出格式】

共 n 行,每行 n 个正整数,每个正整数占 5 列。

【输入样例】

5

【输出样例】

```
    1    2    6    7   15
    3    5    8   14   16
    4    9   13   17   22
   10   12   18   21   23
   11   19   20   24   25
```

【问题分析】

可以把蛇形方阵看成一条一条的直线(从右上到左下的斜线),每条直线上的数的个数为:1,2,3, …,n-1,n,n-1, …,3,2,1。每条直线上的元素位置有一个重要特点:行号和列号相加为定值,从 2 到 2×n。同时,还可以分析出对称性,以最中间的直线为界,左上角和右下角的两个区域里的所有数的位置都是对称的,满足 a[i][j]+a[n+1-i][n+1-j]等于 n×n+1。因此,只需要模拟填出前 n 条直线上的数字,另外 n-1 条的元素值直接通过对称性来赋值。

```
//p5-9-3
#include<iostream>
#include<iomanip>
#include<cstring>
using namespace std;
int main(){
    int n,i,j,k,t = 0,a[21][21];
    cin >> n;
    for(k = 1; k <= n; k++)
        if(k % 2)
            for(j = 1; j <= k; j++){
                i = k + 1 - j;
                t++;
```

```
                a[i][j] = t;
                a[n+1-i][n+1-j] = n * n + 1 - t;
            }
        else
            for(j = k; j >= 1; j--){
                i = k + 1 - j;
                t++;
                a[i][j] = t;
                a[n+1-i][n+1-j] = n * n + 1 - t;
            }
    for(i = 1; i <= n; i++){
        for(j = 1; j <= n; j++)
            cout << setw(5) << a[i][j];
        cout << endl;
    }
    return 0;
}
```

实践巩固

1. 拐角方阵。(guai,1s,256MB)

【问题描述】

输入一个正整数 n,生成一个 n×n 的拐角方阵(具体见样例)。

【输入格式】

一行一个正整数 n,1≤n≤20。

【输出格式】

共 n 行,每行 n 个正整数,每个正整数占 5 列。

【输入样例】

7

【输出样例】

```
1  1  1  1  1  1  1
1  2  2  2  2  2  2
1  2  3  3  3  3  3
1  2  3  4  4  4  4
1  2  3  4  5  5  5
1  2  3  4  5  6  6
1  2  3  4  5  6  7
```

2. 螺旋方阵 2。(square2,1s,256MB)

【问题描述】

一个 n 行 n 列的螺旋方阵按如下方法生成:从方阵的左下角(第 n 行第 1 列)出发,初始时向右移动；如果前方是未曾经过的格子，则继续前进，否则左转。重复上述操作直至经过方阵中所有格子。根据经过顺序，在格子中依次填入 1,2,3，…，n，便构成了一个螺旋方阵。下面是一个 n=4 的螺旋方阵。

10	9	8	7
11	16	15	6
12	13	14	5
1	2	3	4

编程输入一个正整数 n，生成一个 n×n 的螺旋方阵。

【输入格式】

一行一个正整数 n，$1 \leqslant n \leqslant 20$。

【输出格式】

共 n 行，每行 n 个正整数，每个正整数占 5 列。

【输入样例】

5

【输出样例】

```
   13   12   11   10    9
   14   23   22   21    8
   15   24   25   20    7
   16   17   18   19    6
    1    2    3    4    5
```

3. 蛇形方阵 2。(snake2，1s，256MB)

【问题描述】

输入一个正整数 n，生成一个 n×n 的蛇形方阵(具体见样例)。

【输入格式】

一行一个正整数 n，$1 \leqslant n \leqslant 20$。

【输出格式】

共 n 行，每行 n 个正整数，每个正整数占 5 列。

【输入样例】

5

【输出样例】

```
   15    7    6    2    1
   16   14    8    5    3
   22   17   13    9    4
   23   21   18   12   10
   25   24   20   19   11
```

第10课 字符数组

学习目标

1. 掌握字符数组的输入输出方法。
2. 应用字符数组解决一些实际问题。

知识讲解

如果数组中的每个元素都是一个字符,这样的数组称为"字符数组"。有时,把一维字符数组又称为"字符串"。定义字符数组的方法与定义其他类型数组的方法类似。例如,"char letter[5];"与"char matrix[20][20];"两个语句分别定义了一个一维字符数组 letter 和一个二维字符数组 matrix。

对于字符数组的定义"char s[10]={'H','e','l','l','o'};"其在计算机内部的存储方式如下:

数组下标	0	1	2	3	4	5	6	7	8	9
元素值	H	e	l	l	o	\0				

也就是说,字符串的末尾都会有一个空字符 '\0'。

给字符数组赋值的方法很多,例如:

用字符常量逐个初始化:char letter[5]={'a','e','i','o','u'};

用赋值语句逐个元素赋值:letter[0]='a';…

用 scanf 读入整个数组:scanf("%s",letter);

用 scanf 逐个元素读入:scanf("%c",&letter[0]);…

用 cin 输入整个数组:cin >> letter;

用 cin 逐个元素输入:cin >> letter[0];…

用 gets 读入整个数组:gets(letter);

用 getchar 逐个读入:letter[0]=getchar( );…

字符数组的输出方法也很多,例如:

用 cout 输出整个数组:cout >> letter;

用 cout 逐个元素输出:cout >> letter[0];…

用 printf 输出整个数组:printf("%s",letter);

用 printf 逐个元素输出:printf("%c",letter[0]);…

用 puts 输出整个数组:puts(letter);

用 putchar 逐个元素输出:putchar(letter[0]);…

需要注意的是，在用 scanf 的 %s 格式或 gets 读入字符串时，会在字符串末尾自动添加一个空字符 '\0'。而使用 getchar 等方法读入字符串时，则要在字符串后手工加 '\0'。

例 1 阅读以下程序，体会各种字符串输入输出方式的区别。

```
p5-10-1a
#include<cstdio>
using namespace std;
int main(){
    char s1[20],s2[20];
    scanf("%s",s1);
    scanf("%s",s2);
    printf("%s\n",s1);
    printf("%s\n",s2);
    return 0;
}
```

运行程序，输入“Hello world!”。

输出为：

```
    Hello
    world!
```

【问题分析】

scanf 函数读取一个字符串时，是把回车符、空格符、Tab 符作为字符串的结束符号。所以，输入“Hello world!”，第一个 scanf 语句只会读取“Hello”，而第二个 scanf 语句会接着读入“world!”。

如果程序改为用 gets 输入、puts 输出：

```
//p5-10-1b
#include<cstdio>
using namespace std;
int main(){
    char s1[20],s2[20];
    gets(s1);
    gets(s2);
    puts(s1);
    puts(s2);
    return 0;
}
```

运行程序，输入：

```
Hello world!
Test2
```

则输出为：

```
Hello world!
Test2
```

如果程序改为用 getchar 输入、putchar 输出：

```
//p5-10-1c
#include<cstdio>
using namespace std;
int main(){
    char s1[20],s2[20],i;
    i = 0;
    while((s1[i] = getchar()) != '\n') i++;
    s1[i] = '\0';
    i = 0;
    while(s1[i] != '\0'){
        putchar(s1[i]);
        i++;
    }
    putchar('\n');
    i = 0;
    while((s2[i] = getchar()) != '\n') i++;
    s2[i] = '\0';
    i = 0;
    while(s2[i] != '\0'){
        putchar(s2[i]);
        i++;
    }
    putchar('\n');
    return 0;
}
```

通过对比、测试、分析以上程序，有关字符数组的输入方式总结如下：gets 函数用来输入一行字符串，仅以回车符结束输入，gets 没有限制读取的字符串长度，如果输入的字符串太长可能会导致堆栈溢出；scanf 函数用来读取一个字符串时，字符串中不能出现空格，因为 scanf 是以空格符、回车符、Tab 符结束一次输入，但需要输入输出大量数据的时候，尽量不要使用 scanf（包括 printf），因为效率很低，容易超时；而 getchar（包括 putchar）是非常高效的，所以实际使用时，能用 scanf、getchar 就别用 gets。

一般使用下面这个函数来快速读取一个数字字符串：

```
int scan(){
    int res = 0, flag = 0;
    char ch;
    if((ch = getchar()) == '-') flag = 1;
    else if(ch >= '0' && ch <= '9') res = ch - '0';
    while((ch = getchar()) >= '0' && ch <= '9')
        res = res * 10 + (ch - '0');
    return flag ? -res : res;
}
```

例2 数字和。(numsum,1s,256MB)

【问题描述】

输入一个整数n,求各位上的数字和。

【输入格式】

一行一个整数n,n最多200位。

【输出格式】

一行一个整数,表示整数n的各位数字之和。

【输入样例】

1234

【输出样例】

10

【问题分析】

由于n可能到200位,任何整数类型都是不可能存储的。因此,定义一个一维字符数组读取、存储这个超大数,然后把每个字符转换成数值累加求和。

```
//p5-10-2
#include<cstdio>
#include<cstring>
#include<iostream>
using namespace std;
char n[201];
int main(){
    int i,sum = 0;
    scanf("%s",n);
    for(i = 0; i < strlen(n); i++) sum = sum + n[i] - '0';
    //strlen(n) 表示求字符串的长度
    printf("%d\n",sum);
    return 0;
}
```

例 3 扫雷游戏。(NOIP2015 普及组复赛,mine,1s,256MB)

【问题描述】

扫雷游戏是一款十分经典的单机小游戏。在 n 行 m 列的雷区中有一些格子含有地雷(称之为地雷格),其他格子不含地雷(称之为非地雷格)。玩家翻开一个非地雷格时,该格将会出现一个数字——提示周围格子中有多少个是地雷格。游戏的目标是在不翻出任何地雷格的条件下,找出所有的非地雷格。

现在给出 n 行 m 列的雷区中的地雷分布,要求计算出每个非地雷格周围的地雷格数。一个格子的周围格子包括其上、下、左、右、左上、右上、左下、右下八个方向上与之直接相邻的格子。

【输入格式】

第一行是用一个空格隔开的两个正整数 n 和 m,分别表示雷区的行数和列数,1≤n≤100,1≤n≤100。

接下来 n 行,每行 m 个字符,描述了雷区中的地雷分布情况。字符“*”表示相应格子是地雷格,字符“?”表示相应格子是非地雷格,相邻字符之间无分隔符。

【输出格式】

输出 n 行,每行 m 个字符,描述整个雷区。用“*”表示地雷格,用周围的地雷个数表示非地雷格,相邻字符之间无分隔符。

【输入样例】

3 3
*??
???
?*?

【输出样例】

*10
221
1*1

【问题分析】

定义一个二维字符数组存储雷区,再定义一个二维整型数组存储每个位置周围地雷的个数。输入雷区时,可以用 gets 逐行读入,也可以用 getchar 逐个读入字符。输出字符数组时,可以用 putchar 逐个字符输出。

```
//p5-10-3
#include<iostream>
#include<cstdio>
using namespace std;
int dx[8] = {-1,-1,0,1,1, 1, 0,-1};
int dy[8] = { 0, 1,1,1,0,-1,-1,-1};
int main(){
    char mine[101][101];
    int sum[101][101] = {0};
    int n,m,i,j,ni,nj,k,ans = 0;
    scanf("%d %d\n",&n,&m);
```

```
    for(i = 0; i < n; i++){
        for(j = 0; j < m; j++) mine[i][j] = getchar();
        getchar();
    }
    for(i = 0; i < n; i++)
        for(j = 0; j < m; j++)
            if(mine[i][j] == '?')
                for(k = 0; k < 8; k++){
                    ni = i + dx[k];
                    nj = j + dy[k];
                    if(ni >= 0 && ni < n && nj >= 0 && nj < m && mine[ni][nj]
== '*' ) sum[i][j]++;
                }
    for(i = 0; i < n; i++){
        for(j = 0; j < m; j++)
            if(mine[i][j] == '*') putchar('*');
            else putchar(sum[i][j] + 48);
        putchar('\n');
    }
    return 0;
}
```

例 4　最大整数。(bignum,1s,256MB)

【问题描述】

设有 n 个正整数,n≤20,每个正整数均在 int 范围内,将它们连接成一排组成一个最大的多位整数。

例如:n=3 时,3 个正整数 13,312,343,连接成的最大整数为 34331213。

又如:n=4 时,4 个正整数 7,13,4,246,连接成的最大整数为 7424613。

【输入格式】

第一行一个正整数 n;

第二行包含 n 个正整数,之间用一个空格隔开。

【输出格式】

一行一个正整数,表示连接成的最大正整数。

【输入样例】

3

13 312 343

【输出样例】

34331213

【问题分析】

先介绍一个字符串比较函数:strcmp(s1,s2),当 s1 < s2 时,返回一个负整数;当 s1 = s2 时,返回值为 0;当 s1 > s2 时,返回一个正整数。

还有一个字符串复制函数:strcpy(a,b),表示将字符串 b 的值复制给字符串 a,当然字符串 b 的长度不能超过字符串 a。

使用以上两个函数时均要加上头文件 cstring 或 string.h。

再介绍字符串的“连接”方法:“13”+“132”就等于“13132”。

本题很容易想到把 n 个数当成字符串处理,然后把这 n 个字符串按从大到小排序之后输出。但是,这个方法是不对的,举个反例:s1 = “31”,s2 = “312”,最大值是 31312,而按照 strcmp(s1,s2)比较是输出 31231。其实,应该以两个数字串连接后的大小来决定两个数字串的先后顺序。也就是:如果 s1+s2 > s2+s1,则 s1 排在前面,即认为 s1 > s2;若是 s1+s2 < s2+s1,则认为 s1 < s2。

按照这个比较规则对所有数字字符串进行排序并输出即可。

```
//p5-10-4
#include<cstring>
#include<iostream>
using namespace std;
int main(){
    char num[21][30],temp1[60],temp2[60];
    int n,i,j;
    cin >> n;
    for(i = 1; i <= n; i++) cin >> num[i];
    for(i = 1; i < n; i++)
       for(j = i+1; j <= n; j++){
          strcpy(temp1,num[i]);
          strcpy(temp2,num[j]);
          strcat(temp1,num[j]);       //将字符串 temp1 和 num[j] 连接
          strcat(temp2,num[i]);
          if(strcmp(temp1,temp2)<0){
             strcpy(temp1,num[i]);
             strcpy(num[i],num[j]);
             strcpy(num[j],temp1);
          }
       }
    for(i = 1; i <= n; i++) cout << num[i];
    cout << endl;
    return 0;
}
```

实践巩固

1. 以下说法错误的是(　　)。

A. 对于定义“int array[4][2]={1,2,3};”,则 a[0][0]的值为 1,a[0][1]的值为 2,a[1][0]的值为 3,其他元素的值均为 0

B. 对于定义“int array[2][4]={{1,2},{5}};”,则 a[0][0]的值为 1,a[0][1]的值为 2,a[1][0]的值为 5,其他元素的值均为 0

C. 对于语句“char str1,str2[2]; scanf("%s%s",str1,str2);”,如果输入为“VC++　C”,则 strl 的值为“VC++”,str2 的值为“C”

D. 对于语句“char str[13]="C & Computer";printf("%s%s",str,&str[4]);”，则输出结果为“C & ComputerComputer”

2. 奶牛乘法。(cowmult,1s,64MB)

【问题描述】

做厌了乘法计算题的佳佳，自创了一种新的乘法运算法则。在这套法则里，A × B 等于一个取自 A、一个取自 B 的所有数字对的乘积的和。

例如，123 × 45 等于 1 × 4+1 × 5+2 × 4+2 × 5+3 × 4+3 × 5=54。

本题的任务是，对于给定的数 A 和 B，用新的乘法法则计算 A × B 的值。

【输入格式】

一行两个用一个空格隔开的整数 A 和 B，$1 \leqslant A、B \leqslant 10^9$。

【输出格式】

一行一个整数，表示新的乘法法则下 A × B 的值。

【输入样例】

123 45

【输出样例】

54

3. ISBN 码。(isbn,1s,64MB)

【问题描述】

佳佳的奶牛们喜欢看书，并且佳佳发现在他的奶牛们稍微看了些有关自然科学的书时，会产出更多的牛奶。于是，他决定更新牛棚里的图书馆，把原先廉价的小说换成数学课本。不幸的是，有些新书掉到了泥浆里面，现在它们的 ISBN 码很难分辨出来了。

ISBN（国际标准图书编号）是由 10 位阿拉伯数字组成的编码，用来唯一地标识一本书。前 9 位阿拉伯数字描述这本书的一些信息，最后一位数字用来验证 ISBN 码是否正确。要验证 ISBN 码的正确性，需要把第 1 个数字乘以 10，第 2 个数字乘以 9，第 3 个数字乘以 8，……直到最后一个数字乘上 1，再把这些积累加起来。如果所得的和可以被 11 整除，那么这是一个合法的 ISBN 码。

例如，0201103311 就是一个合法的 ISBN，因为：10 × 0+9 × 2+8 × 0+7 × 1+6 × 1+5 × 0+4 × 3+3 × 3+2 × 1+1 × 1=55。

前 9 位数字都在 0~9 之间。有时候，最后一个数字需要取到 10，那么就把最后一位数字写成大写 X。例如，156881111X 也是一个合法的 ISBN 码。

本题的任务就是在给出丢失了一位数字的 ISBN 码之后，确定那个丢失的数字。丢失数字的地方用“?”表示。

【输入格式】

一行一个由 10 位数字组成的 ISBN 码，其中包含用“？”表示丢失的数字。

【输出格式】

一行，就是那个丢失的数码（0~9 或者大写 X）。如果标有“？”的位置上没有数字可以使之成为一个合法的 ISBN 码，就输出“–1”。

【输入样例】

15688?111X

【输出样例】

1

第6单元　函数

第1课　模块化编程思想

学习目标

1. 体会模块化编程思想。
2. 了解函数的功能和调用。

知识讲解

一个 C++ 程序无论大小，都由一个或者多个“函数”组成，而且其中必须有且只有一个函数 main( )，称之为“主函数”，由函数 main( ) 调用其他函数来完成程序的特定功能。当然，其他函数之间也可以按照规则互相调用。

C++ 中的函数由一段相对独立的代码组成，这段代码能实现某一项具体、独立、完整的功能。函数在程序设计中的作用主要有两个，一是“代码重用”；二是“问题分解”。代码重用是保证同一个函数可以被一个或多个函数调用任意多次，从而减少重复代码的编写。问题分解可以保证一个大的程序（或者说软件），按照模块化编程思想，由大化小，分解成若干结构清晰、功能独立、调试方便的函数，甚至给若干人合作完成，从而提高开发效率。

C++ 提供了很多常用的系统函数，如输入单个字符的函数 getchar( ) 等。但是有些函数，必须要加上相关头文件才能使用。例如，整数取绝对值的函数 abs( )、求算术平方根的函数 sqrt( ) 等，必须要包含“cmath”。

例 1　曼哈顿距离。(mht,1s,64MB)

【问题描述】

平面直角坐标系中位于坐标 (x1,y1) 的 i 点与位于坐标 (x2,y2) 的 j 点的曼哈顿距离为 d(i, j) = |x1−x2| + |y1−y2|。请编程输入两个点的坐标，输出它们之间的曼哈顿距离。

【输入格式】

一行四个整数（100 以内），分别表示两个点的坐标 (x1,y1) 和 (x2,y2)。

【输出格式】

一行一个整数，表示两个点之间的曼哈顿距离。

【输入样例】

10 5 6 20

【输出样例】

19

【问题分析】

```
//p6-1-1
#include<iostream>
#include<cmath>
using namespace std;
int main(){
    long long x1,y1,x2,y2,mht;
    cin >> x1 >> y1 >> x2 >> y2;
    mht = abs(x1 - x2) + abs(y1 - y2);
    cout << mht << endl;
    return 0;
}
```

C++ 的系统函数再多,也不可能满足所有用户的需要。所以,人们就会根据实际需要,自己编写相应的函数(代码段),称之为“自定义函数”。C++ 规定,自定义函数必须“先定义,后使用”。

例 2　回文数个数。(hws,1s,64MB)

【问题描述】

输入一个正整数 n,求 1~n 之间“回文数”的个数。回文数是指一个数倒过来和原数一样,如 12121、11、1221、1 是回文数,而 1231 不是回文数。

【输入格式】

一行一个正整数 n,1≤n≤10000。

【输出格式】

一行一个正整数,表示 1~n 之间回文数的个数。

【输入样例】

12

【输出样例】

10

【问题分析】

定义一个计数器变量并初始化为 0,然后穷举 1~n 中的每一个整数 i,判断是否是回文数,是则计数器加一。如何判断 i 是回文数呢? C++ 系统函数里没有,只能自己编写一个,具体方法留到下一课学习。

```
//p6-1-2
#include<cstdio>
```

```
using namespace std;
//在此自定义一个函数check()，如果i是回文数返回true，否则返回false
int main(){
    int n,i,ans = 0;
    scanf("%d",&n);
    for(i = 1; i <= n; i++)
        if(check(i)) ans++;
    printf("%d\n",ans);
    return 0;
}
```

实践巩固

1. 结构化程序设计的一种基本方法是(　　)。

A. 筛选法　　B. 递归法

C. 归纳法　　D. 逐步求精法

2. C++ 实现程序的模块化主要借助的功能是(　　)。

A. 函数　　B. 常量和变量

C. 三种基本结构语句　　D. 丰富的数据类型

3. 三角形面积。(area,1s,256MB)

【问题描述】

输入平面上一个三角形三个点的坐标(100 以内的整数),输出其面积。

【输入格式】

三行,每行两个整数表示一个点的坐标,中间用一个空格分隔。

【输出格式】

一行一个实数,保留小数点后 2 位。

【输入样例】

1 1

1 4

5 1

【输出样例】

6.00

第 2 课　函数的定义和调用

学习目标

1. 学会函数的定义和调用。
2. 应用函数解决一些实际问题。

知识讲解

C++ 要求函数必须先定义、后使用。定义函数，就是要说明函数的返回值类型、函数名、函数参数，以及完成特定功能的语句组合（函数体）。

1. 函数的定义

定义函数的格式如下：

```
返回值类型  函数名（参数列表）{
      函数体
}
```

其中，第一行称为函数头部。函数名是标识这个函数的合法标识符。返回值类型是指一个函数结束后返回给调用者的一个“返回值”的数据类型。有些函数的功能是执行一系列操作，而不返回任何值，这种情况下，返回值类型是关键字 void。参数列表是当函数被调用时，调用者向函数传递的各种“参数”，此处的参数称为形式参数，参数列表包括参数的数据类型和参数名，参数是可选的，没有参数就是“无参”函数，但是括号不能省略。

大括号之间的部分称为“函数体”，主要包括变量说明语句、表达式语句等。如果有返回值，则函数体内至少有一条语句“return 表达式”。在执行函数体的过程中，一旦遇到 return 语句，执行完就立刻退出函数，不再执行后续的语句。无返回值函数不需要 return 语句。

2. 函数的调用

在程序中以任何方式对函数的使用，都称为函数的调用。函数调用是通过“函数名”进行的，一般格式为：

```
函数名（参数列表）
```

此处的参数列表称为“实际参数”，是传递给调用函数的，必须严格对应函数定义时函数头部的形式参数列表，包括参数个数、参数顺序、数据类型。调用无参函数时参数列表可以没有，但括号不能省略。如果参数列表包含多个参数，则各参数间用逗号隔开。

以函数在程序中出现的位置和形式来看，函数调用方式分为三种。

1）函数调用作为一条独立语句，完成一件事情(一系列操作)，没有任何返回值。例如："print(n);" "doit(dep,total);" "input( );"。

2）函数调用的结果作为表达式的一部分。例如："int t = compute(i,j)+i*j;"。

3）以实参形式出现在其他函数调用中。例如："number = min(sum(-5,100),n);" "num = max(max(a,b),c);"。

例1　阅读程序，写出程序的运行结果，体会"代码重用"和"有返回值函数"的调用。

```
//p6-2-1
#include <iostream>
using namespace std;

int fac(int n){
    int z = 1;
    for(int i = 1; i <= n; i++) z = z * i;
    return z;
}

int main(){
    int x = fac(5) + fac(4);// 函数调用出现在表达式中
    cout << x << endl;
    return 0;
}
```

例2　阅读程序，写出程序的运行结果，体会"无返回值函数"的调用。

```
//p6-2-2
#include <iostream>
using namespace std;

void maxnum(int x,int y){
    int w = x > y ? x : y;
    cout << w << endl;
}

int main(){
    int a = 5,b = 22;
    maxnum(a,b);// 函数调用作为一条独立语句
```

```
    return 0;
}
```

例 3 阅读程序，写出程序的运行结果，体会函数的“提前声明”。

```
//p6-2-3
#include<iostream>
using namespace std;

int big(int x,int y);// 函数的提前声明

int main(){
    int x,y,z;
    cin >> x >> y >> z;
    cout << big(big(x,y),z) << endl;
    // 函数调用的返回值又作为其他函数调用的实际参数
    return 0;
}

int big(int x,int y){// 函数定义
    if(x > y) return x;
    else return y;
}
```

例 4 统计闰年。(leapyear，1s，64MB)

【问题描述】

输入两个年份 x 和 y，统计并输出公元 x 年到公元 y 年之间的所有闰年数(包括 x 年和 y 年)，$1 \leq x \leq y \leq 3000$。

【输入格式】

一行两个正整数，分别表示 x 和 y，之间用一个空格隔开。

【输出格式】

一行一个正整数，表示公元 x 年到公元 y 年之间的所有闰年数。

【输入样例】

2000 2004

【输出样例】

2

【问题分析】

```
//p6-2-4
#include <iostream>
```

```
using namespace std;

bool rn(int n){
    if((n % 4 == 0) && (n % 100 != 0) || (n % 400 == 0)) return true;
    else return false;
}

int main(){
    int x,y,t = 0;
    cin >> x >> y;
    for(int i = x; i <= y; i++)
        if(rn(i)) t++;
    cout << t << endl;
    return 0;
}
```

例 5 数的分离。(separate,1s,64MB)

【问题描述】

定义一函数 digit(n,k) 分离出整数 n 从右边数第 k 个数字。如 digit(2076,1) 等于 6,而 digit(2076,5) 等于 0。main 函数输入 n 和 k,调用 digit(n,k) 输出答案,n 在 long long 范围内。

【输入格式】

一行两个整数,分别表示 n 和 k,之间用一个空格隔开。

【输出格式】

一行一个整数,表示整数 n 从右边数第 k 个数字。

【输入样例】

31859 3

【输出样例】

8

【问题分析】

```
//p6-2-5
#include <iostream>
using namespace std;

int digit(long long n,int k){
    int tmp;
    for(int i = 1; i <= k; i++){
        tmp = n % 10;
        n = n / 10;
    }
    return tmp;
}
```

```
int main(){
    long long n;
    int k;
    cin >> n >> k;
    cout << digit(n,k) << endl;
    return 0;
}
```

实践巩固

1. 回文数个数。(hws,1s,64MB)

【问题描述】

输入一个正整数 n,求 1~n 之间“回文数”的个数。回文数是指一个数倒过来和原数一样,如 12121、11、1221、1 是回文数,而 1231 不是回文数。

【输入格式】

一行一个正整数 n,1≤n≤10000。

【输出格式】

一行一个正整数,表示 1~n 之间回文数的个数,包括 1 和 n。

【输入样例】

12

【输出样例】

10

2. 统计素数。(couprime,1s,64MB)

【问题描述】

输入一个正整数 n,统计 2~n 之间的素数(质数)个数,含 2 和 n。

【输入格式】

一行一个正整数 n,2≤n≤10000。

【输出格式】

一行一个正整数,表示答案。

【输入样例】

10

【输出样例】

4

3. 组合数。(comb,1s,64MB)

【问题描述】

输入两个正整数 n 和 m,计算组合数 C(n,m)的值,C(n,m)= n!/[m!×(n−m)!]。

【输入格式】

一行两个正整数 n 和 m,之间用一个空格隔开,1≤m≤n≤20。

【输出格式】

一行一个正整数，表示答案。

【输入样例】

5 2

【输出样例】

10

4. 哥德巴赫猜想。(guess,1s,64MB)

【问题描述】

伟大的哥德巴赫猜想是:任何一个大于 6 的偶数总可以分解为两个素数之和。现在,请你编程验证哥德巴赫猜想,即输入一个大于 6 的偶数 n,将其分解为两个素数之和输出。如果有多种分解答案,请输出字典序最小的那一个。

【输入格式】

一行一个正整数 n,6≤n≤1000。

【输出格式】

一行一个表达式,表示字典序最小的一种分解方法,具体格式参见样例。

【输入样例 1】

6

【输出样例 1】

6 = 3 + 3

【输入样例 2】

14

【输出样例 2】

14 = 3 + 11

第 3 课 函数的参数

学习目标

1. 理解形式参数与实际参数。
2. 理解参数传递的三种方式。

知识讲解

参数是函数与函数之间实现通信的数据“接口”。函数调用的过程就是调用者带着实际参数(如果有)执行函数,将实际参数“传递”给形式参数,执行完函数体后再将计算得到的返回值传递给调用者(如果有)。

在未调用函数前,函数中的形式参数并不分配内存空间。只有在被调用执行时,才被分配临时存储空间。函数调用结束后,形式参数的内存空间将被操作系统立刻收回。

实际参数可以是任何符合形式参数类型的常量、变量、表达式。函数参数传递的过程就是实际参数和形式参数相结合的过程,必须遵守三个一致。

1) 个数一致。实际参数列表中的参数个数必须与形式参数列表中的参数个数保持一致。

2) 顺序一致。若要把实际参数 a、b 的值传递给形式参数 x、y,实际调用时 a、b 在实际参数列表中的顺序必须与形式参数列表中 x、y 的顺序保持一致。

3) 类型一致。实际参数列表中每一个参数的数据类型必须与形式参数列表中每一个参数的数据类型保持一致。

例 1 打印字符三角形。(print,1s,64MB)

【问题描述】

编写一个函数 print(n,ch),表示打印一行 n 个英文字母 ch,并换行。然后,在函数 main( ) 中输入 n 和 ch,调用函数 print( )打印一个字符三角形。

【输入格式】

一行,一个整数 n 和一个英文字母 ch,之间用一个空格隔开,1≤n≤20。

【输出格式】

n 行,第 i 行有 i 个字母 ch。

【输入样例】

3 a

【输出样例】

a

aa

aaa

【问题分析】

```
//p6-3-1
#include<iostream>
using namespace std;

void print(int i,char ch){
    for(int j = 1; j <= i; j++) cout << ch;
    cout << endl;
}

int main(){
    int n;
    char ch;
    cin >> n >> ch;
    for(int i = 1; i <= n; i++) print(i,ch);
    return 0;
}
```

根据不同的应用需求，函数参数的传递方式，或者说函数参数的调用方式分为三种：

(1) 传值(调用)

用普通变量作为形式参数，实际参数可以是变量、常量或者表达式，是最常用的一种参数传递方式。本质上，形式参数是实际参数的一个副本，是“单向”传递。也就是说，在函数体内改变形式参数的值不会影响外部实际参数的值。

例2　阅读程序，写出程序的运行结果，体会函数的传值(调用)。

```
//p6-3-2
#include<iostream>
using namespace std;

void swap(int x,int y){
    int temp;
    temp = x;
    x = y;
    y = temp;
    cout << x << " " << y << endl;
}

int main(){
    int a = 10,b = 50;
    swap(a,b);
    cout << a << " " << b << endl;
    return 0;
}
```

(2) 传址(调用)

任何变量在计算机内部都存储在由某个“内存编号”开始的几个内存单元中，这个内存编号(本质上也是数值)，称为“内存地址”，又称“指针”。把变量的内存地址作为一种参数传递的函数调用，称为“传址”调用，此时的实际参数只能是变量，不能是常量或者表达式。需要注意的是，这种传递是“双向”的，可以理解为形式参数和实际参数是共用一个内存地址。所以，在函数体内修改形式参数的值，外部实际参数的值也同时改变。

例3　阅读程序，写出程序的运行结果，体会函数的传址(调用)。

```
//p6-3-3
#include<iostream>
using namespace std;
void swap(int *x,int *y){// 形式参数的类型定义为指针
    int temp;
```

```
    temp = *x;
    *x = *y;
    *y = temp;
    cout << *x << " " << *y << endl;
}

int main(){
    int a = 10,b = 50;
    swap(&a,&b);// 实际参数必须是地址
    cout << a << " " << b << endl;
    return 0 ;
}
```

(3) 引用(调用)

C++ 语言通过取地址运算符“&”引入了一种新的数据类型,即引用类型。引用类型定义格式如下:

```
类型 & 变量 ;// 或: 类型 & 变量 ;
```

一个引用类型的变量,简称为一个“引用”。格式中的类型称为引用的基类型。如 int& 是对 int 类型的引用类型,float& 是对 float 类型的引用类型。

引用定义与指针定义格式十分相似。本质上,指针可以改变其指向的地址,而引用一旦定义后其指向的地址是固定的,变化的只是该地址中的内容。与指针定义不同的是,定义引用时必须同时指定被引用的变量,且定义后不可改变。例如:

```
int k;
int& k_adr = k;// 或: int &k_adr = k;
```

以上两行定义了一个 int 型变量 k 和它的引用 k_adr。对 k 的操作和对 k_adr 的操作对变量的影响是完全相同的。k_adr 可以被看作 k 的一个别名。

例 4 阅读程序,写出程序的运行结果,体会变量及其引用的操作。

```
//p6-3-4
//#include <iostream>
using namespace std;
int main(){
    int k = 32;
    int& k_adr = k;
    cout << "k=" << k << " k_adr=" << k_adr << endl;
    k++;
    cout << "k=" << k << " k_adr=" << k_adr <<endl;
```

```
    k_adr = -5;
    cout << "k=" << k << " k_adr=" << k_adr << endl;
    int i = 100;
    k_adr += i;
    cout << "k=" << k << " k_adr=" << k_adr << endl;
    return 0;
}
```

例 5 阅读程序，写出程序的运行结果，体会函数的引用调用。

```
//p6-3-5
#include<iostream>
using namespace std;

void swap(int &a,int &b){
    int temp;
    temp = a;
    a = b;
    b = temp;
    cout << a << " " << b << endl;
}

int main(){
    int a = 10,b = 50;
    swap(a,b);
    cout << a << " " << b << endl;
    return 0;
}
```

实践巩固

1. 阅读程序，写出程序的运行结果。

```
//x6-3-1
#include <iostream>
using namespace std;

void AddFive(int *num){
    *num = *num + 5;
    cout << *num << endl;
}
```

```
int main(){
    int num = 10;
    AddFive(&num);
    cout << num << endl;
    return 0;
}
```

2. 阅读程序,写出程序的运行结果。

```
//x6-3-2
#include <iostream>
using namespace std;

void AddFive(int *num,char ch){
    *num = *num + 5;
    ch = 'B';
    cout << *num << " " << ch << endl;
}

int main(){
    int num = 10;
    char ch = 'A';
    AddFive(&num,ch);
    cout << num << " " << ch << endl;
    return 0;
}
```

3. 阅读程序,写出程序的运行结果。

```
//x6-3-3
#include <iostream>
using namespace std;

void AddFive(int &x,char ch){
    x = x + 5;
    ch = 'B';
    cout << x << " " << ch << endl;
}

int main(){
    int num = 10;
    char ch = 'A';
    AddFive(num,ch);
    cout << num << " " << ch << endl;
    return 0;
}
```

4. 求最大公约数。(gcd,1s,64MB)

【问题描述】

输入两个正整数 m 和 n,输出它们的最大公约数。

【输入格式】

一行两个正整数 m 和 n,之间用一个空格隔开,2≤m,n≤10000。

【输出格式】

一行一个正整数,表示 m 和 n 的最大公约数。

【输入样例】

24 36

【输出样例】

12

第 4 课　变量的作用域

学习目标

1. 理解变量的作用域。
2. 熟练规范使用局部变量和全局变量。

知识讲解

变量按其在程序中的作用范围,分为全局变量和局部变量。全局变量是指定义在任何函数之外的变量,也就是不被任何“{ 函数体 }”所包含,可以被源文件中其他函数所共用,用静态数据区存储,作用域(有效范围)是从定义变量的位置开始到源文件(整个程序)结束。局部变量是指在一个函数(包括 main 函数)内部定义的变量,它只在本函数内部有效,其他函数不能使用这些变量,用动态数据区存储,函数的参数也是局部变量。

例 1　以下程序中,哪些是全局变量,哪些是局部变量,并指出它们的作用域。

```
int x,y;
float a,b;
float find(int c,d){
    float e,f;
    int i,j;
    …
}
int z;
```

```
void doit(){
    …
}
int main(){
    int g,h;
    …
}
```

【问题分析】

x、y、a、b、z 是全局变量，g、h、c、d、e、f、i、j 是局部变量。尤其需要注意的是，函数 main( ) 中定义的 g 和 h 也是局部变量。

x、y、a、b 的作用域是整个程序；z 的作用域是函数 doit( ) 和函数 main( )；c、d、e、f、i、j 的作用域是函数 find( )。g、h 的作用域是函数 main( )。

全局变量在静态存储区中分配，到程序执行完毕时才释放，在程序执行过程中，它们占用固定的存储单元。而且系统会自动初始化，如以下全局变量定义：int t；那么 t 的初值为 0。

局部变量在每次函数调用开始时分配动态存储空间，函数调用结束时释放这些存储空间。这种分配和释放是动态的，一般来说，两次调用同一函数，分配给函数中局部变量的存储空间是不相同的。局部变量需要自己初始化，否则其值是不可期望的。

例 2　找出程序中的错误。如果去掉错误，程序输出什么。

```
//p6-4-2
#include<iostream>
using namespace std;

int f(){
    int b = 0,c = 1;
    b = b + 1;
    c = c + 1;
    return (b+c);
}

int main(){
    for(int i = 1; i < 4; i++)
        cout << i << ".sum=" << f() << endl;
    cout << "b=" << b << " c=" << c << endl;
    return 0;
}
```

C++ 允许在更多地方定义变量，例如 for 的第一个子句，if、for 或者 while 语句块的 { } 内。这些变量只在当前语句块内有效。一个语句块内只能定义一个同名变量。不同的函数内部可以使用相同名称的变量，它们代表不同的对象，相互独立，互不干扰。访问同名变量时，只能访问到当前有效且最近定义的该变量。特别地，在变量前加“::”可以指定访问全局变量。在写复杂代码时，可以利用这些特性，调整临时变量的定义位置和作用域，以规避变量重名带来的编译错误。

例 3　找出程序中的错误。如果去掉错误，程序输出什么。

```
//p6-4-3
#include<iostream>
using namespace std;
int x = 233;
int main(){
    int x;
    cin >> x;
    for(int i = 1; i <= x; ++i){
        int x,y;
        cin >> x >> y;
        cout << x + y << endl;
    }
    cout << x << endl;
    cout << ::x << endl;
    cout << i << " " << y << endl;
    return 0;
}
```

例 4　阅读程序，写出程序的运行结果。

```
//p6-4-4
#include <iostream>
using namespace std;
int x = 10,y = 15;

void change(int a,int b,int x){
    int temp;
    x++;
    y++;
    temp = a;
    a = b;
    b = temp;
}

int main(){
    int a = 3,b = 5;
```

```
    cout << x << " " << y << " " << a << " " << b << endl;
    change(a,b,x);
    cout << x << " " << y << " " << a << " " << b << endl;
    return 0;
}
```

【问题分析】

运行程序,输出:

10 15 3 5

10 16 3 5

实践巩固

1. 阅读程序,写出程序的运行结果。

```
//x6-4-1
#include <iostream>
using namespace std;
int x = 10;

void change(int a,int &b,int x){
    int temp;
    x++;
    temp = a;
    a = b;
    b = temp;
}

int main(){
    int a = 30,b = 50;
    cout << x << " " << a << " " << b << endl;
    change(a,b,x);
    cout << x << " " << a << " " << b << endl;
    return 0;
}
```

2. 阅读程序,写出程序的运行结果。

```
//x6-4-2
#include<iostream>
using namespace std;

void callnum(){
```

```
    static int num = 0;
    num++;
    cout << "I have been called " << num << " times." << endl ;
}

int main(){
    for(int i = 1; i <= 3; i++) callnum();
    return 0;
}
```

3. 找出程序中的错误。如果去掉错误,程序输出什么。

```
//x6-4-3
#include<iostream>
using namespace std;
int b = 0;
int f(){
    static int c = 1;//c 为静态变量，第一次调用时被分配内存并初始化
    b = b + 1;
    c = c + 1;
    return (b+c);
}

int main(){
    for(int i = 1; i < 4; i++)
        cout << i << ".sum=" << f() << endl;
    cout << "b=" << b << endl;
    cout << "c=" << c << endl;
    return 0;
}
```

第 5 课　函数的递归调用

学习目标

1. 理解函数的递归调用
2. 应用递归法解决一些实际问题。

知识讲解

一个函数可以调用另一个已经定义的函数，那么可不可以调用自己呢？答案是肯定的。这种调用称为“递归”调用，这样的函数称为“递归函数”。

例 1　阅读程序，写出程序的运行结果。体会函数递归调用执行的过程。

```
//p6-5-1
#include<iostream>
using namespace std;

void p(int n){
    if(n > 0){
        p(n-1);
        for(int i = 0; i < n; i++) cout << n;
        cout << endl;
    }
}

int main(){
    p(5);
    return 0;
}
```

【问题分析】

跟踪函数 p 的调用过程发现，在执行 p(5) 的时候程序先去调用 p(4)，而剩下的 for 循环及 cout 语句没有执行；而在执行 p(4) 的时候又先去调用 p(3)，而剩下的 for 循环及 cout 语句也没有执行；执行 p(3) 的时候又先去调用 p(2)，而剩下的 for 循环及 cout 语句还是没有执行……在执行 p(1) 的时候又先去调用 p(0)，而剩下 for 循环及 cout 语句同样没有执行；而执行 p(0) 的时候 if 条件不成立，什么也没做。最后倒过来，把未执行的语句全部执行完。所以，程序输出：

1
22
333
4444
55555

递归函数的执行总是一个函数体未执行完，就带着本次执行的结果又进入另一轮函数体的执行……如此反复，不断深入，直到某次函数的执行遇到终止递归的边界条件时，则不再深入，而执行本次的函数体余下的语句，然后又返回到上一次调用的函数体中，执行其余下的语句……如此反复，直到回到起始位置上，才最终结束整个递归函数的执行，得到相应的执行结果。

递归函数通常带有一些局部变量，如例 1 中的 n，只有当整个函数体执行完毕，这些局部变量才失去意义。每递归调用一次，就必须生成一组‘新’的局部变量，虽然这些新的局部变量与原来的局部变量具有相同的名字，但其分配的存储空间不同，其值也完全无关。

一个问题要想用递归的方法（函数）来解决，必须要符合两个条件。

1）可以把这个问题转化成一个新问题，而新问题的解法和原问题的解法完全相同，只是问题规模变小了；

2）必须要有一个明确的递归结束条件（递归边界）。

例 2 求阶乘。(jc，1s，64MB)

【问题描述】

编程求 n 阶乘的值，$n! = 1 \times 2 \times 3 \times \cdots \times (n-1) \times n$。

【输入格式】

一行一个正整数 n，$1 \leqslant n \leqslant 20$。

【输出格式】

一行一个正整数，表示 n! 的值。

【输入样例】

5

【输出样例】

120

【问题分析】

求 n! 的值带有明显的递归思想。要想求出 n!，就要先求(n−1)!，因为(n−1)! 乘以 n 就是 n!；而要求(n−1)! 又要先求出(n−2)!，因为(n−2)！乘以(n−1)就是(n−1)!；……要求 2! 又要先求出 1!，因为 2 乘以 1！就是 2!；而 1！是已知的，就是 1。所以，阶乘问题的递归公式为：

$$jc(n)=\begin{cases}1 & (n=1)\\ n*jc(n-1) & (n>1)\end{cases}$$

```
//p6-5-2
#include<iostream>
using namespace std;

long long jc(int n){
    if(n == 1) return 1; //递归边界
    return jc(n-1) * n;  //递归公式
}

int main(){
    int n;
    cin >> n;
    cout << jc(n) << endl;
    return 0;
}
```

【程序说明】

求 5！的递归调用过程如图 6.5-1 所示。

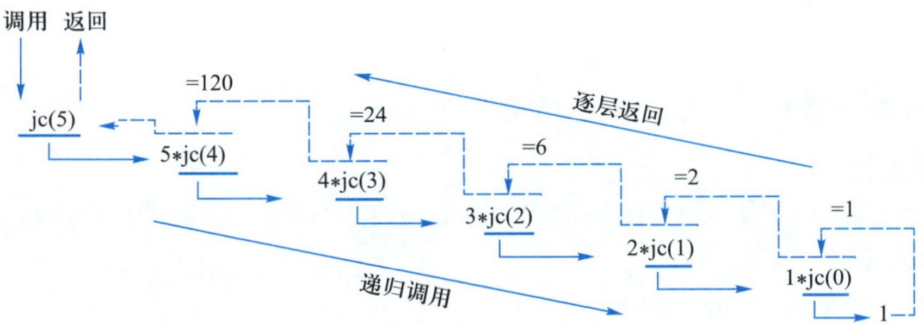

图 6.5-1 阶乘问题递归调用示意图

例 3 求最大公约数。(gcd,1s,64MB)

【问题描述】

输入两个正整数 m 和 n,求它们的最大公约数。

【输入格式】

一行两个正整数 m 和 n,用一个空格隔开,$2 \leqslant m,n \leqslant 10000$。

【输出格式】

一行一个正整数,表示 m 和 n 的最大公约数。

【输入样例】

24 36

【输出样例】

12

【问题分析】

用欧几里得“辗转相除法”演示求最大公约数的过程,发现(m,n)的最大公约数与(n,m % n)的最大公约数是一样的,但是数据规模变小了。所以,最大公约数问题的递归公式为:

$$gcd(m,n)=\begin{cases} m & (n=0) \\ gcd(n,m \% n) & (n \neq 0) \end{cases}$$

```
//p6-5-3
#include<iostream>
using namespace std;

int gcd(int m,int n){
    if(n == 0) return m;
    else return gcd(n,m % n);
}

int main(){
    int m,n;
    cin >> m >> n;
```

```
    cout << gcd(m,n) << endl;
    return 0;
}
```

例 4 分解质因子。(zyz,1s,64MB)

【问题描述】

输入一个正整数 n,用递归方法从小到大输出它的所有质因子(因子是质数)。

【输入格式】

一行一个正整数 n,2≤n≤10000。

【输出格式】

一行若干个正整数,两数之间用一个空格隔开,从小到大输出。

【输入样例】

18

【输出样例】

2 3 3

【问题分析】

显然,如果 n 等于 1,就没法再分解了。如果 n 大于 1,从整数 p(p 从 2 开始)开始试除,如果能被 p 整除,就得到一个质因子 p。问题就转化成对于整数 n/p,从 p 开始继续分解质因子。如果不能被 p 整除,问题就转化为对于整数 n,从 p+1 开始分解质因子。所以,递归公式为:

$$zyz(n,p)=\begin{cases} n=1 & \text{返回} \\ n>1 & \begin{cases} n\%p=0 & \begin{cases}\text{输出 } p \\ zyz(n/p,p)\end{cases} \\ n\%p\neq 0 & zyz(n,p+1) \end{cases} \end{cases}$$

```
//p6-5-4
#include<iostream>
using namespace std;
bool first = true;

void zyz(int n,int p){
    if(n > 1){
        if(n % p == 0){
            if(first){
                cout << p;
                first = false;
            }
            else cout << " " << p;
            zyz(n/p,p);
        }
        else zyz(n,p+1);
    }
}
```

```
int main(){
    int n;
    cin >> n;
    zyz(n,2);
    cout << endl;
    return 0;
}
```

例 5　抽奖。(lottery2,1s,64MB)

【问题描述】

公司举办年会,为了活跃气氛,设置了摇奖环节。参加聚会的每位员工都有一张带有号码的抽奖券。现在,主持人从小到大依次公布 n 个不同的获奖号码,小谢看着自己抽奖券上的号码 win,无比紧张。请编写一个程序,如果小谢获奖了,请输出他中奖的是第几个号码;如果没有中奖,请输出 0。

【输入格式】

第一行 1 个正整数 n,表示有 n 个获奖号码,2<n≤100。

第二行包含 n 个正整数,之间用一个空格隔开,表示依次公布的 n 个获奖号码。

第三行 1 个正整数 win,表示小谢抽奖券上的号码。

1≤获奖号码,win<10000。

【输出格式】

一行一个整数,如果小谢中奖了,请输出中的是第几个号码;如果没有中奖,请输出 0。

【输入样例】

7

1 2 3 4 6 17 9555

3

【输出样例】

3

【问题分析】

前面已经学习过用循环语句实现“二分查找”。很明显,也可以采用“递归”思想实现二分查找。

```
//p6-5-5
#include<iostream>
using namespace std;
int win,g[101];

int binsearch(int left,int right){
    if(left <= right){
        int mid = (left + right) / 2;
        if(g[mid] == win) return mid;// 找到
        if(win < g[mid]) return binsearch(left,mid - 1);// 在左半部分
```

```
        if(win > g[mid]) return binsearch(mid + 1,right);// 在右半部分
    }
    else return 0;// 没找到
}

int main(){
    int n,i,f,left,right,mid;
    scanf("%d",&n);
    for(i = 1; i <= n; i++) scanf("%d",&g[i]);
    cin >> win;
    f = binsearch(1,n);
    cout << f <<endl;
    return 0;
}
```

实践巩固

1. 走楼梯。(stairs, 1s, 64MB)

【问题描述】

已知一个楼梯有 n 级,小谢同学从下往上走,一步可以走一级,也可以走两级。问:他走到第 n 级楼梯有多少种走法?要求用递归函数实现。

【输入格式】

一行一个正整数 n,$1 \le n \le 40$。

【输出格式】

一行一个整数,表示走到第 n 级有多少种走法。

【输入样例】

9

【输出样例】

55

2. 角谷猜想。(verify, 1s, 64MB)

【问题描述】

角谷猜想是由日本数学家角谷静夫发现,是指对于每一个正整数,如果它是奇数,则对它乘 3 再加 1;如果它是偶数,则对它除以 2。如此循环,最终都能够得到 1。

也就是说,给定正整数 n,要进行如下操作:

1) 若 n 为 1,操作结束。

2) 若 n 为偶数,则 n 变成 n/2。

3) 若 n 为大于 1 的奇数,则 n 变成 $n \times 3+1$。

请编程验证此猜想。

【输入格式】

一行一个正整数 n,$1 \le n \le 20000$。

【输出格式】

若干行,每行表示一个操作,具体格式参见输出样例。

【输入样例】

22

【输出样例】

22/2=11

11*3+1=34

34/2=17

17*3+1=52

52/2=26

26/2=13

13*3+1=40

40/2=20

20/2=10

10/2=5

5*3+1=16

16/2=8

8/2=4

4/2=2

2/2=1

3. 数的计算。(NOIP2001 普及组复赛,count,1s,256MB)

【问题描述】

输入一个自然数 n,然后对此自然数按照如下方法进行处理:

1) 不做任何处理。

2) 在它的左边加上一个自然数,但该自然数不能超过原数的一半。

3) 加上数后继续按此规则进行处理,直到不能再加自然数为止。

请找出以上操作能得到的数的个数。例如,n=6 时,满足条件的数为 6 个,分别为 6、16、26、126、36、136。

【输入格式】

一行一个正整数 n,n≤1000。

【输出格式】

一行一个整数,表示满足条件的数的个数。

【输入样例】

6

【输出样例】

6

第6课　函数应用举例

学习目标

1. 熟练应用函数和结构化编程思想解决一些实际问题。
2. 学会函数的单步跟踪，并进一步理解递归函数的执行过程。

知识讲解

例1　孪生素数(twinprime, 1s,256MB)

【问题描述】

在素数的大家庭中,大小之差为2的两个素数称之为一对“孪生素数”,如3和5、17和19等。请你编程统计出不大于自然数 n 的素数中,孪生素数的对数。

【输入格式】

一行一个正整数 n,$1\leqslant n\leqslant 2^{31}$。

【输出格式】

若干行,每行两个整数,之间用一个空格隔开,从小到大输出每一对孪生素数。

【输入样例】

100

【输出样例】

3 5
5 7
11 13
17 19
29 31
41 43
59 61
71 73

【问题分析】

首先,大于2的两个连续自然数不可能都是素数,大于2的偶数也一定不是素数。所以,从3开始穷举一个自然数 s,检查 s 和 s+2 是不是都为素数,是则输出这对孪生素数。然后,s=s+2,继续寻找下一对孪生素数。

```
//p6-6-1
#include<iostream>
using namespace std;

bool prime(int n){
    for(int i = 2; i*i <= n; i++)
        if(n % i == 0) return false;
    return true;
}

int main(){
    int n,i = 3;
    cin >> n;
    while(i <= n-2){
        if(prime(i) && prime(i+2)) cout << i << " " << i+2 << endl;
        i += 2;
    }
    return 0;
}
```

如果程序编译出错，或者运行结果不正确，比如，上例中输出的数中存在非素数，可以通过跟踪来调试程序。对于多个函数的程序，如果只想知道某个函数是否正确，只要把函数调用作为一条语句进行跟踪，判断返回值是否正确即可。如果发现函数的返回值是错误的，就需要跟踪到函数内部。前者只要将光标移到函数调用这一行按下快捷键“F4”或单击行号设置断点，然后设置要跟踪的函数，如图 6.6–1 所示，最后单步调试程序（按快捷键“F7”）。后者就需要在函数内部的语句上设置断点，并且添加要跟踪的变量名，最后单步调试，如图 6.6–2 所示。

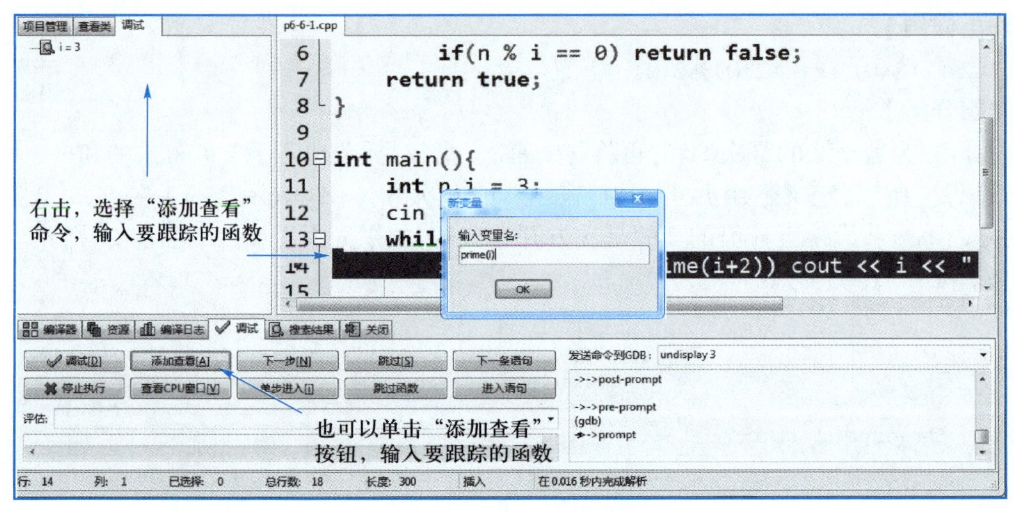

图 6.6–1　函数的跟踪

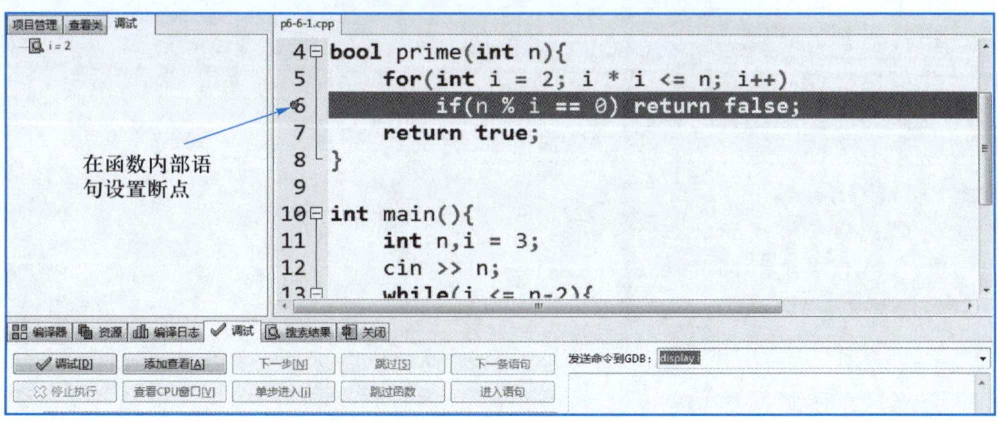

图 6.6–2　函数的内部跟踪

例 2　幂次方表示法。(NOIP1998 普及组复赛，twopower，1s，256MB)

【问题描述】

任何一个正整数都可以用 2 的幂次表示，例如 $137=2^7+2^3+2^0$，同时约定方次用括号来表示，即 a^b 可表示为 a(b)。

由此可知，137 可表示为 2(7)+2(3)+2(0)，进一步，$7=2^2+2+2^0$(2^1 用 2 表示)，$3=2+2^0$，所以最后 137 可表示为 2(2(2)+2+2(0))+2(2+2(0))+2(0)。

又如，1315 表示为 2(2(2+2(0))+2)+2(2(2+2(0)))+2(2(2)+2(0))+2+2(0)。

【输入格式】

一行一个正整数 n，n≤20000。

【输出格式】

一行一个字符串，符合约定的 n 的幂次方表示法。

【输入样例】

137

【输出样例】

2(2(2)+2+2(0))+2(2+2(0))+2(0)

【问题分析】

将 n 拆分为若干 2 的幂次的和，再将各个幂次(指数)拆分成若干 2 的幂次的和……明显具有递归思想。所以，定义数组元素 p[0]表示 2 的 0 次方，p[1]表示 2 的 1 次方，p[2]表示 2 的 2 次方，……从最接近 n 值的 2 的幂次方开始分解，如果 n 大于或等于当前 2^i，则 n 减去 2^i，将 i 分解，……直到 n 为 0。

```
//p6-6-2
#include<iostream>
using namespace std;
int x = 0,p[16];
bool first = true;

void npow(int n){
```

```
    int i;
    while(n){
        for(i = x; i >= 0; i--){// 从最接近 n 值的 2 的幂次方开始分解
            if(p[i] <= n) {
                n = n - p[i];
                if(first) first = false;
                else cout << '+';
                if(i > 1){
                    cout << "2(";
                    first = true;
                    npow(i);// 将 i 分解
                    cout << ')';
                    break;
                }
                if(i == 1) cout << "2";// 递归边界
                if(i == 0) cout << "2(0)";
            }
        }
    }
}

int main(){
    int n;
    cin >> n;
    p[0] = 1;
    while(p[x] < n){
        x++;
        p[x] = p[x-1] * 2;
    }
    npow(n);
    cout << endl;
    return 0;
}
```

例 3　汉诺塔问题。(tower,1s,256MB)

【问题描述】

如图 6.6–3 所示，设有 n 个大小不等的中空圆盘，按照从小到大的顺序叠套在立柱 A 上，另有两根立柱 B 和 C。现要求把全部圆盘从 A 柱（称为源柱）移到 C 柱（称为目标柱），移动过程中可借助 B 柱（称为中间柱）。移动时有如下的要求：

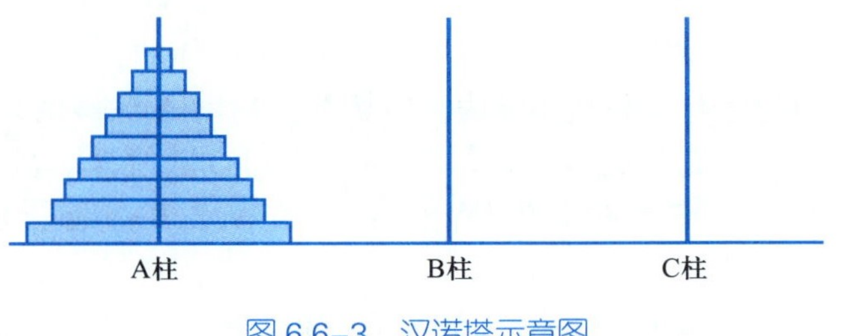

图 6.6–3　汉诺塔示意图

1）一次只许移动一个盘。

2）任何时候、任何柱子上不允许把大盘放在小盘上边。

3）可使用任意一根立柱暂存圆盘。

问：如何用最少步数实现 n 个盘子的移动？请打印出具体移动方案。

【输入格式】

一行一个正整数 n，1≤n≤18。

【输出格式】

输出若干行，第 i 行表示第 i 步的移动方案。具体格式参见输出样例。

【输入样例】

3

【输出样例】

A->C

A->B

C->B

A->C

B->A

B->C

A->C

【问题分析】

先从最简单的情况分析。如果 A 柱上只有一只盘子，假定盘号为 1，只需将该盘从 A 柱移至 C 柱，一次完成，记为：move 1 from A to C。

如果 A 柱上有 2 只盘子，1 为小盘、2 为大盘，则需要 3 步完成：

1）将 1 号盘从 A 柱移至 B 柱，这是为了让 2 号盘能移动。

2）将 2 号盘从 A 柱移至 C 柱。

3）再将 1 号盘从 B 柱移至 C 柱。

这 3 步记为：

move 1 from A to B

move 2 from A to C

move 3 from B to C

下面，重点分析 A 柱上有 3 只盘子的情况，假设从小到大分别为 1 号、2 号、3 号。可以这样考虑：

步骤 1　将 1 号盘和 2 号盘视为一个整体，从 A 柱移至 B 柱，给 3 号盘创造能够一次移至 C 的机会，这一步记为 move(2，A，C，B)，意思是将上面的 2 只盘子作为整体从 A 柱借助 C 柱移至 B 柱；

步骤 2　将 3 号盘从 A 柱移至 C 柱，记为 move 3 from A to C。

步骤 3　处于 B 柱上的作为一个整体的 2 只盘子，再移至 C 柱，这一步记为 move(2，B，A，C)，意思是将 2 只盘子作为整体从 B 柱借助 A 柱移至 C 柱。

从题目的约束条件看，大盘上可以随便摞小盘，相反则不允许。在将 1 号和 2 号盘当整体从 A 柱移至 B 柱的过程中，move(2，A，C，B) 实际上是分解为以下三步：

步骤 1.1　move 1 from A to C。

步骤 1.2　move 2 from A to B。

步骤 1.3　move 1 from C to B。

经过以上步骤，将 1 号和 2 号盘作为整体从 A 柱移至 B 柱，为 3 号盘从 A 柱移至 C 柱创造了条件。同样，3 号盘一旦到了 C 柱，就要考虑如何将 1 号和 2 号盘当整体从 B 柱移至 C 柱了。实际上，move(2，B，A，C) 也要分解为三步：

步骤 3.1　move 1 from B to A。

步骤 3.2　move 2 from B to C。

步骤 3.3　move 1 from A to C。

就 move(2，A，C，B) 来说，要将 2 只盘从 A 柱搬至 B 柱，没有 C 柱是不行的，因为步骤 1.1 就要将 1 号盘从 A 柱移到 C 柱，给 2 号盘创造条件从 A 柱移至 B 柱，然后再把 1 盘从 C 柱移至 B 柱。看到这里就能明白借助 C 柱的含义了。因此，在构思搬移过程的参量时，要把 3 个柱子都用上。

定义搬移函数 move(n，A，B，C)，含义是将 n 只盘子从 A 柱经 B 柱搬到 C 柱，分解为 3 步：

步骤 1　move(n–1，A，C，B)。理解为将上面的 n–1 只盘子作为一个整体从 A 柱经 C 柱移至 B 柱。

步骤 2　输出 n：A to C。理解为将 n 号盘从 A 柱移至 C 柱，是直接可操作的。

步骤 3　move(n–1，B，A，C)。理解为将上面的 n–1 只盘子作为一个整体从 B 柱经 A 柱移至 C 柱。

这显然是一种递归定义，当求解 move(n–1，A，C，B) 时，又要将其分解为 3 步：

步骤 1.1　将上面 n–2 只盘子作为一个整体，从 A 经 B 移到 C，即 move(n–2，A，B，C)。

步骤 1.2　第 n–1 号盘子从 A 直接移至 B，即 n–1 ：A to B。

步骤 1.3　再将上面 n–2 只盘子作为一个整体，从 C 经 A 移到 B，即：move(n–2，C，A，B)；

图 6.6–4 所示为汉诺塔移动三个盘子的过程。

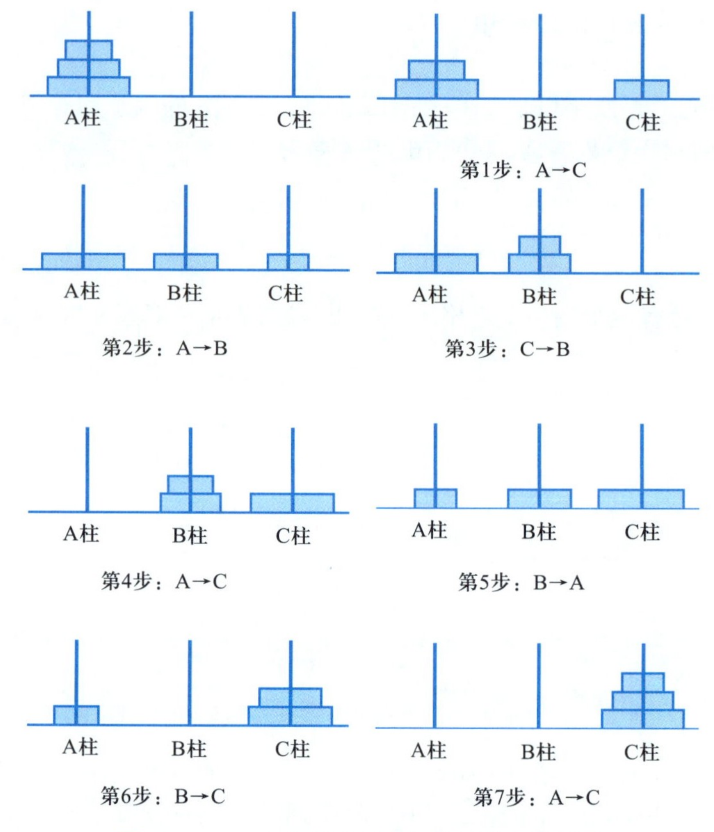

图 6.6–4　三个盘子的汉诺塔移动过程示意图

```
//p6-6-3
#include<iostream>
using namespace std;

void mov(int n,char a,char b,char c){
    if(n == 1) cout << a << "->" << c << endl;//递归边界
    else{
        mov(n-1,a,c,b);
        cout << a << "->" << c << endl;
        mov(n-1,b,a,c);
    }
}

int main(){
    int n;
    cin >> n;
    mov(n,'A','B','C');
    return 0;
}
```

实践巩固

1. 亲密数对。(number,1s,256MB)

【问题描述】

给定两个不同的正整数 a 和 b,如果 a 的因子和等于 b,b 的因子和等于 a,且 a ≠ b,则 a 和 b 为一对亲密数。给定正整数 N,求 2~N 中的亲密数对。

【输入格式】

第 1 行一个正整数 N,1≤N≤2000。

【输出格式】

输出若干行,每行有两个用一个空格隔开的正整数,表示一对亲密数。

【输入样例】

200

【输出样例】

48 75

75 48

140 195

195 140

2. 最大的素因子。(bigfact,1s,256MB)

【问题描述】

约翰的农场开始渐入正轨了,因为他给每头奶牛贴上了清晰的序列号标签。不幸的是,奶牛们私下里认为有一些序列号比较好,一头牛的序列号如果有比其他奶牛都高的素因子,那它就有最高的社会地位。

现在给出 N 个序列号，每个序列号的范围在 1~20000 之间，请编程确定谁有最大的素因子。如果没有素因子，则输出 0。

【输入格式】

第 1 行一个正整数 N，1≤N≤5000。

第 2~N+1 行，每行一个整数，表示一个序列号。

【输出格式】

一行一个整数，表示具有最大素因子的序列号。如果有多个这样的序列号，则输出输入数据中较早输入的数。

【输入样例】

```
4
36
38
40
42
```

【输出样例】

```
38
```

3. 农场周围的道路。(ratf，1s，256MB)

【问题描述】

约翰的奶牛对探索农场周围的地域很感兴趣。最初，所有 N 头奶牛沿着一条路一起行动。在遇到一个岔路口后，奶牛们分成两组（没有一组为空）后继续往下走。当其中的一组遇到另一个岔路口后，继续分成两组，一直这样下去。

奶牛有一种奇特的分组方法：如果它们能将奶牛分成两组奶牛数目相差 K，则它们将按此方法分组；否则，它们将停止探索，开始安静地吃草。

假定在路上总是会有新的岔路出现，计算最后停下来吃草的奶牛的组数。

【输入格式】

一行两个用一个空格隔开的整数 N 和 K，$1 \leqslant N \leqslant 10^9$。

【输出格式】

一行一个整数，表示最后停下来吃草的奶牛的组数。

【输入样例】

```
6 2
```

【输出样例】

```
3
```

【样例说明】

有 6 头奶牛，两组不同的奶牛数目相差 2。

最终分组有 3 组（分别有 2、1 和 3 头奶牛在组里）。

```
  6
 / \
2   4
   / \
  1   3
```

第 7 单元　基本数据结构

第 1 课　结构体的引入和应用

学习目标

1. 理解结构体的概念和应用背景。
2. 学会使用结构体解决一些实际问题。

知识讲解

在存储和处理大批量数据时，一般会使用数组来实现，但是每一个数据的类型及含义必须一样。如果需要把不同类型、不同含义的数据当作一个整体来处理，比如 1000 个学生的姓名、性别、年龄、体重、成绩等，怎么办呢？ C++ 提供了结构体(struct)。本节课就来介绍 C++ 结构体的定义和使用。

1. 结构体的定义

C++ 中的结构体是由一系列具有相同类型或不同类型的数据构成的数据集合，也叫结构。

使用结构体，必须要先声明一个结构体类型，再定义和使用结构体变量。结构体类型的声明格式如下：

```
struct 类型名{
    数据类型 1  成员名 1;
    数据类型 2  成员名 2;
    …
};
```

例如，声明一个记录学生信息的结构体：

```
struct student{                     //声明一个结构体类型 student
    string name;                    //声明一个记录姓名的字符串成员 name
```

```
    char sex;                    //声明一个记录性别的字符型成员 sex
    int age;                     //声明一个记录年龄的整型成员 age
    double weight;               //声明一个记录体重的双精度成员 weight
}
```

其中,有 4 个成员:name、sex、age、weight。下面就可以定义结构体变量了,格式如下:

```
struct 结构体类型名 变量名列表； //或　结构体类型名 变量名列表；
```

例如:

```
student stu;
student s[1000];
struct student st;
```

也可以把结构体类型声明和变量定义合在一起,格式如下:

```
struct 类型名{
    数据类型 1　成员名 1;
    数据类型 2　成员名 2;
    …
}变量名；
```

2. 结构体的使用

结构体变量具有以下特点:

1) 可以对结构体变量的整体进行操作。例如,swap(a[i],a[j])。

2) 可以对结构体变量的成员进行操作。

引用结构体变量中成员的格式为:结构体变量名.成员名。例如:

```
cin >> s[i].name;
stu.age = 16;
```

3) 结构体变量的初始化方法与数组类似。例如:

```
student s = {"xiaoming",'f',16,169};
```

例 1　学生信息。(stumessage,1s,64MB)

【问题描述】

输入一个学生的信息,包括姓名、性别、年龄、体重,再输出这些信息。

【输入格式】

一行,依次是学生的姓名、性别、年龄、体重。

【输出格式】

一行,依次是姓名、性别、年龄、体重(体重保留一位小数)。

【输入样例】

zhangsan m 20 90.5

【输出样例】

zhangsan m 20 90.5

【问题分析】

```
//p7-1-1
#include<bits/stdc++.h>
using namespace std;
struct student{
    string name;
    char sex;
    int age;
    double weight;
};
int main(){
    student stu;
    cin >> stu.name >> stu.sex >> stu.age >> stu.weight;
    cout << stu.name << " " << stu.sex << " " << stu.age << " ";
    cout << fixed << setprecision(1) << stu.weight << endl;
return 0;
}
```

例 2 年龄排序。(agesort,1s,256MB)

【问题描述】

输入 n 个学生的信息,包括姓名、性别、出生年月。要求按年龄从小到大依次输出这些学生的信息。数据保证没有学生同年同月出生。

【输入格式】

第一行一个整数 n,表示学生人数,n≤100。

接下来 n 行,每一行依次输入学生的姓名、性别、出生年份、出生月份。

【输出格式】

按年龄从小到大,一行输出一个学生的原始信息。

【输入样例】

5

John male 1999 12

David female 1999 8

Jason male 1998 11

Jack female 1998 8
Kitty female 2000 7

【输出样例】

Kitty female 2000 7
John male 1999 12
David female 1999 8
Jason male 1998 11
Jack female 1998 8

【问题分析】

```
//p7-1-2
#include<bits/stdc++.h>
using namespace std;
struct stu{
    string name;
    string sex;
    int year,month;
};
const int MAXN = 110;
stu a[MAXN];
int main(){
    int n;
    cin >> n;
    for(int i = 1; i <= n; i++)
        cin >> a[i].name >> a[i].sex >> a[i].year >> a[i].month;
    for(int i = 1; i <= n; i++)
        for(int j = i+1; j <= n; j++)
            if(a[i].year < a[j].year || a[i].year == a[j].year && a[i].
month < a[j].month)
                swap(a[i],a[j]);
    for(int i = 1; i <= n; i++){
        cout<< a[i].name << " " << a[i].sex << " " ;
        cout<< a[i].year << " " << a[i].month << endl;
    }
    return 0;
}
```

例 3 猴子选大王。(monkey，1s，256MB)

【问题描述】

有 n 只猴子围成一圈，从 1~n 编号，大家决定从中选出一个大王。经过协商，决定选大王的规则为：从编号为 1 的猴子开始报数，报到 k 的猴子出圈，然后再从下一只开始继续报 1 到 k……最后剩下来的那一只就是大王。要求编程从键盘输入 n、k，输出成为大王的猴子编号。

【输入格式】

一行两个正整数 n 和 k，$2 \leq n \leq 1000, 2 \leq k \leq 10^9$。

【输出格式】

一行一个正整数，代表猴王的编号。

【输入样例】

3 2

【输出样例】

3

【问题分析】

本题采用“模拟”法实现。可以定义一个一维数组来模拟猴子在不在圈内，用 a [i]代表第 i 只猴子的状态，0 代表出圈，1 代表在圈内。然后不断的扫描这个一维数组，如果猴子在圈内，则计数器加 1；如果不在就不加，当计数器到达 k 时，就把当前这只猴子标志出圈，然后作出一些相关的处理；当还剩一只猴子的时候就停止操作，输出剩下的圈内这只猴子的编号。

以上算法的最大问题是，如果猴子数比较多，不断扫描一维数组的时候会很慢，特别是当大部分猴子都已经出圈，会扫描很多无猴子的“无效”操作。如果建立一个循环链表，那么在扫描的时候就不会出现无猴子还扫描的情况，在猴子出圈的时候只需要在链表中删除一个元素，这样效率会提高很多。具体操作如下：定义一个结构体 monkey，里面有两个参数，一个代表猴子编号，另一个记录这只猴子的下一只猴子的编号，注意一开始每只猴子的下一只猴子的编号是本身的编号加 1，最后一只猴子的下一只猴子的编号是 1 号。例如，有 5 只猴子，则建立的循环链表如图 7.1–1 所示。

序号	1	2	3	4	5
猴子编号	1	2	3	4	5
下一只猴子序号	2	3	4	5	1

图 7.1–1 循环链表实现的示意图

如果需要删除 3 号猴子，那么只需要把当前 3 号猴子前一只猴子 2 号的下一只猴子序号，指向当前猴子 3 号的下一只猴子序号 4。

```
//p7-1-3
#include<bits/stdc++.h>
using namespace std;
struct monkey{                          //声明 monkey 结构体
    int num;                            //代表编号
    int next;                           //代表下一只猴子编号
};
#define MAXN 1010
monkey a[MAXN];
int main(){
    int n,k,count = 0,remain,kk,cur,pre;
    cin >> n >> k;
    for(int i = 1; i < n; i++){         //猴子建立循环链表
        a[i].num = i;
        a[i].next = i+1;
    }
```

```
    a[n].num = n;
    a[n].next = 1;
    remain = n;
    kk = k % remain;                           // 所点个数取余
    if(kk == 0) kk = remain;
    cur = 1;                                   // 当前猴子序号
    pre = n;                                   // 当前猴子前面一只猴子序号
    while(remain > 1){
        count++;
        if(count == kk){                       // 猴子出圈
            a[pre].next = a[cur].next;
            remain--;
            count = 0;
            kk = k % remain;
            if(kk == 0) kk = remain;
        }else pre = cur;
        cur = a[cur].next;                     //cur 指向后一只猴子
    }
    cout << a[cur].num << endl;                // 输出唯一在圈内的猴子
    return 0;
}
```

实践巩固

1. 奖学金。(NOIP2007 普及组复赛,sort,1s,256MB)

【问题描述】

某小学最近得到了一笔赞助,打算拿出其中一部分为学习成绩优秀的前 5 名学生发奖学金。期末,每个学生都有语文、数学、英语 3 门课的成绩。先按总分从高到低排序,如果两个同学总分相同,再按语文成绩从高到低排序,如果两个同学总分和语文成绩都相同,那么规定学号小的同学排在前面,这样,每个学生的排序是唯一确定的。

任务:先根据输入的 3 门课的成绩计算总分,然后按上述规则排序,最后按排名顺序输出前 5 名学生的学号和总分。注意,在前 5 名同学中,每个人的奖学金都不相同,因此你必须严格按上述规则排序。例如,在某个正确答案中,如果前两行的输出数据(每行输出学号、总分两个数)是:

7 279

5 279

这两行数据的含义是:总分最高的两个同学的学号依次是 7 号、5 号。这两名同学的总分都是 279(总分等于输入的语文、数学、英语三科成绩之和),但学号为 7 的学生语文成绩更高一些。如果你的前两名的输出数据是:

5 279

7 279

则按输出错误处理,不能得分。

【输入格式】

第1行为一个正整数n，表示该校参加评选的学生人数。

第2~n+1行，每行有3个数字，每个数字都在0~100之间。第j行的3个数字依次表示学号为j-1的学生的语文、数学、英语的成绩。每个学生的学号按照输入顺序编号为1~n（恰好是输入数据的行号减1）。所给的数据都是正确的，不必检验。

【输出格式】

共有5行，每行是两个用一个空格隔开的正整数，依次表示前5名学生的学号和总分。

【输入样例1】

```
6
90 67 80
87 66 91
78 89 91
88 99 77
67 89 64
78 89 98
```

【输出样例1】

```
6 265
4 264
3 258
2 244
1 237
```

【输入样例2】

```
8
80 89 89
88 98 78
90 67 80
87 66 91
78 89 91
88 99 77
67 89 64
78 89 98
```

【输出样例2】

```
8 265
2 264
6 264
1 258
5 258
```

【数据范围】

50% 的数据满足：各学生的总成绩各不相同。

100% 的数据满足：$6 \leq n \leq 300$。

2. 桌面窗体重叠。(win,1s,64MB)

【问题描述】

一个 Windows 桌面上的窗体用 4 个整数定义位置:左边坐标、右边坐标、上边坐标、下边坐标。

现在,请输入 2 个窗体的位置信息,判断它们的位置是否重叠。

【输入格式】

两行,每行 1 个窗体的位置信息,int 范围以内。

【输出格式】

输出 2 个窗体的重叠面积,不重叠就输出 0。

【输入样例】

10 100 20 60

60 160 50 200

【输出样例】

400

第 2 课　结构体的扩展

学习目标

1. 理解运算符重载的含义及其使用。
2. 理解成员函数的含义及其使用。

知识讲解

在 C++ 中,由于类(class)技术的出现使结构体功能得到了很大的增强。本课简单介绍一些与信息学竞赛有关的运算符重载和成员函数知识,其他更详细、复杂的内容请参阅相关书籍和资料。

1. 运算符重载

“运算符重载”常用于解决结构体或自定义数据类型的加法、减法等特殊含义的运算。运算符重载的一般格式为:

```
类型名 operator 运算符 (const 类型名 变量 )const{
    …
}
```

例1 作业统计。(workcout,1s,256MB)

【问题描述】

为了了解学生的课后作业负担情况,需要统计学生连续若干天完成作业所需的总时间。现在,输入某位学生 n 天完成作业的时间,格式为时、分、秒,最后输出这位学生 n 天完成作业的总时间(秒)。

【输入格式】

第 1 行一个正整数 n,表示有 n 天;

第 2~ 第 n+1 行,每行 3 个整数,分别代表时、分、秒。

【输出格式】

一行信息,表示这个学生完成作业的总时间,具体格式见输出样例。

【输入样例】

3

1 20 30

1 20 45

1 19 30

【输出样例】

4hour 0minute 45second

【问题分析】

本题需要把若干时间(时、分、秒)相加,但又不是普通的加法运算。所以,可以利用运算符重载,另外定义一个“+”运算,实现对两个结构体变量的加法。

```
//p7-2-1
#include<bits/stdc++.h>
using namespace std;

struct worktime{//声明一个结构体类型 worktime 记录学生完成作业的时间
    int hr, minut,sec;//hr, minut,sec 分别代表时, 分, 秒
    worktime operator +(const worktime x)const{// 对 + 进行重新定义
        worktime tmp;
        tmp.sec = (sec + x.sec) % 60;
        tmp.minut = (minut + x.minut + (sec + x.sec) / 60) % 60;
        tmp.hr = hr + x.hr + (minut + x.minut + (sec + x.sec) / 60) / 60;
        return tmp;
    }
};

int main(){
    worktime stu, sum;
    int n;
    cin >> n;
    sum.hr = sum.minut = sum.sec = 0;
```

```
    for(int i = 1; i <= n; i++){
        cin >> stu.hr >> stu.minut >> stu.sec;
        sum = sum + stu;// 两个结构体 sum 和 stu 通过重载 + 运算符进行加法运算
    }
    cout << sum.hr << "hour" << sum.minut << "minute" << sum.sec << "second";
return 0;
}
```

2. 成员函数

在 C++ 中，允许在结构中定义函数，该函数称为“成员函数”。描述形式如下：

```
struct 结构名{
    数据成员
    成员函数
};
```

例 2　身高问题。(height，1s，256MB)

【问题描述】

输入 n 个学生的信息，每个学生信息包括姓名、身高、学号。编程输出身高最高的学生的信息。

【输入格式】

第 1 行一个正整数 n，表示学生个数，n≤100。

以下 n 行，每一行依次输入学生的姓名、身高、学号。

【输出格式】

输出身高最高的学生信息，如果存在身高一样的，请输出学号小的那个同学。

【输入样例】

5
John 172 20160302
David 173 20160306
Jason 168 20160309
Jack 152 20160311
Kitty 147 20160319

【输出样例】

David 173 20160306

【问题分析】

```
//p7-2-2
#include<bits/stdc++.h>
```

```
using namespace std;

struct stu{
    string name;
    int heigh;
    int num;
    void input(){
        cin >> name >> heigh >> num;
    }
    void output(){
        cout << name << " " << heigh << " " << num << endl;
    }
};
stu a[110];

int main(){
    int n;
    stu maxn;
    maxn.heigh = maxn.num = 0;
    cin >> n;
    for(int i = 1; i <= n; i++){
        a[i].input();
        if(a[i].heigh > maxn.heigh) maxn = a[i];
        else if(a[i].heigh == maxn.heigh && a[i].num < maxn.num) maxn = a[i];
    }
    maxn.output();
    return 0;
}
```

实践巩固

1. 生日相同问题。(birthday,1s,64MB)

【问题描述】

在一个有 n 个学生的大班级中,存在两个学生生日相同的概率非常大,现给出每个学生的名字,出生月日。试找出所有生日相同的学生。

【输入格式】

第 1 行为正整数 n,表示有 n 个学生,n≤180。

此后 n 行,每行包含一个字符串和两个正整数,分别表示学生的名字(名字第一个字母大写,其余小写,不含空格,且长度小于 20)和出生月 m、出生日 d,1≤m≤12,1≤d≤31,名字、月、日之间用一个空格分隔。

【输出格式】

每组生日相同的学生,输出一行,其中前两个数字表示月和日,后面跟着所有在当天出生的学生的名字,数字、名字之间都用一个空格分隔。对所有的输出,要求按日期从前到后的顺序输出。 对生日相同的名字,按名字从短到长按序输出,长度相同的按字典序输出。如果没有生日相同的学生,输出“None”。

【输入样例】

6
Avril 3 2
Candy 4 5
Tim 3 2
Sufia 4 5
Lagrange 4 5
Bill 3 2

【输出样例】

3 2 Tim Bill Avril
4 5 Candy Sufia Lagrange

2. 集合运算。(set,1s,64MB)

【问题描述】

在数学上,2 个集合 A 和 B 之间的运算一般有并集、差集、交集,分别记作 A+B、A−B、A × B。本题要求设计一款模拟集合运算的游戏程序,已知所有集合的元素都是小写字母,集合的输入、输出用字符串表示。例如,集合 A={a,b,d,e},输入输出用字符串“abde”表示。现在输入 n 个集合运算式,求运算结果。例如,运算式 abcd−bckg,那么结果为 ad。

【输入格式】

第一行一个正整数 n,表示有多少运算式,1≤n≤100。

下面 n 行,每行一个运算式。运算符号一定是 +、−、* 之一,运算符号两边各有一个空格隔开。

【输出格式】

共 n 行,对应输入的运算结果。

【输入样例】

2
abcd + bcefg
abcd * bcefg

【输出样例】

abcdefg
bc

第3课 共用体的引入和应用

学习目标

1. 理解共用体的概念和应用背景。
2. 学会使用共用体解决一些实际问题。

知识讲解

在 C++ 中，共用体也称联合(union)，是一种数据格式，能存储不同类型数据，但同一时间只能存储其中的一种类型数据。例如，存放一个人的信息，如果是成年人，存放他的身份证号码；否则，存放他的学籍号。这里面就有 2 个成员，但是任何一个人只能使用其中的一个。

使用共用体前必须先声明一个共用体类型，才可以定义和使用共用体变量。例如，要声明一个记录个人信息的共用体，可以这样：

```
union person{                //声明一个共用体类型 person
    char id[18];             //声明一个字符数组，存储身份证号码
    int num;                 //声明一个整数，存放学籍号
};
```

再例如，存放一种颜色的共用体类型如下：

```
union tcolor{
    int rgb[3];              //rgb 和 cmyk 共用内存，不会同时使用
    double cmyk[4];
};
```

共用体的最大用途是当数据项使用多种格式(但不会同时使用)时，可以节省空间。需要注意的是，union 中不能有空间不确定的数据结构类型，如 string。

例 成绩统计。(score，1s，64MB)

【问题描述】

兴趣小组收集学员成绩信息，每个学员的成绩有两种表示方法，一种用 best、good、poor 三种等级来表示，还有一种就是直接用分数来表示(百分制)。请保存学员成绩信息，并且统计有多少人是用等级来表示成绩的，用分数来表示成绩的人的平均分是多少(取整就行)。

【输入格式】

第 1 行一个正整数 n，表示学员人数，n≤1000。

第 2~n+1 行，每行一个字符和一个字符串，中间用一个空格隔开。第一个字符表示这个学

生成绩类型,有 C、N 两种分别代表等级表示和分数表示,第二个字符串表示成绩信息。

【输出格式】

一行两个整数,分别表示用等级表示成绩的人数和用分数表示成绩人的平均分(取整),中间用一个空格隔开。

【输入样例】

5
C best
C good
N 90
C poor
N 98

【输出样例】

3 94

【问题分析】

```
//p7-3-1
#include<bits/stdc++.h>
using namespace std;
int main(){
    union res{              //声明一个共用体 res
        char rank[5];       //用等级表示成绩
        int x;              //用分数表示成绩
    };
    struct stu{
        char f;             //代表学生用哪种方式记录成绩
        res score;          //定义 score 为共用体
    };
    stu a[1001];
    int n,count = 0, num = 0;
    cin >> n;
    for(int i = 1; i <= n; i++){
        cin >> a[i].f;
        switch(a[i].f){
            case 'C': for(int j = 0; j < 4; j++)
                          cin >> a[i].score.rank[j];
                      count++;
                      break;
            case 'N': cin >> a[i].score.x;
                      num += a[i].score.x;
        }
    }
    cout << count << " " << num/(n-count) << endl;
    return 0;
}
```

可以看出，共用体和结构体的使用方法基本差不多，两者的区别是结构体里所有成员都会分配内存空间，而共用体成员共享同一块大小的内存空间，一次只能供其中的一个成员使用。共用体中可以定义多个成员，其空间大小由最大的成员大小决定。对某一个成员赋值，会覆盖其他成员的值，因为它们共享一块内存。但前提是成员所占字节数相同，当成员所占字节数不同时，只会覆盖相应字节上的值。比如，对 char 成员赋值就不会把整个 int 成员覆盖掉，因为 char 类型只占用 1 字节，而 int 类型占用 4 字节。

实践巩固

注册账号。(reg,1s,64MB)

【问题描述】

在某网站收集了 n 个人的注册账号，账号类型有身份证号或者 QQ 号两种。请编程用恰当的数据结构保存信息，并统计身份证中男性和女性的人数，以及 QQ 账号的平均值(取整)。

提示：身份证号码中倒数第 2 位若为奇数则表示男性，若为偶数则表示女性。

【输入格式】

第 1 行，一个正整数 n，1≤n≤10000；

下面 n 行，每行一个字符和一个字符串。第一个字符表示账号类型，有 i、q 两种，第二个字符串是账号信息。

【输出格式】

一行 3 个整数，分别代表男性人数、女性人数、QQ 号平均值。

【输入样例】

```
6
i 522633200009118006
i 51170219990111195X
i 45102119800321935X
q 20081011
q 17254862
i 511702196505046283
```

【输出样例】

```
2 2 18667936
```

第 4 课　文件

学习目标

学会使用 stream 类流文件进行数据的输入输出。

知识讲解

在目前的中小学信息学竞赛中，经常使用“文件”进行数据的输入、输出。本课主要介绍“文本文件”的常用读写操作。

C++ 程序和文件缓冲区交流的方式有流式和 I/O 方式两种。信息学竞赛中一般使用流式文件操作，流式文件类型一般分为 stream 类的流文件和文件指针 FILE 两种，本课只介绍 stream 类的流文件。

1. stream 类流文件的操作

stream 类流文件的操作用到以下几条语句。

```
ifstream fin("输入流文件名");
```

作用是定义一个输入流文件类型变量 fin，初始化指向引号中指定的文本文件。

```
ofstream fout("输出流文件名");
```

作用是定义一个输出流文件类型变量 fout，初始化指向引号中指定的文本文件。

```
fin >> 变量名;    //或  fout << 变量名;
```

作用是从 fin 文件中输入数据给某个变量，或者把某个变量的值输出到 fout 文件中，这两个语句类似于 cin 和 cout。

```
fin.close();     //或  fout.close();
```

作用是关闭输入文件、输出文件。如果文件没有关闭，则程序结束时会自动关闭，因此比赛时一般省略不写。

以上语句都需要包含文件流的头文件 <fstream>。

例 1　求和。(sum，1s，64MB)

【问题描述】

从文本文件 sum.in 中读入 n 个正整数，要求对这 n 个数中的奇数和偶数分别求和，再将结果写到文本文件 sum.out 中。

【输入格式】

第 1 行一个正整数 n，1≤n≤5000；

第 2~n+1 行，每行一个正整数，每个数都在 1~20000 之间。

【输出格式】

共有两行,每行包含一个整数,第一行为输入文件中的所有奇数之和,第二行为输入文件中的所有偶数之和。

【输入样例】

5
3
10
7
5
8

【输出样例】

15
18

【问题分析】

```
//p7-4-1
#include<iostream>
#include<fstream>
using namespace std;
ifstream fin("sum.in");
ofstream fout("sum.out");
int main(){
    int n,x,s1 = 0,s2 = 0;
    fin >> n;
    for(int i = 1; i <= n; i++){
        fin >> x;
        if(x % 2 == 1) s1 += x;
        else s2 += x;
    }
    fout << s1 << endl << s2 << endl;
    fin.close();
    fout.close();
    return 0;
}
```

【程序说明】

1) fin 和 fout 只是变量名,可以任意命名,但要符合变量命名规则。

2) 引号中的输入输出流文件名一般是不带路径的,默认在当前目录下,即和程序在同一文件夹下。

3) 一个程序中可以通过定义不同文件类型变量,来实现从不同文件输入数据和输出数据到不同文件。

2. 文件的重定向

信息学竞赛中的文件操作比较简单，一般只需要同时打开一个输入文件和一个输出文件，所以经常使用一种更加简便的方法：输入输出文件重定向。

在 C++ 中，cin 使用的输入设备是键盘，称之为“标准输入（stdin）”。cout 使用的输出设备是显示器，称之为“标准输出（stdout）”。C++ 可以使用 freopen 函数把 stdin 和 stdout 重新定向到某一个指定的文件，使原来的标准输入、输出变成指定文件的输入、输出。具体语句格式为：

```
freopen("输入流文件名","r",stdin);
freopen("输出流文件名","w",stdout);
```

经过重定向后，任何对 stdin、stdout 的操作都变成了对输入流文件、输出流文件的操作。例如：“getline(cin,s);”就是从指定输入流文件中读入一行字符串给变量 s，以回车符结束。

例 2 替换型密码。(subcip，1s，64MB)

【问题描述】

简单的替换型密码是很弱的，它通过将每个字母替换成另外一个字母来加密一个字母组成的信息。考虑下面的替换型密码描述：

ABCDEFGHIJKLMNOPQRSTUVWXYZ

NOPQRSTUVWXYZABCDEFGHIJKLM

这样的描述表示当输入中出现“A”的时候，输出中应该出现的是“N”。同理，每个“B”都变成“O”，以此类推，一直到“Z”都变成“M”。这个特殊的替换型密码的例子被称为“rot13”（旋转 13——rotate-13 的简称），有一个有趣的特性：它是自解密的。将信息再加密一次就会得到原始的信息。这样的密码中，单词“CAT”就会成为“PNG”。而句子“NOW IS THE TIME FOR ALL GOOD PEOPLE TO PROGRAM WELL.”就成了“ABJ VF GUR GVZR SBE NYY TBBQ CRBCYR GB CEBTENZ JRYY.”。注意，所有的空格、标点符号以至于任何不在字符集 A~Z 中的字符都不变。

请写一个程序来实现替换型密码。

【输入格式】

第 1 行：没有空格隔开的乱序的 26 个字母 A~Z，这些字母被用于描述替换型密码。

第 2 行：一段长度在 1~80 之间的内容，这段内容将被加密。不会有小写字母出现。标点符号、空格和数字都可能出现。没有奇怪的字符（像退格、响铃字符之类）出现。

【输出格式】

一行输入内容加密后的一行文本。

【输入样例】

NOPQRSTUVWXYZABCDEFGHIJKLM

NOW IS THE TIME FOR ALL GOOD PEOPLE TO PROGRAM WELL.

【输出样例】

ABJ VF GUR GVZR SBE NYY TBBQ CRBCYR GB CEBTENZ JRYY.

【问题分析】

```
//p7-4-2
#include<bits/stdc++.h>
using namespace std;
int main(){
    freopen("subcip.in","r",stdin);
    freopen("subcip.out","w",stdout);
    string s,pass;
    getline(cin,pass);
    getline(cin,s);
    for(int i = 0; i < s.size(); i++)
        if(isupper(s[i])) s[i] = pass[s[i] - 65];
    cout << s << endl;
    return 0;
}
```

例3 统计奇数。(odd,1s,64MB)

【问题描述】

输入若干正整数,统计并输出其中奇数的个数。

【输入格式】

若干正整数(不超过10000个)。

【输出格式】

一行一个数,表示奇数的个数。

【输入样例】

2 4 5

【输入样例】

1

【问题分析】

当不知道输入数据的个数时,可以使用while(cin >> x)来不断读入数据,直到文件里所有数据都读完为止。

```
//p7-4-3
#include<iostream>
using namespace std;
int main(){
    int x,s = 0;
    freopen("odd.in","r",stdin);
    freopen("odd.out","w",stdout);
    while(cin >> x){
        if(x % 2 == 1) s++;
    }
    cout << s << endl;
```

```
    return 0;
}
```

1. 奶牛相似性。(likecow,1s,256MB)

【问题描述】

农夫约翰有两头奶牛,他想要知道,这两头奶牛到底有多相似,所以他给每头奶牛拍了M×N(指M行N列)的数码照片。

M×N的数码照片可以分辨出奶牛身上黑色和白色的斑块,下面是两头奶牛的数码照片("X"表示黑色部分,"."表示白色部分),其中M=5,N=7。

```
奶牛1            奶牛2
..X....          ...X...
.XXX...          ..XX...
.XX....          .XX....
.....X.          .XX..X.
.X...X.          .X...X.
```

要比较这两头奶牛,照片上的每一部分都必须仔细检查。每一个小块将有一个"相似性的得分",相同得1分,不相同得0分。上面的那两头奶牛可以得到30分,因为它们只有5个地方不相同(详见下图中的"#")。

```
++##+++
+#+++++
+++++++
+##++++
+++++++
```

现在给出两头奶牛的照片,请编写程序找出它们的"相似性得分"。

【输入格式】

第1行包含两个用空格隔开的正整数M和N,其中M和N都不超过50,表示两头奶牛的数码照片都是M行N列的。

第2行到第M+1行为奶牛1的数码照片,第M+2行到第2×M+1行为奶牛2的照片。为方便处理,用1表示黑色部分,用0表示白色部分,相邻两个数字之间用一个空格隔开。

【输出格式】

一行一个整数,表示要求的两头奶牛的"相似性得分"。

【输入样例】

```
5 7
0 0 1 0 0 0 0
0 1 1 1 0 0 0
0 1 1 0 0 0 0
0 0 0 0 0 1 0
0 1 0 0 0 1 0
```

0001000
0011000
0110000
0110010
0100010

【输出样例】

30

2. 幸运数。(lucky,1s,256MB)

【问题描述】

将一个正整数分解质因数,即分解成若干质数的乘积,若得到的质因数的个数也是质数,则称这个整数为"幸运数"。例如12=2×2×3,它有3个质因数,分别是2、2、3,而3为质数,所以12是一个幸运数。210不是一个幸运数,因为210=2×3×5×7,它有4个质因数,分别是2、3、5、7,而4不是质数。

编程求出不大于n的所有幸运数。

【输入格式】

一行一个正整数n,2≤n≤100000。

【输出格式】

若干行,每行一个幸运数。要求按从小到大的顺序输出。

【输入样例】

12

【输出样例】

4
6
8
9
10
12

【数据范围】

对于50%的数据:n≤1000。

对于80%的数据:n≤10000。

对于100%的数据:n≤100000。

第5课 队列

学习目标

1. 理解队列的概念及其基本操作。

2. 学会使用队列解决一些实际问题。

知识讲解

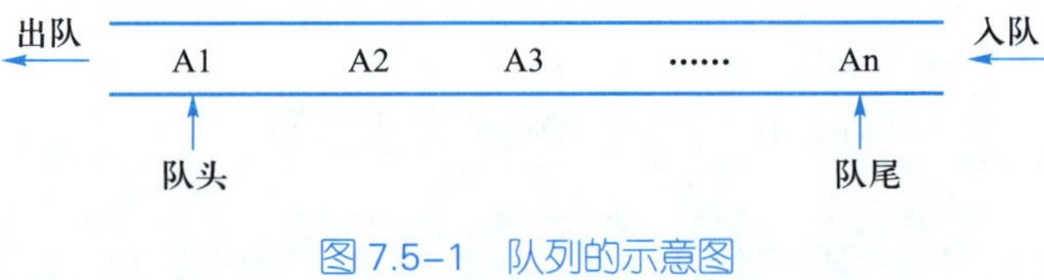

图 7.5-1 队列的示意图

队列是一种操作(或者说运算)受到限制的特殊线性表。其插入操作限定在表的一端进行,称为“入队”;其删除操作则限定在表的另一端进行,称为“出队”。插入一端称为队尾(rear);删除一端称为队头(front)。图 7.5-1 为队列的示意图。

假设有队列 Q =(A1,A2,A3, …,An),则队列 Q 中的元素是按 A1,A2,A3, …,An 的顺序依次入队,也只能按照 A1,A2,A3, …,An 的顺序依次出队。因此,队列也被称作“先进先出”线性表(FIFO,First In First Out)。类似于生活中的排队购票,先来先买,后来后买。

在不断入队、出队的过程中,队列将会呈现出以下几种状态:

队空:队列中没有任何元素。

队满:队列空间已全被占用。

溢出:当队列已满,却还有元素要入队,就会出现“上溢(overflow)”;当队列已空,却还要做“出队”操作,就会出现“下溢(underflow)”。两种情况合在一起称为队列的“溢出”。

在计算机中,实现或者存储队列有数组模拟与链表模拟两种方法,一般使用前者。假设用数组 q[maxn+1]来存储队列,需要设置两个指针:队头指针 front 和队尾指针 rear。为简化操作,通常约定 front 指向队头元素的前一个位置,rear 就指向队尾元素。

1. 队列的基本操作

(1) 初始化

使用数组实现队列时,初始状态为 front=0、rear=0,表示队列里没有任何元素。如果有一个元素,则 front=0、rear=1。

```
void clear(){
    front = rear = 0;
}
```

(2) 判空

```
bool empty(){
    if(front == rear) retrun 1;
    else retrun 0;
}
```

(3) 求队列中实际元素的个数

```
int size(){
    return (rear - front);
}
```

(4) 入队

入队操作前,需要判断队列是否已满。

```
void push(int x){
    q[++rear] = x;
}
```

(5) 出队

出队操作前,需要判断队列是否为空。

```
void pop(){
    front++;
}
```

(6) 取队首元素

```
int get_front(){
    return q[front+1];
}
```

2. 循环队列

随着入队与出队操作的不断进行,队头指针在数组中不断向队尾方向移动,而在队头前面产生了一片不能利用的“空闲区”,当队尾指针指向数组最后一个位置,即 rear=maxn 时,如果再有元素入队就会出现“溢出”,这种溢出称作“假溢出”。如何避免这种情况呢?一种方法是每次出队操作时,都向“空闲区”整体移动一位,所带来的后果是时间复杂度高了;另一种方法是让数组首尾相连,形成“环”状,即所谓的“循环队列”。

循环队列初始时,front=rear=0,如果 maxn 个元素一个个依次入队,则 rear=maxn,此时再有元素入队,则它会被存放在 q[0]这个单元,也会出现 front=rear=0,与队空时的状态一样。解决方法是少用一个元素空间,约定数据入队前,测试“队尾指针在循环意义下加 1 后是否等于头指针”作为判断“队满”的条件。循环队列的实际长度为(rear−front + maxn)% maxn。

循环队列的重要操作修改如下(使用 q[0]这个单元):

(1) 判断队满:如果(rear + 1)% maxn = front,则队列已满。

(2) 入队:如果队列未满,则执行“rear =(rear + 1)% maxn; q[rear]= x;”。

(3) 出队:如果队列不为空,则执行“front =(front + 1)% maxn; ”。

3. 队列的应用举例

例 1 周末舞会。(party,1s,64MB)

【问题描述】

假设在周末舞会上,男士们和女士们进入舞厅时,各自排成一队。跳舞开始时,依次从男队和女队的队头上各出一人配成舞伴。规定每个舞曲只能有一对跳舞者。若两队初始人数不相同,则较长的那一队中未配对者等待下一轮舞曲。现要求写一个程序,模拟上述舞伴配对问题。

【输入格式】

第 1 行两个正整数,表示男士人数 m 和女士人数 n,1≤m,n≤1000;

第 2 行一个正整数,表示舞曲的数目 k,k≤1000。

【输出格式】

共 k 行,每行两个数,之间用一个空格隔开,表示配对舞伴的序号,男士在前,女士在后。

【输入样例】

```
2 4
6
```

【输出样例】

```
1 1
2 2
1 3
2 4
1 1
2 2
```

【问题分析】

显然,舞伴配对的顺序符合“先进先出”,所以用两个队列分别存放男士队伍和女士队伍。然后,模拟 k 次配对:每次取各队队头元素“配对”输出,并进行“出队”和重新“入队”操作。

```
//p7-5-1
#include<bits/stdc++.h>
#define MAXN 1010
using namespace std;
int a[MAXN],b[MAXN];
int main(){
    freopen("party.in","r",stdin);
    freopen("party.out","w",stdout);
    int n,m,k,t1,t2;
    cin >> m >> n >> k;
    for(int i = 1; i <= m; i++) a[i] = i;
    for(int i = 1; i <= n; i++) b[i] = i;
    t1 = m; t2 = n;
    int x = 0, y = 0;
```

```
    for(int i = 1; i <= k; i++){
        x++; y++;
        cout << a[x] << "" << b[y] << endl;
        t1++;
        a[t1] = a[x];
        t2++;
        b[t2] = b[y];
    }
    return 0;
}
```

例2 取牌游戏。(card,1s,256MB)

【问题描述】

小明正在使用一堆共K张纸牌与N-1个朋友玩取牌游戏。其中,N≤K≤100000,2≤N≤100,K是N的倍数。纸牌中包含M=K/N张"good"牌和K-M张"bad"牌。小明负责发牌,他当然想自己获得所有"good"牌。

他的朋友怀疑他会欺骗,所以他们给出以下一些限制,以防小明耍诈:

1) 游戏开始时,将最上面的牌发给小明右手边的人。

2) 每发完一张牌,他必须将接下来的P张牌(1≤P≤10)一张一张地依次移到最后,放在牌堆的底部。

3) 以逆时针方向,连续给每位玩家发牌。

小明迫切想赢,请你帮助他算出所有"good"牌放置的位置,以便他得到所有"good"牌。牌从上往下依次标注为#1,#2,#3, …

【输入格式】

第1行,3个用一个空格间隔的正整数N、K和P。

【输出格式】

M行,从顶部按升序依次输出"good"牌的位置。

【输入样例】

3 9 2

【输出样例】

3

7

8

【问题分析】

方法1 利用普通队列模拟。

结合题目描述中的条件1和3不难推出"小明是第n个拿到牌的",根据数据范围大致推导出队列存储容量"上界"为K + 10 × N × (100000 / N) = 1100000。

```
//p7-5-2a
#include<bits/stdc++.h>
```

```
using namespace std;
#define MAXN 1500000
int a[MAXN],b[MAXN];
int main(){
    freopen("card.in","r",stdin);
    freopen("card.out","w",stdout);
    int n,k,p,front = 0,tail,q = 0;
    cin >> n >> k >> p;
    for(int i = 1; i <= k; i++) a[i] = i;
    tail = k;
    for(int i = 1; i <= k/n; i++){
        for(int j = 1; j <= n; j++){
            front++;
            if(j == n) b[++q] = a[front];
            for(int t = 1; t <= p; t++){
                front++;
                a[++tail] = a[front];
            }
        }
    }
    sort(b+1,b+q+1);
    for(int i = 1; i <= k/n; i++)
        cout << b[i] <<endl;
    return 0;
}
```

方法 2　利用循环队列模拟实现。

```
//p7-5-2b
#include<bits/stdc++.h>
using namespace std;
#define MAXN 1100010
int nxt[MAXN];
bool ans[MAXN];
int main(){
    freopen("card.in","r",stdin);
    freopen("card.out","w",stdout);
    int n,k,m;
    cin >> n >> k >> m;
    for(int i = 1; i < k; i++) nxt[i] = i+1;
    nxt[k] = 1;
    int p = k;
    for(int i = 1; i <= k/n; i++){
        for(int j = 1; j < n; j++){
```

```
            nxt[p] = nxt[nxt[p]];
            for(int l = 1; l <= m; l++) p = nxt[p];
        }
        ans[nxt[p]] = true;
        nxt[p] = nxt[nxt[p]];
        for(int l = 1; l <= m; l++) p = nxt[p];
    }
    for(int i = 1; i <= k; i++)
        if(ans[i]) cout << i << endl;
    return 0;
}
```

实践巩固

1. 海港。(NOIP2016 普及组复赛,port,1s,256MB)

【问题描述】

小谢是一个海港的海关工作人员,每天都有许多船只到达海港,船上通常有很多来自不同国家的乘客。

小谢对这些到达海港的船只非常感兴趣,他按照时间记录下了到达海港的每一艘船只情况;对于第 i 艘到达的船,他记录了这艘船到达的时间 t_i(单位:秒),船上的乘客数量 k_i,以及每名乘客的国籍 x(i,1), x(i,2), …,x(i,k)。

小谢统计了 n 艘船的信息,希望你帮忙计算出以每一艘船到达时间为止的 24 小时(24 小时=86400 秒)内所有乘船到达的乘客来自多少个不同的国家。

形式化地讲,你需要计算 n 条信息。对于输出的第 i 条信息,你需要统计满足:$t_i-86400<t_p\leqslant t_i$ 的船只 p,在所有的 x(p,j) 中,总共有多少个不同的数。

【输入格式】

第 1 行输入一个正整数 n,表示小谢统计了 n 艘船的信息。

接下来的 n 行,每行描述一艘船的信息:前两个整数 t_i 和 k_i 分别表示这艘船到达海港的时间和船上的乘客数量,接下来的 k_i 个整数 x(i,j) 表示船上乘客的国籍。

保证输入的 t_i 是递增的,单位是秒;表示从小谢第一次上班开始计时,这艘船在第 t_i 秒到达海港。

保证 $1\leqslant n\leqslant 10^5$,$k_i\geqslant 1$,$\sum k_i\leqslant 3\times 10^5$,$1\leqslant x(i,j)\leqslant 10^5$,$1\leqslant t_{i-1}<t_i\leqslant 10^9$。其中$\sum k_i$表示所有$k_i$的和,$\sum k_i=k_1+k_2+\cdots+k_n$。

【输出格式】

输出 n 行,第 i 行输出一个整数表示第 i 艘船到达后的统计信息。

【输入样例 1】

3

1 4 4 1 2 2

2 2 2 3

10 1 3

【输出样例 1】

3

4

4

【样例 1 说明】

第 1 艘船在第 1 秒到达海港,最近 24 小时到达的船是第 1 艘船,共有 4 个乘客,分别是来自国家 4,1,2,2,共来自 3 个不同的国家。

第 2 艘船在第 2 秒到达海港,最近 24 小时到达的船是第 1 艘船和第 2 艘船,共有 4+2=6 个乘客,分别是来自国家 4,1,2,2,2,3,共来自 4 个不同的国家;

第 3 艘船在第 10 秒到达海港,最近 24 小时到达的船是第 1 艘船、第 2 艘船和第 3 艘船,共有 4+ 2+1=7 个乘客,分别是来自国家 4,1,2,2,2,3,3,共来自 4 个不同的国家。

【输入样例 2】

4

1 4 1 2 2 3

3 2 2 3

86401 2 3 4

86402 1 5

【输出样例 2】

3

3

3

4

【样例 2 说明】

第 1 艘船在第 1 秒到达海港,最近 24 小时到达的船是第 1 艘船,共有 4 个乘客,分别是来自国家 1,2,2,3,共来自 3 个不同的国家。

第 2 艘船在第 3 秒到达海港,最近 24 小时到达的船是第 1 艘船和第 2 艘船,共有 4+2=6 个乘客,分别是来自国家 1,2,2,3,2,3,共来自 3 个不同的国家。

第 3 艘船在第 86401 秒到达海港,最近 24 小时到达的船是第 2 艘船和第 3 艘船,共有 2+2=4 个乘客,分别是来自国家 2,3,3,4,共来自 3 个不同的国家。

第 4 艘船在第 86402 秒到达海港,最近 24 小时到达的船是第 2 艘船、第 3 艘船和第 4 艘船,共有 2+2+1=5 个乘客,分别是来自国家 2,3,3,4,5,共来自 4 个不同的国家。

2. 瑞士轮。(NOIP2011 普及组复赛,swiss,1s,256MB)

【问题描述】

在双人对决的竞技性比赛(如乒乓球、羽毛球、国际象棋)中,最常见的赛制是淘汰赛和循环赛。前者的特点是比赛场数少,每场都紧张刺激,但偶然性较高。后者的特点是较为公平,偶然性较低,但比赛过程往往十分冗长。本题中介绍的“瑞士轮”赛制,因最早使用于 1895 年在瑞士举办的国际象棋比赛而得名。它可以被看作淘汰赛与循环赛的折中,既保证了比赛的稳定性,又能使赛程不至于过长。

2 × N 名编号为 1~2N 的选手共进行 R 轮比赛。每轮比赛开始前,以及所有比赛结束后,都会按照总分从高到低对选手进行一次排名。选手的总分为第一轮开始前的初始分数加上已参加过的所有比赛的得分和。总分相同的,约定编号较小的选手排名靠前。

每轮比赛的对阵安排与该轮比赛开始前的排名有关:第 1 名和第 2 名,第 3 名和第 4 名,…,第 2K–1 名和第 2K 名,……,第 2N–1 名和第 2N 名,各进行一场比赛。每场比赛胜者得 1 分,负者得 0 分。也就是说除了首轮以外,其他轮比赛的安排均不能事先确定,而是要取决于选手在之前比赛中的表现。

现在给定每个选手的初始分数及其实力值,试计算在 R 轮比赛过后,排名第 Q 的选手编号是多少。假设选手的实力值两两不同,且每场比赛中实力值较高的总能获胜。

【输入格式】

输入的第 1 行是 3 个正整数 N、R、Q,每两个数之间用一个空格隔开,表示有 2×N 名选手、R 轮比赛以及所关心的名次 Q。

第 2 行是 2×N 个非负整数 $s_1, s_2, \cdots, s_{2N}$,每两个数之间用一个空格隔开,其中 s_i 表示编号为 i 的选手的初始分数。

第 3 行是 2×N 个正整数 $w_1, w_2, \cdots, w_{2N}$,每两个数之间用一个空格隔开,其中 w_i 表示编号为 i 的选手的实力值。

【输出格式】

输出一行一个整数,即 R 轮比赛结束后,排名第 Q 的选手的编号。

【输入样例】

```
2 4 2
7 6 6 7
10 5 20 15
```

【输出样例】

```
1
```

【数据范围】

对于 30% 的数据:$1 \leqslant N \leqslant 100$。

对于 50% 的数据:$1 \leqslant N \leqslant 10000$。

对于 100% 的数据:$1 \leqslant N \leqslant 100000, 1 \leqslant R \leqslant 50, 1 \leqslant Q \leqslant 2N$,

$0 \leqslant s_1, s_2, \cdots, s_{2N} \leqslant 10^8, 1 \leqslant w_1, w_2, \cdots, w_{2N} \leqslant 10^8$。

第 6 课　队列的应用

学习目标

1. 使用队列解决一些实际应用问题。
2. 学会用队列实现简单的宽度优先搜索。

知识讲解

例1 Blah 数集。(blah,1s,256MB)

【问题描述】

数学家高斯小时候偶然间发现一种有趣的自然数集合 Blah。对于以 a 为基的集合 Blah 定义如下:

1) a 是集合 Blah 的基,且 a 是 Blah 的第一个元素;

2) 如果 x 在集合 Blah 中,则 2x+1 和 3x+1 也都在集合 Blah 中;

3) 没有其他元素在集合 Blah 中了。

现在小高斯想知道如果将集合 Blah 中元素按照升序排列,第 n 个元素会是多少?注意:集合中没有重复的元素。

【输入格式】

一行两个正整数,分别表示集合的基 a 以及所求元素序号 n,1≤a≤50,1≤n≤1000000。

【输出格式】

一行一个正整数,表示集合 Blah 的第 n 个元素值。

【输入样例 1】

1 100

【输出样例 1】

418

【输入样例 2】

28 5437

【输出样例 2】

900585

【问题分析】

根据条件,除了第一个数 a 以外,可以把数集 q[ ]的所有数分成两个子集,一个是用 2x+1 来表示的数的集合 1,另一个是用 3x+1 来表示的数的集合 2,两个集合要保持有序非常容易,只需用两个指针 two 和 three 来记录。其中 two 表示集合 1 下一个要产生的数是由 q[two]*2+1 得到,three 表示集合 2 下一个要产生的数是由 q[three]*3+1 得到。接下来比较 q[two]*2+1 和 q[three]*3+1 的大小关系:

1) 如果 q[two]*2+1 < q[three]*3+1,则把 q[two]*2+1 加入数集中。

2) 如果 q[two]*2+1 > q[three]*3+1,则把 q[three]*3+1 加入数集中。

3) 如果 q[two]*2+1 = q[three]*3+1,则取任意其一加入数集中即可。

所以,本题就是利用队列先进先出的特点,模拟 n 个数依次产生的过程。

```
//p7-6-1
#include<bits/stdc++.h>
using namespace std;
int q[1000011];
int main(){
```

```
    freopen("blah.in","r",stdin);
    freopen("blah.out","w",stdout);
    int a,n,x,two,three,rear;
    cin >> a >> n;
    two = three = rear = 1;
    q[1] = a;
    while(rear != n){
        if(2 * q[two] + 1 > 3 * q[three] + 1){
            rear++;
            q[rear] = 3 * q[three] + 1;
            three++;
        }
        else if(2 * q[two] + 1 < 3 * q[three] + 1){
            rear++;
            q[rear] = 2 * q[two] + 1;
            two++;
        }
        else{
            rear++;
            q[rear] = 3 * q[three] + 1;
            two++; three++;
        }
    }
    cout << q[n] << endl;
    return 0;
}
```

例 2 关系网络。(relationship,1s,256MB)

【问题描述】

有 n 个人,他们的编号为 1~n,其中有一些人相互认识,现在 x 想要认识 y,可以通过他所认识的人来认识更多的人(如果 a 认识 b,b 认识 c,那么 a 可以通过 b 来认识 c),求出 x 最少需要通过多少人才能认识 y。

【输入格式】

第 1 行 3 个整数 n、x、y,2≤n≤100;

接下来的 n 行是一个 n×n 的邻接矩阵,a[i][j]=1 表示 i 认识 j,a[i][j]=0 表示不认识。保证 i=j 时,a[i][j]=0,并且 a[i][j]=a[j][i]。

【输出格式】

一行一个整数,表示 x 认识 y 最少需要通过的人数。数据保证 x 一定能认识 y。

【输入样例】

```
5 1 5
0 1 0 0 0
1 0 1 1 0
```

01010
01101
00010

【输出样例】

2

【问题分析】

本题是求最优值问题。显然，如果 x 和 y 本身就认识，则答案是 0；否则，答案至少为 1。如果 x 和 y 通过 z 这一个人就间接认识，那么答案是 1，可以通过穷举 z 来实现；否则，答案至少为 2。……如此做下去，一定能找到答案(最大为 n−2)。这种算法叫作“宽度优先搜索”，简称“宽搜”，具体实现需要通过一个队列在实现过程中扩展到所有人。

把 x 加入队列并设置为队头元素，设 q[x][1]=0，从队头开始进行宽搜，穷举邻接矩阵的第 x 行，看 x 认识谁(判断 a[x][j]=1)，认识的人(j) 全部依次入队，并且 q[j][1]++。如果出现了 y，则输出 q[f][1]−1，结束搜索；否则，取出队头元素继续宽搜。

```
//p7-6-2
#include<bits/stdc++.h>
using namespace std;
int q[10010][2],a[110][110];
bool p[110];
int main(){
    freopen("relationship.in","r",stdin);
    freopen("relationship.out","w",stdout);
    int i,j,r,f,tmp,x,y,n;
    memset(p,true,sizeof(p));
    cin >> n >> x >> y;
    for(i = 1; i <= n; i++)
        for(j = 1; j <= n; j++)
            cin >> a[i][j];
    f = r = 1;
    q[f][0] = x; q[f][1] = 0;
    p[x] = false;
    while(f <= r){
        tmp = q[f][0];
        if(tmp == y){
            cout << q[f][1]-1 << endl;
            return 0;
        }
        for(i = 1; i <= n; i++)
            if(a[i][tmp] == 1 && p[i]){
                r++;
                q[r][0] = i;
                q[r][1] = q[f][1] + 1;
                p[i] = false;
            }
```

```
        f++;
    }
    return 0;
}
```

例 3 图的宽度优先遍历。(graph_bfs,1s,256MB)

【问题描述】

读入一个用邻接矩阵存储的无向图,输出它的宽度优先遍历序列。

【输入格式】

第 1 行 1 个正整数 n,表示图中顶点数,2≤n≤100;

接下来的 n 行是一个 n×n 的邻接矩阵,a[i][j]=1 表示顶点 i 和顶点 j 之间有直接边相连,a[i][j]=0 表示没有直接边相连。保证 i=j 时,a[i][j]=0,并且 a[i][j]=a[j][i]。

【输出格式】

输出 1~n 的某一种排列,表示从顶点 1 开始,对该图进行宽度优先遍历得到的顶点序列,每两个数之间用一个“-”分隔。

【输入样例】

8
0 1 1 0 0 0 0 0
1 0 0 1 1 0 0 0
1 0 0 0 0 0 1 1
0 1 0 0 0 1 0 0
0 1 0 0 0 1 0 0
0 0 0 1 1 0 0 0
0 0 1 0 0 0 0 1
0 0 1 0 0 0 1 0

【输出样例】

1-2-3-4-5-7-8-6

图 7.6-1 图的宽度优先遍历

【问题分析】

图 7.6-1 所示为图的宽度优先遍历。用队列来实现图的宽度优先遍历:先从某个顶点出发,把这个顶点入队,作为队首元素。然后把跟队首元素相连的顶点再依次入队,最后队首元素出队。接着再把新的队首元素相连的所有顶点入队,新的队首元素出队。……如此下去,直到所有元素都出队,出队的顺序就是图的宽度优先遍历序列。

```
//p7-6-3
#include<bits/stdc++.h>
using namespace std;
const int N=110;
int a[N][N],q[N],h[N];
int main(){
    freopen("graph_bfs.in","r",stdin);
```

```
    freopen("graph_bfs.out","w",stdout);
    int n;
    cin >> n;
    for(int i = 1; i <= n; i++)
        for(int j = 1; j <= n; j++)
            cin >> a[i][j];
    cout << 1;
    q[1] = 1; h[1] =1;
    for(int l = 1,r = 1; l <= r; l++){
        int u = q[l];
        for(int i = 1; i <= n; i++)
            if(a[u][i] && !h[i]){
                cout << '-' << i;
                q[++r] = i;
                h[i] = 1;
            }
    }
    return 0;
}
```

实践巩固

1. 猴群。(monkey,1s,256MB)

【问题描述】

给出一个由数字 0~9 组成的矩形,其中数字 0 代表树,1~9 代表猴子,凡是由 0 或矩形边围起来的区域表示有一群猴子在这一带。编程求矩形中有多少群猴子。

【输入格式】

第一行两个正整数,表示矩形的行数 m 和列数 n,1≤m,n≤100;

下面为一个 m×n 的数字矩形。

【输出格式】

一行一个数,表示猴群的数目。

【输入样例】

4 10
0234500067
1034560500
2045600671
0000000089

【输出样例】

4

2. 魔法师与扑克牌游戏。(magic,1s,256MB)

【问题描述】

魔法师在玩一种扑克牌游戏,n 张扑克分别记上 1,2, …,n。他打开第一张是 1,把它放在一边,然后把最上面的两张一张一张地依次移到最后,打开上面一张刚好是 2,再放在一边;然后把上面的 3 张一张一张移到最后,打开上面一张刚好是 3,再放到一边;……如此重复下去,直到打开最后一张是 n,放在一边,这时他发现,放在一边的扑克刚好是 1,2, …,n 这样排列的。请编程输出这些扑克原来是怎么排列的。

【输入格式】

一行一个正整数 n。

【输出格式】

一行 n 个正整数,表示这些扑克牌原来的排列顺序,每两个数之间有一个空格。

【输入样例 1】

5

【输出样例 1】

1 4 5 2 3

【输入样例 2】

9

【输出样例 2】

1 8 6 2 9 4 5 3 7

【数据范围】

对于 70% 的数据:n≤100。

对于 100% 的数据:n≤10000。

3. 奇怪的电梯。(lift,1s,256MB)

【问题描述】

假设一栋大楼有一种很奇怪的电梯。大楼的每一层楼都可以停电梯,而且第 i 层楼(1≤i≤N)上有一个数字 K_i(0≤K_i≤N)。电梯只有 4 个按钮:开,关,上,下。上下的层数等于当前楼层上的那个数字。当然,如果不能满足要求,相应的按钮就会失灵。例如,3 3 1 2 5 代表了 K_i(K_1=3, K_2=3, …),从一层开始。在一层,按“上”可以到 4 层,按“下”是不起作用的,因为没有 –2 层。那么,从 A 层到 B 层至少要按几次按钮呢?

【输入格式】

第 1 行为 3 个正整数,表示 N,A 和 B,1≤N≤200,1≤A,B≤N;

第 2 行为 N 个正整数,表示 K_i。

【输出格式】

一行一个数,即最少按键次数。若无法到达,则输出 –1。

【输入样例】

5 1 5

3 3 1 2 5

【输出样例】

3

4. 棋盘。(NOIP2017 普及组复赛,chess,1s,256MB)

【问题描述】

有一个 m×m 的棋盘,棋盘上每一个格子可能是红色、黄色或没有任何颜色的。现在要从棋盘的最左上角走到棋盘的最右下角。

任何一个时刻,所站在的位置必须是有颜色的(不能是无色的),只能向上、下、左、右四个方向前进。当从一个格子走向另一个格子时,如果两个格子的颜色相同,则不需要花费金币;如果不同,则需要花费 1 个金币。

另外,可以花费 2 个金币施展魔法让下一个无色格子暂时变为所指定的颜色。但这个魔法不能连续使用,而且这个魔法的持续时间很短。也就是说,如果使用了这个魔法,走到了这个暂时有颜色的格子上,就不能继续使用魔法;只有当离开这个位置,走到一个本来就有颜色的格子上的时候,才能继续使用这个魔法,而当离开了这个位置(施展魔法使得变为有颜色的格子)时,这个格子恢复为无色。

现在要从棋盘的最左上角走到棋盘的最右下角,求花费的最少金币是多少?

【输入格式】

第 1 行包含 2 个正整数 m 和 n,以一个空格分开,分别代表棋盘的大小,棋盘上有颜色的格子的数量。

接下来的 n 行,每行 3 个正整数 x,y,c,分别表示坐标为(x,y)的格子有颜色 c。

其中,c=1 代表黄色;c=0 代表红色。相邻两个数之间用一个空格隔开。棋盘左上角的坐标为(1,1),右下角的坐标为(m,m)。

棋盘上其余的格子都是无色。保证棋盘的左上角,也就是(1,1)一定是有颜色的。

【输出格式】

输出一行一个整数,表示花费的金币的最小值,如果无法到达,输出 -1。

【输入样例】

```
5 7
1 1 0
1 2 0
2 2 1
3 3 1
3 4 0
4 4 1
5 5 0
```

【输出样例】

```
8
```

【样例说明】

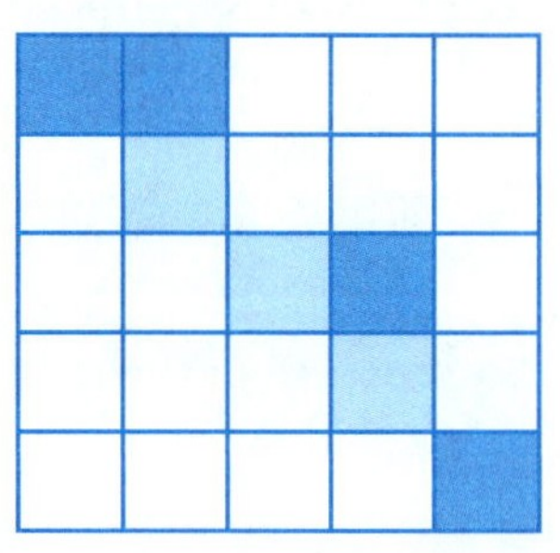

图 7.6-2 棋盘示意图

如图 7.6-2 所示,从(1,1)开始,走到(1,2)不花费金币;

从(1,2)向下走到(2,2)花费 1 枚金币;

从(2,2)施展魔法,将(2,3)变为黄色,花费 2 枚金币;

从(2,2)走到(2,3)不花费金币;

从(2,3)走到(3,3)不花费金币;

从(3,3)走到(3,4)花费 1 枚金币;

从(3,4)走到(4,4)花费 1 枚金币;

从(4,4)施展魔法,将(4,5)变为黄色,花费 2 枚金币;
从(4,4)走到(4,5)不花费金币;
从(4,5)走到(5,5)花费 1 枚金币。
共花费 8 枚金币。

【数据范围】

对于 30% 的数据:1≤m≤5,1≤n≤10。
对于 60% 的数据:1≤m≤20,1≤n≤200。
对于 100% 的数据:1≤m≤100,1≤n≤1000。

第 7 课 栈

学习目标

1. 理解栈的概念及其基本操作。
2. 学会使用栈解决一些实际问题。

知识讲解

栈也是一种操作(或者说运算)受到限制的特殊线性表。其插入和删除操作都限制在表的一端进行,这一端被称为"栈顶(top)",相对的另一端称为"栈底(bottom)"。插入操作一般称之为"进栈(PUSH)"或者"压栈",删除操作称之为"出栈(POP)"。栈的特点是"先进后出(FILO,First In Last Out)",就像家里洗碗吃饭,先洗好的碗叠在最下面,后洗好的叠在上面,用的时候是先用后洗好(上面)的碗。图 7.7–1 为栈的示意图。

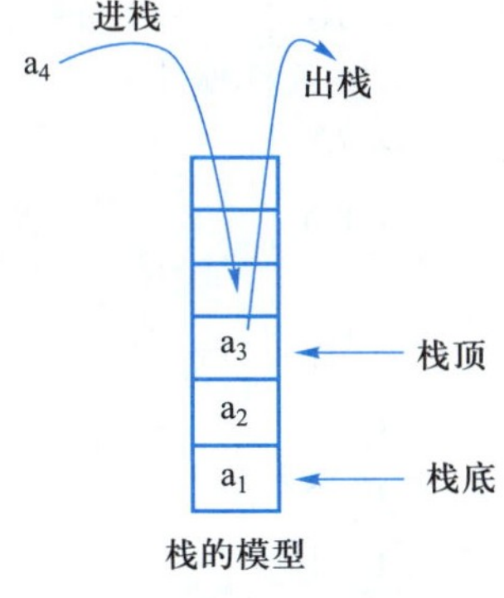

图 7.7–1 栈的示意图

栈的存储和实现方式也有数组模拟与链表模拟两种,这里主要介绍数组方式。假设已经定义了 int 类型的 stk 数组存储栈,top 表示栈顶指针,那么 stk[top]存储的就是栈顶元素。

1. 栈的基本操作

(1) 初始化

使用数组实现栈时,初始状态为 top=0,表示栈里没有任何元素,即空栈。

```
void clear(){
    top = 0;
}
```

(2) 判空

```
bool empty(){
    if(top == 0) retrun 1;
    else retrun 0;
}
```

(3) 求栈中实际元素的个数

```
int size(){
    return top;
}
```

(4) 进栈(压栈)

进栈操作前,必须先判断栈是否已满。

```
void push(int x){
    stk[++top] = x;
}
```

(5) 出栈

出栈操作前,必须先判断栈是否为空。

```
void pop(){
    top--;
}
```

(6) 取栈顶元素

```
int get_top(){
    return stk[top];
}
```

2. 栈的应用举例

例 1 程序员输入问题。(editor,1s,256MB)

【问题描述】

程序员输入程序出现差错时,可以采取以下的补救措施:按错了一个键时,可以补按一个退格符“#”,以表示前一个字符无效;发现当前一行有错,可以按一个退行符“@”,以表示“@”与前一个换行符之间的字符全部无效。

例如,在终端上输入了这样两行字符:

PRKJ##OGRAN#M LX;

VAR@CONST N:#=10;

则实际有效的是:

PROGRAM LX;

CONST N=10;

【输入格式】

输入一行字符,个数不超过100。

【输出格式】

输出一行字符,表示实际有效字符。

【输入样例】

sdfosif@for(ii#=1,#;i<.#=8;i+++#);

【输出样例】

for(i=1;i<=8;i++);

【问题分析】

通过栈的操作,模拟这一过程:

1) 逐行处理,处理完一行后输出结果、栈重新置空。

2) 对于每行,逐个字符处理:①既不是退格符"#",也不是退行符"@",则将该字符压栈;②是退格符"#",则出栈;③是退行符"@",就把栈置空。

```
//p7-7-1
#include<bits/stdc++.h>
using namespace std;
int main(){
    freopen("editor.in","r",stdin);
    freopen("editor.out","w",stdout);
    char s[110];
    int top = 0;
    string str;
    while(getline(cin,str)){
        for(int i = 0; i < str.size(); ++i){
            switch(str[i]){
                case '#': top--; break;
                case '@': top=0; break;
                default: top++; s[top] = str[i];
            }
        }
        for(int i = 1; i <= top; i++) cout << s[i];
        cout << endl;
    }
    return 0;
}
```

例2 溶液模拟器。(simulator,1s,256MB)

【问题描述】

小谢虽然有很多溶液,但是还是没有办法配成想要的溶液,因为万一倒错了就没有办法挽回了。因此,小谢到网上下载了一个溶液配置模拟器。模拟器在计算机中构造一种虚拟溶液,然后可以虚拟地向当前虚拟溶液中加入一定浓度、一定体积的这种溶液,模拟器会快速地算出倒入后虚拟溶液的浓度和体积。当然,如果倒错了可以撤销。

模拟器的使用步骤如下:

1) 为模拟器设置一个初始体积和浓度 V0、C0%。

2) 进行一系列操作,模拟器支持两种操作:

P(v,c)操作:表示向当前的虚拟溶液中加入体积为 v 浓度为 c 的溶液;

Z 操作:撤销上一步的 P 操作。

【输入格式】

第一行两个整数,表示 V0 和 C0,$0 \leq C0 \leq 100$;

第二行一个整数 n,表示操作数,$n \leq 10000$;

接下来 n 行,每行一条操作,格式为:P_v_c 或 Z。

其中 _ 代表一个空格,当只剩初始溶液的时候,再撤销就没有用了。

任意时刻质量不会超过 $2^{31}-1$。

【输出格式】

n 行,每行两个数 Vi,Ci,其中 Vi 为整数,Ci 为实数(保留 5 位小数)。

其中,第 i 行表示第 i 次操作以后的溶液体积和浓度。

【输入样例】

100 100

2

P 100 0

Z

【输出样例】

200 50.00000

100 100.00000

【问题分析】

使用栈来模拟实现:

1) 读入撤销时,栈顶元素出栈。

2) 读入溶液时,把新的溶液的体积和浓度压栈。

3) 每次操作完,输出栈顶的体积和浓度。

```
//p7-7-2
#include<bits/stdc++.h>
using namespace std;
const int N = 10010;
struct node{
```

```
    int w;
    double c;
}a[N];
int main(){
    freopen("simulator.in","r",stdin);
    freopen("simulator.out","w",stdout);
    int v,n,c,top = 1;
    cin >> v >> c >> n;
    a[top].w = v,a[top].c = c;                    //将初始溶液入栈
    while(n--){
        char ch;
        cin >> ch;
        if(ch == 'Z' && top > 1) top--;           //出栈
        if(ch == 'P'){
            cin >> v >> c;
            top++;
            a[top].w = a[top-1].w + v;            //将新溶液的质量入栈
            a[top].c = (a[top-1].w * a[top-1].c + v * c)/(double)a[top].w;
                                                  //将新溶液的浓度入栈
        }
        cout << a[top].w << "";
        cout << fixed << setprecision(5) << a[top].c << endl;
    }
    return 0;
}
```

实践巩固

1. 若让元素 1,2,3,4,5 依次进栈,每个元素进栈后随时可以出栈,则出栈次序不可能出现(　　)情况。

A. 2 3 4 1 5　　B. 5 4 1 3 2　　C. 2 3 1 4 5　　D. 1 5 4 3 2

2. 一个栈的输入序列为 1,2,3, …,n,若输出序列的第一个元素是 n,输出第 i(1≤i≤n)个元素是(　　)。

A. 不确定　　B. n–i+1　　C. i　　D. n–i

3. 若已知一个栈的入栈序列是 1,2,3, …,n,其输出序列为 p_1,p_2,p_3, …,p_n,若 p_n 是 n,则 p_i 是(　　)。

A. i　　B. n–i　　C. n–i+1　　D. 不确定

4. 设栈 S 初始状态为空,元素 e_1,e_2,e_3,e_4,e_5,e_6 依次通过栈 S,若出栈后的输出顺序为 e_2,

e_4,e_3,e_6,e_5,e_1,则栈 S 的容量至少应该为(　　)。

A. 2　　B. 3　　C. 4　　D. 5

5. 火车编组。(marshalling,1s,256MB)

【问题描述】

货运火车要在编组站根据挂靠车厢到达目的地重新分组。如果一列火车有 4 节车厢,经过编组后,车厢的编组顺序为 3,2,4,1,你知道编组站是怎么编组的吗?小明到编组站参观后发现编组站的铁路有很多岔道,火车在岔道上来来回回地开动,最后列车编组就完成了。小明想到学习过的栈操作,发现火车编组的过程就是由若干进栈、出栈操作构成的。于是,小明编了一个程序,只要知道最后的编组要求,就能将编组方案输出。

【输入格式】

第 1 行 1 个正整数 n,n≤100;

第 2 行 n 个小于或等于 n 的正整数,表示有 n 节车厢,编号为 1,2,3, …,n,编组时按照编号进栈,第 2 行数据表示列车经过编组后的车厢编号顺序。

【输出格式】

一行一个由大写字母 A 和 B 构成的字符串,A 表示进栈,B 表示出栈。表示编组时进栈出栈的操作序列。

【输入样例】

4
3 2 4 1

【输出样例】

AAABBABB

6. 洗盘子(dishes,1s,256MB)

【问题描述】

小明和小苏将联手洗 N 个脏盘子。小明负责洗盘子,小苏负责擦干它们。每个盘子有一个指定的编号,范围为 1~N。开始时,所有盘子按顺序排列在栈中,1 号盘子在顶端,N 号盘子在底端。

小明会先洗一些盘子,然后放在洗过的盘子栈里(使原来的顺序颠倒)。然后,小苏擦干小明已经洗好的部分或全部的盘子,放在擦干的盘子栈里。然后,小明再洗一些盘子,小苏再擦干一些她已经洗好的盘子,直到所有盘子洗完擦干,这时盘子放置的顺序是什么?

比如,有 1,2,3,4,5 号盘子,先洗 3 个,然后擦 2 个,再洗 2 个,再擦 3 个,最后盘子的序列是 1,4,5,2,3。

【输入格式】

第一行一个正整数 N,表示盘子的数量,1≤N≤10000。

以下若干行:每行两个整数,第一个数为 1 表示洗盘子,为 2 表示擦盘子,第二个整数表示数量。

【输出格式】

共 N 行,每行一个数,表示擦干后盘子从顶端到底端的顺序。

【输入样例】

5
1 3

2 2
1 2
2 3

【输出样例】

1
4
5
2
3

第 8 课 栈的应用

学习目标

1. 使用栈解决一些实际应用问题。
2. 学会用栈实现简单的深度优先搜索。

知识讲解

例 1 括号匹配。(check,1s,256MB)

【问题描述】

假设表达式中允许包含圆括号和方括号两种括号,其嵌套的顺序随意,如([ ]( ))或[([ ][ ])]等为正确的匹配,[( ])或([ ]( )或(( )))均为错误的匹配。

本题的任务是检验一个给定表达式中的括号是否正确匹配。

输入一个只包含圆括号和方括号的字符串,判断字符串中的括号是否匹配,匹配就输出“OK”,不匹配就输出“Wrong”。

【输入格式】

一行字符,只含有圆括号和方括号,个数小于 255。

【输出格式】

匹配就输出一行文本“OK”,不匹配就输出一行文本“Wrong”。

【输入样例】

[( ])

【输出样例】

Wrong

【问题分析】

一个匹配的括号序列,必定是左、右圆括号、方括号的数量一样多。但是反过来,一样多不一定是匹配的。

定义一个字符型的栈来维护左括号，按顺序处理括号序列：

1）遇到左括号：将它压栈。

2）遇到右括号：检查栈顶元素与右括号是否匹配：如果匹配，将栈顶左括号出栈；否则，判断出序列不匹配，结束。

如果读到了右括号，而栈为空，也不匹配。如果序列处理完毕，栈非空，也不匹配。

```
//p7-8-1
#include<bits/stdc++.h>
using namespace std;
char s[301];

bool check(string str){
    bool flag = true;
    char ch;
    int top = 0, i = 0;
    while(flag && i < str.size()){
        ch = str[i];
        if(ch == '(' || ch == '[' ){
            top++; s[top] = ch;
        }
        else{
            if(top == 0) flag = false;
            else{
                switch(s[top]){
                case '(': if(ch == ')') top--;
                          else flag = false;
                          break;
                case '[': if(ch == ']') top--;
                          else flag = false;
                          break;
                }
            }
        }
        i++;
    }
    if(top > 0) flag = false;
    return flag;
}

int main(){
    freopen("check.in","r",stdin);
    freopen("check.out","w",stdout);
    string str;
    getline(cin,str);
```

```
    if(check(str)) cout << "OK" << endl;
    else cout << "Wrong" << endl;
    return 0;
}
```

例 2 表达式求值。(NOIP2013 普及组复赛,expr,1s,256MB)

【问题描述】

给定一个只包含加法和乘法的算术表达式,请编程计算表达式的值。

【输入格式】

输入仅有一行,为需要计算的表达式。表达式中只包含数字、加法运算符“+”和乘法运算符“*”,且没有括号,所有参与运算的数字均为 $0\sim2^{31}-1$ 之间的整数。输入数据保证这一行只有 0~9、+、* 这 12 种字符。

【输出格式】

输出只有一行,包含一个整数,表示这个表达式的值。注意:当答案长度多于 4 位时,请只输出最后 4 位,前导 0 不输出。

【输入样例 1】

1+1*3+4

【输出样例 1】

8

【输入样例 2】

1+1234567890*1

【输出样例 2】

7891

【输入样例 3】

1+1000000003*1

【输出样例 3】

4

【输入输出样例说明】

样例 1 计算的结果为 8,直接输出 8。

样例 2 计算的结果为 1234567891,输出后 4 位,即 7891。

样例 3 计算的结果为 1000000004,输出后 4 位,即 4。

【数据范围】

对于 30% 的数据,0≤表达式中加法运算符和乘法运算符的总数≤100。

对于 80% 的数据,0≤表达式中加法运算符和乘法运算符的总数≤1000。

对于 100% 的数据,0≤表达式中加法运算符和乘法运算符的总数≤100000。

【问题分析】

由于只有加号和乘号,只要从左往右扫一遍,如果遇到乘号直接计算(做乘法);如果遇到加号,若后面没有符号或者后面一个符号也是加号,则直接计算(做加法);否则,先把后面紧接着的连续的乘号算完,最后再加。

算法实现中,只要设置一个栈保存没有立即进行的加法,扫描结束后再一起处理栈中的加法运算；同时，因为把一个数字串转换成数也需要单独编写一个子程序；最后，还要注意实现过程中及时对 10000 取模。

```
//p7-8-2
#include<bits/stdc++.h>
using namespace std;
const int N = 100010,key = 10000;
int a[N];
int main(){
    freopen("expr.in","r",stdin);
    freopen("expr.out","w",stdout);
    int x,top = 1;
    char ch;
    cin >> a[1];
    while(cin >> ch){
        cin >> x;
        if(ch == '*') a[top] = (a[top] * x) % key; // 乘法直接计算
        if(ch == '+') a[++top] = x;                // 加法入栈
    }
    int ans = 0;
    for(int i = 1; i <= top; i++)                  // 处理栈中所有的加法运算
        ans = (ans + a[i]) % key;
    cout << ans << endl;
    return 0;
}
```

例 3　图的深度优先遍历。(graph_dfs,1s,256MB)

【问题描述】

读入一个用邻接矩阵存储的无向图，输出它的深度优先遍历序列。

【输入格式】

第 1 行 1 个正整数 n，表示图中的顶点数，$2 \le n \le 100$。

接下来的 n 行是一个 $n \times n$ 的邻接矩阵，a[i][j]=1 表示顶点 i 和顶点 j 之间有直接边相连，a[i][j]=0 表示没有直接边相连。保证 i=j 时，a[i][j]=0，并且 a[i][j]=a[j][i]。

【输出格式】

输出 1~n 的某一种排列，表示从顶点 1 开始，对该图进行深度优先遍历得到的顶点序列，每两个数之间用一个“-”分隔。

【输入样例】

8
0 1 1 0 0 0 0 0
1 0 0 1 1 0 0 0
1 0 0 0 0 0 1 1
0 1 0 0 0 1 0 0

01000100
00011000
00100001
00100010

【输出样例】

1-2-4-6-5-3-7-8

【问题分析】

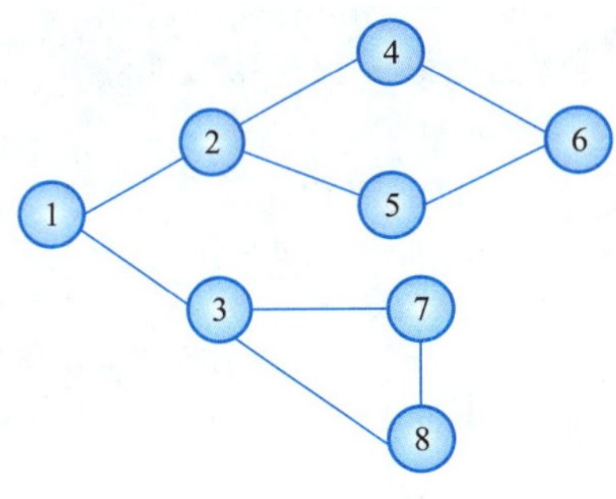

图 7.8-1 图的深度优先遍历

图的深度优先遍历如图 7.8-1 所示。用手工栈来实现图的深度优先遍历：先任意找一个顶点入栈，即为栈顶元素，然后找到跟栈顶元素相连的一个顶点入栈，接着继续把跟栈顶元素相连的一个顶点入栈，若栈顶元素没有相连的顶点或者相连的顶点都已经入过栈那么栈顶元素就出栈，循环操作直到栈为空，那么元素的入栈顺序就是图的深度优先遍历。

```
//p7-8-3
#include<bits/stdc++.h>
using namespace std;
const int N = 110;
int a[N][N],stk[N],h[N];
int main(){
    freopen("graph_dfs.in","r",stdin);
    freopen("graph_dfs.out","w",stdout);
    int n,top = 0,k = 0;
    cin >> n;
    for(int i = 1; i <= n; i++)
        for(int j = 1; j <= n; j++) cin >> a[i][j];
    cout << 1;
    h[1] = 1; stk[0] = 1;
    while(top >= 0){
        k++;
        if(k > n) k = stk[top--];
        else if(!h[k] && a[stk[top]][k]){
                cout << '-' << k;
                h[k] = 1;
                stk[++top] = k;
                k = 0;
        }
    }
    return 0;
}
```

实践巩固

1. 瓷砖。(tile,1s,256MB)

【问题描述】

在一个 w×h 的矩形广场上,每一块 1×1 的地面都铺设了红色或黑色的瓷砖。小谢同学站在某一块黑色的瓷砖上,他可以从此处出发,移动到上、下、左、右四个相邻的且是黑色的瓷砖上。

现在他想知道,通过重复上述移动所能经过的黑色瓷砖数。

【输入格式】

第一行为两个数 h 和 w,2≤w,h≤50,之间有一个空格隔开。

以下为一个 w 行 h 列的二维字符矩阵,每个字符为"."“#”“@”,分别表示该位置为黑色的瓷砖、红色的瓷砖,以及小 Y 的初始位置。

【输出格式】

输出一行一个整数,表示小 Y 从初始位置出发可以到达的瓷砖数。

【输入样例】

```
11 9
.#.........
.#.#######.
.#.#.....#.
.#.#.###.#.
.#.#..@#.#.
.#.#####.#.
.#.......#.
.#########.
...........
```

【输出样例】

```
59
```

2. 最大黑区域。(area,1s,256MB)

【问题描述】

二值图像是由黑、白两种像素组成的矩形点阵,图像识别的一个操作是求出图像中最大黑区域的面积。请设计一个程序完成二值图像的这个操作。黑区域由黑像素组成,一个黑区域中的每像素至少与该区域中的另一个像素相邻,规定一个像素仅与其上、下、左、右的像素相邻。两个不同的黑区域没有相邻的像素。一个黑区域的面积是其所包含的像素数。

【输入格式】

第一行两个正整数 n 和 m,1≤n,m≤100,分别表示二值图像的行数与列数。

后面紧跟着 n 行,每行含 m 个整数 0 或 1,其中第 i 行表示图像的第 i 行的 m 像素,0 表示白像素,1 表示黑像素。

【输出格式】

一行一个数,表示相应的图像中最大黑区域的面积。

【输入样例】

5 6
0 1 1 0 0 1
1 1 0 1 0 1
0 1 0 0 1 0
0 0 0 1 1 1
1 0 1 1 1 0

【输出样例】

7

第9课　哈希表

学习目标

初步掌握哈希表的基本思想和简单应用。

知识讲解

如果要存储和使用线性表(1,75,324,43,1353,90,46),那么,只要定义一个一维数组a[7],将表中元素按先后顺序存储在a[i]中即可。但是,这样的存储结构会给“查找算法”带来O(n)的时间开销,尤其是n很大时,效率比较差。当然,也可以采用“二分查找”提高效率。反之,为了用O(1)的时间实现查找,可以分析这个线性表的元素类型和范围,定义一个一维数组a[1353],使得a[key]=key,即线性表的key这个元素存储在a[key]中。这样一来,查找的时间效率高了,空间上的开销却大了,尤其是数据范围分布很广时。为了使空间开销减少,可以对这种方法进行优化,设计一个函数h(key)=key mod 13,然后把key存储在a[h(hey)]中。这样一来,只要定义一个一维数组a[12]就足够了。这种线性表的存储结构称之为哈希表(Hash Table)。

哈希表,也称散列表,是一种高效的数据结构。它的最大优点就是把数据存储和查找所消耗的时间大大降低,几乎可以看成是O(1)的,而代价是消耗比较多的内存。在当前竞赛可利用内存空间越来越多、程序运行时间控制的越来越紧的情况下,“以空间换时间”的做法还是值得的。另外,哈希表的编程复杂度比较低也是它的优点之一。

1. 哈希表的基本概念

哈希表的基本原理是使用一个下标范围比较大的数组A来存储元素,设计一个函数h,对于要存储的线性表的每个元素node,取一个关键字key,算出一个函数值h(key),把h(key)作为数组下标,用A[h(key)]这个数组单元来存储node。也可以简单地理解为,按照关键字为每一个元素“分类”,然后将这个元素存储在相应“类”所对应的地方(这一过程称为“直接定址”)。

但是,不能够保证每个元素的关键字与函数值是一一对应的,因此极有可能出现对于不同的元素,却计算出了相同的函数值,这样就产生了“冲突”。换句话说,就是把不同的元素分在了相同的“类”之中了。假设一个结点的关键字值为 key,把它存入哈希表的过程是根据确定的函数 h 计算出 h(key)的值,如果以该值为地址的存储空间还没有被占用,那么就把结点存入该单元;如果此值所指单元里已存储了别的结点(即发生了冲突),那么就再用另一个函数 I 进行映射,计算出 I(h(key)),再看用这个值作为地址的单元是否已被占用了,若已被占用,则再用 I 映射,……直至找到一个空位置将结点存入为止。当然,这只是解决“冲突”问题的一种简单方法,如何避免、减少和处理“冲突”是使用哈希表的一个难题。

在哈希表中查找元素的过程与建立哈希表的过程相似,首先计算 h(key)的值,以该值为地址到基本区域中去查找。如果该地址对应的空间未被占用,则说明查找失败;否则用该结点的关键字值与要找的 key 比较,如果相等则查找成功;否则要继续用函数 I 计算 I(h(key))的值,……如此重复,或者求出的某地址空间未被占用(查找失败)或者比较相等(查找成功)为止。

例 1 用哈希表存储以下线性表(18,75,60,43,54,90,46)。

【问题分析】

假设选取的哈希函数为 h(K)=K mod m,K 为元素的关键字,m 为哈希表的长度,用余数作为存储该元素的哈希地址。K 和 m 均为正整数,并且 m 要大于或等于线性表的长度 n。此例 n=7,故取 m=13 就已经足够,得到的每个元素的哈希地址为:

```
h(18)=18 mod 13=5      h(75)=75 mod 13 =10     h(60)=60 mod 13=8
h(43)=43 mod 13=4      h(54)=54 mod 13=2       h(90)=90 mod 13=12
h(46)=46 mod 13=7
```

根据哈希地址,依次把元素存储到哈希表 H(0 ~ m−1)中的效果如下:

	0	1	2	3	4	5	6	7	8	9	10	11	12
H		54			43	18		46	60		75		90

当然,这是一个比较理想的情况,假如要再往表中插入第 8 个元素 30,h(30)=30 mod 13=4,会发现 H[4]已经存放了 43,此时就发生了冲突,那么就可以从 H[4]往后按顺序找一个空位置存放 30,即可以把它插入到 H[6]中。

2. 哈希表的应用举例

例 2 分身数对。(sumx,1s,256MB)

【问题描述】

给出 n 个不同的正整数 a[1]~a[n],它们的值在 1~1000000 之间。再给定一个整数 x,编程计算这样的数对个数(a[i],a[j]),1≤i<j≤n 并且 a[i]+a[j]=x。

【输入格式】

第1行1个正整数n，1≤n≤100000。

第2行n个正整数，表示元素a［1］~a［n］，每两个数之间用一个空格分隔。

第3行1个正整数x，1≤x≤2000000。

【输出格式】

一行一个整数，表示这样的数对个数。

【输入样例】

9

5 12 7 10 9 1 2 3 11

13

【输出样例】

3

【样例说明】

不同的和为13的数对是(12，1)，(10，3)和(2，11)，共3对。

【问题分析】

如果使用双重循环来查找，本题是要超时的。用哈希表来处理，定义a［x］代表x这个数在数列中是否存在，1代表存在，0代表不存在，那么只需要扫描1~x/2，若数字存在，那么只需要查看x减去这个数的结果在数列里是否存在，若存在就增加一对数对。

```
//p7-9-2
#include<bits/stdc++.h>
using namespace std;
int a[1000010];
int main(){
    freopen("sumx.in","r",stdin);
    freopen("sumx.out","w",stdout);
    int n,x,s = 0;
    cin >> n;
    for(int i = 1; i <= n; i++){
        cin >> x;
        a[x] = 1;
    }
    cin >> x;
    for(int i = 1; i <= x/2; i++){
        if(a[i] == 1 && a[x-i] == 1 && x-i != i) s++;
        //如果i和x-i都有且x-i不等于i，就是一对分身数对
    }
    cout << s << endl;
    return 0;
}
```

例 3 明明的随机数。(NOIP2016 普及组复赛,random,1s,256MB)

【问题描述】

明明想在学校中请一些同学一起做一项问卷调查,为了实验的客观性,他先用计算机生成了 N 个 1~1000 之间的随机整数,N≤100,对于其中重复的数字,只保留一个,把其余相同的数去掉,不同的数对应着不同的学生的学号。然后再把这些数从小到大排序,按照排好的顺序去找同学做调查。请协助明明完成"去重"与"排序"的工作。

【输入格式】

第 1 行为 1 个正整数,表示所生成的随机数的个数 N。

第 2 行有 N 个用空格隔开的正整数,为所产生的随机数。

【输出格式】

输出两行。

第 1 行为 1 个正整数 M,表示不相同的随机数的个数。

第 2 行为 M 个从小到大排好序的不相同的随机数,每两个数之间用一个空格隔开。

【输入样例】

10

20 40 32 67 40 20 89 300 400 15

【输出样例】

8

15 20 32 40 67 89 300 400

【问题分析】

因为 N≤100,可以使用冒泡排序、插入排序、选择排序等时间复杂度为 $O(n^2)$ 的算法实现,这样做不会超时。实际上,对于产生的随机数 a[i],由于 0<a[i]<1001,且 a[i]为整数。所以,可以使用哈希表 a[i]=0 表示没有 i 这个数,a[i]=1 表示有 i 这个数。那么,每次读一个 i,把 a[i]赋值为 1,读完所有数据后,只要再扫描一下这个数组就可完成统计和排序输出任务。这种方法类似"桶排序"原理。

```
//p7-9-3
#include<bits/stdc++.h>
using namespace std;
int a[1010];
int main(){
    freopen("random.in","r",stdin);
    freopen("random.out","w",stdout);
    int n,x,maxn,s = 0;
    cin >> n;
    memset(a,0,sizeof(a));
    maxn = 0;
    for(int i = 1; i <= n; i++){
        cin >> x;
        maxn = max(maxn,x);
        a[x] = 1;
```

```
    }
    n = 0;
    for(int i = 1; i <= maxn; i++) n += a[i];
    cout << n << endl;
    for(int i = 1; i < maxn; i++)
        if(a[i] == 1) cout << i << "";
    cout << maxn << endl;
    return 0;
}
```

实践巩固

1. 将(2,6,10,17)分别存储到某个地址区间为0~10的哈希表中，如果哈希函数h(x)=(　　)，将不会产生冲突。

A. x % 11　　B. x^2 % 11

C. 2x %11　　D. $\lfloor\sqrt{x}\rfloor$% 11，其中$\lfloor\sqrt{x}\rfloor$表示$\sqrt{x}$下取整

2. 哈希表的地址区间为0~10，哈希函数为H(K) = K mod 11。采用开地址法的线性探查法处理冲突，并将关键字序列26，25，72，38，8，18，59存储到散列表中，这些元素存入散列表的顺序并不确定。假定之前散列表为空，则元素59存放在散列表中的地址不可能为(　　)。

A. 5　　B. 7　　C. 9　　D. 10

3. 整数集合。(sumsets，1s，256MB)

【问题描述】

给定一个整数集合S，请你寻找一个最大的d，使得a+b+c=d，并且a、b、c、d都是集合中的元素。

【输入格式】

若干集合S。

对于每个集合S的第1行包含1个整数n，1≤n≤1000，表示集合中元素的个数。随后有n行，每行一个整数，表示集合S中的元素，每个整数的范围是[-536870912，536870911]。

输入的最后一行包含一个0。

【输出格式】

对于每个集合S，输出一行一个整数d，或者“No Solution”表示无解。

【输入样例】

5
2
3
5
7
12
5

2

16

64

256

1024

0

【输出样例】

12

No Solution

4. 生日。(birthday, 1s, 256MB)

【问题描述】

多多今天很高兴,因为他的好朋友苹果要过生日了。由于今天多多得到了两张价值不菲的SHOP购物券,所以他决定买N件礼物送给苹果。

一个下午过去了,多多选好了N件礼物,并且它们的价格之和恰好为两张购物券的面额之和。当多多被自己的聪明所折服,高兴地去结账时,他突然发现SHOP对购物券的使用有非常严格的规定:一次只允许使用一张,不找零,不与现金混用。多多身上根本没有现金,并且他不愿意放弃挑选好的礼物。这就意味着,他只能通过这两张购物券结账,而且每一张购物券所购买的物品的总价格,必须精确地等于这张购物券的面额。

怎样才能顺利地买回这N件礼物送给苹果呢?本题的任务就是帮助多多确定是否存在一个购买方案。已知其中一张购物券的面额以及所有商品的价格,只需要确定能否找到一种方案使得选出来的物品的价格总和正好是这张购物券的面额即可。

【输入格式】

有多组测试数据。每组数据的第一行为两个整数N和M,分别表示多多一共挑选了N个物品送给苹果以及多多的一张购物券的面额为M。接下来一行有N个用空格隔开的正整数,第I个数表示第I个物品的价格。

【输出格式】

包含若干行,每行一个单词“YES”或者“NO”,分别代表存在一个购买方案和不存在一个购买方案。

【输入样例】

10 2000

1000 100 200 300 400 500 700 600 900 800

10 2290

1000 100 200 300 400 500 700 600 900 800

【输出样例】

YES

NO

【数据规模】

对于30%的数据:所有的N≤20。

对于100%的数据:所有的N≤40,并且M和物品的总价值不超过$2^{31}-1$,测试组数不超过10组,不少于5组。

第 8 单元　指针

第 1 课　指针的概念

学习目标

1. 理解指针的概念。
2. 学会定义和使用指针。

学习过程

指针是 C++ 语言的一个重要概念，也是 C++ 语言的重要特色。C++ 语言的高度灵活性及极强的表达能力，在很大程度上表现在巧妙而灵活的运用指针。通过指针可以有效地表示复杂的数据结构；能够方便地处理数组和字符串；能够动态地分配内存，直接对内存地址进行操作；利用指针作为函数参数，能够实现“一次函数调用，有多个返回值”的目的。因此，必须深入学习和理解指针的概念，体会和掌握指针的各种操作，熟练应用指针去实践编程。应该说，不掌握指针就没有掌握 C++ 语言的精华。

1. 指针的概念

我们知道，“int a = 3;”就表示定义一个整形变量 a 并把它的值初始化为 3。那么，系统就在内存的某个区域开辟 4 字节的连续单元存放 a。对 a 的读写就是对该内存区域的存取操作。但是，具体是哪 4 个单元，我们并不关心。内存单元的位置（编号）就叫作“地址”，可以通过取地址操作符“&”获得 a 的起始地址（首个存储单元的地址）：&a。

指针也是一个变量。和普通变量不同的是，指针变量里存储的数据是一个内存地址，就好像一个指示器，指引着你去该内存地址开始的一块内存区域存取数据。

2. 指针的定义和使用

指针变量的定义格式为：

```
数据类型 * 指针变量；
```

例如，“int *p = NULL;”表示定义一个指针变量p,p存放的是一个内存地址,这个区域存放的是一个整数。初始化为NULL(如果定义的是全局指针变量,则默认就是,可以省略),表示空地址(相当于整型变量初始化为0)。

可以通过赋值语句给指针变量赋值,例如“p = &a;”表示把变量a的内存地址赋值给p,如图8.1-1所示。所以,可以通过p间接地操作a,这时,需要用到指针操作符“*”,即“*p”等价于a。

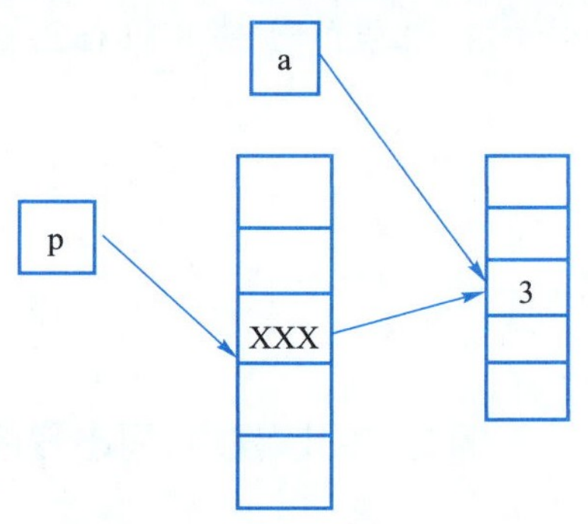

图8.1-1　指针变量的赋值

例1　数字变化。(change,1s,256MB)

【问题描述】

输入两个不同的整数,把较小的那个数翻倍并输出。

【输入格式】

一行两个整数(int范围以内),之间用一个空格隔开。

【输出格式】

一行一个整数,较小数翻倍后的结果。

【输入样例】

2 3

【输出样例】

4

【问题分析】

用指针变量来实现本题,体会指针的定义和操作。

```
//p8-1-1
#include<iostream>
using namespace std;
int main(){
    int a,b;
    int *p; //定义一个指向一个整数的指针变量p
    cin >> a >> b;
    if(a < b) p = &a;          //把变量a的地址存储到p里
    else p = &b;
    cout << *p * 2 << endl;    //取出p指向的内存单元里的整数，乘以2输出
    return 0;
}
```

【程序说明】

1) 变量a和b一旦定义,系统就会给它们分配内存空间,而且在程序运行过程中,其内存地址是固定不变的,这种存储方式称为“静态存储”。

2) 指针变量p定义后,其地址空间是不确定的,默认是NULL。当执行到p = &a或者p = &b时,p才指向a或者b的地址,才能确定p的值。这种储存方式称为“动态存储”。

3）指针的动态性，还体现在可以根据需要，通过函数 new( )随时申请。例如：

```
int *p;
p = new(int);
*p = 3;
```

例 2　阅读程序，写出程序的运行结果。

```
//p8-1-2
#include<iostream>
using namespace std;
int main(){
    int *p;
    char *q;
    p = new(int);
    q = new(char);
    *p = 65;
    *q = *p;
    cout << *p << "" << *q << endl;
    return 0;
}
```

【程序说明】

1）运行程序，输出结果为“65 A”。

2）程序中声明了两个指针类型：一个指向整数类型的指针 p 和一个指向字符类型的指针 q，分别通过 new(int) 和 new(char) 为 p 和 q 向内存申请空间。

3）“*p = 65;”把 65 这个整数存放到 p 所指向的内存单元。

4）“*q = *p; ”把 p 所指向的内存单元里的值赋值给 q 所指向的内存单元，由于 q 指向的是一个字符类型，而 p 指向的是一个整数类型，在赋值的时候执行了类型的强制转换，最终 q 所指向的内存单元里存储的是 65 号字符即为 A。

3. 指针的理解

对于指针，要理解以下 4 个方面的内容：指针的类型，指针所指向的类型，指针的值或者叫指针所指向的内存区域，还有指针本身所占据的内存区。对比一个字符型变量的定义，列表如表 8.1–1。

表 8.1–1　一个字符型变量的定义

指针变量	样例	对比普通变量
指针定义	char *p;	char c;
指针的类型	char *	char

续表

指针变量	样例	对比普通变量
指针所指向的类型	char	
指针所指向的值	*p	c
指针的值(即指针所指向的内存区)	p	&c
指针本身所占据的内存区	&p	

(1) 指针的类型

从语法角度看,把指针定义语句里的指针名字去掉,剩下的部分就是这个指针的类型,也就是指针本身所具有的类型。

```
int *ptr;              //指针的类型是 int *
char *ptr;             //指针的类型是 char *
int **ptr;             //指针的类型是 int **
int (*ptr)[3];         //指针的类型是 int(*)[3]
int *(*ptr)[4];        //指针的类型是 int *(*)[4]
```

(2) 指针所指向的类型

当通过指针来访问指针所指向的内存区域时,指针所指向的类型决定了编译器将把那片内存区域里的内容当作什么来看待。从语法上看,把指针定义语句中的指针名字和名字左边的指针声明符“*”去掉,剩下的就是指针所指向的类型。

```
int *ptr;              //指针所指向的类型是 int
char *ptr;             //指针所指向的类型是 char
int **ptr;             //指针所指向的类型是 int *
int (*ptr)[3];         //指针所指向的类型是 int()[3]
int *(*ptr)[4];        //指针所指向的类型是 int *()[4]
```

在指针的算术运算中,指针所指向的类型有很大的作用。指针的类型和指针所指向的类型是两个不同的概念。

(3) 指针的值

指针的值是指针本身存储的数值,这个值将被编译器当作一个地址,而不是一般的数值。在位长 32 位的系统中,内存地址都是 32 位的,所以所有类型的指针的值都是一个 32 位整数。指针所指向的内存区域就是从指针的值所代表的那个内存地址开始,长度为 sizeof(指针所指向的类型)的一片内存区域。我们说一个指针的值是 X,就相当于说该指针指向了以 X 为首地址的一片内存区域。指针所指向的内存区域和指针所指向的类型是两个完全不同的概念。在例 1 中,指针所指向的类型已经有了,但由于指针还未初始化,所以它所指向的内存区域是不存在的,或者说是无意义的。

(4) 指针本身所占据的内存区

指针本身占了多大的内存?你只要用函数 sizeof(指针的类型)测一下就知道了。在 32 位的系统中,指针本身占据了 4 字节的长度。

例 3　阅读程序，写出程序的运行结果。

```
//p8-1-3
#include<bits/stdc++.h>
using namespace std;
int main(){
    int *p,*q;
    p = (int *)malloc(40);
    // 动态向内存申请 40 字节用来存放 int 类型，并返回首地址给 p
    q = p;
    *p = 1;
    p++;
    *p = 2;
    free(q);// 释放刚才申请的 40 字节的空间
    return 0;
}
```

【程序说明】

1）程序执行完“*p = 1;”，如图 8.1–2 所示，q 和 p 为同一个地址。

```
p = (int *) 0x2d2450
q = (int *) 0x2d2450
*p = 1
*q = 1
```

```
#include <bits/stdc++.h>
using namespace std;
int main(){
    int *p,*q;
    p = (int *)malloc(40);//动态向内存申请40个字节用来存放int类型，并返回首地址给p
    q = p;
    *p = 1;
    p++;
    *p = 2;
    free(q);//释放刚才申请的40个字节的空间
    return 0;
}
```

图 8.1–2　指针的赋值

2）程序执行完“*p = 2;”，p 的值指向了下一个整数空间，在原来的地址上加 4，因为一个整型占 4 字节。如图 8.1–3 所示。

3）程序中的“free(q);”是释放一开始申请的 40 个字节的内存空间，是配合 malloc( ) 使用。注意释放的是内存，q 和 p 的地址还在，指针并没有被释放，指针仍然指向原来的存储空间。指针是一个变量，只有程序结束时才被销毁。释放了内存空间后，原来指向这块空间的指针还是存在，只不过现在指针指向的内容是未定义的，里面可能会有一些垃圾内容。因此，一般释放内存后应该把指针指向 NULL，防止指针在后面不小心又被引用了。图 8.1–4 所示为指针的释放。

4）动态申请内存的函数包括：

4.1）malloc( )。“void* malloc(unsigned size);”在内存的动态存储区中分配一块长度为 size 字节的连续区域，参数 size 为需要内存空间的长度，返回该区域的首地址。

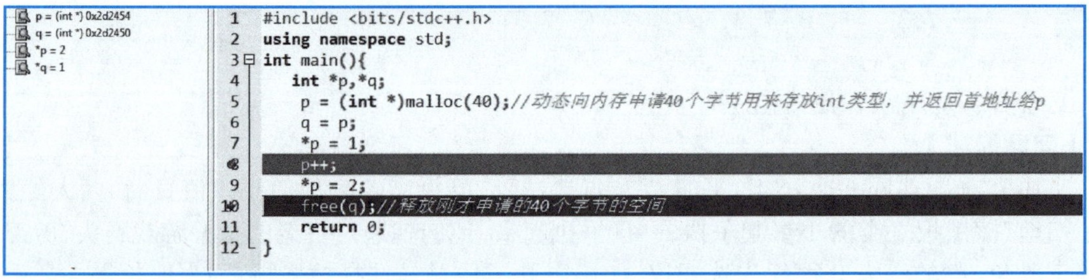

```
p = (int *) 0x2d2454
q = (int *) 0x2d2450
*p = 2
*q = 1
```

```
#include <bits/stdc++.h>
using namespace std;
int main(){
    int *p,*q;
     p = (int *)malloc(40);//动态向内存申请40个字节用来存放int类型，并返回首地址给p
     q = p;
     *p = 1;
     p++;
     *p = 2;
     free(q);//释放刚才申请的40个字节的空间
     return 0;
}
```

图 8.1–3　指针的移位

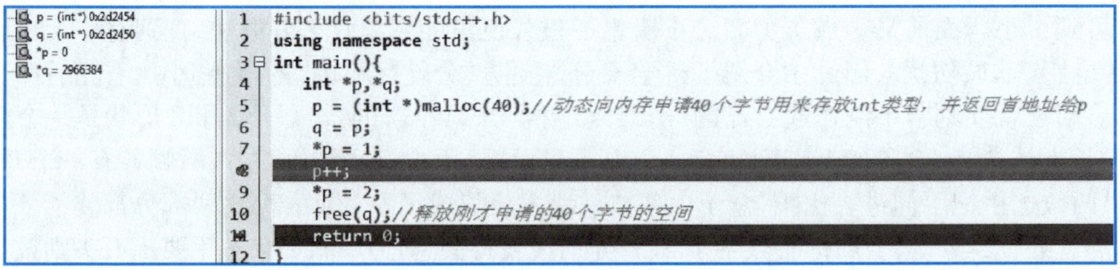

```
p = (int *) 0x2d2454
q = (int *) 0x2d2450
*p = 0
*q = 2966384
```

```
#include <bits/stdc++.h>
using namespace std;
int main(){
    int *p,*q;
     p = (int *)malloc(40);//动态向内存申请40个字节用来存放int类型，并返回首地址给p
     q = p;
     *p = 1;
     p++;
     *p = 2;
     free(q);//释放刚才申请的40个字节的空间
     return 0;
}
```

图 8.1–4　指针的释放

4.2）calloc()。“void* calloc(size_t numelements, size_t sizeofelement);”与malloc 相似，参数 sizeofelement 为申请地址的单位元素长度，numelements 为元素个数，即在内存中申请 numelements*sizeofelement 字节大小的连续地址空间。

4.3）realloc()。“void* realloc(void* ptr, unsigned newsize);”给一个已经分配了地址的指针重新分配空间，参数 ptr 为原有的空间地址，newsize 是重新申请的地址长度。

实践巩固

1. 若有语句“int a = 4, *p = &a;”，下列均代表地址的一组选项是（　　）。

A. a,p,&*a　　B. *&a,&a,*p　　C. &a,p,&*p　　D. *&p,*p,&a

2. 阅读程序，写出程序的运行结果（　　）。

```
//x8-1-2
#include<cstdio>
using namespace std;
int main(){
    int *p,*p1,*p2,a = 3,b = 7;
    p1 = &a; p2 = &b;
    if(a < b){p = p1; p1 = p2; p2 = p;}
    printf("%d,%d,",*p1,*p2);
    printf("%d,%d",a,b);
    return 0;
}
```

A. 3,7,7,3　　B. 7,3,3,7　　C. 7,3,7,3　　D. 3,7,3,7

3. 猜拳。(game,1s,256MB)

【问题描述】

小唐和小谢在同一个小组,平时两人非常友爱,可每当轮到他们小组值日时,两人经常会为了扫地、擦黑板之类的小事起争执,一旦争执起来,他们就通过古老的猜拳游戏石头、剪刀、布来决定胜负,胜的一方获得优先选择权,如小唐胜了他总是选择擦黑板,因为他长得人高手长,擦起黑板来挥洒自如,相对而言扫地就费劲多了,由于扫帚很短,他要把腰弯得很低才能扫到地面。令小唐烦恼的是他总是输多胜少,原因是小谢常常在最后时刻变换手势,明明开始时是石头,可到了小唐面前又变成了剪刀。小唐想了很久也没能想出什么好办法,直到有一天小唐去看了电影《非诚勿扰》,影片中介绍了科学家秦奋发明"分歧终端机"的事迹,小唐看完后深受启发,一回家就立刻着手制作起自己的"分歧终端机"来。小唐的"分歧终端机"形状是一个全封闭的长方体盒子,盒子的上表面装有一个电子显示屏,用来显示结果,左右两侧各有一个开口,以供两位选手把手伸进去出招,盒子内部被一块木板隔成了左、右两部分,两部分都装了一个键盘,键盘上有3个键,上面标有数字1、2、3,分别代表石头、剪刀、布,如果选手要出石头则按1号键,要出剪刀则按2号键,要出布则按3号键。猜拳开始前小唐和小谢分别在"分歧终端机"左右两侧入座,然后各伸一只手进去,此时小唐会大喊一声"开始",两位选手随即根据自己的意愿去按相应的键,如果第一次两人按的键相同,则不分胜负,继续第二次按键,直到决出胜负为止。请编写程序帮他完成这个任务。

【输入格式】

一行包含两个用一个空格隔开的、不超过3的自然数,表示小唐和小谢所按键上的数字,1表示石头,2表示剪刀,3表示布。游戏规则是石头胜剪刀,剪刀胜布,布胜石头。

【输出格式】

一行字符串,表示本次猜拳的结果。如果小唐胜则输出"win",如果小唐输则输出"lose",如果两人不分胜负,则输出"tie"。注意,输出时都用小写字母,引号不要输出。

【输入样例】

1 2

【输出样例】

win

4. 墨汁。(ink,1s,256MB)

【问题描述】

小唐擅长画国画,特别崇拜以画马著称的国画大师徐悲鸿先生,所以小唐也很喜欢画马。众所周知,画马是需要很多墨汁的,为了节省支出,小唐决定参加龙城近墨堂最近推出的以瓶换墨活动。本次活动为期三个月,活动期间可以用M个空墨汁瓶换取一瓶全新包装的墨汁(包装里面有一个瓶,瓶里装满了墨汁),为了方便叙述,下文一律将一瓶全新包装的墨汁简称为一瓶墨汁。近墨堂老板心地非常善良,即使你手头还差一个空瓶他也会换给你一瓶墨汁,条件是你必须在用完这瓶墨汁后将空瓶还给老板,但如果你差两个或两个以上的空瓶,则老板就不会换给你了。现在,小唐手中有N瓶墨汁。请问:他通过以瓶换墨的方式最多能够用到多少瓶墨汁?

【输入格式】

一行两个用一个空格隔开的自然数 N 和 M，表示小唐手中有 N 瓶墨汁，近墨堂的以瓶换墨活动规定用 M 个空墨汁瓶可以换一瓶墨汁。

【输出格式】

一行一个自然数，表示小唐最多能用到多少瓶墨汁。

【输入样例 1】

10 3

【输出样例 1】

15

【输入样例 2】

10 4

【输出样例 2】

13

【样例说明】

样例 1 中用 3 个空墨汁瓶可以换取一瓶墨汁，开始时小唐有 10 瓶墨汁，他全部用完后拿其中的 9 个空瓶去换 3 瓶墨汁，换来的 3 瓶墨汁用完后再拿这 3 个空瓶去换 1 瓶墨汁，再用完后他拿最后 2 个空瓶去换 1 瓶墨汁，将这瓶墨汁用完后把空瓶还给老板即可，这样小唐共用了 15 瓶墨汁。

样例 2 中用 4 个空墨汁瓶可以换取一瓶墨汁，开始时小唐有 10 瓶墨汁，他全部用完后拿其中的 8 个空瓶去换 2 瓶墨汁，换来的 2 瓶墨汁用完后再将所有 4 个空瓶拿去换 1 瓶墨汁，再用完后他手上就只有 1 个空瓶了，无法再换了，这样小唐共用了 13 瓶墨汁。

【数据范围】

对于 50% 的数据满足：$1 \le N \le 10, 2 \le M \le 3$。

对于 100% 的数据满足：$1 \le N \le 100, 2 \le M \le 10$。

第 2 课　指针的引用与运算

学习目标

1. 理解并学会引用指针。
2. 掌握指针的常用运算。

学习过程

1. 指针的引用

引用指针时，首先要理解指针变量与普通变量的区别和对应关系。例如，定义一个指针变

量“int *p;”和一个普通变量“int a;”,关于两者之间的各种引用方式对应关系如下:

1)“p”等同于“&a”,表示的是内存地址。

2)“*p”等同于“a”,表示变量里存储的实际数据。

3)“*p = 3;”等同于“a = 3;”,表示变量的赋值方法;

2. 指针的运算

如果定义的是局部指针变量,其地址就是随机的,直接操作会引发不可预测的错误。所以,指针变量一定要初始化后才能引用。

由于指针变量存储的是内存地址,所以也可以执行加法、减法运算,一般用来配合数组进行寻址操作。

例 1 阅读并上机调试以下程序,体会指针变量的加法运算。

```
//p8-2-1
#include<iostream>
using namespace std;
int main(){
    int a[100],n;
    cin >> n;
    for(int i = 0; i < n; i++) cin >> a[i];
    int *p = &a[0];     //指针p指向数组首元素的地址
    for(int i = 0; i < n; i++){
        cout << *p << endl;
        p++;            //指针每次往后移动一个区域
    }
    return 0;
}
```

【问题分析】

1)程序的作用是输入 n 及 n 个整数,使用指针变量依次遍历输出。

2)程序中的“p++”是广义的“p=p+1”,本质上是“p+sizeof(int)”。

3)注意,“*p+3”和“*(p+3)”是不同的。对于本题,前者是指 a[0]+3,而后者是指 a[3]。

例 2 求和。(sum,1s,256MB)

【问题描述】

输入 n 个正整数,要求对这 n 个数中的奇数和偶数分别求和。

【输入格式】

第 1 行 1 个正整数 n,1≤n≤5000。

以下 n 行,每行一个正整数(1~20000 之间)。

【输出格式】

2 行 2 个整数。第 1 行为所有奇数之和,第 2 行为所有偶数之和。

【输入样例】

5

3

10

7

5

8

【输出样例】

15

18

【问题分析】

```
//p8-2-2
#include<iostream>
using namespace std;
int main(){
int n,a[5011];
    int *p,*s1,*s2;     //s1 和 s2 指向的单元分别存放偶数和、奇数和
    cin >> n;
    for(int i = 0; i < n; i++) cin >> a[i];
    p = &a[0];
    s1 = new(int);      //申请一个存放整数类型的内存空间，把地址记录在 s1 中
    *s1 = 0;            //累加器赋初值 0
    s2 = new(int);      //申请一个存放整数类型的内存空间，把地址记录在 s2 中
    *s2 = 0;            //累加器赋初值 0
    for(int i = 0; i < n; i++){
        if(*p % 2 == 0) *s1 += *p;
        else *s2 += *p;
        p++;
    }
    cout << *s2 << endl << *s1 << endl;
    return 0;
}
```

例 3　阅读并上机调试以下程序,体会无类型指针的使用。

```
//p8-2-3
#include<iostream>
using namespace std;
int main(){
```

```
    int a = 10;
    double b = 3.5;
    void *p;
    p = &a;
    cout << *(int *)p << endl;
    p = &b;
    cout << *(double *)p << endl;
    return 0;
}
```

【问题分析】

1）运行程序，输出：

10

3.5

2）指针定义时还不确定指向的内容是什么类型，此时就先定义成“无类型”指针“void”，以后可以根据需要，随时进行强制类型转换。

3）如果把程序中的“*(double *)”改成“*(long long *)”，则输出结果为：4615063718147915776。因为 double 类型 b=3.5 在计算机内部二进制表示为 0100000000001100000000000000000000000000000000000000000000000000，改成 *(long long *)，计算机是直接取的 b 的地址，把以 b 地址开始的数据以 long long 的类型输出，就直接把 0100000000001100000000000000000000000000000000000000000000000000 这段二进制数据转换成 64 位的整数，即为 4615063718147915776。这跟前面所学的类型强制转换是有区别的。

例 4　阅读并上机调试以下程序，体会多重指针的使用。

```
//p8-2-4
#include <iostream>
using namespace std;
int main(){
    int a = 10;
    int *p;
    int **pp;
    p = &a;
    pp = &p;
    cout << a << "=" << *p << "=" << **pp << endl;
    return 0;
}
```

【问题分析】

运行程序，输出“10=10=10”。

C++ 允许指针指向指针（递归定义），也就是多重指针，主要应用在动态的多维数组中。

实践巩固

1. 阅读程序,写出程序的运行结果(　　)。

```
//x8-2-1
#include<cstdio>
#include<cstring>
using namespace std;
int main(){
    char b1[8] = "abcdefg",b2[8],*pb = b1+3;
    while(--pb >= b1) strcpy(b2,pb);
    printf("%d\n",strlen(b2));
    return 0;
}
```

A. 8　　B. 3　　C. 1　　D. 7

2. 阅读程序,写出程序的运行结果(　　)。

```
//x8-2-2
#include<cstdio>
using namespace std;
int main(){
    int a[] = {1,2,3,4,5,6},*p;
    p = a;
    *(p+3) += 2;
    printf("%d,%d\n",*p,*(p+3));
    return 0;
}
```

A. 0,5　　B. 1,5　　C. 0,6　　D. 1,6

3. 阅读程序,写出程序的运行结果(　　)。

```
//x8-2-3
#include<cstdio>
using namespace std;
int main(){
    int a[10],*p1,*p2;
    p1 = a;
    p2 = &a[5];
    printf("%d\n",p2-p1);
    return 0;
}
```

A. 5　　B. 6　　C. 10　　D. 不确定

4. 阅读程序,写出程序的运行结果。

```
//x8-2-4
#include<cstdio>
using namespace std;
int main(){
    static int a[] = {6,2,8,4,3};
    int b = 1,*p;
    p = &a[1];
    for(int i = 0; i < 4; i++) b *= *(p+i);
    printf("%d\n",b);
    return 0;
}
```

输出:

5. 数组逆序。(reverse,1s,256MB)

【问题描述】

输入 n 个整数,将其逆序输出。要求用指针实现。

【输入格式】

第 1 行 1 个整数 n,表示数的个数,3≤n≤100。

第 2 行 n 个整数(之间用一个空格隔开),这些数在 0~9999999 之间。

【输出格式】

一行 n 个整数,每两个整数之间用一个空格隔开。

【输入样例】

3

1 7 5

【输出样例】

5 7 1

6. 吉祥数。(ghillie,1s,256MB)

【问题描述】

为了迎接春节,信息学兴趣小组的同学们在辅导老师的领导下,举办了一个盛大的晚会,晚会的第一项内容是做游戏:猜数。老师给每个同学发一张卡片,每张卡片上都有一个编号(此编号为非负数,且小于 255),每个编号互不相同。老师制定了以下的游戏规则:第一轮,每个同学将自己编号的各位数字进行二次方后再相加得到一组数,编号在这组数中出现的同学淘汰出局;第二轮,余下的同学再将自己编号的各位数字进行三次方后相加得到一组新数,编号在这组数中出现的同学再淘汰出局;第三轮,余下的同学再将编号的各位数字进行 4 次方相加得到一组新数,编号在这组数中出现的同学再淘汰出局,依此类推,经过 n 轮后,仍留下来的同学将获得春节特别礼物,卡片上的数即 2018 年吉祥数。

假设班级人数不超过 200 人。

【输入格式】

第 1 行为 1 个正整数 n(n<8),表示有 n 轮游戏。

第 2 行是卡片上互不相同的编号,以一个空格隔开。

【输出格式】

一行数,表示剩下来的各个吉祥数,按从小到大的顺序输出,每两个数之间有一个空格。

【输入样例】

1

24 123 2 12 20 14 4 6 36 72

【输出样例】

2 6 12 24 72 123

第 3 课 指针与数组

学习目标

1. 理解数组指针。
2. 学会使用指针实现数组操作。
3. 学会使用指针实现字符串操作。

学习过程

在 C++ 中,数组名在一定意义上可以被看成指针。“数组的指针”是指整个数组在内存中的起始地址,“数组元素的指针”是指数组中某个元素所占存储单元的地址。例如,“int a [10], *p; p = a;”就表示定义了一个指针 p,指向 a 数组在内存中的起始地址 a[0]。一般可以使用“下标法”访问数组元素,如 a [5];也可以使用“地址法”访问数组元素,因为数组名就代表数组在内存中的起始地址,也就是 a[0]的地址,如 a+4 就表示 a[4]的地址;当然,也可以通过“指针法”访问数组元素,通过数组的指针或者数组元素的指针访问数组元素,能使目标程序质量更高,占用内存更少,运行速度更快。

例 1 阅读并上机调试以下程序,体会数组的指针和数组元素的指针。

```
//p8-3-1
#include<iostream>
using namespace std;
int main(){
    int a[] = {10,11,12,13,14,15};
```

```
    int *p = a+4;
    cout << *a;
    cout <<" " << *(a+3);
    cout << " "<< *(++p) << endl;
    return 0;
}
```

【问题分析】

1）运行程序，输出“10 13 15”。

2）程序中直接拿数组名 a 当指针用。但是 a 始终是静态的，是不可变的，不能做“a = a+4;”运算，而指针可以做“++p”或“p = p+4;”运算。

3）语句“scanf(“%d”,&n);”其实就是指针的意思。如果是数组，就不需要加取地址符“&”。例如：

```
int a[5];
for(int i = 0; i < 5; i++) scanf("%d",a + i);
for(int i = 0; i < 5; i++) printf("%d",a[i]);
//或者 for(int i = 0; i < 5; i++) printf("%d",*(a + i));
```

例 2 阅读并上机调试以下程序，体会动态数组的定义和使用。

```
//p8-3-2
#include<iostream>
using namespace std;
int main(){
    int n,*a;
    cin >> n;
    a = new int [n];
    //向操作系统申请 n 个连续的 int 类型内存空间（动态数组），并返回首地址给 a
    for(int i = 0; i < n; i++) cin >> a[i];
    for(int i = 1; i < n; i++) a[i] += a[i-1];
    for(int i = 0; i < n-1; i++) cout << a[i] << "";
    cout << a[n-1] << endl;
    return 0;
}
```

【问题分析】

1）运行程序，输入 10 及如下 10 个数“1 2 3 4 5 6 7 8 9 10”，输出“1 3 6 10 15 21 28 36 45 55”。

2）因为指针可以动态申请空间。那一次申请 100 个变量空间，系统给的地址是连续的，就可以当成数组使用，这就是“动态数组”的一种。

3）在信息学竞赛中遇到大批量数据的情况下，数组开小只能拿部分分，开大又可能爆空间，此时就可以定义和使用动态数组。

例 3 行列转换。(change,1s,256MB)

【问题描述】

对于一个 n×m 的稀疏矩阵,按照行、列、值的格式读入 k 个元素(其他位置的值为 0),再输出这些数。

【输入格式】

第 1 行 3 个整数,表示 n、m 和 k,每两个数之间用一个空格隔开。

以下 k 行,按照"行优先(从上到下、从左到右)"的方式读入 k 个非 0 元素。每行 3 个数,依次为行号、列号、元素值,每两个数之间用一个空格隔开。

【输出格式】

输出 k 个数,按照"列优先(从左到右、从上到下)"的方式输出,每两个数之间用一个空格隔开。

【输入样例】

4 5 3
1 2 12
1 4 23
4 3 45

【输出样例】

12 45 23

【问题分析】

```
//p8-3-3
#include<iostream>
#include<cstdio>
using namespace std;
const int maxn = 100001;
int m,n,k;
int x[maxn],y[maxn],d[maxn];
int c[maxn];                              // 每一列的数据个数
int *a[maxn];                             // 每一列一个指针，准备申请数组
int main(){
    freopen("change.in","r",stdin);
    freopen("change.out","w",stdout);
    cin >> n >> m >> k;
    for(int i = 0; i < k; i++){
        cin >> x[i] >> y[i] >> d[i];      // 读入行号、列号、值
        c[y[i]]++;                        // 统计 c 数组中每一列的数据个数
    }
    for(int i = 1; i <= m; i++)
        a[i] = new int[c[i]];             // 每一列申请数组空间
    for(int i = 0; i < k; i++){           // 收集 k 个数据到相应的列
        *a[y[i]] = d[i];                  // 数据存放在相应列的数组中
        a[y[i]]++;                        // 数组指针移动到下一个位置
```

```
    }
    for(int i = 1; i <= m; i++){        //按列优先输出
        a[i] = a[i] - c[i];             //每次指针回到当前列的前面
        for(int j = 0; j < c[i]; j++,a[i]++)
            cout << *a[i] << '',
    }
    return 0;
}
```

例4 阅读并上机调试以下程序，体会使用指针实现字符串的输入输出及存储。

```
//p8-3-4
#include<iostream>
#include<cstring>
using namespace std;
int main(){
    char *s;
    s = new char;          //给s申请一个地址
    cin >> s;              //输入字符串以空格或者回车结束
    cout << s << endl;
    cout << strlen(s);
    return 0;
}
```

【程序说明】

运行程序，输入“hello world!”。

输出：

hello

5

使用指针实现字符串的输入、输出及存储，与普通数组类似。只是在使用前一定要给字符串变量指定一个地址。

例5 阅读并上机调试以下程序，体会使用指针实现字符串的复制。

```
//p8-3-5
#include<iostream>
using namespace std;

void copy_string(char *from,char *to){//用字符指针作为函数参数
    while(*from != '\0'){
        *to = *from;
```

```
        *to++;
        *from++;
    }
    *to = '\0';// 在结束位置强制加结束符
}

int main(){
    char a[20] = "c language";
    char b[20] = "very good";
    copy_string(a,b);
    cout << a << endl;
    cout << b << endl;
    return 0;
}
```

实践巩固

1. 已知“int x [ ]={4,2,3,1},q,*p=&x [1];”,则执行语句“q=(*--p)++;”后,变量 q 的值为(　　)。

A. 4　　B. 3　　C. 2　　D. 1

2. 阅读程序,写出程序的运行结果。

```
//x8-3-2
#include<cstdio>
using namespace std;
const int N = 10;
int a[N],sum = 0;
int main(){
    for(int *p = a; p-a < N; p++){
        scanf("%d",p);
        sum += *p;
    }
    printf("%d\n",sum);
    return 0;
}
```

输入:1 2 3 4 5 6 7 8 9 10
输出:

3. 阅读程序,写出程序的运行结果。

```
//x8-3-3
#include<cstdio>
using namespace std;
int main(){
    static char s1[] = "programe",s2[] = "language";
    char *p1,*p2;
    p1 = s1; p2 = s2;
    for(int i = 0; i < 8; i++)
        if(*(p1+i) == *(p2+i)) printf("%c",*(p1+i));
    return 0;
}
```

输出:

4. 阅读程序,写出程序的运行结果。

```
//x8-3-4
#include<cstdio>
using namespace std;
int main(){
    int i;
    char a[] ="you are a boy",b[20];
    for(i = 0; *(a+i) != '\0'; i++) *(b+i) = *(a+i);
    *(b+i) = '\0';
    for(int i = 0; b[i] != '\0'; i++) printf("%c",b[i]);
    return 0;
}
```

输出:

5. 支撑数。(brace,1s,64MB)

【问题描述】

给出一系列整数,输出所有的"支撑数"。支撑数是这样一种数:它不在第一个,也不在最后一个,而且比左边和右边相邻的数都大。

【输入格式】

第1行1个正整数n,表示输入的整数个数,3≤n≤100。

第2行为n个整数,每两个数之间用一个空格隔开。

【输出格式】

按读入顺序,依次输出一行若干支撑数,每两个数之间用一个空格隔开。

【输入样例】

14

1 3 2 4 1 5 3 9 7 10 8 23 85 43

【输出样例】

3 4 5 9 10 85

6. 美丽的黄山。(mountain,1s,256MB)

【问题描述】

众所周知,黄山是一片山(而不是一座山)。假设这些山排成了一排,每座山有各自的高度。现在游客们从最左边看山,有些山因为高度没有它左边的某座山高,就会被遮住,游客们就无法看到。现在请告诉游客,他能看到几座山。(看到山顶即可被认为是看到了,如果恰好山顶被遮住了,这座山不算被看到。)

【输入格式】

第 1 行 1 个正整数 N,表示有 N 座山。

第 2 行 N 个正整数,依次表示从左到右每座山的高度,每两个数之间用一个空格隔开。

【输出格式】

一行一个正整数,表示从左端看,能看到多少座山。

【输入样例】

5

3 7 7 2 8

【输出样例】

3

【数据范围】

对于 30% 的数据满足:N≤100,山的高度小于或等于 100。

对于 50% 的数据满足:N≤1000,山的高度小于或等于 1000。

对于 100% 的数据满足:N≤100000,山的高度在 int 范围内。

7. 编字典。(dictionary,1s,64MB)

【问题描述】

编一本字典,给定 n 个单词,需要按照字典序从小到大来排序,然后输出。要求必须写一个用指针实现两个字符比较大小的函数。

【输入格式】

第 1 行为 1 个整数 n,表示 n 个单词,$n \leq 10^5$。

下面 n 行,每行为一个单词,保证只出现小写字母。

【输出格式】

输出 n 行,每行一个单词,是按照字典序从小到大的顺序输出。

【输入样例】

5

aab

aa

abb

bbb

aaa

【输出样例】

aa

aaa

aab

abb

bbb

【样例解释】

对于字典序的比较，规则如下：从两个字符串的第一位开始一位一位比较，如果某一个字符串的那一位字符比另一个字符的 ASCII 码值小，那么这个字符串的字典序较小。另外，如果这么循环一直比较不出结果，看两者的长度，长度小的字典序小。

第 4 课 函数指针及扩展

学习目标

1. 理解并学会使用函数指针。
2. 了解函数指针数组。
3. 了解引用与指针的区别。
4. 了解指向结构体的指针。

学习过程

程序中需要处理的数据都保存在内存空间，而程序以及函数同样也保存在内存空间，C++ 支持通过函数的入口地址（指针）访问函数。另一方面，有些函数在编写时要调用其他的辅助函数，但是尚未确定，在具体执行时，再为其传递辅助函数的地址。比如排序函数 sort(a,a+n,cmp)，其中的比较函数 cmp 是根据需要传递给 sort 的，就是传递了一个函数指针。

函数指针就是指向函数的指针变量，定义格式如下：

```
类型名 ( * 函数名 ) ( 参数 ) ;
```

例如，“int(*f)(int a,int b);”，规范来说，此处的“函数名”应该称为“指针的变量名”。

例 1 阅读并上机调试以下程序，体会函数指针的使用。

```
//p8-4-1a
#include<iostream>
using namespace std;
```

```
int test (int a){return a * a;}

int main(){
    cout << test << endl;        // 或者 &test，输出函数的地址
    int (*fp) (int a);           // 声明一个指向函数的指针变量 fp
    fp = test;                   // 或者 &test，将函数 test 的入口地址传给 fp
    cout << fp(5) << endl;       // 调用函数
    cout << (*fp)(10) << endl;
    return 0;
}
```

【问题分析】

运行程序，输出：

```
1
25
100
```

使用函数指针需要注意以下几点：

1）定义函数指针要与函数原型一致。例如，函数为“int test(int);”，则函数指针声明为“int (*fp)(int);”。

2）获取函数的地址有两种方式：一种是直接使用函数名，如 test 或者 fp = test；另一种是使用取地址符，如 &test 或者 fp = &test。

3）调用函数有两种方式：一种是直接使用函数名，如 fp(5)；另一种是使用函数指针调用函数，如(*fp)(5)。

4）函数指针还支持一种结合 typedef 的定义方式，例如：

```
//p8-4-1b
#include<iostream>
using namespace std;

int add(int a,int b){return a + b;}

typedef int (*addp)(int,int);        // 声明一个函数指针变量 addp

int main(){
    addp fp = add;                   // 定义 addp 类型的函数指针 fp，并赋值为 add
    cout << fp(2,3) << endl;         // 程序输出 5
    return 0;
}
```

5）可以定义一个数组存放多个函数指针。这样的数组称为“函数指针数组”，一般应用于有菜单选择功能的程序，相对 switch 或者 if 语句，使用更加灵活，代码更加简洁。

例 2 模拟计算器。(cal,1s,256MB)

【问题描述】

输入两个正整数 m 和 n,再输入一个代表运算方案的数字 k:1 代表求 m+n 的值;2 代表求 m−n 的值;3 代表求 m×n 的值;4 代表求 m/n 的值(整除)。请函数指针数组编程模拟计算器,输出相应的运算结果。

【输入格式】

第 1 行为 2 个正整数 m 和 n;

第 2 行为 1 个正整数 k,1≤k≤4。

【输出格式】

一行一个整数,表示相应的运算结果。

【输入样例】

6 8

1

【输出样例】

14

【问题分析】

本题用函数指针来实现,程序相对简洁一些。

```
//p8-4-2
#include<iostream>
#include<cstdio>
using namespace std;

int cal1(int a,int b){return a + b;}

int cal2(int a,int b){return a - b;}

int cal3(int a,int b){return a * b;}

int cal4(int a,int b){return a / b;}

typedef int (*f)(int a,int b);        //自定义一个函数指针变量类型 f

int  main(){
    freopen("cal.in","r",stdin);
    freopen("cal.out","w",stdout);
    int m,n,k;
    f a[4] = {cal1,cal2,cal3,cal4};
    //定义函数指针数组 a,4 个元素,每个元素为 f 类型,并且分别赋初值
    cin >> m >> n >> k;
    cout << a[k-1](m,n) << endl;     //用 a[k-1]() 来调用相应的函数
    return 0;
}
```

例 3 阅读并上机调试以下程序，体会引用变量的使用。

```
//p8-4-3
#include<iostream>
using namespace std;
int main(){
    int a = 10,b = 20;
    int *f;
    int &ra = a;// 定义一个引用变量 ra, 同时初始化
    f = &a;
    cout << "a=" << *f << endl;
    ra += 5;
    cout << "a=" << *f << endl;
    return 0;
}
```

【问题分析】

1）运行程序，输出：

a=10

a=15

2）“引用变量”是 C++ 中的一种复合类型，它的本质就是给原变量起了一个别名，就像生活中有个人叫“张三”，大家给他取了一个别名叫“乐乐”，那么这两个名字指的是同一个人。引用就相当于给原变量取了一个别名，对引用变量的操作就是对原变量的操作。

3）注意区分引用变量与指针变量，引用也不是取地址。另外，引用在定义的同时必须进行初始化，不能通过赋值语句，把对一个变量的引用改成对另一个变量的引用。

4）程序中的 a、*f 和 ra 都是指向同一个内存地址。

5）使用引用会使程序代码更加简洁，一般用在多重数组中。例如，递推式“f[a[i][j]]=(f[a[i][j]-1]+f[a[i][j]-2])*a[i][j]”，可以先定义引用变量“int &k = a[i][j]”，然后简化写成“f[k]=(f[k-1]+f[k-2])*k”。

6）函数参数一般都是使用普通变量实现“传值”方式，也可以使用指针参数实现“传址”方式，比如数组。有了引用，就可以使用“引用参数”，使得函数中的变量名成为调用函数中的变量的别名。这种传递参数的方式叫“按引用传递”。

例 4 阅读并上机调试以下程序，体会引用参数。

```
//p8-4-4, 交换两个变量的值
#include<iostream>
using namespace std;

void change1(int &m,int &n){// 引用参数
```

```
    int t = m;
    m = n;
    n = t;
    return;
}

void change2(int *m,int *n){// 指针参数
    int t = *m;
    *m = *n;
    *n = t;
    return;
}

void change3(int m,int n){// 普通变量参数
    int t = m;
    m = n;
    n = t;
    return;
}

int  main(){
    int x = 7,y = 160;
    change1(x,y);
    cout << x << " " << y << endl;
    change2(&x,&y);
    cout << x << " " << y << endl;
    change3(x,y);
    cout << x << " " << y << endl;
    return 0;
}
```

【程序说明】

运行程序,输出:

160 7

7 160

7 160

例5 阅读并上机调试以下程序,体会指向结构体变量的指针。

```
//p8-4-5
#include <iostream>
using namespace std;
struct tstudent{
```

```
    int num;
    char name[20];
    char sex;
    int age;
};
tstudent x = {13,"lihao",'m',35};
tstudent *p;

int main(){
    p = &x;
    cout << x.num << endl;
    cout << (*p).name << endl;
    cout << p->age << endl;
    return 0;
}
```

【程序说明】

1）运行程序，输出：

13

Lihao

35

2）一个指向结构体变量的指针就是该变量占据的内存空间的起始地址，如图 8.4–1 所示。

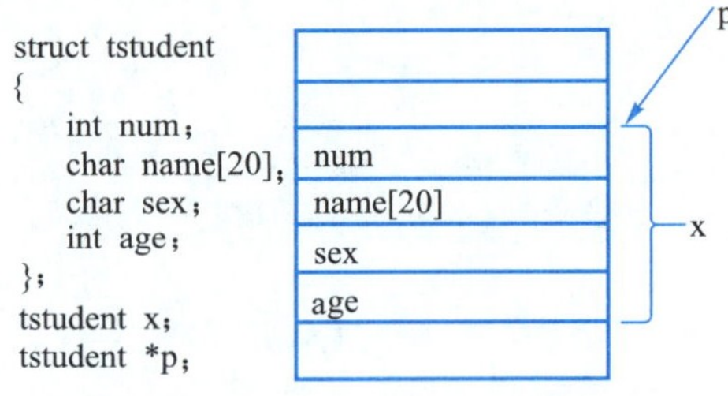

图 8.4–1　指向结构体变量的指针

3）访问结构体成员的方法为：结构体名 . 成员名。使用指针访问结构体成员有两种方式：结构体名 -> 成员名，或者（* 指针变量名）. 成员名。例如 p->name，或者（*p）.name，但不能写成 *p.name。

4）如果函数的参数是一个结构体变量（按值传递），那么函数调用时就要复制整个结构体，效率不高。这种情况下，一般使用指针参数或者引用参数。

实践巩固

1. 已知函数定义“int fun（int *p）{return *p;}”，该函数的返回值为（　　）。

   A. 不确定的值　　B. 形参 p 中存放的值

   C. 形参 p 所指定存储单元中的值　　D. 形参 p 的地址值

2. 阅读程序，写出程序的运行结果。

```
//x8-4-2
#include<iostream>
using namespace std;

void fun(char *a,char *b){
```

```
    a = b;
    (*a)++;
}

int main(){
    char c1,c2,*p1,*p2;
    c1 = 'A';
    c2 = 'a';
    p1 = &c1;
    p2 = &c2;
    fun(p1,p2);
    cout << c1 << c2 << endl;
    return 0;
}
```

3. 阅读程序，写出程序的运行结果。

```
//x8-4-3
#include<iostream>
using namespace std;

void fun(int *a,int *b){
    int *k;
    k = a;
    a = b;
    b = k;
    return;
}

int main(){
    int a = 3,b = 6,*x = &a,*y = &b;
    fun(x,y);
    cout << "No.1: " << a << "," << b << " ";
    fun(&a,&b);
    cout << "No.2: " << a << "," << b << endl;
    return 0;
}
```

4. 阅读程序，写出程序的运行结果。

```
//x8-4-4
#include<cstdio>
using namespace std;
```

```
char cchar(char ch){
    if(ch >= 'A' && ch <='Z') ch = ch - 'A' + 'a';
    return ch;
}

int main(){
    char s[] = "ABC+abc=defDEF",*p = s;
    while(*p){
        *p = cchar(*p);
        p++;
    }
    printf("%s\n",s);
    return 0;
}
```

5. 阅读程序,写出程序的运行结果。

```
//x8-4-5
#include<cstdio>
#include<cstring>
using namespace std;

void fun(char *pp,int n){
    char k,*p1,*p2;
    p1 = pp;
    p2 = pp+n-1;
    while(p1 < p2){
        k = *p1++;
        *p1 = *p2--;
        *p2 = k;
    }
}

int main(){
    static char s[] = "1234567";
    fun(s,strlen(s));
    puts(s);
    return 0;
}
```

6. 冒泡排序。(sort,1s,256MB)

【问题描述】

用指针编写一个对整型数组进行冒泡排序的函数。冒泡排序是指将相邻的元素进行比较,如果不符合所要求的顺序,则交换这两个元素。对整个数列中所有的元素反复进行以上操作,直到所有的元素都排好序为止。

【输入格式】

第1行1个正整数n，表示数的个数，3≤n≤100；

第2行n个整数(之间用一个空格隔开)，这些数在0~9999999之间。

【输出格式】

一行n个整数，每两个整数之间用一个空格隔开。

【输入样例】

5

503　87　512　61　908

【输出样例】

61　87　503　512　908

7. 字母统计。(count，1s，256MB)

【问题描述】

用指针编写一个程序，当输入一个字符串后，要求不仅能够统计其中字符的个数，还能分别指出其中大写字母、小写字母、数字以及其他字符的个数。

【输入格式】

一行字符串。

【输出格式】

一行5个数，依次为大写字母、小写字母、数字、其他字符和总共含有的字符个数，每两个数之间用一个空格隔开。

【输入样例】

I am 21 years old.

【输出样例】

1 10 2 5 18

第5课　指针应用举例

学习目标

学会使用指针建立链表，并熟练应用链表结构解决一些实际问题。

学习过程

线性表是一种常用的数据结构，其中的每一个元素(结点)都有唯一的前驱和唯一的后续。当然，第一个元素只有后续，最后一个元素只有前驱。

线性表一般分为“顺序表”和“链表”。顺序表可以简单理解成前面学过的数组。它是一种逻辑上和物理上都是有序的、连续存储的静态结构。链表是一种物理上不连续存储的动态结构，数据之间的逻辑顺序是通过链表中的指针链接关系实现的。

链表由一系列“结点”组成，结点可以在需要时动态生成。每个结点的数据域至少包括两部分：一是存储数据元素的“数据域”；二是存储下一个结点内存地址的“指针域”。图 8.5–1 就是一个链表的示意图，其中，head 表示头结点，数据域的值为 5 的结点为尾结点，其指针域为 NULL。

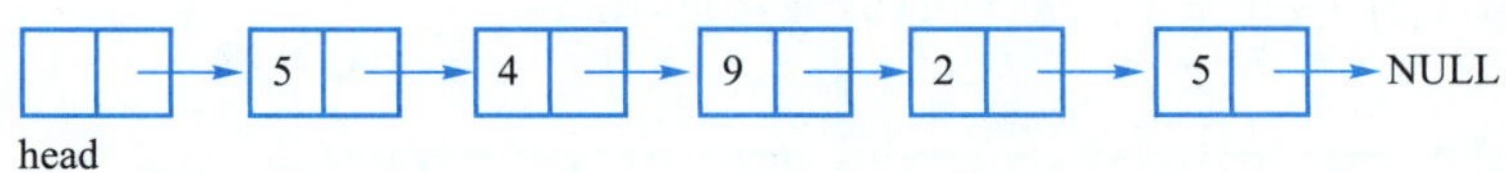

图 8.5–1 链表示意图

链表中每个结点的数据结构定义如下：

```
struct node{
    int num;
    node *next;
};
```

链表的基本操作包括建立、遍历、插入、删除等。

(1) 链表的建立

建立链表有“头插法”和“尾插法”两种方法，前者是把新结点插在头结点之后，后者是把新结点插在尾结点之后。本课以尾插法为例建立链表，就是不断地在链表尾部链接一个新结点。如图 8.5–2 所示，r 为链表的尾部结点，p 为要增加的新结点，只需要把 r->next 指向 p 即可，然后把 r 再指向新的尾部。

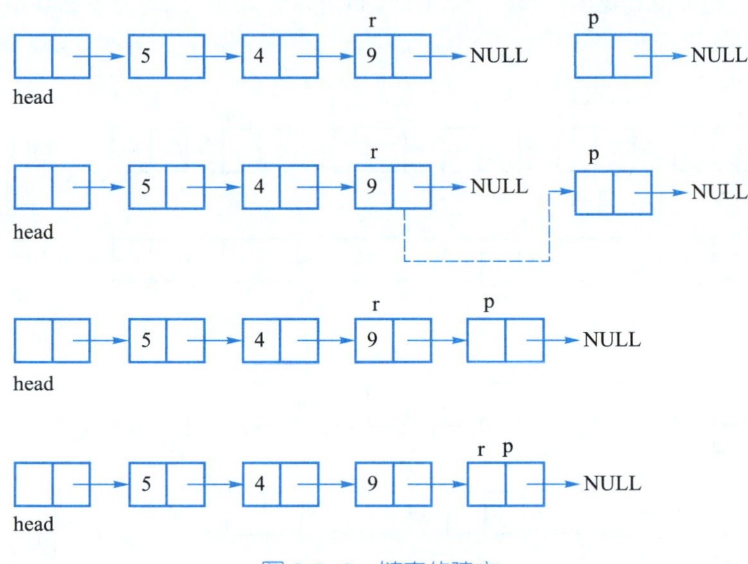

图 8.5–2 链表的建立

(2) 链表的遍历

链表的遍历就是从链表的头结点 head 开始，依次访问每一个元素，直到链表尾部，包括查找、输出等操作。

如果已经创建了一个链表，如何查找其中是否有给定的元素 x 呢？只需要从头结点开始扫描，如果当前结点数据域的值等于 x，那么就表示找到了 x，如果到达链表尾部还没有找到，则链表中没有 x 这个元素。同样，链表的输出也是从头结点开始一个一个输出，直到链表尾部结束。

(3) 链表的插入

链表的插入就是在链表给定位置插入一个新结点。如图 8.5-3 所示，就是在链表数据域值为 4 和 9 的两个结点中间插入一个数据域值为 7 的结点。

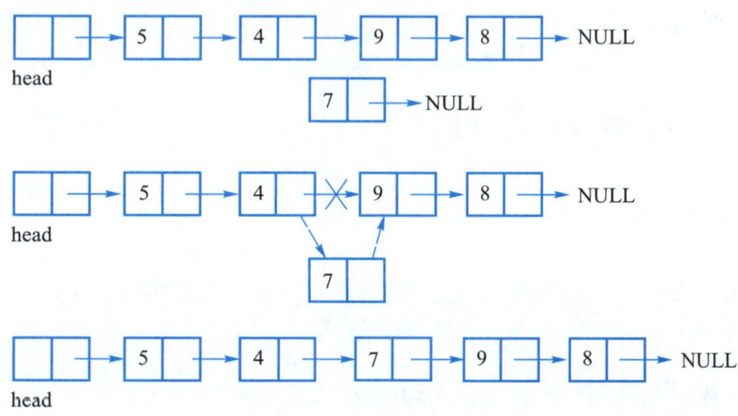

图 8.5-3 链表的插入

如果是在链表尾部插入一个结点就只需要在链表尾部增加一个新结点。如果是在头结点前插入一个结点，则需要把要插入的新结点的指针域赋值为头结点，然后头结点变为新结点即可。

(4) 链表的删除

链表的删除就是删除链表中的某一个元素，如图 8.5-4 所示，就是要删除链表中数据域值为 7 的结点。

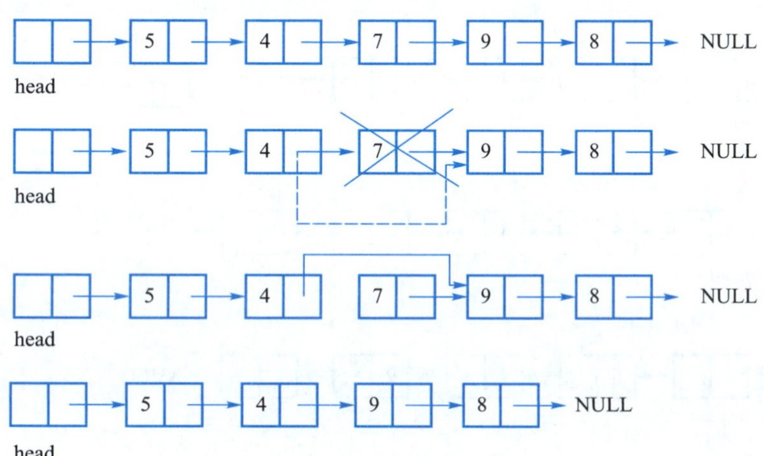

图 8.5-4 链表的删除

如果删除的元素为头结点，那么只需执行 head = head->next；如果删除的元素为尾部结点，那只要把尾部结点的前一个结点的指针域赋值为 NULL。

例 1 陶陶摘苹果。(apple,1s,256MB)

【问题描述】

陶陶家的院子里有一棵苹果树，秋天树上会结 10 个苹果。苹果成熟的时候，陶陶就会跑去摘苹果。陶陶有个 30 厘米高的板凳，当她不能直接用手摘到苹果的时候，就会踩到板凳上再试试。

现在已知 10 个苹果到地面的高度，以及陶陶把手伸直的时候能够达到的最大高度，请帮陶陶算一下她能够摘到的苹果的数目。假设她碰到苹果，苹果就会掉下来。

【输入格式】

第 1 行包含 10 个 100~200 之间(包括 100 和 200)的正整数(以厘米为单位)分别表示 10 个苹果到地面的高度，两个相邻的正整数之间用一个空格隔开。

第 2 行只包括一个 100~120 之间(包含 100 和 120)的正整数(以厘米为单位)，表示陶陶把手伸直的时候能够达到的最大高度。

【输出格式】

一行一个整数，表示陶陶能够摘到的苹果的数目。

【输入样例】

100 200 150 140 129 134 167 198 200 111

110

【输出样例】

5

【问题分析】

定义一个一维数组记录 10 个苹果的高度，如果陶陶手伸直能够到的高度加上 30 大于或等于苹果的高度，那么这个苹果就会掉下来，则能摘到的苹果数就加一。

```
//p8-5-1
#include<iostream>
#include<cstdio>
using namespace std;
int a[11];
int main(){
    freopen("apple.in","r",stdin);
    freopen("apple.out","w",stdout);
    int *p;
    int s = 0;
    p = a;
    for(int i = 0; i < 10; i++){
        cin >> *p;
        p++;
    }
    p = new(int);
    cin >> *p;
    for(int i =0; i < 10; i++)
```

```
        if(a[i] <= *p + 30) s++;
    cout << s <<endl;
    return 0;
}
```

【程序说明】

1）程序中的“p = a;”是把数组 a 的首地址赋值给 p，p 就指向 a［0］的地址。p 所指向的内存地址即为 a［0］。通过跟踪变量可以发现，p 和 &a［0］的值是一样的，*p 和 a［0］的值是一样的，如图 8.5-5 所示。

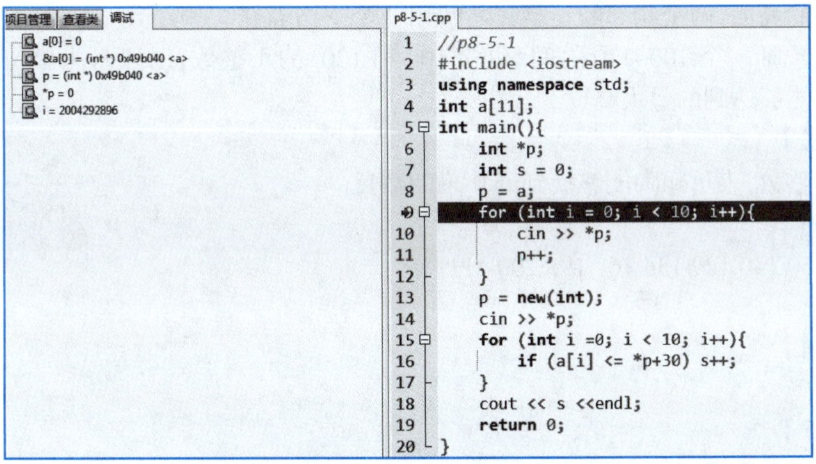

图 8.5-5 指针的跟踪

2）当 i=0 时，执行“cin >> *p;”，就是输入一个整数到 p 所指向的内存单元，即给 a［0］赋值；当执行一次 p++ 后，就是把当前 p 所指向的地址往后挪一个位置，即 a［1］的位置，由于 int 类型占 4 字节，所以 p++ 后 p 的位置就是在原来的位置上加 4。通过图 8.5-6 发现，p 和 &a［1］的值是一样的。所以，这也验证了一维数组在内存中是连续存储的。

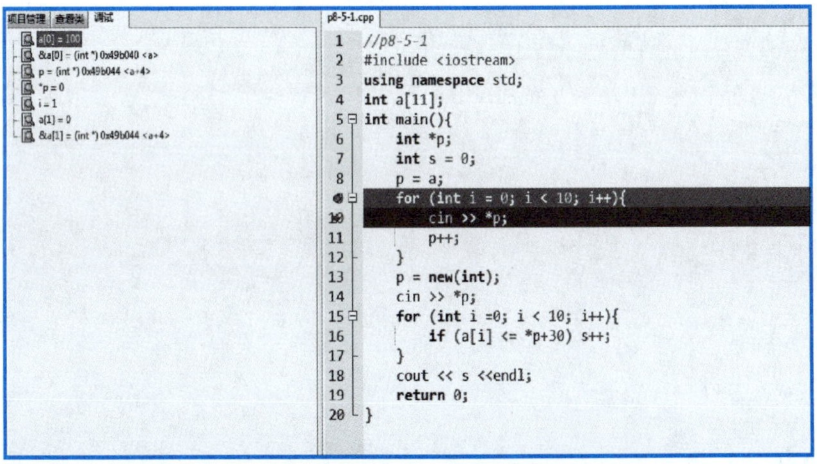

图 8.5-6 指针的加法与数组的连续存储

例 2 插入排序。(insert,1s,256MB)

【问题描述】

给出一个整数 x 和一个数列,这个数列保证从小到大排列。现在要求将这个整数 x 插入到数列中,使新的数列仍然从小到大排列。

【输入格式】

第 1 行 1 个整数 n,表示数列中数的个数。

第 2 行 n 个整数,之间用一个空格隔开,保证从小到大。

第 3 行 1 个整数 x,表示等待插入的整数。

【输出格式】

一行整数,表示新的数列。每两个数之间用一个空格隔开。

【输入样例】

4

1 3 4 5

2

【输出样例】

1 2 3 4 5

【问题分析】

由于题目中并没有明确 n 的范围,所以定义一个动态链表。从头结点开始扫描链表,找到第一个大于或等于要插入数字的位置,就把要插入的数字插在这个位置的前面。如果没有找到比插入数大或者与其相等的,则插在链表的尾部。

```
//p8-5-2
#include<iostream>
#include<cstdio>
using namespace std;
struct node{
    int num;
    node *next;                    //next 是指向 node 类型的指针类型
};
int main(){
    freopen("insert.in","r",stdin);
    freopen("insert.out","w",stdout);
    int n,x;
    node *head,*p,*q,*r;           //定义 node 的指针类型
    cin >> n;
    head = new node;               //建立链表的头结点
    head->next = NULL;
    cin >> head->num ;
    q = head;
    for(int i = 2; i <= n; i++){
        p = new node;
```

```
        p->next = NULL;
        cin >> p->num;
        q->next = p;            //q 为当前指针的前一个指针
        q = p;
    }
    cin >> x;
    p = head;
    while(p != NULL){
        if (p->num >= x) break;// 查找大于或等于 x 的位置 p
        q = p;
        p = p->next;
    }
    r = new node;  // 申请一个新地址给 r 用于存放 x 的值
    r->num = x;
    r->next = NULL;
    if(p == head){
        r->next = head;
        head = r;
    }
    else if(p == NULL){
        q->next = r;
    }
    else{
        q->next = r;
        r->next = p;
    }
    p = head;
    while(p->next != NULL){
        cout << p->num << "";
        p = p->next;
    }
    cout << p->num << endl;
    return 0;
}
```

【程序说明】

1）以样例为数据，当程序执行完“cin >> head->num;”这条语句后，计算机为 head 申请了一个内存空间，并且 head->num 得到键盘上输入的值。具体地址如图 8.5-7 所示。

2）当 i=2 时，执行完循环体内的“cin >> p->num;”这条语句，p 申请了一个新内存空间，具体地址如图 8.5-8 所示。可以看出，用指针实现单链表内存地址并不一定是连续的。

例 3 夏令营旗手。(flag，1s，256MB)

【问题描述】

一年一度的省“信息与未来”小学生夏令营活动又开始了。同往年一样，组织者又设计安

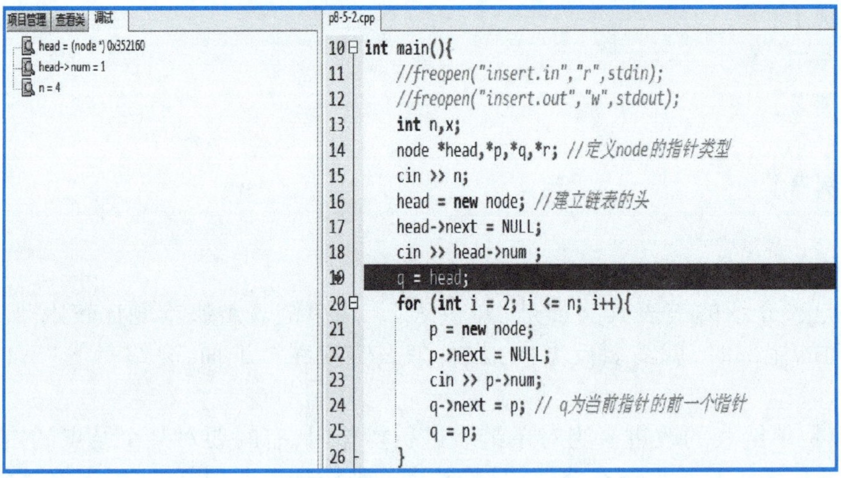

项目管理 | 查看类 | 调试

head = (node *) 0x352160
head->num = 1
n = 4

p8-5-2.cpp

```
int main(){
    //freopen("insert.in","r",stdin);
    //freopen("insert.out","w",stdout);
    int n,x;
    node *head,*p,*q,*r; //定义node的指针类型
    cin >> n;
    head = new node; //建立链表的头
    head->next = NULL;
    cin >> head->num ;
    q = head;
    for (int i = 2; i <= n; i++){
        p = new node;
        p->next = NULL;
        cin >> p->num;
        q->next = p; // q为当前指针的前一个指针
        q = p;
    }
```

图 8.5-7　指针空间的申请

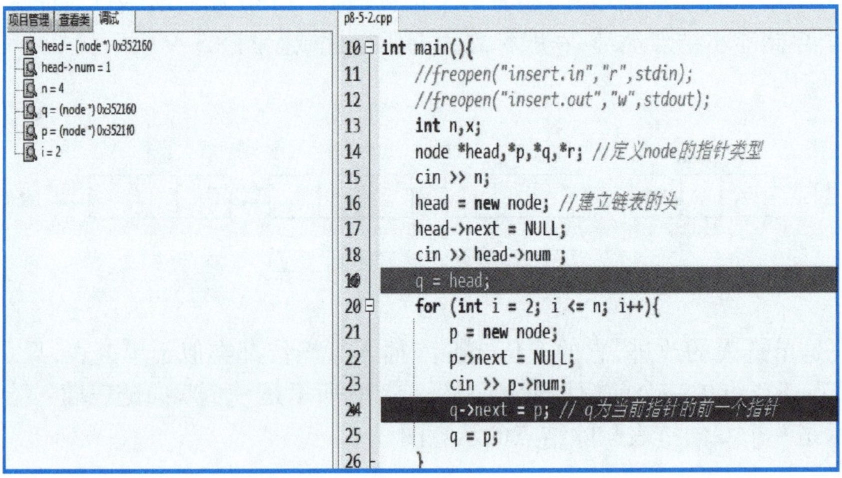

项目管理 | 查看类 | 调试

head = (node *) 0x352160
head->num = 1
n = 4
q = (node *) 0x352160
p = (node *) 0x3521f0
i = 2

p8-5-2.cpp

```
int main(){
    //freopen("insert.in","r",stdin);
    //freopen("insert.out","w",stdout);
    int n,x;
    node *head,*p,*q,*r; //定义node的指针类型
    cin >> n;
    head = new node; //建立链表的头
    head->next = NULL;
    cin >> head->num ;
    q = head;
    for (int i = 2; i <= n; i++){
        p = new node;
        p->next = NULL;
        cin >> p->num;
        q->next = p; // q为当前指针的前一个指针
        q = p;
    }
```

图 8.5-8　链表的内存地址

排了许多有趣的活动，其中第一项依然是挑选本次夏令营的旗手。由于这是一个非常具有荣誉感的角色，所以报名参加夏令营旗手角逐的营员仍然非常多，营委会于是规定：将 N 个人排成一排，编号 1~N。从第 1 人开始进行 1~M 正向报数，报到 M 的人出列，再从下一个人开始继续 1~M 报数、出列。（注意：按某个方向报数报到尾部时，再反方向继续报数）。如此进行下去，直到剩下一人为止，这个人就是本次夏令营的旗手。小明非常渴望能成为旗手，请编一个程序帮助他实现愿望，并输出小明的编号。

【输入格式】

一行两个正整数 N 和 M，2≤N，M≤300，M≤N，两个数之间用一个空格分隔。

【输出格式】

一行一个正整数，表示小明在队列中的编号。

【输入样例 1】

9 3

【输出样例 1】

8

【输入样例 2】

8 3

【输出样例 3】

8

【问题分析】

到目前为止，介绍的链表其实都是“单链表”。用单链表解决本题比较困难，因为当报数到达某个方向的尾部时，就需要反方向报数，怎么实现呢？下面，介绍一下“双向链表”这种结构。

双向链表是单链表的改进。当对单链表进行操作时，有时要对某个结点的“前驱结点”进行操作，则必须从表头开始重新查找，这是单链表的结构特点所限制的，因为单链表每个结点只有一个存储“后继结点”地址的指针域，那么能不能定义一个既存储“后继结点”地址的指针域，又存储“前驱结点”地址的指针域的“双指针域”结构呢？答案是肯定的。这就是双向链表。在双向链表中，每个结点除了数据域外，还有两个指针域。一个存储后继结点地址，一般称之为后继指针域；一个存储前驱结点地址，一般称之为前驱指针域。图 8.5-9 所示就是一个双向链表的示意图。

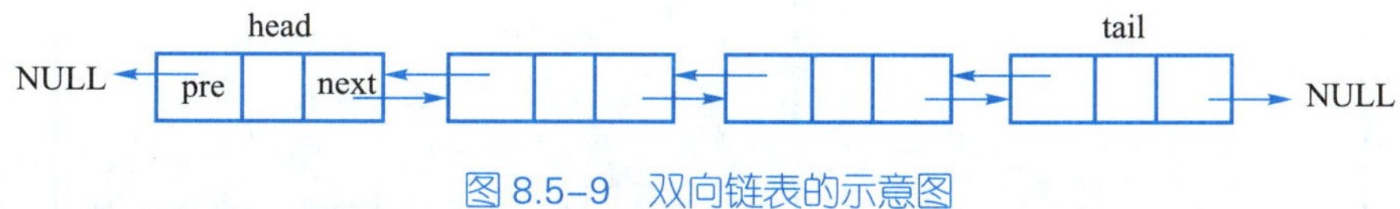

图 8.5-9　双向链表的示意图

双向链表是单链表的改进，它的遍历、删除、插入等操作都类似于单链表，只是在操作时需要考虑每个结点还要维护一个前驱指针域。图 8.5-10 所示是一个双向链表插入结点的示意图。图 8.5-11 所示是一个双向链表删除结点的示意图。

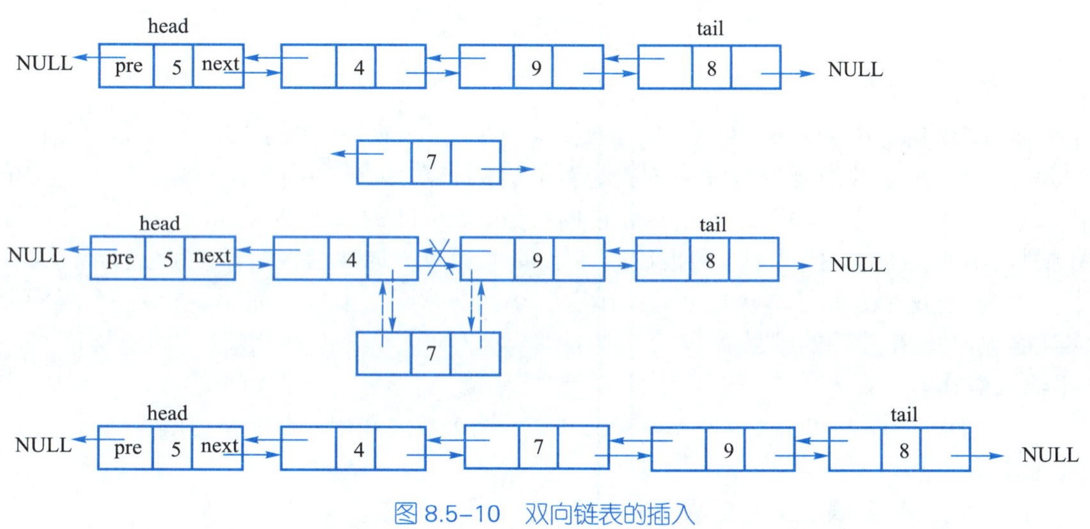

图 8.5-10　双向链表的插入

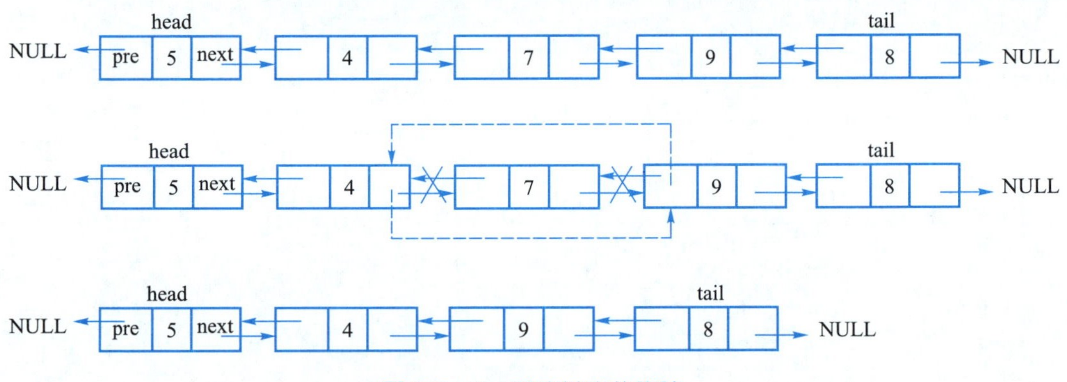

图 8.5-11 双向链表的删除

```
//p8-5-3
#include <iostream>
#include<cstdio>
using namespace std;
struct node{
    int num;
    node *pre,*next;    //双向链表指针域有一个前驱和一个后继
};
int main(){
    freopen("flag.in","r",stdin);
    freopen("flag.out","w",stdout);
    int n,m,d,s;
    node *head,*tail,*p,*q,*r;
    cin >> n >> m;
    head = new node;
    head->next = NULL;
    head->pre = NULL;
    head->num = 1;
    q = head;
    for(int i = 2; i <= n; i++){
        p = new node;
        p->pre = NULL;
        p->next = NULL;
        p->num = i;
        q->next = p;    //双向链表中尾部增加结点
        p->pre = q;
        q = p;
    }
    tail=q;
    p = head;
    s = 0;
    d = 1;
```

```
    while(head != tail){
        s++;
        if(s == m){
            s = 0;
            if(p == tail){
                tail = p->pre;
                p = tail;
                d = 2;
                continue;
            }
            if(p == head){
                    head = p->next;
                    p = head;
                    d = 1;
                    continue;
            }
            p->pre->next = p->next;// 双向链表中删除结点 p
            p->next->pre = p->pre;
        }
        if(d == 1){
            if(p == tail){
                p = p->pre;
                d = 2;
            }
            else p = p->next;
        }
        else{
            if(p == head){
                p = p->next;
                d =1;
            }
            else p = p->pre;
        }
    }
    cout << head->num << endl;
    return 0;
}
```

例 4　猴子选大王。(monkey,1s,256MB)

【问题描述】

有 n 只猴子围成一圈,编号为 1~n,打算从中选出一个大王。经过协商,决定选大王的规则如下:从第一只猴子开始循环报数,数到 k 的猴子出圈,然后从下一只猴子继续报数出圈……最后剩下来的那只猴子就是大王。

【输入格式】

一行两个正整数 n 和 k，之间用一个空格分开，$2 \leqslant n \leqslant 1000$，$2 \leqslant k \leqslant 10^9$。

【输出格式】

一行 n 个正整数，表示 n 只猴子依次出圈的编号，中间用一个空格隔开。

【输入样例】

6 4

【输出样例】

4 2 1 3 6 5

【问题分析】

定义一个"循环链表"把猴子围成一圈。然后从当前猴子开始报数，不断扫描这个链表，数到 k 的猴子就出圈，输出这只猴子的编号，然后链表中就删除这只猴子……直到剩下最后一只猴子，最后单独输出这只猴子的编号。

循环链表与单链表一样，是一种链式存储结构。所不同的是，循环链表的最后一个结点的指针是指向头结点(而不是 NULL)，从而构成一个环形的链。图 8.5-12 就是一个循环链表的示意图。

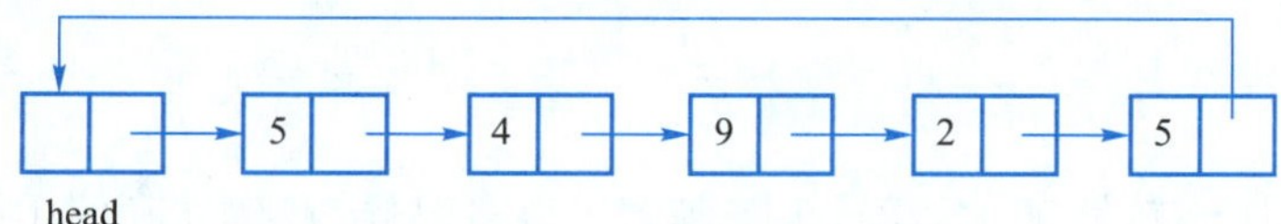

图 8.5-12 循环链表的示意图

```
//p8-5-4a
#include<iostream>
#include<cstdio>
using namespace std;
struct node{
    int num;
    node *next;           //next 是指向 node 类型的指针类型
};
int main(){
    freopen("monkey.in","r",stdin);
    freopen("monkey.out","w",stdout);
    int n,k,s;
    node *head,*p,*q;   // 定义 node 的指针类型
    cin >> n >> k;
    head = new node;    // 建立链表的头
    head->next = NULL;
    head->num = 1;
    q = head;
    for(int i = 2; i <= n; i++){
        p = new node;
        p->next = NULL;
        p->num = i;
        q->next = p;
        q = p;
```

```
    }
    q->next = head;
    p = head;
    while(p->next != p){
        s++;
        if(s == k){
            s = 0;
            cout << p->num << "";
            q->next = p->next;
            p = p->next;
        }
        else{
            q = p;
            p =p->next;
        }
    }
    cout << p->num << endl;
    return 0;
}
```

由于指针的操作比较复杂，不容易跟踪调试。很多时候，在建立和使用链表的时候会用数组来模拟。下面以本题为例，利用数组来建立一个循环链表。

```
//p8-5-4b
#include<iostream>
using namespace std;
int a[1010];
int main(){
    freopen("monkey.in","r",stdin);
    freopen("monkey.out","w",stdout);
    int n,k,s = 0,p,q;
    cin >> n >> k;
    for(int i = 1; i < n; i++)
        a[i] = i+1;
    a[n] = 1;//用数组模拟循环链表，a[i]的值就是i这个数的后续数的编号
    p = 1;
    q = n;
    while(a[p] != p){
        s++;
        if(s == k){
           s = 0;
           cout << p << " ";
           a[q] = a[p];
           p = a[p];
        }
        else{
           q = p;
```

```
            p = a[p];
        }
    }
    cout << p << endl;
    return 0;
}
```

实践巩固

1. 链表不具备的特点是（　　）。

A. 可随机访问任何一个元素　　B. 插入、删除操作不需要移动元素

C. 无需事先估计存储空间大小　　D. 所需存储空间与存储元素个数成正比

2. 线性表若采用链表存储结构，要求内存中可用存储单元地址（　　）。

A. 必须连续　　B. 部分地址必须连续

C. 一定不连续　　D. 连续不连续均可

3. 双向链表中有 llink 和 rlink 两个指针域，分别指向前驱结点及后继结点，设 p 指向链表中的一个结点，q 指向一待插入结点，现要求在 p 前插入 q，则正确的插入为（　　）。

A. p->llink = q; q->rlink = p;
p->llink->rlink = q; q->llink = p->llink;

B. q->llink = p->llink; p->llink->rlink = q;
q->rlink = p; p->llink = q->rlink;

C. q->rlink = p; p->rlink = q;
p->llink->rlink = q; q->rlink = p;

D. p->llink->rlink = q; q->rlink = p;
q->llink = p->llink; p->llink = q;

4. 有以下结构体说明和变量定义，如图 8.5-13 所示，指针 p、q、r 分别指向一个链表中的三个连续结点。

现要将 q 和 r 所指结点的先后位置交换，同时要保持链表的连续，以下程序段中错误的是（　　）。

A. q->next = r->next; p->next = r; r->next = q;

B. p->next = r; q->next = r->next; r->next = q;

C. q->next = r->next; r->next = q; p->next = r;

D. r->next = q; q->next = r->next; p->next = r;

5. 记录信息。(record, 1s, 256MB)

【问题描述】

利用动态链表输入、存储若干学生的信息，包括学号、姓名、性别、年龄、成绩，再按输入顺序倒序输出。其中，学号长度不超过 20 个字符，姓名长度不超过 40 个字符，性别为一个字母 f 或

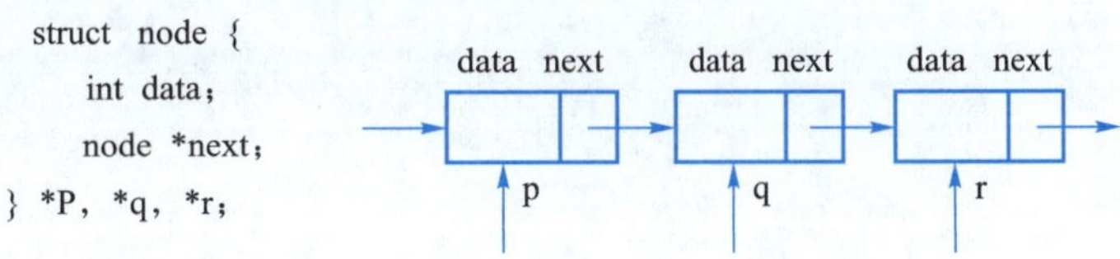

图 8.5-13 结构体说明和示意图

者 m,年龄和成绩为一个整数。

【输入格式】

若干行,每一行都是一个学生的信息。例如:20170118 zhangsan m 15 100,其中的字符都是小写字母,输入以“end”结束。

【输出格式】

将输入的内容倒序输出,每行一条记录,按照学号、姓名、性别、年龄、成绩的格式输出。

【输入样例】

20170210 zhangsan f 16 100
20170140 wangyuan m 15 98
20170118 lisi f 14 65
20170928 zhaojing m 15 99
end

【输出样例】

20170928 zhaojing m 15 99
20170118 lisi f 14 65
20170140 wangyuan m 15 98
20170210 zhangsan f 16 100

6. 排除异形基因。(gene,1s,256MB)

【问题描述】

神舟 X 号飞船在完成宇宙探险任务回到地球后,宇航员小谢感觉身体不太舒服,去医院检查,医生诊断结果:小谢体内基因已被改变,原有人体基因序列中已经被渗入外星球不明异形生物基因。可喜的是,科学家发现,这些异形基因都有一个共同的特征,就是该基因序号的二次方除以 7 的余数都是 1,现在请帮助小谢赶快清除掉这些异形基因。

【输入格式】

第 1 行 1 个整数 n,表示基因个数。

第 2 行是 n 个整数,表示小谢的基因序列。

【输出格式】

按照输入顺序,输出去除所有异形基因后的正常序列,每两个数之间用一个空格隔开。

【输入样例】

4
6 2 8 12

【输出样例】

2 12

第9单元 基本算法

第1课 进制转换

学习目标

1. 理解二进制计数原理。
2. 掌握不同进制数之间的转换原理和实现方法。
3. 学会使用进制转换的原理解决一些实际问题。

知识讲解

实际生活中，人们使用十进制计数。但是，任何信息在计算机中都是采用二进制编码表示的，有时还会用到十六进制。所以，经常需要把十进制数转换成二进制或十六进制，或者反过来，将二进制或十六进制数转换成十进制。

十进制计数原理采用“0”~“9”十个符号，运算规则为“逢十进一”，基数是十。所以，123.45可以表示成$1\times10^2+2\times10^1+3\times10^0+4\times10^{-1}+5\times10^{-2}$，其中$10^i$（i为整数）称为对应位的“权”，这种表示方式称为“按权展开式”。

类似地，二进制计数原理采用的是“0”和“1”两个符号，运算规则是“逢二进一”，基数是二。对应十进制数中的数字0~9，分别为0、1、10、11、100、101、110、111、1000、1001。所以，二进制数1001.011可以用按权展开式表示成$1\times2^3+0\times2^2+0\times2^1+1\times2^0+0\times2^{-1}+1\times2^{-2}+1\times2^{-3}$。二进制计数的缺点是位数太多，这时可以采用十六进制。一个十六进制位可以表示四个二进制位。十六进制的基数是十六，用到的符号除了十进制中的“0”~“9”外，还包括英文字母“A”~“F”，分别表示10~15，十六进制的运算规则是“逢十六进一”。如十六进制数2B3F，用按权展开式表示就是$2\times16^3+11\times16^2+3\times16^1+15\times16^0$。

显然，十进制中的数“10”和二进制中的“10”、十六进制中的“10”是不一样的。为了区分，分别表示成$(10)_{10}$、$(10)_2$、$(10)_{16}$。有时也会在一个数的后面加上英文字母D、B、H来分别表示该数是十进制数、二进制数或者十六进制数，如96D、110B、2B3FH等。

1. 进制转换的基本原理

不同进制数之间转换的基本原理就是依据其“运算规则”和“权”的含义进行乘除运算。

（1）二进制数转换成十进制数

将一个二进制数转换成十进制数的方法是将其表示成“按权展开式”，再按十进制运算规则求和。例如，$(1001.011)_2 = 1\times2^3+0\times2^2+0\times2^1+1\times2^0+0\times2^{-1}+1\times2^{-2}+1\times2^{-3}$，其表示的十进制数就是9.375。

这种方法可以扩展到任意n进制。例如，$(2B3F)_{16} = 2\times16^3+11\times16^2+3\times16^1+15\times16^0$，其表示的十进制数就是11071。

(2) 二进制数与十六进制数之间的相互转换

二进制数转换成十六进制数的方法是以小数点为准，往前、往后“四位一段”分别转换成十六进制数再求和，不满四位要补齐。例如，$(1110001111.101001)_2$ 对应的十六进制数就是38F.A4；反过来，$(-2F01.4D)_{16}$ 对应的二进制数就是 -10111100000001.01001101。

(3) 十进制数转换成二进制

十进制数转换成二进制要将整数和小数分开转换，最后再求和。整数的转换方法是：不断除以2求余数，最后反序输出；小数的转换方法是：不断乘以2，将每次得到的整数部分依次输出，并且每次都将整数部分恢复为0。例如，将十进制数39.325转换成二进制数的过程如图9.1-1所示。由于实数在计算机内部存储的是近似值，所以这个转换有可能一直不结束，只要保留到一定位数即可。所以，39.325的二进制近似值为100111.0101。

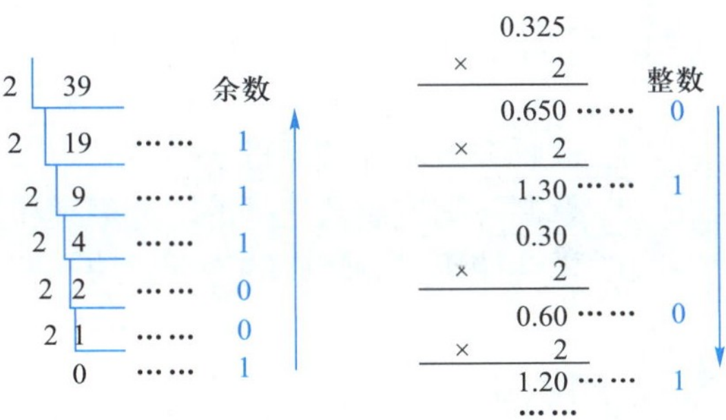

图9.1-1 十进制数转换成二进制的示意图

这种方法也可以扩展到任意n进制。例如，十进制数 -11071.5 转换成十六进制为 -2B3F.8。

2. 进制转换的应用举例

例1 进制转换。(change，1s，64MB)

【问题描述】

将任意一个n进制整数x转换成十进制。

【输入格式】

第1行1个正整数n，1<n<10；

第2行1个整数x。

【输出格式】

一行一个数，表示转换得到的十进制数，保证答案不超过2147483647。

【输入样例】

2

100110

【输出样例】

38

【问题分析】

读入n和x，根据n和x的位数，分别求出x的每一位对应的“权值”，然后穷举每一位，将它乘以该位对应的权值，累加便可得到结果。

更高效、更简洁的算法是采用“秦九韶公式”。对于样例输入，可以这样计算：$(((((1\times2)+0)\times2+0)\times2+1)\times2+1)\times2+0=38$。具体实现是采用“迭代法”，即用一个变量不断乘以 n，再加上下一位 x［i］。

```
//p9-1-1
#include<bits/stdc++.h>
using namespace std;
int main(){
    freopen("change.in","r",stdin);
    freopen("change.out","w",stdout);
    int n,ans = 0,i = 0;
    char s[32];
    scanf("%d\n",&n);
    while((s[i] = getchar()) != '\n'){
        ans = ans * n + (s[i] - 48);
        i++;
    }
    printf("%d\n",ans);
    return 0;
}
```

如果 10<n<17，则对于输入的“A”~“F”先处理成 10~15 即可。如果要转换的是 n 进制实数，可以把整数和小数部分截取出来后分别进行转换，最后再合并在一起输出。

例 2 汽车牌照。(license，1s，64MB)

【问题描述】

小 Y 最近发现街上的汽车越来越多了，作为汽车的重要标志——汽车牌照也是越来越不够用了，已经从以前的十进制发展到三十六进制了，比如以前的一个汽车牌照“苏 D88888”，现在的牌照“苏 D0YY11”。

小 Y 突发其想，想知道他看到的大量汽车牌照中最近的两个汽车牌照相差多少？

【输入格式】

若干行(不超过 500000 行)，每行为一个汽车牌照。

每个汽车牌照为一个 7 位的字符串，格式为 SD×××××，其中一个 × 表示一个 0~9 或 A~Z，所涉及的字母均为大写。

【输出格式】

一行一个数，表示最接近的两个汽车牌照之间的差值，要求为十进制数。

【输入样例】

SD12345
SD88888
SD22222
SD99999

【输出样例】

1678245

【问题分析】

可以将所有汽车牌照(三十六进制数)转换成十进制数,然后进行排序,再依次计算相邻两数的差值,打擂台保存最小值。

```
//p9-1-2
#include<bits/stdc++.h>
using namespace std;
int a[500000];
int main(){
    freopen("license.in","r",stdin);
    freopen("license.out","w",stdout);
    string str;
    int n = 0;
    while(getline(cin,str)){//while(scanf("%s",str.c_str()) != EOF){
        int t = 0;
        for(int j = 2; j < 7; j++){
            if(str[j] > 57) t = t * 36 + str[j] - 55;
            else t = t * 36 + str[j] - 48;
        }
        a[n++] = t;
    }
    n--;
    sort(a,a+n);
    int ans = a[1] - a[0];
    for(int i = 2; i < n; i++)
        if(a[i] - a[i-1] < ans) ans = a[i] - a[i-1];
    cout << ans << endl;
    return 0;
}
```

例 3 数列。(sequence,1s,64MB)

【问题描述】

给定一个正整数 k,把所有 k 的方幂及所有有限个互不相等的 k 的方幂之和构成一个递增的序列。例如,当 k=3 时,这个序列是:

1,3,4,9,10,12,13, …

请求出这个序列的第 n 项的值(用十进制数表示)。

【输入格式】

一行两个正整数 k 和 n,之间用一个空格隔开,且 3≤k≤15,10≤n≤1000。

【输出格式】

一行一个正整数。

【输入样例】

3 100

【输出样例】

981

【问题分析】

该序列实际上就是：k^0，k^1，k^0+k^1，k^2，k^0+k^2，k^1+k^2，$k^0+k^1+k^2$，…所以，只要将 n 转换成二进制数 a [i]，然后求出所有 a [i]不等于 0 的对应项 k^i 之和。

```
//p9-1-3
#include<bits/stdc++.h>
using namespace std;
int a[1000];
int main(){
    freopen("sequence.in","r",stdin);
    freopen("sequence.out","w",stdout);
    int k,n,i = 0;
    cin >> k >> n;
    do{
        a[++i] = n % 2;
        n /= 2;
    }while(n != 0);
    int x = 1;
    int ans = a[1];
    for(int j = 2; j <= i; j++){
        x *= k;
        ans += a[j] * x;
    }
    cout << ans << endl;
    return 0;
}
```

实践巩固

1. 以下四个数据组，每组三个数据，其中第一个数据为八进制数，第二个数据为十进制数，第三个数据为十六进制数。这四个数据组中三个数据相同的是(　　)。(NOIP2015 提高组初赛)

A. 120 82 50　　B. 144 100 68

C. 300 200 C8　　D. 1762 1010 3F2

2. 十进制下的无限循环小数(不包括循环节内的数字均为 0 或均为 9 的情况)，在二进制下有可能是(　　)。(NOIP2012 提高组初赛)

A. 无限循环小数(不包括循环节内的数字均为 0 或均为 1 的情况)

B. 无限不循环小数

C. 有限小数

D. 整数

3. 十进制数 11/128 可用二进制数码序列表示为(　　)。

A. 1011/1000000　　B. 1011/100000000

C. 0.001011　　D. 0.0001011

4. 现有 n 个一模一样的硬币,其中有一个硬币是伪币,比其他硬币重。现有一个没有刻度的天平,请用最少的次数找出伪币。

5. 乘法口诀表。(table,1s,64MB)

【问题描述】

输入一个自然数 N(2≤N≤16),输出 N 进制乘法口诀表。请严格按照以下格式要求输出:大写字母、右对齐,除了最左列外,每个数据项占 4 列。以下是 N=16 时的结果:

```
*   0   1   2   3   4   5   6   7   8   9   A   B   C   D   E   F
0   0
1   0   1
2   0   2   4
3   0   3   6   9
4   0   4   8   C  10
5   0   5   A   F  14  19
6   0   6   C  12  18  1E  24
7   0   7   E  15  1C  23  2A  31
8   0   8  10  18  20  28  30  38  40
9   0   9  12  1B  24  2D  36  3F  48  51
A   0   A  14  1E  28  32  3C  46  50  5A  64
B   0   B  16  21  2C  37  42  4D  58  63  6E  79
C   0   C  18  24  30  3C  48  54  60  6C  78  84  90
D   0   D  1A  27  34  41  4E  5B  68  75  82  8F  9C  A9
E   0   E  1C  2A  38  46  54  62  70  7E  8C  9A  A8  B6  C4
F   0   F  1E  2D  3C  4B  5A  69  78  87  96  A5  B4  C3  D2  E1
```

6. 完全平方回文数。(base,1s,64MB)

【问题描述】

给定一个十进制自然数的范围和进制的范围,十进制自然数范围在 1~44700 之间,进制的范围在 2~36 之间。给定范围里的数中,有些数的平方,在某进制下既是完全平方数又是回文数。本题的任务是统计给定范围内有多少个数的平方满足下列条件:仅在某一进制下既是完全平方数又是回文数。

说明:3^2=9,因为它在十进制和十一进制中都是回文数,所以 9 不能算;同样,26^2=676 也不算。

【输入格式】

一行四个整数,分别表示给定的十进制自然数的范围和进制的范围。

【输出格式】

一行一个正整数,表示给定范围内满足条件的数的个数。

【输入样例】

1 100 9 11

【输出样例】

12

【样例说明】

6^2 = 36 = 33 base 11

10^2 = 100 = 121 base 9

11^2 = 121 = 121 base 10

12^2 = 144 = 121 base 11

20^2 = 400 = 484 base 9

22^2 = 484 = 484 base 10

24^2 = 576 = 484 base 11

72^2 = 5184 = 3993 base 11

82^2 = 6724 = 10201 base 9

84^2 = 7056 = 5335 base 11

91^2 = 8281 = 12321 base 9

100^2 = 10000 = 14641 base 9

7. 罗马数字。(roma,1s,64MB)

【问题描述】

写一个程序将一个正整数转换为“罗马数字”。

假定构造罗马数字的规则如下:在罗马数字系统中,i 代表 1,v 代表 5,x 代表 10,l 代表 50,c 代表 100, d 代表 500,m 代表 1000。代表大数的符号通常出现在代表小数的符号之前,一个罗马数字的值一般是它们所代表的数之和。例如,ii 代表 2,viii 代表 8。然而,如果代表小数的符号出现在代表大数的符号之前,这两个符号的值就是它们所代表的值的差。例如,iv 代表 4,ix 代表 9,lix 代表 59。记住,在罗马数字里,不能有四个相连的符号都是相同的。例如,iv 代表 4,但是 iiii 不行。按照这样的规则,构造出的罗马数字可能不是唯一的,例如 mcmxc 和 mxm 都代表 1990。虽然程序构造出的罗马数字不需要是最短的,但是不要用 vv 代表 10,ll 代表 100,dd 代表 1000,或者 vvv 代表 15 等。

【输入格式】

一行一个正整数 x,保证 x 小于 5000。

【输出格式】

一行字符串,表示 x 的罗马数字形式。

【输入样例】

8

【输出样例】

viii

8. 八进制小数。(http://noi.openjudge.cn/ch0113/03/eight,1s,64MB)

【问题描述】

八进制有限小数均可以用十进制有限小数精确地表示。比如,八进制里面的 0.75 等于十进制里面的 0.963125 (7/8 + 5/64)。所有小数点后位数为 n 的八进制小数都可以表示成小数点后位数不多于 3n 的十进制小数。

写一个程序把(0,1)之间的八进制小数转换成十进制小数。

【输入格式】

一行一个八进制小数，形式为 $0.d_1d_2d_3\cdots d_k$，这里 d_i 是八进制数字 0~7，d_k 不等于 0，而且已知 $0<k<15$。

【输出格式】

输出如下形式的一行：$0.d_1d_2d_3\cdots d_k$ [8]=$0.D_1D_2D_3\cdots D_m$ [10]

其中：左边是输入的八进制小数，右边是相等的十进制小数。输出的小数末尾 D_m 不等于 0，注意空格(参见输出样例)。

【输入样例】

0.75

【输出样例】

0.75 [8] = 0.953125 [10]

第2课 高精度运算

学习目标

1. 体会高精度运算的应用场合。
2. 熟练掌握高精度加法和乘法运算。

知识讲解

计算机最初、也是最重要的应用就是数值运算。在编程进行数值运算时，有时会遇到运算的精度要求特别高，远远超过各种数据类型的精度范围；有时数据又特别大，远远超过各种数据类型的极限值。这种情况下，就需要进行“高精度运算”。

高精度运算首先要处理好数据的接收和存储问题，其次要处理好运算过程中的“进位”和“借位”问题。

例1 高精度加法。(hpadd，1s，64MB)

【问题描述】

输入两个1000位以内的正整数，输出它们的和。

【输入样例】

123456789
987654321

【输出样例】

1111111110

【问题分析】

用字符串的方式读入两个高精度数，转存到两个整型数组 a 和 b 中。如图 9.2–1 所示，模拟加法的过程，从低位（第 0 位）开始对应位 a [i]和 b [i]相加，同时处理进位，结果存储到另一个数组 c 中。最后，从高位到低位输出 c [i]。

```
     7 5 1 2 9 9 6 0 1 9
+              1 2 3 4 5 6
进位 0 0 0 1 1 0 0 0 1 0
     7 5 1 3 1 1 9 4 7 5
```

图 9.2–1 高精度加法示意图

```
//p9-2-1
#include<bits/stdc++.h>
using namespace std;
char sa[1010],sb[1010];
int la,lb,lc,a[1010],b[1010],c[1010];
int main(){
    scanf("%s",sa);
    scanf("%s",sb);
    la = strlen(sa);
    lb = strlen(sb);
    memset(a,0,sizeof(a));
    memset(b,0,sizeof(b));
    for(int i = 0; i < la; i++)
        a[la-i-1] = sa[i] - '0';        //读入的字符串转成数字存储
    for(int i = 0; i < lb; i++)
        b[lb-i-1] = sb[i] - '0';
    lc = la > lb ? la :  lb;
    memset(c,0,sizeof(c));
    for(int i = 0; i < lc; i++){
        c[i] = a[i] + b[i] + c[i];    //对应位相加，包括上一次运算产生的进位
        if(c[i] >= 10){               //处理进位
           c[i+1] = 1;
           c[i] -= 10;
        }
    }
    if(c[lc] > 0) lc++;               //处理最高位的进位
    for(int i = lc - 1; i >= 0; i--) printf("%d",c[i]);
    return 0;
}
```

例 2 高精度乘法。（hpmul，1s，64MB）

【问题描述】

输入两个 100 位以内的正整数，输出它们的乘积。

【输入样例】

123456789

987654321

【输出样例】

121932631112635269

【问题分析】

如图 9.2-2 所示，模拟“竖式”乘法的过程，用一个数的每一位 a [i]（从低位开始）逐位与另一个数的每一位 b [j]相乘，结果存储到 c [i+j]位，同时处理好进位。

```
        9 9 8 1 4
    ×       3 2 6
      5 9 8 8 8 4
    1 9 9 6 2 8
  2 9 9 4 4 2
  3 2 5 3 9 3 6 4
```

图 9.2-2　高精度乘法示意图

```
//p9-2-2
#include<bits/stdc++.h>
using namespace std;
char sa[101],sb[101];
int la,lb,lc,jw,f,w,a[101],b[101],c[10200];
int main(){
    scanf("%s",sa);
    scanf("%s",sb);
    la = strlen(sa);
    lb = strlen(sb);
    memset(a,0,sizeof(a));
    memset(b,0,sizeof(b));
    for(int i = 0; i < la; i++) a[la-i-1] = sa[i] - '0';
    for(int i = 0; i < lb; i++) b[lb-i-1] = sb[i] - '0';
    memset(c,0,sizeof(c));
    jw = 0;// 存储每一次乘法产生的进位
    for(int i = 0; i < la; i++){
        for(int j = 0; j < lb; j++){
            f = a[i] * b[j]; jw = f / 10; f %= 10; // 处理逐位乘，记录乘积和进位
            w = i + j; c[w] = c[w] + f;//a[i]*b[j] 的结果存储到 c[i+j]
            c[w+1] = c[w+1] + jw + c[w] / 10; // 处理进位
            c[w] %= 10;
        }
    }
    lc = la + lb;// 找到最高的非 0 位
    while(c[lc] == 0) lc--;
    if(lc < 0) printf("0\n");
    else for(int i = lc; i >= 0; i--) printf("%d",c[i]);
    return 0;
}
```

例 3　n! 的精确值。(factorial，1s，64MB)

【问题描述】

输入 n，输出 n! 的精确值，n!=1 × 2 × 3 × … × n，1<n<1000。

【输入样例】

100

【输出样例】

9332621544394415268169923885626670049071596826438162146859296389521759999322991560894146397615651828625369792082722375825118521091686400000000000000000000000

【问题分析】

假设已经计算好(n–1)!，那么，对于求 n!，就是用一个整数去乘以一个高精度数。只要用 n 乘以(n–1)! 的每一位(从低位开始)，同时不断处理进位。

```
//p9-2-3
#include<bits/stdc++.h>
using namespace std;
int n,h,a[10000];
int main(){
    scanf("%d",&n)
    memset(a,0,sizeof(a));
    a[1] = 1;// 初始化 1! 的答案为 1，从 a[1] 开始存
    h = 1;//h 表示 (i-1)! 结果的最高位
    for(int i = 2; i <= n; i++){
        for(int j = 1; j <= h; j++)
            a[j] *= i;//i 乘以 (i-1)! 结果的每一位
        for(int j = 1; j <= h; j++){// 统一处理进位
            if(a[j] >= 10){
                a[j+1] += a[j] / 10;
                a[j] %= 10;
            }
        }
        while(a[h+1] > 0){// 处理最高位产生的进位
            h++;
            a[h+1] = a[h] / 10;
            a[h] %= 10;
        }
        if(a[h+1] > 0) h++;
    }
    for(int i = h; i > 0; i--) printf("%d",a[i]);
    return 0;
}
```

例 4　n/m 的精确值。(division，1s，64MB)

【问题描述】

输入 n 和 m，输出 n 除以 m 的精确值。假设 n 和 m 在 int 范围以内，结果精确到小数点后 100 位。

【输入样例】

355 113

【输出样例】

3.1415929203539823008849557522123893805309734513274336283185840707964601769911504424778761061946902654

【问题分析】

```
     3. 7 5
8 √ 3 0
    2 4
      6 0
      5 6
        4 0
        4 0
          0
```

图 9.2-3 高精度除法示意图

如图 9.2-3 所示，模拟数学中的“短除法”。由数学知识可知，除法运算中被除数、除数和商、余数的关系为：

新的被除数 = 10 × 余数

商 = 被除数 / 除数

余数 = 被除数 % 除数

```
//p9-2-4
#include<bits/stdc++.h>
using namespace std;
int n,m,b[100],s[100],y[100];
int main(){
    cin >> n >> m;
    b[0] = n; s[0] = n / m; y[0] = n % m;
    cout << s[0];
    if(y[0] != 0) cout << ".";
    for(int i = 1; i <= 100; i++){
        if(y[i-1] == 0) break;
        b[i] = y[i-1] * 10;
        s[i] = b[i] / m;
        cout << s[i];
        y[i] = b[i] % m;
    }
    cout << endl;
    return 0;
}
```

实践巩固

1. hanoi 双塔问题。(NOIP2007 普及组复赛，hanoi，1s，64MB)

【问题描述】

给定 A、B、C 三根足够长的细柱，在 A 柱上放有 2n 个中间有孔的圆盘，共有 n 个不同的尺寸，每个尺寸都有两个相同的圆盘。注意，这两个圆盘是不加区分的(图 9.2-4 所示为 n=3 的情形)。现要将这些圆盘移到 C 柱上，在移动过程中可放在 B 柱上暂存。要求：

(1) 每次只能移动一个圆盘；

(2) A、B、C 三根细柱上的圆盘都要保持上小下大的顺序。

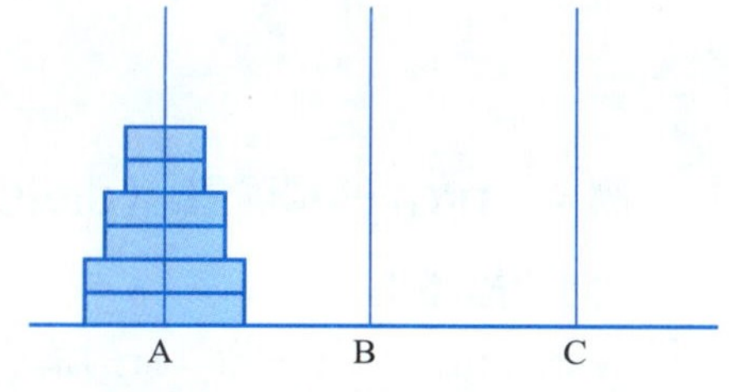

图 9.2-4 Hanoi 双塔示意图

任务：设 A_n 为 2n 个圆盘完成上述任务所需的最少移动次数，对于输入的 n，输出 A_n。

【输入格式】

一行一个正整数 n，表示在 A 柱上放有 2n 个圆盘。

【输出格式】

一行一个正整数，为完成上述任务所需的最少移动次数 A_n。

【输入样例】

2

【输出样例】

6

【数据规模】

对于 50% 的数据满足：$1 \leq n \leq 25$。

对于 100% 的数据满足：$1 \leq n \leq 200$。

2. 天使的宣誓。(angel，1s，64MB)

【问题描述】

小林非常幸运地被选为掌管智慧之匙的天使。在正式任职之前，她必须和其他新当选的天使一样宣誓。宣誓仪式是每位天使各自表述自己的使命，她们的发言稿被放在 N 个呈圆形排列的宝盒中。这些宝盒按顺时针方向被编上号码 1，2，3，…，N。一开始，天使们站在编号为 N 的宝盒旁。她们各自手上都有一个数字，代表她们自己的发言稿所在的盒子是从 1 号盒子开始按顺时针方向的第几个。例如有 7 个盒子，如果小林手上的数字为 9，那么她的发言稿所在的盒子就是第 2 个。现在天使们开始按照自己手上的数字来找发言稿，先找到的就可以先发言。小林一下子就找到了，于是她最先上台宣誓："我将带领大家开启 NOI 之门……" 小林宣誓结束以后，陆续有天使上台宣誓。可是，有一位天使找了好久都找不到她的发言稿，原来她手上的数字 M 非常大，她转了好久都找不到她想找的宝盒。请帮助这位天使找到她想找的宝盒的编号。

【输入格式】

一行两个正整数，分别表示 N 和 M，满足：$2 \leq N \leq 10^8$，$2 \leq M \leq 10^{1000}$。

【输出格式】

一行一个整数，表示所求宝盒的编号。

【输入样例 1】

7 9

【输出样例 1】

2

【输入样例 2】

11 108

【输出样例 2】

9

3. 函数。(function，1s，64MB)

【问题描述】

数学课上老师定义了一个函数 $f(n)=\frac{1}{2}+\frac{1}{3}+\cdots+\frac{1}{n}+\frac{1}{n+1}$，现在给出一个浮点数 c，求使得

$f(n) \geq c$ 的最小的整数 n。

【输入格式】

多组测试数据，每组包含一个浮点数 c。特别地，c=0.0 表示结束。

【输出格式】

对于每组测试数据，输出一个整数 n。

【输入样例】

1.00

3.71

0.04

5.19

0.00

【输出样例】

3

61

1

273

【数据规模】

对 100% 的数据满足：$c \leq 5.2$，测试数据不超过 10 组。

4. 大学英语水平测试。(cet, 1s, 64MB)

【问题描述】

CET 是 College English Test 的缩写，也就是常说的大学英语水平测试。CET-4 和 CET-6 就是常说的全国大学生英语四、六级考试。CET 考试中的选择题目占题目总量的比例很大。小林参加了今年的 CET-6 考试，考试总有 n 道题目，他对每道选择题的 4 个选项的选取是基于一定的概率。比如 A、B、C、D 这 4 个选项被他选中的概率分别为 p_1, p_2, p_3, p_4，其中 $p_1 \geq 0, p_2 \geq 0, p_3 \geq 0, p_4 \geq 0, p_1+p_2+p_3+p_4=1$，而如果正确答案为 B，他做对这道题目的概率为 p_2。小林想知道他全对的概率有多大。

【输入格式】

第 1 行 1 个正整数 $n(1 \leq n \leq 100)$，表示选择题的数量。

第 2 行是每道题目的正确答案(大写字母)。

第 3~n+2 行，每行包括 4 个概率数字，以一个空格隔开，格式为 x%，表示 A、B、C、D 这 4 个选项被选中的概率 $(0 \leq x \leq 100)$。

【输出格式】

如果概率为 0，则输出 0；如果概率为 1，则输出 1；其他概率请输出其精确值(即输出所有的有效数字，忽略有效数字后的 0)。

【输入样例】

5

ABBAC

50% 20% 13% 37%

20% 10% 11% 59%

0% 100% 0% 0%

99% 1% 0% 0%
50% 0% 50% 0%

【输出样例】
0.02475

第 3 课　模拟

学习目标

1. 熟练应用模拟法解决一些实际问题。
2. 体验模拟法的审题分析和细节测试。

知识讲解

在信息学奥赛中，有一类问题是模拟一个游戏的对弈过程，或者模拟一项任务的操作过程，进行统计计分、判断输赢等。这些问题很难建立数学模型用特定算法解决，一般只能采用“模拟”法。用模拟法解题必须关注以下几个问题：审题要仔细，游戏规则不能错；分析要全面，各种特例不能漏；编程要细心，测试运行要到位。

例 1　蚱蜢。(grasshopper，1s，64MB)

【问题描述】

有一天，一只蚱蜢像往常一样在草地上愉快地跳跃，它发现了一条写满了英文字母的纸带。蚱蜢只能在元音字母（A、E、I、O、U、Y）间跳跃，一次跳跃所需的能力是两个位置的差。纸带所需的能力值为蚱蜢从纸带开头的前一个位置根据规则跳到纸带结尾的后一个位置的过程中能力的最大值。

蚱蜢想知道跳跃纸带所需的能力值（最小）是多少。如图 9.3-1 所示的纸带所需的能力值（最小）是 4。

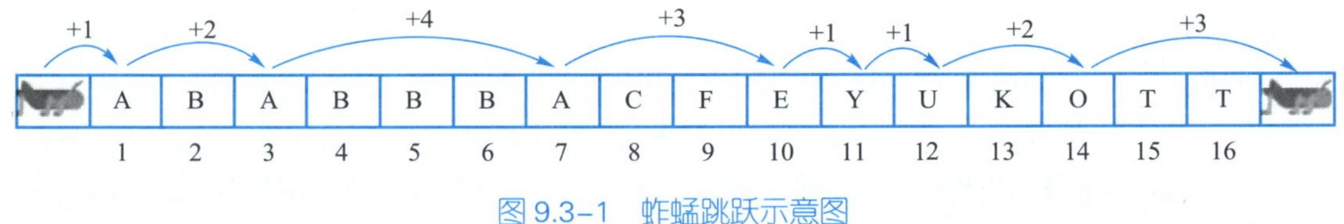

图 9.3-1　蚱蜢跳跃示意图

【输入格式】

一行一个字符串，字符串长不超过 100。

【输出格式】

一行一个整数，代表（最小）能力值。

【输入样例】

KMLPTGFHNBVCDRFGHNMBVXWSQFDCVBNHTJKLPMNFVCKMLPTGFHNBVCDRF-GHNMBVXWSQFDCVBNHTJKLPMNFVC

【输出样例】

85

【问题分析】

从头到尾枚举纸带的每一个字母，按照规则模拟蚱蜢在元音字母之间跳跃的过程，打擂台记录能力值。

```
//p9-3-1
#include<bits/stdc++.h>
using namespace std;
int main(){
    freopen("grasshopper.in","r",stdin);
    freopen("grasshopper.out","w",stdout);
    string a;
    cin >> a;
    int ans = 0,pre = 0;
    for(int i = 0; i < a.length(); i++){
        if(a[i] == 'A' || a[i] == 'E' || a[i] == 'I'
            || a[i] == 'O' || a[i] == 'U' || a[i] == 'Y'){
                if(ans <= (i + 1 - pre)) ans = (i + 1 - pre);
                pre = i + 1;
        }
    }
    if(ans <= (a.length() + 1 - pre)) ans = a.length() + 1 - pre;
    cout << ans << endl;
    return 0;
}
```

例2 遭遇战。(fight,1s,64MB)

【问题描述】

小林和小华在一个 n×n 的矩形方格里玩游戏，矩形左上角为(0,0)，右下角为(n-1,n-1)。两人同时进入地图的随机位置，并以相同速度进行走位。为了隐蔽性，两人都不会再走自己走过的格子。如果两人向某一方向前进，那么他们会跑到不能跑为止，当不能跑的时候，小林会向右转，小华则会向左转，如果不能跑，则不再动。现在已知两人进入地图的初始位置和方向，请算出两人遭遇的位置。

【输入格式】

第1行1个正整数 t，表示测试数据组数，1≤t≤10。

接下来的 t 组数据，每组数据的第1行包含1个整数 n，1≤n≤1000。

第2行包含3个整数 x、y 和 d，表示小林的初始位置和一开始跑的方向。其中，d=0 表示东；

d=1 表示南；d=2 表示西；d=3 表示北。

第 3 行与第 2 行格式相同，但描述的是小华。

【输出格式】

输出 t 行，若会遭遇，则包含两个整数，表示他们第一次相遇格子的坐标，否则输出“–1”。

【输入样例】

2
2
0 0 0
0 1 2
4
0 1 0
3 2 0

【输出样例】

–1
1 3

【问题分析】

设置两个布尔型数组，分别记录模拟每个人走过的格子。如果两人没有相遇并且还可以跑，就让他们按照规则一直跑下去。

```
//p9-3-2
#include<bits/stdc++.h>
const int MAXN = 1010;
const int dx[] = {0,1,0,-1},dy[] = {1,0,-1,0};
bool v1[MAXN][MAXN],v2[MAXN][MAXN];

void work(){
    bool c1 = true,c2 = true;
    int n,x1,y1,d1,x2,y2,d2;
    scanf("%d%d%d%d%d%d%d",&n,&x1,&y1,&d1,&x2,&y2,&d2);
    ++x1,++y1,++x2,++y2;
    memset(v1,true,sizeof(v1));
    memset(v2,true,sizeof(v2));
    for(int i = 1; i <= n; ++i)
        for(int j = 1; j <= n; ++j)
            v1[i][j] = v2[i][j] = false;
    if(x1 == x2 && y1 == y2){
        printf("%d %d\n",x1 - 1,y1 - 1);
        return;
    }
    v1[x1] [y1] = v2[x2] [y2] = true;
    while(c1 || c2){
        if(c1){
            int tx1 = x1 + dx[d1],ty1 = y1 + dy[d1];
```

```
            if(v1[tx1][ty1]){
                d1 = (d1 + 1) & 3;
                tx1 = x1 + dx [d1]; ty1 = y1 + dy[d1];
                if(v1[tx1][ty1]) c1 = false;
                else{x1 = tx1;y1 = ty1;}
            }
            else{x1 = tx1;y1 = ty1;}
        }
        if(c2){
            int tx2 = x2 + dx[d2],ty2 = y2 + dy[d2];
            if(v2[tx2][ty2]){
                d2 = (d2 + 3) & 3;
                tx2 = x2 + dx[d2]; ty2 = y2 + dy[d2];
                if(v2[tx2][ty2]) c2 = false;
                else{x2 = tx2; y2 = ty2;}
            }
            else{x2 = tx2; y2 = ty2;}
        }
        v1[x1][y1] = v2[x2][y2] = true;
        if (x1 == x2 && y1 == y2){
            printf("%d %d\n",x1 - 1,y1 - 1);
            return;
        }
    }
    printf("-1\n");
}

int main(){
    freopen("fight.in","r",stdin);
    freopen("fight.out","w",stdout);
    int t;
    scanf("%d",&t);
    while (t--) work();
    return 0;
}
```

例3 乒乓球。(NOIP2003 普及组复赛,table,1s,64MB)

【问题描述】

国际乒联立志推行一系列改革,以推动乒乓球运动在全球的普及。其中 11 分制改革引起了很大的争议,有一部分球员因为无法适应新规则只能选择退役。华华就是其中一位,他退役之后走上了乒乓球研究工作,意图弄明白 11 分制和 21 分制对选手的不同影响。在开展研究之前,他首先需要对自己多年比赛的统计数据进行一些分析,所以需要一些帮忙。

华华通过以下方式进行分析,首先将比赛每个球的胜负列成一张表,然后分别计算在 11 分制和21分制下，双方的比赛结果（截至记录末尾）。

比如，现在有这么一份记录，（其中W表示华华获得一分，L表示华华对手获得一分）：WWWWWWWWWWWWWWWWWWWWWWLW。在11分制下，此时比赛的结果是华华第一局11比0获胜，第二局11比0获胜，正在进行第三局，当前比分1比1。而在21分制下，此时比赛结果是华华第一局21比0获胜，正在进行第二局，比分2比1。如果一局比赛刚开始，则此时比分为0比0。

本题就是要对于一系列比赛信息的输入（WL形式），输出正确的结果。

【输入格式】

输入文件包含若干行字符串（每行至多20个字母），字符串由大写的W、L和E组成。其中E表示比赛信息结束，程序应该忽略E之后的所有内容。

【输出格式】

输出由两部分组成，每部分有若干行，每一行对应一局比赛的比分（按比赛信息输入顺序）。其中第一部分是11分制下的结果，第二部分是21分制下的结果，两部分之间由一个空行分隔。

【输入样例】

WWWWWWWWWWWWWWWWWWWWWWLW
WWLWE

【输出样例】

11：0
11：0
1：1

21：0
2：1

【问题分析】

读入字符串，分别按照11分制和21分制下的规则模拟比赛进行计分输出。

```
//p9-3-3
#include<bits/stdc++.h>
using namespace std;
int main(){
    freopen("table.in","r",stdin);
    freopen("table.out","w",stdout);
    string com;
    int a[10000] = {0},b[10000] = {0},k = 0;//11分制
    int a2[10000] = {0},b2[10000] = {0},k2 = 0;//21分制
    while(true){
        cin >> com;
        bool Ed=false;
        for(int i = 0; i <= com.length(); i++){
            if(com[i]=='E') {Ed=true; break;}
            if(com[i] == 'W'){
                a[k]++;
```

```
            if((a[k] == 11 && b[k] <= 9)
                || (a[k] > 11 && b[k] <= a[k]-2)) k++;
            a2[k2]++;
            if((a2[k2] == 21 && b2[k2] <= 19)
                || (a2[k2] > 21 && b2[k2] <= a2[k2]-2)) k2++;
        }
        if(com[i] == 'L'){
            b[k]++;
            if((b[k] == 11 && a[k] <= 9)
                || (b[k] > 11 && a[k] <= b[k]-2)) k++;
            b2[k2]++;
            if((b2[k2] == 21 && a2[k2] <= 19)
                || (b2[k2] > 21 && a2[k2] <= b2[k2]-2)) k2++;
        }
    }
    if(Ed) break;
  }
  for(int i = 0;i <= k; i++) cout << a[i] << ":" <<b[i] << endl;
  cout << endl;
  for(int i = 0;i <= k2; i++) cout << a2[i] << ":" <<b2[i] << endl;
  return 0;
}
```

例4 保龄球。(bowling,1s,64MB)

【问题描述】

打保龄球是用一个滚球去打击十个站立的柱,将柱击倒。一局分十轮,每轮可滚球一次或多次,以击倒的柱数为依据计分。一局得分为十轮得分之和,而每轮的得分不仅与本轮滚球情况有关,还可能与后续一两轮的滚球情况有关。即某轮某次滚球击倒的柱数不仅要计入本轮得分,还可能会计入前一两轮得分。具体的滚球击柱规则和计分方法如下:

(1) 若某一轮的第一次滚球就击倒全部十个柱,则本轮不再滚球(若是第十轮则还需另加两次滚球,不妨称其为第十一轮和第十二轮,并不是所有的情况都需要滚第十一轮和第十二轮球)。该轮得分为本次击倒柱数10与以后两次滚球所击倒柱数之和。

(2) 若某一轮的第一次滚球未击倒十个柱,则可对剩下未倒的柱再滚球一次。如果这两次滚球击倒全部十个柱,则本轮不再滚球(若是第十轮则还需另加一次滚球),该轮得分为这两次共击倒柱数10与以后一次滚球所击倒柱数之和。

(3) 若某一轮两次滚球未击倒全部十个柱,则本轮不再继续滚球,该轮得分为这两次滚球击倒的柱数之和。

总之,若某一轮中一次滚球或两次滚球击倒十个柱,则本轮得分是本轮首次滚球开始的连续三次滚球击倒柱数之和(其中有一次或两次不是本轮滚球)。若一轮内二次滚球击倒柱数不足十个,则本轮得分即为这两次击倒柱数之和。下面以实例说明如下:

轮	1	2	3	4	5	6	7	8	9	10	11	12
击球情况	/	/	/	72	9/	81	8/	/	9/	/	8/	

各轮得分	30	27	19	9	18	9	20	20	20	20
累计总分	30	57	76	85	103	112	132	152	172	192

现在请编写一个保龄球计分程序，用来计算并输出最后的总得分。

【输入格式】

输入一行，为前若干轮滚球的情况，每轮滚球用一到两个字符表示，每一个字符表示一次击球，字符“/”表示击倒当前球道上的全部的柱，否则用一个数字字符表示本次滚球击倒的当前球道上的柱的数目，两轮滚球之间用一个空格隔开。

【输出格式】

输出一行一个整数，代表最后的得分。

【输入样例1】

/ / / 72 9/ 81 8/ / 9/ / 8/

【输出样例1】

192

【输入样例2】

90 90 / 9/ 81 / / / 72 / /0

【输出样例2】

170

【输入样例3】

/ / / 72 9/ 81 8/ / 9/ 15

【输出样例3】

169

【问题分析】

本题的难点在于每一次、每一轮滚球的分数不能立刻算出，可能依赖于后面1~2轮，所以需要多次积分。

```
//p9-3-4
#include<bits/stdc++.h>
using namespace std;
string com[13];
int t,score = 0;

int f(char c){
    if(c == '/') return 10;
    else return  int(c) - int('0');
}
int fs(int i){
    string st = com[i],st2 = com[min(i + 1,t)],st3 = com[min(i + 2,t)];
    int ans;
    if(st[0] != '/' && st[1] != '/') ans = f(st[0]) + f(st[1]);
    else{
        if(st[0] == '/'){
            if(st2[0] == '/' && st2.size() == 1) ans = 20 + f(st3[0]);
```

```
            else ans = 10 + min(10 ,f(st2[0]) + f(st2[1]));
        }
        else ans = 10 + f(st2[0]);
    }
    return ans;
}

int main(){
    freopen("bowling.in","r",stdin);
    freopen("bowling.out","w",stdout);
    for(t = 1; t <= 10; t++) cin >> com[t];
    if(com[10][0] == '/'){
        cin >> com[11];
        t++;
        if(com[11].size() == 1){cin >> com[12]; t++;}
    }
    else if(com[10].size()>1)
        if(com[10][1] == '/') cin >> com[11];
    for(int i = 1; i <= 10; i++) score += fs(i);
    cout << score << endl;
    return 0;
}
```

实践巩固

1. 俄罗斯方块。(stone，1s，128MB)

【问题描述】

首先把经典的俄罗斯方块游戏简化一下：方块有顺序地从屏幕顶端掉下至底部，当碰到障碍物或底部时将停下，同时变成新的障碍物。游戏规则规定，只能在方块下落停止前决定下落时的横向位置，使这个方块变成障碍物后的高度最低，且如果有几种横向位置使这个方块变成障碍物后的高度最低时，取最左边的横向位置下落。图 9.3-2 为俄罗斯方块样例示意图。

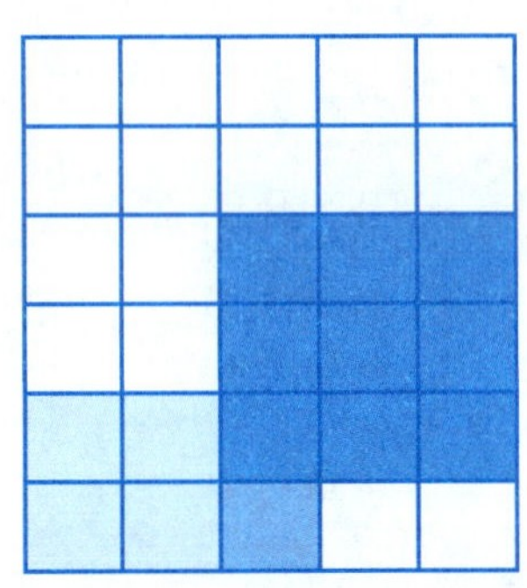

图 9.3-2　俄罗斯方块样例示意图

【输入格式】

第 1 行有 2 个整数，表示方块数 n 和屏幕宽度 w，之间用 1 个空格分隔。

第 2 行 ~i+1 行，每行 1 个整数，为第 i 个方块的边长 a。

【输出格式】

输出一个整数，表示最后障碍物的最高点高度。

【输入样例】

3 5

2

1

3

【输出样例】

4

【数据规模】

对于 100% 的数据满足：1≤w≤20，1≤a≤w，1≤n≤100。

2. 冰壶比赛。(curling，1s，128MB)

【问题描述】

在冰壶比赛中，给出一个目标点 P 以及一个规定的正整数 r。每一局由甲和乙两队轮流投冰壶各 8 次后，该局比赛结束。此时，哪一方的冰壶最终离目标点 P 更近，该方得分，另一方不得分。得分方每颗离目标点 P 距离小于或等于 r、位置较另一队所有冰壶都更接近目标点 P 的冰壶都可以得 1 分。

比赛最多进行 10 局。双方之间的某局比赛结束后，落后一方可以弃权。此时，比赛不再进行下去。

已知每一局结束时，双方的每个冰壶离目标点 P 的距离以及正整数 r，请写一个程序判断两队之间每一局比赛的得分，以及总得分。

【输入格式】

第 1 行 1 个正整数 r。

以下有若干行(不超过 20 行)，每一行 8 个正整数(之间以一个空格分隔)。

第 2 行的第 j 个数表示第 1 局比赛结束时，甲方的第 j 个冰壶距离目标点 P 的距离；

第 3 行的第 j 个数表示第 1 局比赛结束时，乙方的第 j 个冰壶距离目标点 P 的距离；

……

第 2k 行的第 j 个数表示第 k 局比赛结束时，甲方的第 j 个冰壶距离目标点 P 的距离；

第 2k+1 行的第 j 个数表示第 k 局比赛结束时，乙方的第 j 个冰壶距离目标点 P 的距离；

如果有一方中途弃权，则最后一行(偶数行)只有一个整数 -1，表示此时发生弃权情况。

【输出格式】

输出若干行，每行两个整数，中间以一个冒号分隔，表示每一局比赛甲乙双方的比分(甲得分在前)。最后一行有 2 个整数，中间以一个冒号分隔，表示甲乙双方比赛的最终得分(甲得分在前)。

【输入样例 1】

```
8
5 20 18 19 3 15 13 3
20 2 17 12 5 18 10 11
20 3 4 1 2 11 9 2
1 15 19 9 8 14 11 10
15 2 10 1 19 14 3 18
15 17 21 19 24 32 19 26
-1
```

【输出样例 1】

```
0 : 1
0 : 0
```

3：0

3：1

【输入样例 2】

8

5 20 18 19 3 15 13 3

20 2 17 12 5 18 10 11

20 3 4 1 2 11 9 2

1 15 19 9 8 14 11 10

15 2 10 1 19 14 3 18

15 17 21 19 24 32 19 26

5 1 14 13 15 2 3 11

14 7 5 19 10 12 6 9

3 14 9 8 4 8 3 10

14 6 9 4 8 2 1 5

9 8 1 2 8 8 7 18

16 8 20 19 3 1 10 5

2 13 19 2 18 9 18 3

6 5 5 20 6 17 2 18

17 3 20 6 9 3 17 17

20 10 8 12 19 19 18 20

15 18 4 18 17 14 5 16

6 14 8 14 19 7 13 7

15 9 2 8 20 3 10 14

【输出样例 2】

0：1

0：0

3：0

3：0

0：2

0：0

0：0

3：0

2：0

0：0

11：3

【样例说明】

在样例 1 和样例 2 中：

第 1 局比赛时，甲方离目标点 P 的最近距离为 3，乙方离目标点 P 的最近距离为 2，乙方得分。乙比甲方的 3 更小的值只有 1 个（值为 2 壶），因此乙方得 1 分。

第 2 局比赛时，甲方离目标点 P 的最近距离为 1，乙方离目标点 P 的最近距离为 1，双方均不得分。

第 3 局比赛时,甲方离目标点 P 的最近距离为 1,乙方离目标点 P 的最近距离为 15,甲方得分。甲比乙方的 15 小的值有 5 个(2、10、1、14、3),但小于或等于 r=8 的值只有 3 个(2、1、3),因此甲得 3 分。

样例 1 只进行了 3 局,总得分为 3 : 1,样例 2 所有 10 局比赛进行完,总得分为 11 : 3。

【数据规模】

对于 70% 的数据满足:双方均不弃权,比赛进行 10 局。

对于 100% 的数据满足:每只冰壶距离目标点 P 的距离不超过 100。

3. 折纸。(paper,1s,64MB)

【问题描述】

小林喜欢画画。他有一张 width × heigh 的纸,他在纸上的操作步骤如下:从直线 x=xfold 对折(是把左边的纸折到右边上面);把纸竖直对折成 cnt+1 等份,就是把最上面的折到下面,共操作 cnt 次。现在小林画一个实心矩形,左下角的坐标是(x1,y1),右上角坐标是(x2,y2)。注意(x1,y1)和(x2,y2)是把纸折完之后的坐标,(0,0)是左下角坐标,小林画的那些格子的墨水都会渗到它对应的下层的那些格子。最后再次展开纸。

例如,如图 9.3-3 所示,小林有一张 5 × 6 的纸,他把直线 x=2 左边的纸折到右边去,cnt=2,则把纸竖直对折成 3 份。然后画一个矩形(白色),左下角坐标是(1,1),右上角坐标是(3,2)。再次展开得到最后一张图。

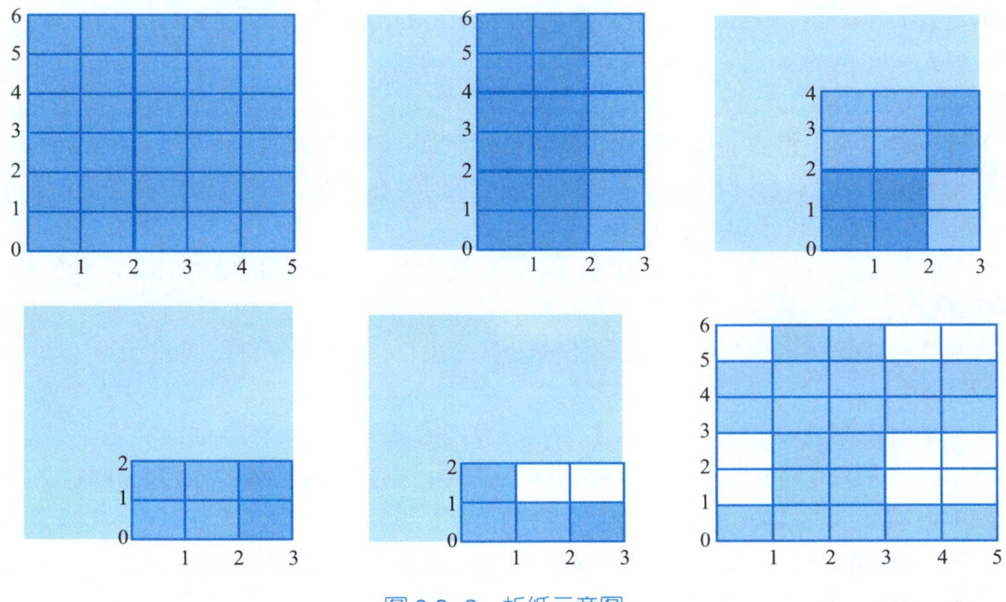

图 9.3-3 折纸示意图

现给出纸的 width、height、xfold、cnt、x1、y1、x2、y2,请问画完之后,还有多少个格子是没有被渗到颜色的。

【输入格式】

第一行 K,表示有 K 组测试数据,1≤K≤5。

每组测试数据一行,共 8 个整数:width、height、xfold、cnt、x1、y1、x2、y2。其中:1≤width, height≤10^9,0≤xfold≤width,0≤cnt≤1000,cnt+1 能被 height 整除,0≤x1<x2≤max(xfold,width−

xfold), 0≤y1<y2≤height/(cnt+1)。

【输出格式】

输出 K 行，每行一个整数，表示画完之后还有多少个格子没有被渗到颜色。

【样例输入】

1

5 6 2 2 1 1 3 2

【样例输出】

21

4. 完美洗牌术。(stack, 1s, 128MB)

【问题描述】

在一个大城市中有很多赌场。在其中一个赌场中，发牌员会作弊。她拥有若干种完美的洗牌方法，每种方法都能保证洗牌后所有牌按照一种预先设计好的顺序排列。例如，"底牌"洗牌法就是将最下面的牌移到最上面。当把各种洗牌法组合起来时，这位发牌员几乎能将一副牌洗成她想要的任何一种顺序。

现有一份发牌员的洗牌法清单以及能分辨出任何情况下她所使用的洗牌法的视觉线索。本题的要求是预测洗牌后的各张扑克牌的排列顺序。

一副标准的牌包括 52 张牌，分 13 种点数和 4 种花色。点数用 2、3、4、5、6、7、8、9、10、Jack、Queen、King、Ace 表示；花色用 Clubs、Diamonds、Hearts、Spades 表示。每张牌都可通过点数和花色唯一确定，用 <value> of <suit> 表示。例如"9 of Hearts"或者"King of Spades"。在本题中，一副新的纸牌先按花色的首字母，然后按点数从小到大排列。

【输入格式】

第 1 行包含 1 个正整数 n≤100，代表发牌员所掌握的洗牌法数目。

接下来有 n 组整数，每一组都是 1~52 的某种排列。在该排列中，整数 i 在位置 j 表示洗牌前的第 i 张牌在洗牌后位于第 j 张。

接下来有若干行，每一行都是一个 1~n 之间的整数 k，表示发牌员使用了第 k 种洗牌法。

【输出格式】

输出洗牌完成后整副牌的排列方式，格式参见输出样例，严格字符串匹配。

【输入样例】

2

2 1 3 4 5 6 7 8 9 10 11 12 13 14 15 16 17 18 19 20 21 22 23 24 25 26 27 28 29 30 31 32 33 34 35 36 37 38 39 40 41 42 43 44 45 46 47 48 49 50 52 51

52 2 3 4 5 6 7 8 9 10 11 12 13 14 15 16 17 18 19 20 21 22 23 24 25 26 27 28 29 30 31 32 33 34 35 36 37 38 39 40 41 42 43 44 45 46 47 48 49 50 51 1

1

2

【输出样例】

King of Spades

2 of Clubs

4 of Clubs

5 of Clubs
6 of Clubs
7 of Clubs
8 of Clubs
9 of Clubs
10 of Clubs
Jack of Clubs
Queen of Clubs
King of Clubs
Ace of Clubs
2 of Diamonds
3 of Diamonds
4 of Diamonds
5 of Diamonds
6 of Diamonds
7 of Diamonds
8 of Diamonds
9 of Diamonds
10 of Diamonds
Jack of Diamonds
Queen of Diamonds
King of Diamonds
Ace of Diamonds
2 of Hearts
3 of Hearts
4 of Hearts
5 of Hearts
6 of Hearts
7 of Hearts
8 of Hearts
9 of Hearts
10 of Hearts
Jack of Hearts
Queen of Hearts
King of Hearts
Ace of Hearts
2 of Spades
3 of Spades
4 of Spades
5 of Spades
6 of Spades

7 of Spades
8 of Spades
9 of Spades
10 of Spades
Jack of Spades
Queen of Spades
Ace of Spades
3 of Clubs

5. 编辑。(editor,1s,128MB)

【问题描述】

现在给出一段全是字符序列的文章。光标可以被安置在文章的内部(任何两个连续的字符中间),或在开头(第一个字符的左边),或在结尾(最后一个字符的右边)。要求在文章中执行一系列的操作。可能的操作如下:

L:将光标左移一个字符(如果光标在开头,则不用做任何操作)。

D:将光标右移一个字符(如果光标在结尾,则不用做任何操作)。

B:删除光标左边的一个字符(如果光标在开头,则不用做任何操作)。

P $:在光标的右边插入字符 $($ 可以是英文字母表中的任何一个小写字母)。

在执行给定的操作前,光标在课文的结尾处。

编写一个程序,确定在执行完给定的操作后,文章看起来是什么样子。

【输入格式】

输入的第一行是一篇文章,文章中只包括小写的英文字母,并且长度不超过100000个字符。

下一行是一个整数 N,1≤N≤500000,表示给定的操作数。

接下来的 N 行,是按执行顺序给定的各个操作。

【输出格式】

输出一行,应输出执行完给定的各个操作后的文章。

【输入样例】

dmih
11
B
B
P x
L
B
B
B
P y
D
D
P z

【输出样例】

yxz

6. 谢绝推销。(spam，1s，128MB)

【问题描述】

网络推销等带来的垃圾信息现在为害甚广。有一种可以使用户免受其困扰的方法：当用户在网络上公布自己的地址时，故意把它打乱。这样，那些用来自动搜索 E-mail 地址的程序就会对用户的地址失效。

一个有效的 E-mail 地址包含以下几点要求：

(1) E-mail 地址是由小写英文字母、英文的句点"."和一个"@"符号组成的字符串。

(2) 紧靠"@"符号左边和右边的两个字符必须是一个字母，地址的第一个和最后一个字符不能是"."。

比如，"mama@ta..ta""m.am.a@t..a.t..a"和"m@t"都是有效的，而"ma@"".@ma.ma"".mama@tata"和"ma.ma@tata.tata."不是。

可以这样来打乱自己的地址：

(1) 将"@"符号替换为"at"。

(2) 在地址的任意位置(包括首尾)插入 0 或 1 次"nospam"。

编写一个程序，该程序可以根据一个给定的打乱过的地址，还原出所有可能的原始有效地址。

【输入格式】

一行一个打乱过的地址，不超过 100 个字符。

【输出格式】

按字典顺序，从小到大输出所有可能的原始有效地址，每行输出一个。

【输入样例】

nospammamaattatahr

【输出样例】

mama@tatahr

mamaatt@ahr

nospammama@tatahr

nospammamaatt@ahr

第 4 课　递推

学习目标

1. 理解递推关系和递推法。
2. 体会递推法解题的三个重点和两类模型。
3. 熟练应用递推法解决一些实际问题。

知识讲解

“递推”是计算机解题的一种常用方法。利用“递推法”解题首先要分析归纳出“递推关系”。比如经典的斐波那契数列问题，用 f(i) 表示第 i 项的值，则 f(1)=0，f(2)=1，在 n>2 时，存在递推关系：f(n)=f(n−1)+f(n−2)。

在递推问题模型中，每个数据项都与它前面的若干数据项（或后面的若干数据项）存在一定的关联，这种关联一般是通过一个“递推关系式”来描述的。求解问题时，需要从初始的一个或若干数据项出发，通过递推关系式逐步推进，从而推导计算出最终结果。这种求解问题的方法叫“递推法”。其中，初始的若干数据项称为“递推边界”。

解决递推问题有三个重点：一是建立正确的递推关系式；二是分析递推关系式的性质；三是根据递推关系式编程求解。

根据推导问题的方向，递推法分为“顺推”和“倒推”两类模型。所谓顺推，就是从问题的边界条件（初始状态）出发，通过递推关系式依次从前往后递推出问题的解；所谓倒推，就是在不知道问题的边界条件（初始状态）下，从问题的最终解（目标状态或某个中间状态）出发，反过来推导问题的初始状态。

例 1 铺瓷砖。(cover，1s，64MB)

【问题描述】

用红色的 1×1 和黑色的 2×2 两种规格的瓷砖不重叠地铺满 n×3 的路面，求出有多少种不同的铺设方案。

【输入格式】

一行一个整数 n，0<n<1000。

【输出格式】

一行一个整数，为铺设方案的数量模 12345 的结果。

【输入样例】

2

【输出样例】

3

【问题分析】

用 f(n) 表示 n×3 的路面有多少种不同的铺设方案。把路面看成 n 行 3 列，则问题可以分成两种情况考虑，一种是最后一行用 3 块 1×1 的瓷砖铺设；另一种是最后两行用 1 块 2×2 和 2 块 1×1 的瓷砖铺设（最后两行就有两种铺法），第一种铺法就转换为 f(i−1) 的问题了，第二种铺法就转换成 f(i−2) 的问题了。根据加法原理，得到的递推关系式为 f(i) = f(i−1) + f(i−2)×2，边界为 f(0)=1，f(1)=1。

```
//p9-4-1
#include<bits/stdc++.h>
using namespace std;
int main(){
```

```
    freopen("cover.in","r",stdin);
    freopen("cover.out","w",stdout);
    int n,a[1000];
    scanf("%d",&n);
    a[0] = 1; a[1] = 1;
    for(int i = 2; i <= n; i++)
        a[i] = (a[i-1] + a[i-2] * 2) % 12345;
    printf("%d\n",a[n]);
    return 0;
}
```

例 2 彩带。(flag,1s,64MB)

【问题描述】

一中 90 周年校庆,小林准备用一些白色、蓝色和红色的彩带来装饰学校超市的橱窗,他希望满足以下两个条件:

(1) 相同颜色的彩带不能放在相邻的位置;

(2) 一条蓝色的彩带必须放在一条白色的彩带和一条红色的彩带中间。

现在,他想知道满足要求的放置彩带的方案数有多少种。例如,如图 9.4–1 所示为橱窗宽度 n=3 的所有放置方案,共 4 种。

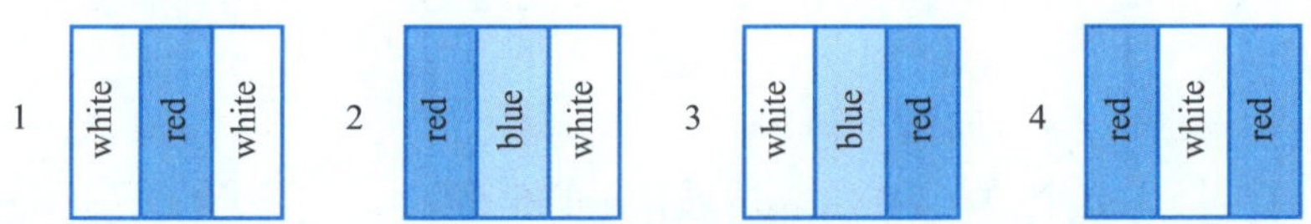

图 9.4–1 彩带放置示意图

【输入格式】

一行一个整数 n,表示橱窗宽度(或者说彩带数目)。

【输出格式】

一行一个整数,表示装饰橱窗的彩带放置方案数。

【样例输入】

3

【样例输出】

4

【数据规模】

对 30% 的数据满足:$1 \le n \le 15$。

对 100% 的数据满足:$1 \le n \le 45$。

【问题分析】

用 f(i)表示宽度为 i 的橱窗(或 i 条彩带)的合法放置方案数,则 f(1)=2,f(2)=2,f(3)=4,f(4)=6,f(5)=10, ……不难发现,答案就是初始值不一样的斐波那契数列,所以,用递推法就可以很方便地求出 f(n)。

```
//p9-4-2
#include<bits/stdc++.h>
using namespace std;
int main(){
    freopen("flag.in","r",stdin);
    freopen("flag.out","w",stdout);
    int n,f[100];
    scanf("%d",&n);
    f[1] = 2; f[2] = 2;
    for(int i = 3; i <= n; i++) f[i] = f[i-1] + f[i-2];
    printf("%d\n",f[n]);
    return 0;
}
```

例 3　城市路径。(marathon,1s,256MB)

【问题描述】

地图上有 n 个城市,一只奶牛要从 1 号城市开始依次经过这些城市,最终到达 n 号城市。但是这只奶牛觉得这样太无聊了,所以它决定跳过其中的一个城市(但是不能跳过 1 号和 n 号城市),使得它从 1 号城市开始,到达 n 号城市所经过的总距离最小。假设每一个城市 i 都有一个坐标 (x_i,y_i),从 (x_1,y_1) 的城市 1 到 (x_2,y_2) 的城市 2 之间的距离为 $|x_1-x_2|+|y_1-y_2|$。

【输入格式】

第 1 行 1 个正整数 n,表示城市个数。

接下来的 n 行,每行 2 个数 x_i 和 y_i,表示城市 i 的坐标。

【输出格式】

一行一个数,使得它从 1 号城市开始,跳过某一个城市,到达 n 号城市所经过的最小总距离。

【输入样例】

4
0 0
8 3
11 -1
10 0

【输出样例】

14

【样例说明】

跳过 2 号城市。

【数据规模】

对于 40% 的数据满足:$n \le 1000$。

对于 100% 的数据满足:$3 \le n \le 100000$,$-1000 \le x_i,y_i \le 1000$。

【问题分析】

设 f(i)为从城市 1 依次跳到城市 i 的距离之和,设 g(i)为从城市 i 依次跳到城市 n 的距离之和,则问题的答案为 min{f(i-1)+g(i+1)+dis[i-1,i+1]}。其中,dis[i-1,i+1]表示城市 i-1 到城市 i+1 的曼哈顿距离,f(i)和 g(i)都可以用递推来预处理求出:f(i)= f(i-1)+ dis[i-1,i],g(i)=g(i+1)+ dis[i,i+1]。

也可以设 f(i)表示从城市 1 依次跳到城市 n,且跳过城市 i 的距离之和,sum 表示表示从城市 1 依次跳到城市 n 的距离之和,则 f(i)=min{sum - dis[i,i-1]-dis[i+1,i]+dis[i-1,i+1]}。

```
//p9-4-3
#include<bits/stdc++.h>
using namespace std;
const int MAXN = 100001;
pair<int,int> coor[MAXN];//pair 是 STL 中的二元结构体

int dist(int a,int b){
    return
abs(coor[a].first-coor[b].first)+abs(coor[a].second-coor[b].second);
}

int main(){
    freopen("marathon.in","r",stdin);
    freopen("marathon.out","w",stdout);
    int n;
    scanf("%d",&n);
    for(int i = 1; i <= n; ++i)
        scanf("%d %d",&coor[i].first,&coor[i].second);
    int sum = 0;
    for(int i = 2; i <= n; ++i) sum += dist(i,i-1);
    int ans = sum;
    for(int i = 2; i<n; ++i)
        ans = min(ans,sum - dist(i,i-1) - dist(i+1,i) + dist(i-1,i+1));
    printf("%d\n",ans);
    return 0;
}
```

例 4　穿越沙漠。(cross,1s,64MB)

【问题描述】

一辆卡车欲穿过 1000 千米的沙漠,卡车耗油为 1 升 / 千米,卡车总载油能力为 500 升。显然,卡车装一次油是过不了沙漠的。因此,司机必须设法在沿途建立几个贮油点,使卡车能顺利穿越沙漠。试问:司机如何建立这些贮油点?每一贮油点应存多少油,才能使卡车以消耗最少汽油的代价通过沙漠?结果保留小数点后两位。

编程计算及打印建立的贮油点序号,各贮油点距沙漠边沿出发的距离以及存油量,格式如下:

No.	Distance(km)	Oil(litre)
1	×××.××	×××.××
2	×××.××	×××.××
3	×××.××	×××.××

【问题分析】

因为从起始点出发无法确定第 1 个贮油点的位置及贮油量，所以顺推行不通。下面换个思路倒推试试看。先从终点出发倒推最后一个贮油点的位置及贮油量，然后再把最后一个贮油点作为终点，倒推倒数第 2 个贮油点的位置及贮油量，……设 dis(i) 表示第 i 个贮油点至终点(i=0)的距离，oil(i) 表示第 i 个贮油点的贮油量。从终点向起始点倒推，逐一求出每个贮油点的位置及存油量，如图 9.4-2 所示。

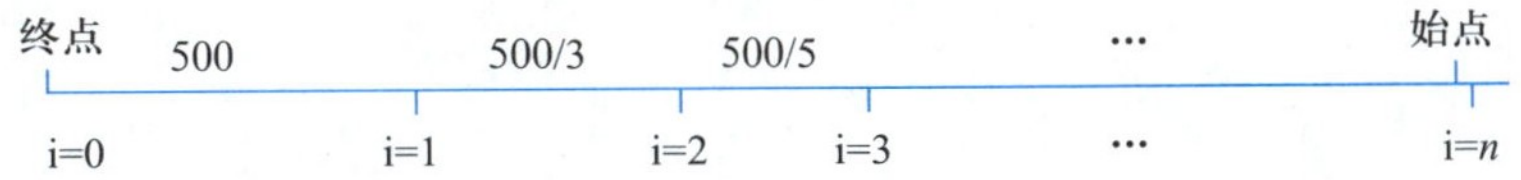

图 9.4-2 倒推每个贮油点的位置及存油量

从贮油点 i 向贮油点 i+1 倒推的策略是，卡车在点 i 和点 i+1 间往返若干次。卡车每次返回 i+1 处时正好耗尽 500 升汽油，而每次从 i+1 处出发时又必须装满 500 升汽油。两点之间的距离必须满足在耗油最少的条件下使 i 点贮存 i×500 升汽油的要求(0≤i≤n−1)，根据贪心思想，第一个贮油点 i=1 应距终点 i=0 处 500 千米且在该处贮藏 500 升汽油，这样才能保证卡车能由 i=1 处到达终点 i=0 处，这就是说，dis(1)=500，oil(1)=500。而为了在 i=1 处贮藏 500 升汽油，卡车至少从 i=2 处开两趟满载油的车至 i=1 处，所以 i=2 处至少存贮 2×500 升汽油，即 oil(2)=500×2=1000，另外再加上从 i=1 返回至 i=2 处的一趟空载，合计往返 3 次，往返路程的耗油量按最省要求只能为 500 升，即 $d_{1,2}$= 500/3，所以 dis(2)=dis(1)+$d_{1,2}$=dis(1)+500/3。图 9.4-3 所示为两个相邻贮油点之间的距离。

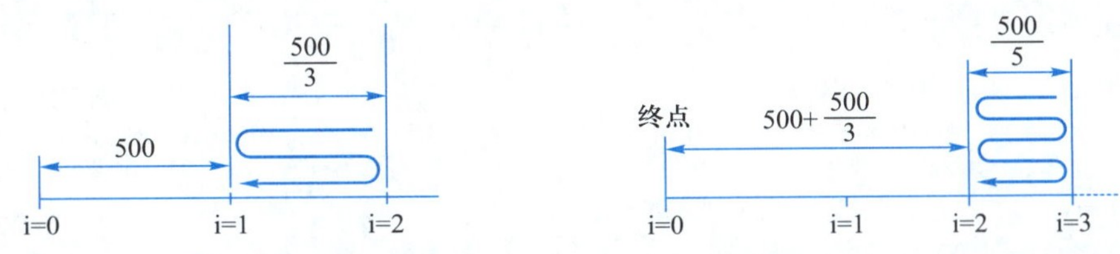

图 9.4-3 两个相邻贮油点之间的距离

同理，为了在 i=2 处贮存 1000 升汽油，卡车至少从 i=3 处开 3 趟满载油的车至 i=2 处。所以，i=3 处至少存贮 3×500 升汽油，即 oil(3)=500×3=1500，加上 i=2 至 i=3 处的 2 趟返程空车，合计 5 次，路途耗油量也应该是 500 升，即 $d_{2,3}$=500/5，所以 dis(3)=dis(2)+$d_{2,3}$=dis(2)+500/5。依次类推，为了在 i=k 处贮藏 k×500 升汽油，卡车至少从 i=k+1 处开 k 趟满载车至 i=k 处，即 oil(k+1)=(k+1)×500=oil(k)+500，加上从 i=k 返回 i=k+1 的 k−1 趟返程空车，合计 2*k−1 次，总耗油量按最省要求为 500 升，即 $d_{k,k+1}$=500/(2×k−1)，所以 dis(k+1)=dis(k)+$d_{k,k+1}$=dis(k)+500/(2×k−1)。

最后一个贮油点的位置如图 9.4-4 所示。

最后，i=n 至起始点的距离为 1000−dis(n)，oil(n)=500×n。为了在 i=n 处取得 n×500 升汽油，

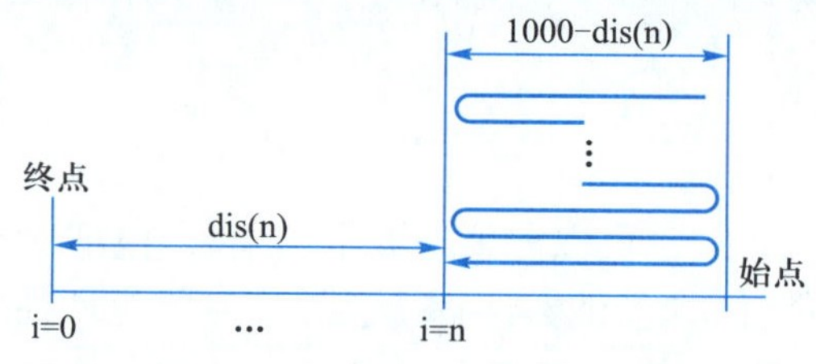

图 9.4-4　最后一个贮油点的位置

卡车至少从始点开 n+1 次满载车至 i=n，加上从 i=n 返回起始点的 n 趟返程空车，合计 2×n+1 次，总耗油量应正好为(1000−dis(n))×(2×n+1)，即起始点藏油为 oil(n)+(1000−dis(n))×(2×n+1)。

```
//p9-4-4
#include<bits/stdc++.h>
using namespace std;
int main(){
    double d = 500,d1,dis[100],oil[100];
    int k = 1;
    dis[1] = 500; oil[1] = 500;
    while(d<1000){
        k++;
        d = d + 500.0 / (2 * k - 1);
        dis[k] = d;
        oil[k] = oil[k-1] + 500;
    }
    dis[k] = 1000;
    d1 = 1000 - dis[k-1];
    oil[k] = d1 * (2 * k + 1) + oil[k-1];
    printf("No.     Distance        Oil\n");
    for(int i = 0; i < k; i++)
       printf("%2d     %10lf      %10lf\n",i,1000 - dis[k-i],oil[k-i]);
    return 0;
}
```

例 5　偶数个 3。(problem3,1s,64MB)

【问题描述】

请编程求出所有的 n 位数中，有多少个数中有偶数个数字 3。

【输入格式】

一行一个正整数 n，0<n<1000。

【输出格式】

一行一个正整数，表示 n 位数中有多少个数有偶数个 3。

【输入样例】

2

【输出样例】

73

【问题分析】

无论一个多位数中有几个3,都可以分为奇数个和偶数(包括0)个两组,在一个多位数末尾加上一个3,就会改变其奇偶性,加其他数字都不会改变它的奇偶性。所以,可以1~9这九个一位数为基础,采用每次向末尾加一位的方法,逐步构造并达到n位数,来讨论它们的奇偶性。

设a(i)存储i位数中3为奇数的个数,b(i)存储i位数中3为偶数的个数,则很容易推出递推关系式:a(i)=a(i-1)×9+b(i-1),b(i)=b(i-1)×9+a(i-1),因为首位不为0,所以边界条件为:a(1)=1,b(1)=8。程序实现时,也可以用一个数组来优化。

```
//p9-4-5
#include<bits/stdc++.h>
using namespace std;
int main(){
    freopen("problem3.in","r",stdin);
    freopen("problem3.out","w",stdout);
    int n,a[1000],b[1000];
    scanf("%d",&n);
    a[1] = 8; b[1] = 1;
    for(int i = 2; i <= n; i++){
        a[i] = (9 * a[i-1] + b[i-1]) % 12345;
        b[i] = (9 * b[i-1] + a[i-1]) % 12345;
    }
    printf("%d\n",a[n]);
    return 0;
}
```

例6 新约瑟夫游戏。(josephus,1s,64MB)

【问题描述】

你一定听说过经典的“约瑟夫”问题吧?现在来组织一个皆大欢喜的新游戏(图9.4-5):假设n个人站成一圈,从第1人开始交替的去掉游戏者,但只是暂时去掉(例如,首先去掉2),直到最后剩下唯一的幸存者为止。幸存者选出后,所有比幸存者号码高的人每人将得到1块钱,并且永久性地离开,其余剩下的人将重复以上过程,比幸存者号码高的人每人将得到1块钱后离开。一旦经过这样的过程后,人数不再减少,最后剩下的那些人将得到2块钱。请计算一下组织者一共要付出多少钱?

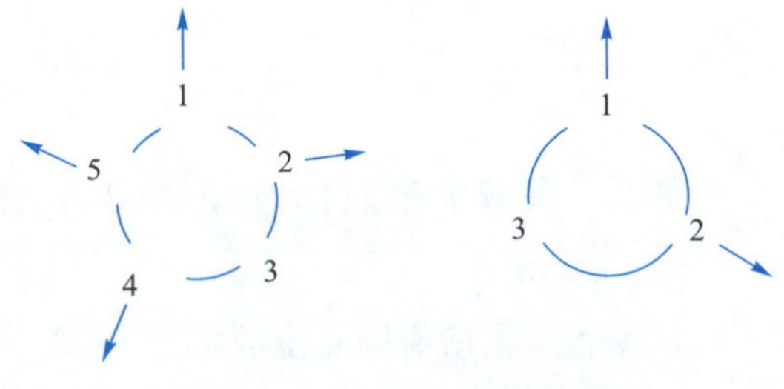

图9.4-5 新约瑟夫游戏

如图9.4-5所示,第一轮有5人,幸存者是3,所以4、5得到1块钱后离开,下一轮幸存者仍然是3,因此没有人离开,所以每人得到2块钱,总共要付出2+2×3=8块钱。

【输入格式】

一行一个整数 n，不超过 32767。

【输出格式】

一行一个整数，不超过 65535，表示总共要付出多少钱。

【输入样例】

10

【输出样例】

13

【问题分析】

"约瑟夫"问题有很多种变形，这是其中的一种。首先，每个人都会得到 1 块钱，只有最后的那些幸存者多得到了 1 块钱。所以，只要求出最后会幸存几个人即可。假设经过 m 次出圈操作后还剩 final(m) 个人，此时人数不再减少了，则问题的解应该为 final(m)+ n。如何求 final(m)呢？显然，当第 i 次的 final(i)=i 时，人数就不会再减少了，此时的 i 即为 m；否则，就需要对剩下的 final(i) 个人再进行报数出圈操作。

设 jose(i) 表示 i 个人的圈报数后的幸存者编号，设报到 k 的人出去，则 jose(i–1) 可以理解为第一轮第一次报数，k 出去后的状态。如图 9.4–6(a) 所示，k 出去后会从 k+1 继续报数，此时圈中有 i–1 个人，从 k+1 开始报数，编号 jose(i) 为：k+1，k+2，…，[i]，1，2，…，k–1。

可以人为地把这个圈逆时针转 k 个单位，即变成图 9.4–6(b) 所示的状态，此时报数的编号 jose(i–1)：1，2，…，[i–k]，i–k+1，i–k+2，…，i–1。

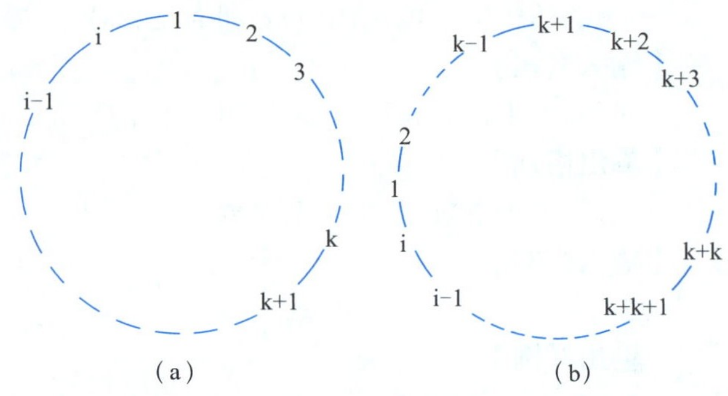

图 9.4–6 新约瑟夫游戏状态变化示意图

观察以上两个序列发现，除了加边框的两个数据外，其他所有数据都满足规律：jose(i) = (jose(i–1) + k) mod i。对这个式子稍做调整，变成如下公式就都满足了：jose(i) = (jose(i–1) +1) mod i + 1。

至此，就找到了问题的递推关系式，边界条件也很明显，就是 jose(1)=1。然后，顺推求出每个 jose(i)，直到某一次 jose(i)=i，则 final(i) 赋值为 i，否则，final(i) 赋值为 final(jose(i))。

```
//p9-4-6
#include<bits/stdc++.h>
using namespace std;
int main(){
    freopen("josephus.in","r",stdin);
    freopen("josephus.out","w",stdout);
    int n,jose[32767],final[32767];
    scanf("%d",&n);
    jose[1] = 1; final[1] = 1;
    for(int i = 2; i <= n; i++){
```

```
        jose[i] = (jose[i-1] + 1) % i + 1;
        if(jose[i] == i) final[i] = i;
        else final[i] = final[jose[i]];
    }
    printf("%d\n",final[n]+n);
    return 0;
}
```

实践巩固

1. 核电站。(nucle,1s,64MB)

【问题描述】

一个核电站有 n 个放核物质的坑,排列在一条直线上。如果连续 m 个坑中放入核物质就会发生爆炸,所以某些坑中就不能放核物质。

本题的任务是:对于给定的 n 和 m,求不发生爆炸的放置核物质的方案总数。

【输入格式】

一行两个正整数 n 和 m,之间用一个空格隔开,2≤n≤50,2≤m≤5。

【输出格式】

一行一个正整数,表示方案总数。

【输入样例】

4 3

【输出样例】

13

2. 回文拆分。(hui,1s,128MB)

【问题描述】

对一个正整数 K,求出 K 的所有拆分,并统计输出其中回文数列的个数。所谓回文数列是指该数列中的所有数字,从左向右或从右向左看都相同。

例如,K=4 时,有如下的拆分:

4=1+1+1+1
 =1+1+2
 =1+2+1
 =2+1+1
 =2+2
 =1+3
 =3+1

回文数列共有 3 个:1+1+1+1,1+2+1,2+2。

【输入格式】

一行一个正整数 K,1≤K≤26。

【输出格式】

一行一个正整数,所有拆分形成的回文数列个数。

【输入样例】

4

【输出样例】

3

3. 紧密数。(tight,1s,128MB)

【问题描述】

给出一个数字表{0,1,2, …,k},0≤k≤9。可以用这个数字表构造出长度为n的数,如果所构造的这个数的任意两个相邻的数字差都不超过1,则称这个数为该数字表上的n紧密数。如k=9,101010就是一个长度为6的紧密数。可以认为010101也是一个长度为6的紧密数。

【输入格式】

测试数据有多组。

每组一行包含两个整数k和n,之间用1个空格隔开,1≤n≤100。

【输出格式】

对输入的每一行,输出一个实数,表示长度为n的所有数中紧密数所占的百分比,保留小数点后5位。

【输入样例】

4 1

2 5

3 5

8 7

【输出样例】

100.00000

40.74074

17.38281

0.10130

4. 花痴。(flower,1s,128MB)

【问题描述】

小芳被家门口的一丛奇花迷住了,她惊奇地发现,这些花的形状都是正多边形的,而且花瓣与花瓣之间的层层嵌套看起来就像将正多边形的每一对顶点都用线段连上了心的。酷爱数学的她居然想要将花朵上的每一对平行线都数出来,就像数星星似的,数来数去都数不完。妈妈已经做好饭准备叫小芳吃饭了,为了不使小芳挨饿,请尽快帮帮她吧!

【输入格式】

一行一个整数n,表示花的形状是正n边形,4≤n≤2500。

【输出格式】

一行一个数,表示正n边形所有顶点对间连线中共有多少对平行线。

【输入样例】

6

【输出样例】

12

【样例说明】

假设正6边形的顶点顺序是ABCDEF,那么对应的12对平行线是:AB与CF、AB与DE、DE与CF、BC与AD、BC与EF、AD与EF、CD与BE、CD与AF、BE与AF、AC与DF、BD与AE、CE与BF。

5. 拔河。(tug,2s,128MB)

【问题描述】

一中运动会上举行教工拔河比赛,所有老师被分成了两组,每个人必须且只能够在其中的一组,要求两个组的人数相差不能超过1,且两个组内的所有人体重加起来尽可能地接近。作为运动会的策划者,请编程解决这个问题。

【输入格式】

第1行1个正整数n,表示参加拔河比赛的教工人数。

接下来的n行,表示第1到第n个人的体重,每个人的体重都是整数。

【输出格式】

包含两个整数:分别是两个组的所有人的体重和,用一个空格隔开。注意如果这两个数不相等,则请把小的放在前面输出。

【输入样例】

3

100

90

200

【输出样例】

190 200

【数据规模】

对于100%的数据满足:n≤100,1≤weight≤450。

6. 欧几里得的游戏。(game,1s,128MB)

【问题描述】

欧几里得的两个后代Stan和Ollie正在玩一种数字游戏,这个游戏是他们的祖先欧几里得发明的。给定两个正整数M和N,从Stan开始,从其中较大的一个数,减去较小的数的正整数倍,当然,得到的数不能小于0。然后是Ollie,对刚才得到的数,和M、N中较小的那个数,再进行同样的操作,直到一个人得到了0,他就取得了胜利。下面是他们用(25,7)两个数游戏的过程:

Start: 25 7

Stan : 11 7

Ollie: 4 7

Stan : 4 3

Ollie: 1 3

Stan : 1 0

Stan赢得了游戏的胜利。

现在,假设他们完美地操作,谁会取得胜利呢?

【输入格式】

第一行为测试数据的组数 C,下面有 C 行。

每行为一组数据,包含两个正整数 M 和 N,1≤M,N≤2147483647。

【输出格式】

对每组输入数据输出一行,如果 Stan 胜利,则输出“Stan wins”;否则,输出“Ollie wins”。

【输入样例】

2
25 7
24 15

【输出样例】

Stan wins
Ollie wins

7. 酒厂选址。(bro,1s,128MB)

【问题描述】

戒酒岛的居民们酷爱一种无酒精啤酒。以前这种啤酒都是从波兰进口,但今年居民们想建一个自己的啤酒厂。岛上所有的城市都坐落在海边,并且由一条沿海岸线的环岛高速路连接。酒厂的投资者收集了关于啤酒需求量的信息,即每天各城市消费的啤酒桶数,另外还知道相邻城市之间的距离。每桶啤酒每英里的运费是 1 元。日运费是将所需要的啤酒从酒厂运到所有城市所必需的运费之和,日运费的多少和酒厂的选址有关,投资者想找到一个合适的城市来修建酒厂,以使得日运费最小。

编程读入城市的数目、相邻两城市间的距离以及每个城市消费的啤酒桶数,计算最小的日运费。

【输入格式】

第一行是一个正整数 n,表示城市的数目。城市沿高速路编号,使得相邻的城市的编号也相邻(城市 1 和 n 也被认为是相邻),5≤n≤10000。

以下 n 行,每行有两个非负整数。第 i+1 行的数 z_i、d_i 分别是城市 i 每日的啤酒消费量(桶)和从城市 i 沿高速路到下一个城市的距离(英里)。高速路的总长不会超过 1000000 英里,每座城市的日消费量不会超过 1000 桶。

【输出格式】

一行一个整数,表示所需的最小日运费(元)。

【输入样例】

6
1 2
2 3
1 2
5 2
1 10
2 3

【输出样例】

41

8. 最小的01数字串。(min01,1s,128MB)

【问题描述】

给定一个位数小于5的正整数N,编程求出最小正整数M,使N×M的各位数字均为0或1。

【输入格式】

一行一个正整数N。

【输出格式】

一行三个正整数,其中第一个数为N的值,第二个数为M的值,第3个数为M×N的值,每两个数之间用一个空格分隔。

【输入样例】

6

【输出样例】

6 185 1110

第5课 分治与递归

学习目标

1. 体会分治思想及二分法。
2. 掌握分治与递归的关系及递归算法。
3. 熟练应用分治与递归思想解题,并掌握递归算法的常用优化手段。

知识讲解

1. 分治

"分治"是一种常用的解题策略。它是将一个难以直接解决的大问题,分解成若干规模较小的、相互独立的、相同或类似的子问题,分而治之,再合成得到问题的解。根据"平衡子问题"的思想,一般会把问题分解成两个规模相等的子问题,也就是"二分法",比如经典的二分查找(折半查找)问题。

例1 找伪币。

【问题描述】

给出16个一模一样的硬币,其中有1个是伪造的,并且那个伪造的硬币比真的硬币要轻一些,本题的任务是找出这个伪造的硬币。为了完成这一任务,将提供一台可用来比较两组硬币重量的仪器,利用这台仪器,可以知道两组硬币孰轻孰重。

【问题分析】

方法 1　穷举法

依次比较硬币 1 与硬币 2、硬币 3 和硬币 4、硬币 5 和硬币 6……最多通过 8 次比较来判断伪币的存在并找出这个伪币。

方法 2　二分法

把 16 个硬币的情况看成一个大问题。第一步，把这一大问题分成两个小问题，随机选择 8 个硬币作为第一组（A 组），剩下的 8 个硬币作为第二组（B 组）。第二步，利用仪器判断伪币在 A 组还是在 B 组中，如果在 A 组中，则再把 A 组中的 8 个硬币随机分成 2 组，每组 4 个再去判断……这样，只要（必须）4 次比较一定能找出伪币。

方法 3　三分法

把 16 个硬币分成 3 组（A 组 5 个、B 组 5 个、C 组 6 个），利用仪器比较 A、B 两组，一次就可以判断出伪币在 A、B、C 哪一组中。假如在 C 组中，则再把 C 组中的 6 个分成 3 组(2 个、2 个、2 个)，再用仪器比较一次判断出在哪一组。然后再比较 1 次就能判断出 2 个硬币中哪个是伪币。这样，只要 2~3 次比较便能找出伪币。

例 2　循环比赛日程表。(match，1s，64MB)

【问题描述】

设有 n 位选手的循环比赛，其中 $n=2^m$，m 为正整数。要求每位选手要与其他 n–1 位选手都赛一次。每名选手每天比赛一次，循环赛共进行 n–1 天，要求每天没有选手轮空。图 9.5–1 是 8 位选手时 (m=3) 的循环比赛表，表中第一行为 8 位选手的编号，下面 7 行，依次是每位选手每天的对手。

1	2	3	4	5	6	7	8
2	1	4	3	6	5	8	7
3	4	1	2	7	8	5	6
4	3	2	1	8	7	6	5
5	6	7	8	1	2	3	4
6	5	8	7	2	1	4	3
7	8	5	6	3	4	1	2
8	7	6	5	4	3	2	1

图 9.5–1　8 位选手的循环比赛表

【问题分析】

从 8 位选手的循环比赛表可以看出，这是一个"对称性"的数字方阵。把方阵一分为四来看，左上角的 4×4 方阵就是前 4 位选手的循环比赛表，而右上角的 4×4 方阵是后 4 位选手的循环比赛表，它们在本质上是一样的，都是 4 位选手的循环比赛表，不同的只是选手编号而已，将左上角中方阵的所有元素加上 4 就能得到右上角的方阵。下方的两个方阵表示前 4 位选手和后 4 位选手进行交叉循环比赛的情况，同样具有对称性，将右上角方阵复制到左下角即得到 1，2，3，4 四位选手和 5，6，7，8 四位选手的循环比赛表，根据对称性，右下角的方阵应与左上角的方阵相同。这样，8 位选手的循环比赛表可以由四名选手的循环比赛表根据对称性"生成"出来。同理，4 位选手的循环比赛表可以由 2 位选手的循环比赛表根据对称性生成出来。所以，本题的"分治"思想很明显，即不断地把一个规模为 n 的构造问题分成 4 个规模为 n/2 的子问题，然后，从这些子问题的解构造出整个问题的解。

程序实现时，用数组 matchlist 记录 n 名选手的循环比赛表，整个循环比赛表从最初的 1×1 方阵按上述规则"生成"出 2×2 方阵，再生成出 4×4 方阵……直到生成出整个循环比赛表为止。变量 half 表示当前方阵的大小，也是要生成的下一个方阵的大小的一半。

```
//p9-5-2
#include<bits/stdc++.h>
#define MAXN 64
using namespace std;
int n,matchlist[MAXN+1][MAXN+1];

void makelist(int a1,int b1,int a2,int b2,int x,int y){
    if(x == y) matchlist[a1][b1] = x;
    else{
        int a3 = (a1 + a2) / 2,b3 = (b1 + b2) / 2,xy = (x + y) / 2;
        makelist(a1,b1,a3,b3,x,xy);
        makelist(a1,b3+1,a3,b2,xy+1,y);
        makelist(a3+1,b1,a2,b3,xy+1,y);
        makelist(a3+1,b3+1,a2,b2,x,xy);
    }
}

void printlist(int n){
    for(int i = 1; i <= n; i++){
        for(int j = 1; j < n; j++) printf("%4d ",matchlist[i][j]);
        printf("%4d\n",matchlist[i][n]);
    }
}

int main(){
    freopen("matchtab.in","r",stdin);
    freopen("matchtab.out","w",stdout);
    scanf("%d",&n);
    makelist(1,1,n,n,1,n);
    printlist(n);
    return 0;
}
```

例 3　快速排序。(qsort,1s,64MB)

【问题描述】

随机产生 n 个 int 范围内的整数,从小到大排序后输出,其中 $n \leq 10^6$。

【问题分析】

前面已经学习过插入排序、选择排序、冒泡排序等排序算法,它们的时间复杂度都是 $O(n^2)$。下面,介绍一种基于递归思想的"快速排序"算法。它采用朴素的"划分"思想将数据分类,就像分牌的时候大牌分一堆,小牌分一堆,这样大问题就转化成了形式相同但是规模较小的子问题。快速排序中,我们将所有的数划分成左边一堆与右边一堆,左边的数恒小于或等于某个数 x,右边的数恒大于或等于这个数 x,这样,x 的位置就固定了,再对左、右两部分递归操作。经过实践检验,一般选取 n 个数中正中间的那个数作为 x,也可以随机产生一个位置,以这个位置的数作为 x。快速排序的时间复杂度为 O(n$\log_2$n)。

```
//p9-5-3
#include<bits/stdc++.h>
#define MAXN 1000000
using namespace std;
int n,a[MAXN+1];

void qsort(int l,int r){
    int i = l,j = r,mid = a[(i+j)/2];
    do{
        while(a[i] < mid) i++;
        while(mid < a[j]) j--;
        if(i <= j){
            swap(a[i],a[j]);
            i++; j--;
        }
    }while(i <= j);
    if(l < j) qsort(l,j);
    if(i < r) qsort(i,r);
}

int main(){
    freopen("qsort.in","r",stdin);
    freopen("qsort.out","w",stdout);
    scanf("%d",&n);
    for(int i = 1; i <= n; i++) scanf("%d",&a[i]);
    qsort(1,n);
    for(int i = 1; i < n; i++) printf("%d ",a[i]);
    printf("%d",a[n]);
    return 0;
}
```

2. 递归

从以上例题的解题思路可以看出，分治法在每一步的实现上都分为三个步骤。

1）分解。将原问题分解为若干规模较小、相互独立、与原问题形式相同或相似的子问题。

2）解决。若子问题的规模已经达到边界或可以直接求值，则返回解；否则，通过递归调用求解各个子问题。

3）合并。将各个子问题的解合并为原问题的解。

所以，分治法一般采用递归算法实现。递归算法主要应用在三种场合。

1）数据的定义形式是递归的，如求 n 的阶乘、求 m 和 n 的最大公约数等。

2）数据之间的逻辑关系是递归的，如树、图等的定义和操作。

3）某些问题的解法就是不断重复执行一种操作，只是问题规模由大化小，直至某个基本操作就结束，如快速排序、十进制转换成二进制、汉诺塔等问题。

例4 取模运算。(mod,1s,64MB)

【问题描述】

定义“取模”运算：对于正整数 a 和 p，a % p 表示 a 除以 p 的余数，又称“模”运算。

现在，输入三个正整数 b、p、k，请编程计算 b^p % k 的值。

【输入格式】

一行三个正整数，分别表示 b、p、k 的值。其中，b、p、k × k≤2147483647。

【输出格式】

一行一个整数，表示 b^p % k 的值。

【输入样例】

2 10 9

【输出样例】

7

【问题分析】

基于数据范围，本题不可能采用暴力计算 b^p 的值再去模 k。利用分治思想分析指数运算，可以得到以下递归公式：

$$x\hat{}y=\begin{cases}1 & \text{如果 } y=0\\ x*x\hat{}(y-1) & \text{如果 } y \text{ 为奇数}\\ (x\hat{}2)\hat{}(y \text{ div } 2) & \text{如果 } y \text{ 为偶数}\end{cases}$$

同时，对于模运算有一个重要结论：A*B % K＝(A % K)*(B % K)% K。

这样，就可以使用“快速幂”的递归思想，快速计算 b^p % k 的值，同时避免高精度运算。例如，要计算 2^{10} % 9，就先去计算 2^5 % 9，而这又要先去计算 2^1 % 9 和 2^4 % 9，而 2^1 % 9 = 2。算法的时间复杂度为 $O(\log_2 p)$。

```
//p9-5-4
#include<bits/stdc++.h>
using namespace std;
int b,p,k;

int pow_mod(int a,int n,int k){//(a^n) % k
    if(n == 0) return 1 % k;
    if(n == 1) return a % k;
    int y = pow_mod (a,n / 2,k);
    if(n % 2 == 0) return (y * y) % k;
    else return (((y * y) % k) * a) % k;
}

int main(){
```

```
    freopen("mod.in","r",stdin);
    freopen("mod.out","w",stdout);
    cin >> b >> p >> k;
    b = b % k;
    cout << pow_mod(b,p,k) << endl;
    return 0;
}
```

例 5 地毯填补。(blank，1s，128MB)

【问题描述】

相传在一个古老的阿拉伯国家有一座宫殿，宫殿里有个四四方方的格子迷宫。国王选驸马的方法非常特殊，也非常简单：公主就站在其中一个方格子上，只要谁能用地毯将除公主所站立的格子之外的所有地方盖上，就可以娶到美丽漂亮的公主。毯子的形状只有如图 9.5–2 所示的 4 种，并且每一方格只能用一层地毯，格子迷宫的大小为 2^k 的正方形。

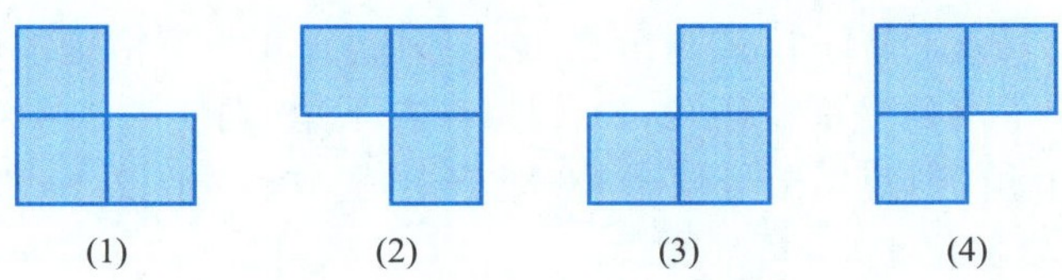

图 9.5–2 可以使用的 4 种地毯

【输入格式】

第 1 行 1 个正整数 k，1≤k≤10；

第 2 行 2 个整数 x 和 y，表示公主所在方格的坐标（x 为行坐标，y 为列坐标），x 和 y 之间有一个空格。

【输出格式】

输出将迷宫填补完整的方案。

每一补（行）为 x y c，其中 x 和 y 为毯子拐角的行坐标和列坐标，c 为所使用毯子的形状，具体标号如图 9.5–2 所示，毯子形状分别用 1、2、3、4 表示，x、y、c 之间用一个空格隔开。

【输入样例】

3

3 3

【输出样例】

5 5 1

2 2 4

1 1 4

1 4 3

4 1 2

4 4 1

2 7 3

1 5 4

183
363
481
722
514
632
812
841
771
661
583
852
881

【问题分析】

分析问题明显有一种递归重复的感觉。

首先，对最简单的情况（即 k=1）进行分析，公主只会在 4 个方格中的一个：如果在左上角，则使用 3 号毯子补，毯子拐角坐标位于(2,2)；如果在左下角，则使用 2 号毯子补，毯子拐角坐标位于(1,2)；如果在右上角，则使用 1 号毯子补，毯子拐角坐标位于(2,1)；如果在右下角，则使用 4 号毯子补，毯子拐角坐标位于(1,1)。

对于 k=2，如图 9.5–3 所示。假设公主所在的位置在(1,4)，用实心圆表示，那么，可以把 1 号毯子拐角放在(2,3)处，用"#"表示，这样就将(1,3)~(2,4)的 2×2 方格全部覆盖了。接下来，再考虑如何把 3 个 2×2 的方格全部覆盖。这样，问题就归结为 k=1 的情况了，但是有一点不同的是：没有"公主"了，每一个 k=1 的小方格都会留下一个空白，即图中的空心圆，而且正好 3 个，组合后正好又是一个地毯形状。

#	#	#	●
#	○	#	#
#	○	○	#
#	#	#	#

图 9.5–3 k=2 宫殿的一种填补方案

下面用分治法来求解，对于任意 k>1 的宫殿，将其分解成 4 个 k/2 大小的宫殿，先看一下公主站的位置是属于哪一块，因为根据公主所在的位置，可以确定中间位置所放的毯子类型，再递归处理公主所站的那一块，直到出现边界条件 k=1 的情况，然后在公主边上铺上一块合适的地毯，递归结束。

```
//p9-5-5
#include<bits/stdc++.h>
using namespace std;
int k,x_p,y_p;

int prin(int a,int b,int a3,int b3){
    int ans = 0;
    if(a > a3) ans += 2;
    if(b > b3) ans += 1;
    return ans;
}
```

```
void make_s(int a1,int b1,int a2,int b2,int x,int y){//0,1,2,3;
    if(a1 + 1 == a2 && b1 + 1 == b2){
        switch(x - a1 + y - b1){
            case 0: printf("%d %d %d\n",a2,b2,3); return;
            case 2: printf("%d %d %d\n",a1,b1,4); return;
        }
        if(x == a1) printf("%d %d %d\n",a2,b1,1);
        else printf("%d %d %d\n",a1,b2,2);
        return;
    }
    int a3 = (a1 + a2) / 2,b3 = (b1 + b2) / 2;
    switch(prin(x,y,a3,b3)){
        case 0: printf("%d %d %d\n",a3+1,b3+1,3);
                make_s(a1,b1,a3,b3,x,y);
                make_s(a1,b3+1,a3,b2,a3,b3+1);
                make_s(a3+1,b1,a2,b3,a3+1,b3);
                make_s(a3+1,b3+1,a2,b2,a3+1,b3+1);
                return;
        case 1: printf("%d %d %d\n",a3+1,b3,1);
                make_s(a1,b1,a3,b3,a3,b3);
                make_s(a1,b3+1,a3,b2,x,y);
                make_s(a3+1,b1,a2,b3,a3+1,b3);
                make_s(a3+1,b3+1,a2,b2,a3+1,b3+1);
                return;
        case 2: printf("%d %d %d\n",a3,b3+1,2);
                make_s(a1,b1,a3,b3,a3,b3);
                make_s(a1,b3+1,a3,b2,a3,b3+1);
                make_s(a3+1,b1,a2,b3,x,y);
                make_s(a3+1,b3+1,a2,b2,a3+1,b3+1);
                return;
        case 3: printf("%d %d %d\n",a3,b3,4);
                make_s(a1,b1,a3,b3,a3,b3);
                make_s(a1,b3+1,a3,b2,a3,b3+1);
                make_s(a3+1,b1,a2,b3,a3+1,b3);
                make_s(a3+1,b3+1,a2,b2,x,y);
                return;
    }
}

int main(){
    freopen("blank.in","r",stdin);
    freopen("blank.out","w",stdout);
    scanf("%d %d %d",&k,&x-p,&y-p);
    k = (1 << k);
    make_s(1,1,k,k,x_p,y_p);
```

```
    return 0;
}
```

3. 分治与递归的应用举例

分治与递归的思想简单易懂，但是如果采用直接递归来实现，存在着大量“冗余”计算，效率比较低。一般可以采用以下几种思路进行优化，一是将递归公式转化成递推算法实现；二是采用所谓的“记忆化”方法，设置一个数组 f 记录每一项的值，第一次计算出第 i 项的值 f(i)，就同时存储到数组 f [i]中，避免以后再次递归调用 f(i)，从而减少冗余计算；三是定义一个手工栈保存和恢复递归过程中的现场信息，模拟递归调用，其缺点是减低了程序的可读性。

例 6　平面分割。(plane，1s，64MB)

【问题描述】

平面上有 n 条封闭曲线，其中任何两条封闭曲线恰好相交于两点，且任何三条封闭曲线不相交于同一点，计算这些封闭曲线把平面分割成的区域个数。

【输入样例】

3

【输出样例】

8

【问题分析】

设 f(n) 为 n 条封闭曲线把平面分割成的区域个数。如图 9.5–4 所示，f(1)=2，f(2)=4，f(3)=8，f(4)=14，f(5) 数起来比较困难，但是也能数得出 f(5)=22。找规律发现，f(2)–f(1)=2，f(3)–f(2)=4，f(4)–f(3)=6，f(5)–f(4)=8……猜想结论：f(n)–f(n–1)= 2(n–1)，即递归公式为 f(n)=f(n–1)+2(n–1)，边界条件为 f(1)=2。

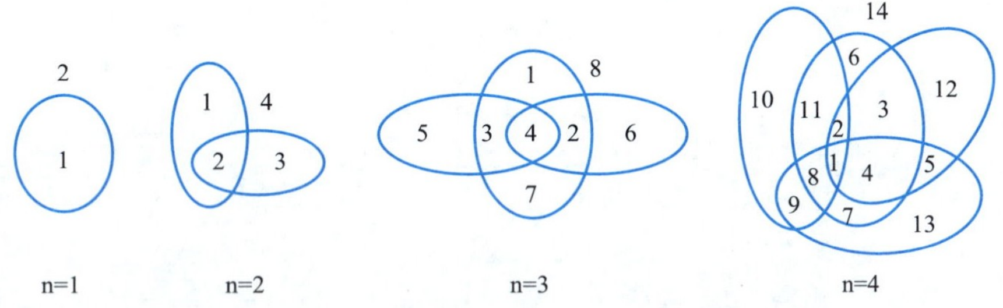

图 9.5–4　平面分割举例

可以简单证明以上猜想：当平面上已有 n–1 条封闭曲线将平面分割成 f(n–1) 个区域后，第 n 条封闭曲线每与曲线相交一次，就会增加 2 个区域，因为平面上已有了 n–1 条封闭曲线，且第 n 条曲线与已有的每一条封闭曲线恰好相交于两点，且不会与任何两条曲线交于同一点，故平面上一共增加 2(n–1) 个区域，加上已有的 f(n–1) 个区域，一共有 f(n–1)+2(n–1) 个区域。

如果不满足于以上递推算法，可以进一步推出其“通项公式”，方法如下：

f(n)=f(n–1)+2(n–1)

f(n−1)=f(n−2)+2(n−2)

f(n−2)=f(n−3)+2(n−3)

……

f(2)=f(1)+2

把以上 n−1 个等式的左边和右边分别累加，再约去相同项，得到：

$f(n)=f(1)+2\times(1+2+3+\cdots+(n-1))=n^2-n+2$。

```
//p9-5-6
#include<bits/stdc++.h>
using namespace std;
int n;
int main(){
    freopen("plane.in","r",stdin);
    freopen("plane.out","w",stdout);
    cin >> n;
    cout << (long long) (n) * n - n + 2;
    return 0;
}
```

例 7　斐波那契数列。(fib，1s，64MB)

【问题描述】

输入 n，1≤n≤1000，输出斐波那契数列第 n 项模 9997 的值。

【输入样例】

10

【输出样例】

55

【问题分析】

直接递归求解存在着大量的冗余计算，利用数学知识可以计算出时间复杂度为 O(((1+sqrt(5)/2)^n)，显然超时严重。因此，可以采用“记忆化”的方法进行算法优化。

```
//p9-5-7
#include<bits/stdc++.h>
using namespace std;
int n,a[1001];

int f(int x){
    if(x == 1 || x == 2) return 1;
    if(a[x] != -1) return a[x];
    else return a[x] =((f(x-1) + f(x-2)) % 9997);
}

int main(){
```

```
    freopen("fib.in","r",stdin);
    freopen("fib.out","w",stdout);
    cin >> n;
    for (int i = 1; i <= n; i++) a[i] = -1;
    cout << f(n) << endl;
    return 0;
}
```

例 8　砍伐树木。(cuttree，1s，128MB)

【问题描述】

小华被大林叫去砍树，他需要砍倒 m 米长的木材。现在，小华弄到了一个奇怪的伐木机。伐木机工作过程如下：小华设置一个高度参数 h(米)，伐木机升起一个巨大的锯片到高度 h，并锯掉所有的树比 h 高的部分(当然，树木不高于 h 米的部分保持不变)。小华就得到树木被锯下的部分。

例如，如果一行树的高度分别为 20、15、10 和 17 米，小华把锯片升到 15 米的高度，切割后树木剩下的高度将是 15、15、10 和 15 米，而小华将从第 1 棵树得到 5 米，从第 4 棵树得到 2 米，共得到 7 米木材。

小华非常关注生态保护，所以他不会砍掉过多的木材。这正是他为什么要尽可能高地设定伐木机锯片的原因。帮助小华找到伐木机锯片的最大的整数高度 h，使得他能得到的木材至少为 m 米。换句话说，如果再升高 1 米，则他将得不到 m 米木材。

【输入格式】

第 1 行 2 个整数 n 和 m，n 表示树木的数量，m 表示需要的木材总长度。

第 2 行 n 个整数，表示每棵树的高度，值均不超过 10^9。保证所有木材长度之和大于 m，因此必然有解。

【输出格式】

一行一个整数，表示砍树的最高高度。

【输入样例】

5 20

4 42 40 26 46

【输出样例】

36

【数据规模】

对于 30% 的数据满足：$1 \leqslant n \leqslant 10$，$1 \leqslant m \leqslant 30$。

对于 70% 的数据满足：$1 \leqslant n \leqslant 10^3$，$1 \leqslant m \leqslant 10^4$。

对于 100% 的数据满足：$1 \leqslant n \leqslant 10^6$，$1 \leqslant m \leqslant 2 \times 10^9$。

【问题分析】

分析题意，如果砍树的高度是一行树中最高一棵的高度，则砍下的木材的长度为 0。而如果砍树的高度为 0，即地面的高度，则将砍下所有的树木，由题意可知，这个值一定大于 m。那么，我们逐步升高砍树的高度 h，显然，砍下的木材数量会反过来逐渐减少。变化的规律是：h 在“单调”上升时，砍下的木材数量“单调”下降。这样，当 h 上升到某个确定的高度时，砍下的木材数量将少于需要的值 m，我们说，这个高度减一的位置就是所求。

由于砍树的高度和砍下的木材总量的变化都是单调的，可以用“二分答案”的方法去快速地确定这个最高的砍树高度。二分区间的左端点 low 设为 0，右端点 high 设为最高一棵树的高度，区间中点 mid=(low+high+1)/2，然后以 mid 作为砍树的高度，线性扫描 n 棵树，计算出砍下的木材总量 sum。如果 sum 大于或等于 m，则将区间左端点更新为 mid，因为还可以继续尝试一个更高的砍树高度。如果 sum 小于 m，则说明 mid 不符合要求，需要减小砍树高度，于是把区间右端点更新为 mid-1。当左右区间重合时，查找结束。由于每次保证了区间左端点都符合要求，因此返回 low 作为问题的答案。算法的时间复杂度为 $O(n\log_2(\max(h)))$，空间复杂度为 $O(n)$。

```
//p9-5-8a
#include<bits/stdc++.h>
using namespace std;
typedef long long LL;
const int MAXN = 1000010;
const int INF = 1000000000;
int n,a[MAXN];
LL m;

int gi(){
    int a,f;
    while(a = fgetc(stdin),!(a >= '0' && a <= '9'));
    a -= '0';
    while(f = fgetc(stdin),f >= '0' && f <= '9')
        a = a * 10 + f - '0';
    return a;
}

bool check(LL lim){
    LL res = 0;
    for(int i = 1; i <= n; i++)
        if(a[i] > lim) res += (LL)a[i] - lim;
    return (res >= m);
}

int main(){
    freopen("cuttree.in","r",stdin);
    freopen("cuttree.out","w",stdout);
    cin >> n >> m;
    int max = -1;
    for(int i = 1; i <= n; i++){
        a[i] = gi();
        if(a[i] > max) max = a[i];
    }
    LL l = 0,r = max,mid;
```

```
    while (r - l > 0){
        mid = l + r + 1>> 1;
        if(check(mid)) l = mid;
        else r = mid - 1;
    }
    cout << l << endl;
    return 0;
}
```

本题另一个想法是先对 n 棵树从低到高排序。然后从高向低扫描，每当相邻两棵树有高度差时，以低的那棵树的高度作为砍树高度。我们维护这个砍下的木材数量之和以及前一次砍树高度这两个值。每一次砍树后新增的木材数量是前后两次砍树的高度差乘以当前这棵树之后的树木的棵数。这样在不断扫描的过程中，砍树高度会逐渐降低，而砍下的木材总量会逐渐增加。一旦在某个高度时，砍下的木材总量超过 m，则经过数学计算可以知道应该升高多少高度，使得对于这最后一次的砍树高度，满足“砍树高度尽可能高”的要求。这个算法的时间复杂度为 $O(n\log_2 n)$，空间复杂度为 $O(n)$。

```
//p9-5-8b
#include<bits/stdc++.h>
using namespace std;
int n,m,a[1000010];
bool cmp(int x,int y){return x>y;}
int main(){
    freopen("cuttree.in","r",stdin);
    freopen("cuttree.out","w",stdout);
    cin >> n >> m;
    for (int i = 1; i <= n; i++) cin >> a[i];
    sort (a + 1,a + n + 1,cmp);
    a[n + 1] = 0;
    int sum = 0,high = a[1];
    for (int i = 2; i <= n + 1; i++){
        high = a[i];
        sum += (i - 1) * (a[i - 1] - high);
        if (sum >= m){
            int y = sum - m;
            high += y / (i - 1);
            break;
        }
    }
    cout << high << endl;
    return 0;
}
```

实践巩固

1. 下面的故事与(　　)算法有着异曲同工之妙。(NOIP2013 提高组初赛)

从前有座山,山里有座庙,庙里有个老和尚在给小和尚讲故事:从前有座山,山里有座庙,庙里有个老和尚在给小和尚讲故事:从前有座山,山里有座庙,庙里有个老和尚给小和尚讲故事……

A. 枚举　　B. 递归　　C. 贪心　　D. 分治

2. 下列算法中运用分治思想的有(　　)。(NOIP2016 提高组初赛)

A. 快速排序　　B. 归并排序　　C. 冒泡排序　　D. 计数排序

3. 给定含有 n 个不同的数的数组 $L=<x_1,x_2,\cdots,x_n>$。如果 L 中存在 $x_i(1<i<n)$ 使得 $x_1<x_2<\cdots<x_{i-1}<x_i>x_{i+1}>\cdots>x_n$,则称 L 是单峰的,并称 x_i 是 L 的“峰顶”。现在已知 L 是单峰的,请把 a–c 三行代码补全到算法中,使得算法正确找到 L 的峰顶。

a. Search(k+1,n);

b. Search(1,k−1);

c. return L[k];

```
Search(1,n){
        k = n / 2
        if((L[k]>L[k−1])&&(L[k]>L[k+1]))
            ____________
        else if((L[k]>L[k−1])&&(L[k]<L[k+1]))
            ____________
        else ________________
}
```

正确的填空顺序是(　　)。(NOIP2016 提高组初赛)

A. c,a,b　　B. c,b,a　　C. a,b,c　　D. b,a,c

4. 阅读程序,写出运行结果。

```
//x9-5-4
#include<bits/stdc++.h>
using namespace std;

void tran(int n){
    int k = n % 8;
    if(n / 8 != 0) tran(n / 8);
    cout << k;
}

int main(){
    int n;
```

```
    cin >> n;
    tran(n);
    return 0;
}
```

输入:1234

输出:

5. 骨牌问题。(dominoes,1s,64MB)

【问题描述】

有 2×n 的一个长方形方格,要用若干 1×2 的骨牌铺满方格。例如,n=3 时,为 2×3 方格,此时用 3 个 1×2 的骨牌铺满方格,共有 3 种铺法,见图 9.5-5。

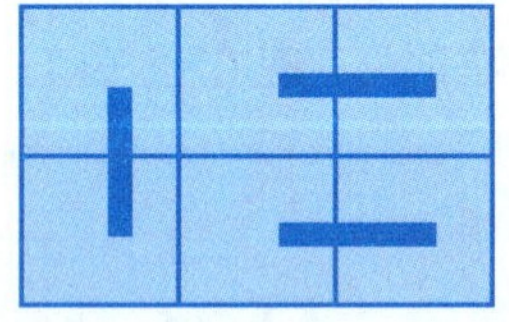
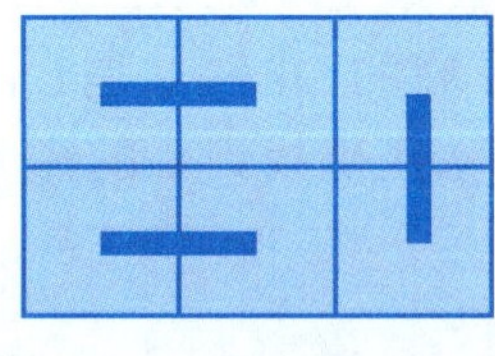
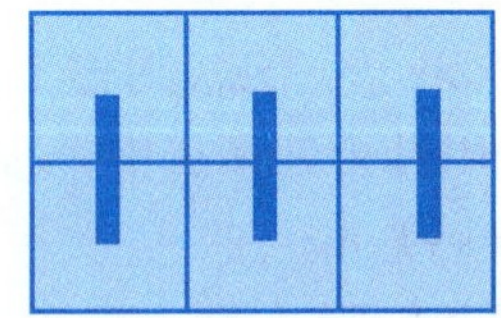

图 9.5-5 骨牌问题举例

编程,输入 n(1≤n≤30),输出铺法总数。

【输入样例】

3

【输出样例】

3

6. 小车问题。(car,1s,64MB)

【问题描述】

甲、乙两人同时从 A 地出发要尽快同时赶到 B 地。出发时 A 地有一辆小车,可是这辆小车除了驾驶员外只能带一人。已知甲、乙两人的步行速度一样,且小于车的速度。问怎样利用小车才能使两人尽快同时到达。

【输入格式】

一行三个数据,分别表示 A、B 两地的距离 s、人的步行速度 a 和车的速度 b。

【输出格式】

两人同时到达 B 地需要的最短时间,保留小数点后面两位。

【输入样例】

120 5 25

【输出样例】

9.60

7. 集合的划分。(set,1s,64MB)

【问题描述】

设 S 是一个具有 n 个元素的集合,$S=\{a_1,a_2,\cdots,a_n\}$,现将 S 划分成 k 个满足下列条件的子集合 $S_1,S_2,\cdots,S_k$,且满足:

(1) $S_i \neq \varnothing$(空集);

(2) $S_i \cap S_j = \varnothing (1 \leqslant i, j \leqslant k, i \neq j)$;

(3) $S_1 \cup S_2 \cup S_3 \cup \cdots \cup S_k = S$,

则称 $S_1, S_2, \cdots, S_k$ 是集合 S 的一个划分。它相当于把 S 集合中的 n 个元素 $a_1, a_2, \cdots, a_n$ 放入 k 个无标号的盒子中,使得没有一个盒子为空。

编程,计算划分数 $S(n,k)$, $0 < k \leqslant n < 30$。

【输入格式】

输入一行两个数,表示 n 和 k。

【输出格式】

输出一行一个数,表示 S(n,k) 的值。

【输入样例】

23 7

【输出样例】

4382641999117305

8. 数的计数。(count,1s,64MB)

【问题描述】

要求找出具有下列性质的数的个数(包含输入的自然数 n)。

先输入一个自然数 n($n \leqslant 1000$),然后对此自然数按照如下方法进行处理:

(1) 不作任何处理。

(2) 在它的左边加上一个自然数,但该自然数不能超过原数(输入的 n)的一半。

(3) 加上数后,继续按此规则进行处理,直到不能再加自然数为止。

【输入格式】

一行一个自然数,表示 n。

【输出格式】

一行一个数,表示最后得到的那个数。

【输入样例】

6

【输出样例】

6

【样例说明】

满足条件的数为:6,16,26,126,36,136。

9. 传教士。(bishop,1s,64MB)

【问题描述】

某王国的疆土恰好是一个矩形,为了管理方便,国王将整个疆土划分成 $n \times m$ 块大小相同的区域。由于国王非常信教,因此他希望他的子民也能信教爱教,所以他想安排一些传教士到全国各地去传教。但这些传教士的传教形式非常怪异,他们只在自己据点周围特定的区域内传教且领地意识极其强烈(即任意一个传教士的据点都不能在其他传教士的传教区域内,否则就会发生冲突)。现在已知传教士的传教区域为以其据点为中心的两条斜对角线上(如图 9.5-6)。请帮助国王找出一个合理的安置方案,使得可以在全国范围内安置尽可能多的传教士而又不至于

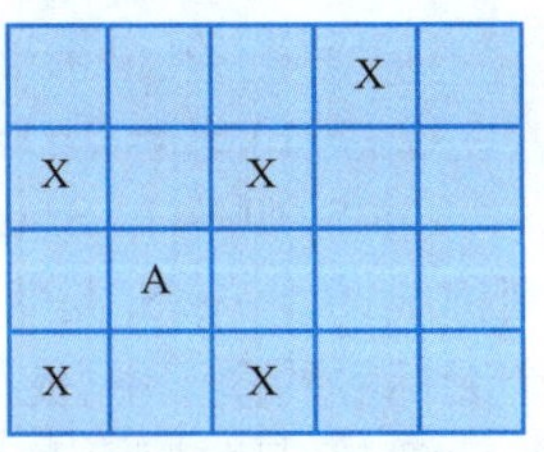

图 9.5-6 传教区域示意图

任意两个传教士会发生冲突。若 A 为某传教士的据点，则其传教范围为所有标有 X 的格子。为不产生冲突，则第二个传教士的据点只能放在上图的空格子中。

【输入格式】

一行两个正整数 n 和 m(1≤n,m≤20)，代表国土的大小。n 为水平区域数，m 为垂直区域数。

【输出格式】

一行一个正整数，即最多可以安置的传教士的数目。

【输入样例】

3 4

【输出样例】

6

【样例说明】

样例安置方案如下所示，X 表示为某传教士的据点。

X X X
0 0 0
0 0 0
X X X

10. 进制数。(whatbase, 1s, 256MB)

【问题描述】

小林在社区大学上计算机课，她最近对于进制数非常感兴趣。

回想一下，一个数被写成 B 进制，那么这个数从右到左每位表示 1, B^1, B^2, B^3, …如此下去。例如，在十进制系统下，用每位数字分别表示 1, 10, 100, 1000, …以此类推。如果数字 1234 被理解成十进制，那么它其实应该表示的是 1(1000)+2(100)+3(10)+4(1)。如果相同的数字被理解成五进制，那么它意味着 1(125)+2(25)+3(5)+4(1)，转换成十进制是 194。小林注意到如果进制增加，相同数字串表示的值也增大。比如，1234 在七进制下的值比 1234 在六进制下的值要大。

当在 B 进制下写数字的时候，每位数字的范围都是 0.. B−1，就比如在十进制下每位数的范围是 0..9，在五进制下是 0..4。考虑进制数大于 10 是完全可能的。计算机科学家们常常使用十六进制，A..F 分别表示值 10..15。例如，BEEF 在十六进制下对应 11(4096)+14(256)+14(16)+15，对应十进制下的 48879。

小林被“进制数可以大于 10”这个概念所深深地迷住。她拿过一个数字 n 并且在 x 进制和 y 进制两个进制下分别写出，x 和 y 的范围是 10..15000。有趣的是，在每种情况下，她拿到一个有 3 个数字的数字串，每位数字只有 0..9。不幸的是，由于小林记性很差，她现在已经忘记了 n、x 和 y。

给两个 3 位数字，请帮助她找出使用过的 x 和 y。

【输入格式】

第 1 行为 1 个正整数 k。以下 k 行，每行一个测试数据。

每个测试数据包含两个 3 位数字。第一个数字 n 被写成 x 进制，第二个数被写成 y 进制。n、x 和 y 对于每个测试数据都可能不同。

【输出格式】

输出 k 行，每个测试数据输出一行，表示对应的 x 和 y，用一个空格隔开。

对于每个测试数据，保证有唯一的答案。

【输入样例】

1

419 792

【输出样例】

47 35

【样例说明】

数是 8892，写成 47 进制是 419，写成 35 进制是 792。

【数据规模】

对于 100% 的数据满足：$k \le 100, 10 \le x、y \le 15000$。

11. 求和。(sum, 1s, 64MB)

【问题描述】

给出 n 个数 $a_1, a_2, \cdots, a_n$，求两个数相加的绝对值的最小值，即求 $|a_i+a_j|$ 的最小值，其中 i 不等于 j。

【输入格式】

第 1 行 1 个正整数 n。

接下来 1 行 n 个整数，表示 $a_1, a_2, \cdots, a_n$，每两个数之间用一个空格隔开。

【输出格式】

一行一个整数，表示答案。

【输入样例】

5

-2 6 7 7 -8

【输出样例】

1

【数据规模】

对于 40% 的数据满足：$n \le 10^3, -10^6 \le a_i \le 10^6$。

对于 80% 的数据满足：$n \le 10^5, -10^6 \le a_i \le 10^6$。

对于 100% 的数据满足：$n \le 10^6, -10^6 \le a_i \le 10^6$。

第 6 课 贪心

学习目标

1. 体会贪心法的基本思想。
2. 初步了解贪心法正确性的证明方法。
3. 熟练应用贪心法求解一些实际问题。

知识讲解

实际生活中，经常需要求一些问题的“可行解”和“最优解”，这就是所谓的“最优化”问题。一般来说，每个最优化问题都包含一组“限制条件”和一个“目标函数”，符合限制条件的问题求解方案称为可行解，使目标函数取得最佳值（最大或最小）的可行解称为最优解。

求解最优化问题的算法很多，例如穷举、搜索、动态规划等。贪心法也是求解这类问题的一种常用方法。

1. 贪心法的基本思想

贪心法是从问题的某个初始解出发，采用逐步构造最优解的方法，向给定的目标前进。在每一个局部阶段，都做一个“看上去”最优的决策，并期望通过每一次所做的局部最优选择产生出一个全局最优解。做出贪心决策的依据称为“贪心策略”。要注意的是，贪心策略一旦做出，就不可再更改。

与递推不同的是，贪心严格意义上说只是一种策略或方法，而不是算法。推进的每一步不是依据某一个固定的递推式，而是做一个当时“看似最佳”的贪心选择（操作），不断将问题归纳为更小的相似子问题。所以，归纳、分析、选择正确合适的贪心策略，是解决贪心问题的关键。

例1 独木舟。(kaj，1s，64MB)

【问题描述】

旅行社计划组织一个独木舟旅行。租用的独木舟都是一样的，最多乘两人，而且载重有一个限度。现在要节约费用，所以要尽可能地租用最少的舟。本题的任务是读入独木舟的载重量，参加旅行的人数以及每个人的体重，计算出所需要的独木舟数目。

【输入格式】

第1行是 $w(80 \leqslant w \leqslant 200)$，表示每条独木舟最大的载重量。

第2行是正整数 $n(1 \leqslant n \leqslant 30000)$，表示参加旅行的人数。

接下来的 n 行，每行是一个正整数 $t_i(5 \leqslant t_i \leqslant w)$，表示每个人的重量。

【输出格式】

输出一行一个数，表示最少的独木舟数目。

【输入样例】

```
100
9
90
20
20
30
50
60
70
```

80

90

【输出样例】

6

【问题分析】

先将 n 个人按照体重 t [i]从大到小排序。对于每个人 j,j 从 1 开始,如果前面已租的独木舟无法承载他,那么就重新租一个。只要设置一个数组 ship,下标 i 从 0 开始,ship [i]表示第 i 个独木舟还可以承载多重,初始值全部设置为 w,此时 i 加 1,ship [i]减去 t [j];如果前面有多个独木舟可以承载他(某个 ship [k],1≤k≤i,t [j]≤ship [k]),那么选择其中 ship [k]最小的去载他,并且把 ship [k]设置成 0。最后,只要输出 i 即可。

```
//p9-6-1
#include<bits/stdc++.h>
using namespace std;
int w,n,cnt,ship[30005],t[30005];

bool cmp(int a,int b){return a > b;}

void heap1(int x){
    if(x == 1) return;
    int father = x/2;
    if(ship[x] > ship[father]){
        swap(ship[x],ship[father]);
        heap1(father);
    }
}

void heap2(int x){
    int child = x*2;
    if(child > cnt) return;
    if(child+1 <= cnt && ship[child] < ship[child+1]) child++;
    if(ship[x] < ship[child]){
        swap(ship[x],ship[child]);
        heap2(child);
    }
}

int main(){
    freopen("kaj.in","r",stdin);
    freopen("kaj.out","w",stdout);
    cin >> w; cin >> n;
    fill(ship+1,ship+1+n,w);
    for(int i = 1; i <= n; i++) cin >> t[i];
    sort(t+1,t+1+n,cmp);
```

```
    int i = 0; cnt = 1;
    while(i < n){
        i++;
        if(ship[1] >= t[i]){
            if(ship[1] != w) ship[1] = 0;
            else ship[1] -= t[i];
            heap2(1);
        }
        else{
            cnt++;
            ship[cnt] -= t[i];
            heap1(cnt);
        }
    }
    cout << cnt << endl;
    return 0;
}
```

例 2　删数。(delete,1s,64MB)

【问题描述】

输入一个高精度的正整数 n(长度小于或等于 240 位),去掉其中任意 s 个数字后剩下的数字按原左右次序将组成一个新的正整数。

编程对给定的 n 和 s,寻找一种方案,使得剩下的数字组成的新数最小。

【输入格式】

输入两行,第 1 行为 1 个正整数 n,第 2 行为 1 个整数 s。

【输出格式】

输出一行一个数,表示最后剩下的最小数。

【输入样例】

178543

4

【输出样例】

13

【问题分析】

如何决定哪 s 位被删除呢?是不是最大的 s 个数字呢?显然不是,很容易举出一些反例。

为了尽可能逼近目标,选取的贪心策略为:每一步总是选择一个使剩下的数最小的数字删去,即按高位到低位的顺序搜索,若各位数字递增,则删除最后一个数字;否则,删除第一个递减区间的首字符,这样删一位便形成了一个新数字串。然后回到数字串首,按上述规则再删下一个数字。重复以上过程 s 次为止,剩下的数字串便是问题的解。

例如:n=178543,s=4,删数的过程如下:

n=17<u>8543</u>　　　　// 删掉 8

1<u>7543</u>　　　　// 删掉 7

1543　　　　　　// 删掉 5
143　　　　　　// 删掉 4
13　　　　　　// 解为 13

这样，删数问题就与寻找递减区间首字符这样一个简单问题对应起来。不过还要注意一个细节问题，就是删除若干字符后可能会出现字符串串首有若干 0，甚至整个字符串都是 0 的情况。

```
//p9-6-2
#include<bits/stdc++.h>
using namespace std;
string n;
int s,len,k;
int main(){
    freopen("delete.in","r",stdin);
    freopen("delete.out","w",stdout);
    cin >> n >> s;
    len = n.length();
    while(s > 0){
        s--; k = len-1;
        for(int i = 0; i < len-1; i++)
            if(n[i] > n[i+1]) {k = i; break;}
        n.erase(k,1);
        len--;
    }
    while(n[0] == '0') n.erase(0,1);
    if(n != "") cout << n << endl;
    else cout << "0" << endl;
    return 0;
}
```

2. 贪心法的正确性证明

对于一个问题，如果想用贪心法求解，首先要想到基于某种“序”或者“规则”的贪心策略。其次还要能证明其正确性。要严格证明一个贪心算法的正确性是很困难的，目前最有效的一种方法叫“矩阵胚理论”，但是很复杂。信息学竞赛中常用的贪心证明方法，一般有反证法、构造法、调整法。其实，即使一个贪心算法是不完全正确的，也可以努力寻找一些调整方法，或制定多种贪心策略，通过调整优化、比较择优来争取得到最优解，甚至也可以先得到一个“较优”解，然后，在此基础上进行搜索剪枝或分支定界。

例 3　石子合并。(pebble，1s，64MB)

【问题描述】

在一个圆形操场的四周摆放了 n 堆石子（n≤100），现要将石子有次序地合并成一堆。规定每次只能选相邻的两堆合并成新的一堆，并将新的一堆的石子数记为该次合并的得分。

编程，读入堆数 n 及每堆石子数（≤20），选择一种合并石子的方案，使得做 n–1 次合并，得分的总和最小；选择一种合并石子的方案，使得做 n–1 次合并，得分的总和最大。

例如，如图 9.6–1 所示的 4 堆石子，每堆石子数（从最上面的一堆开始按顺时针方向数）依次为 4、5、9、4，则 3 次合并得分总和最小的方案如图 9.6–2 所示，得分总和最大的方案如图 9.6–3 所示。

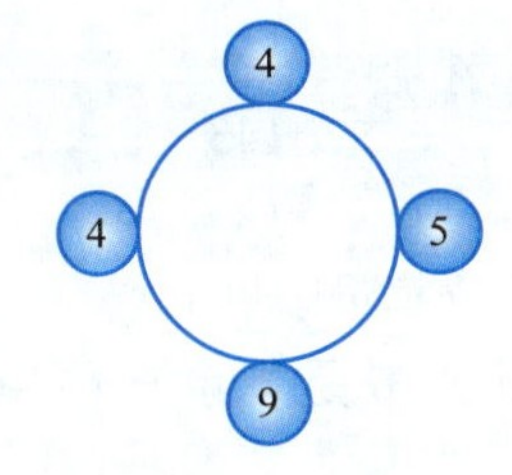

图 9.6–1 样例所示的 4 堆石子

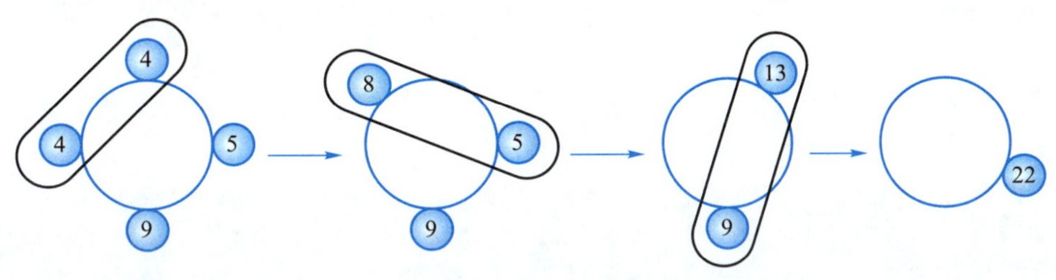

图 9.6–2 样例所示得分总和最小的方案

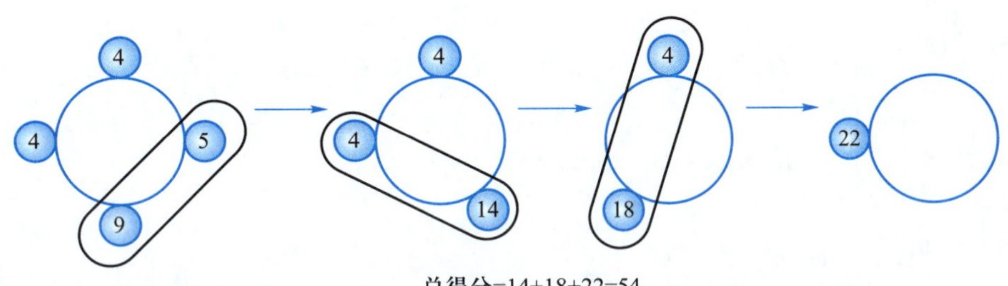

图 9.6–3 样例所示得分总和最大的方案

【输入格式】

第 1 行为石子堆数 n，第 2 行为每堆石子数，每两个数之间用一个空格分隔。

【输出格式】

第 1 行为最小得分值，第 2 行为最大得分值。

【输入样例】

4

4 5 9 4

【输出样例】

43

54

【问题分析】

看到样例，很容易会想出一个贪心策略——每次选相邻和最小(大)的两堆石子合并。但是，如图 9.6–4 就是一个反例。

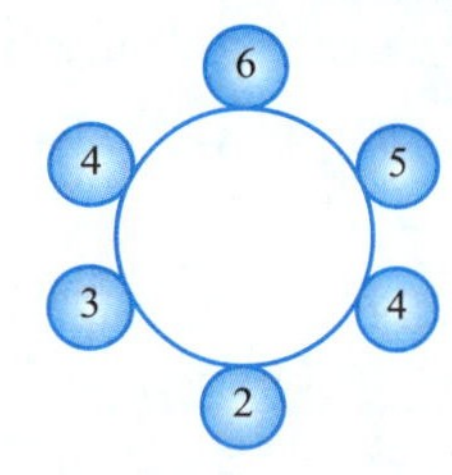

贪心算法的最小值为：	另一种方法的最小值为：
(2+3)=5	(2+4)=6
(4+5)=9	(3+4)=7
(4+5)=9	(5+6)=11
(9+6)=15	(7+6)=13
(15+9)=24	(11+13)=24
5+9+9+15+24=62	6+7+11+13+24=61

图 9.6-4 贪心法的一个反例

其实，本题由于限定只能是"相邻"的两堆石子合并，并不能套用经典的"哈夫曼树"算法。题目所给样例数据实际上是一个"陷阱"，造成了应用贪心法即可解决的假象。正确的做法是"破环为链"，再做动态规划。

所以，当一个贪心算法不能确定其 100% 正确，使用之前就应该尝试证明它的不正确性。而要证明其不正确，一种最简单的方法就是举一个反例。

(1) 反证法

用贪心的策略，依次构造出一个解 S1，假设最优解 S2 不同于 S1，可以证明是矛盾的，从而得出 S1 就是最优解。

例 4 最大整数。(max，1s，64MB)

【问题描述】

设有 n(n≤20) 个正整数(小于或等于 2147483647)，将它们连接成一排，组成一个最大的多位整数。例如 n=3，3 个整数为 13、312 和 343，连接成的最大整数为 34331213。

【输入格式】

第 1 行 1 个整数 n。

第 2 行为 n 个正整数，每两个数之间用一个空格隔开。

【输出格式】

一行一个数，表示连接成的最大整数。

【输入样例】

4

7 13 4 246

【输出样例】

7424613

【问题分析】

首先，自然会想到大的字符串应该排在前面，因为如果 A 与 B 是两个由数字字符构成的字符串，且 A>B，一般情况下有 A+B>B+A。但是，当 A=B+C 时，按字符串的大小定义有 A>B，此时有可能出现 A+B<B+A 的情况。如 A='121'，B='12'，则 A+B='12112'，B+A='12121'，所以 A+B<B+A。

为了解决这个问题，根据题意引进另一种字符串比较办法，将 A+B 与 B+A 相比较，如果前者大于后者，则认为 A>B。按这一定义将所有的数字字符串从大到小排序后连接起来所得到的数字字符串即是问题的解。排序时先将所有字符串中的最大值选出来存在数组的第一个元素中，再从第二至最后一个元素中最大的字符串选出来存在数组的第二个元素中，直到从最后两个元素中选出最大的字符串存在数组的倒数第二个元素中为止。

需要说明的是，按本题定义的字符串的大小定义是有序的，即如果 A+B≥B+A，B+C≥C+B，则一定有 A+C≥C+A。证明方法如下：

引理：记 nA 为 n 个字符串 A 按字符串加法运算规则相加之和，则由 A+B≥B+A 可推导出 nA+mB≥mB+nA，其中 m，n 为任意的自然数。用反证法可证明反过来也成立。

设 la 为字符串 A 的长度，lb 为字符串 B 的长度，lc 为字符串 C 的长度，再设 n=lb*lc，m=la*lc，k=la*lb，则 nA，mB，kC 三个字符串等长，根据引理有：nA+mB≥mB+nA，mB+kC≥kC+mB，从而得到 nA≥mB≥kC，所以 nA+kC≥kC+nA，A+C≥C+A。

要使 n 个字符串拼接起来后得到一个最大的字符串和式，则一定要将按上述定义最大的字符串放在第一个，否则必可通过将最大的字符串与它左侧的字符串交换得到更大的字符串和式。

```
//p9-6-4
#include<bits/stdc++.h>
using namespace std;
int n;
struct num{
    int a,b;
}c[21];

int QuickPow(int x,int y){//x^y
    if(y==0) return 1;
    if(y==1) return x;
    int z=QuickPow(x,y / 2);
    if(y % 2 == 1) return z * z * x;
    else return z * z;
}

bool cmp(num x,num y){
    return (x.a * y.b + y.a) > (y.a * x.b + x.a);
}

int main(){
    freopen("max.in","r",stdin);
    freopen("max.out","w",stdout);
    scanf("%d",&n);
    for(int i = 1; i <= n; ++i){
        scanf("%d",&c[i].a);
        c[i].b = 0;
        int x = c[i].a;
        while(x) {x /= 10; ++c[i].b;}
        c[i].b = QuickPow(10 ,c[i].b);
    }
    sort(c+1,c+n+1,cmp);
```

```
    for(int i = 1; i <= n; ++i) printf("%d",c[i].a);
    printf("\n");
    return 0;
}
```

(2) 构造法

根据描述的算法,用贪心的策略依次构造出一个解,可证明一定是合法的解。即用贪心法找可行解。

例 5 取火柴游戏。(match,1s,64MB)

【问题描述】

输入 k 及 k 个整数 $n_1,n_2,\cdots,n_k$,表示有 k 堆火柴棒,第 i 堆火柴棒的根数为 n_i。接着便是和计算机对弈游戏,取火柴的规则如下:每次可以从一堆中取走若干根火柴,也可以将一堆全部取走,但不允许跨堆取,也不允许不取。

谁取走最后一根火柴算谁胜利。

例如,k=2,$n_1=n_2=2$,A 代表你,P 代表计算机,若决定 A 先取:

A:(2,2)→(1,2)　　　　// 从一堆中取一根
P:(1,2)→(1,1)　　　　// 从另一堆中取一根
A:(1,1)→(1,0)
P:(1,0)→(0,0)　　　　//P 胜利

如果决定 A 后取:

P:(2,2)→(2,0)
A:(2,0)→(0,0)　　　　//A 胜利

又如 k=3,$n_1=1,n_2=2,n_3=3$,A 决定后取:

P:(1,2,3)→(0,2,3)
A:(0,2,3)→(0,2,2)

A 已将游戏归结为(2,2)的情况,不管 P 如何取 A 都必胜。

编一个程序,在给出初始状态之后,判断是先取必胜还是先取必败,如果是先取必胜,请输出第一次该如何取。如果是先取必败,则输出“lose”。

【输入样例】

3
3 6 9

【输出样例】

4 3　　　　// 表示第 1 次从第 3 堆取 4 个出来必胜
3 6 5　　　　// 第 1 次取后的状态

【输入样例】

4
15 22 19 10

【输出样例】

lose　　　　// 先取必败

【问题分析】

根据问题的描述分析，可以将问题中的n堆火柴棒抽象为n个非负整数。而每取一次火柴棒可抽象为使其中的一个自然数变小，当所有的数都变为0时，游戏结束，最后一次取火柴棒的人为胜方。

当n较小，且n堆火柴棒也都较少时，可使用递推的方法来处理这个问题。具体做法是，从终止状态（全零）反推出初始状态的值是先取必胜还是先取必败。因为某一状态的值可以从它的所有的取一次后的下一状态得到，如果某状态的所有的下一状态都为先取必败，则这一状态为先取必胜；否则，为先取必败。

但是，当k和n_i都很大时，上述方法很难行得通。为了解决这个问题，首先引入关于n个非负整数的奇偶状态的定义，如果把n个非负整数都转换成二进制数，然后对n个二进制数按位相加（不进行进位），若每一位相加的结果都为偶数，则称这n个非负整数的状态为偶状态，否则称之为奇状态。可以证明：任何一个偶状态在某一个数变小后一定成为奇状态，而对任何一个奇状态，必定可以通过将某一个数的值变小，使得改变后的状态成为偶状态。前一种情况是显然的，因为一个数变小以后其对应的二进制数至少有一位发生改变，这一位的改变就破坏了原来的偶状态。后一种情况可以通过构造的方法来证明，首先对任何一个奇状态，从高位向低位寻找到第一位按位加之和为奇数的二进制位，设这一位为第k位，则n个数的对应的二进制数中至少存在一个数，其第k位为1，将这个二进制数的第k位变成0，则所有二进制数的第k位上的数字之和就变成了偶数。然后再对这个数的比k位低的所有位作如下调整：如果所有二进制数在该位按位加之和为偶数，则不改变该位的值，否则改变该数在该位的值；若原来的值为0，则改为1；若原来的值为1，则改为0。这样就构造出了一个偶状态，并且被改变的那个数一定变小了，因为这个数被改变的所有二进制位中的最高位从1变成了0。

如n=3时，三堆火柴棒的数量分别为3、6、9，则$3=(0011)_2$，$6=(0110)_2$，$9=(1001)_2$，最高位之和为1，其中9对应的二进制数的最高位为1，将其变为0，次高位之和也是1，9对应的二进制数的次高位为0，根据证明过程将其变为1，最后两位数字之和均为偶数，无需作任何改变。这样，$9=(1001)_2$被变成了$(0101)_2=5$。显然，$3=(0011)_2$，$6=(0110)_2$，$5=(0101)_2$是一个偶状态。

有了前面的分析，一种贪心算法就出来了。程序中用n个包含16个元素的数组来存放每个非负整数对应的二进制数，如b[i,0]存放第i个数的最低位，n个数的状态取决于它们对应的二进制数的各位数字之和的奇偶性，而各位数字之和的奇偶性只需用0和1来表示，0表示偶，1表示奇。最后的状态（全0）为偶状态，所以开始状态为偶状态时，先取必败，因为先取后局面变成了奇状态，后取方一定可将数字取成偶状态，直至取完为止；反之，则先取必胜。

```
//p9-6-5
#include<bits/stdc++.h>
#define MAXN 1000
using namespace std;
int n,a[MAXN+1],aw[32] = {0},p[32];
int main(){
    freopen("match.in","r",stdin);
    freopen("match.out","w",stdout);
    p[0] = 1;
    for(int i = 1; i <= 31; ++i) p[i] = p[i-1] + p[i-1];
    scanf("%d",&n);
```

```
    for(int i = 1; i <= n; i++){
        scanf("%d",&a[i]);
        for(int j = 0; j <= 31; j++)
            if((a[i] & p[j]) == p[j]) aw[j]++;
    }
    int mxq = -1;
    for(int i = 1; i <= 31; i++)
        if(aw[i] % 2 == 1) mxq = i;
    if(mxq == -1){
        printf("lose");
        return 0;
    }
    else{
        for(int i = 1; i <= n; i++)
            if((a[i] & p[mxq]) == p[mxq]){
                int f = a[i];
                for(int j = mxq; j >= 0; j--)
                    if(aw[j] % 2 == 1) f ^= p[j];
                printf("%d %d\n",a[i]-f,i);
                a[i] = f;
                for(int i = 1; i < n; i++) printf("%d ",a[i]);
                printf("%d\n",a[n]);
                return 0;
            }
        }
}
```

(3) 调整法

用贪心的策略，依次构造出一个解 S1。假设最优解 S2 不同于 S1，找出不同之处，在不破坏最优性的前提下，逐步调整 S2，最终使其变为 S1，从而 S1 也是最优解。

例 6　排队接水。(water，1s，64MB)

【问题描述】

有 n 个人在一个水龙头前排队接水，假如每个人接水的时间为 T_i，请编程找出一种这 n 个人排队的顺序，使得 n 个人的平均等待时间最小。

【输入格式】

第 1 行为一个整数 n；

第 2 行分别表示每人的接水时间 $T_1, T_2, \cdots, T_n$，每两个数据之间有 1 个空格。

【输出格式】

第 1 行为一种排队顺序，即 1~n 的一种排列，每两个数据之间有 1 个空格。

第 2 行为这种排列方案下的平均等待时间(输出结果精确到小数点后两位)。

【输入样例】

10

56 12 1 99 1000 234 33 55 99 812

【输出样例】

3 2 7 8 1 4 9 6 10 5

291.90

【问题分析】

平均等待时间是每个人的等待时间之和再除以 n，因为 n 是一个常数，所以等待时间之和最小，也就是平均等待时间最小。假设是按照 1~n 的自然顺序排列的，则这个问题就是求以下公式的最小值：

$$total=T_1+(T_1+T_2)+(T_1+T_2+T_3)+\cdots+(T_1+T_2+\cdots+T_n)=\sum_{i=1}^{n}\left(\sum_{j=1}^{i}T_j\right)$$

如果用穷举的方法求解，就需要产生 n 个人的所有不同排列，然后计算每种排列所需要等待的时间之和，再"打擂台"得到最小值，但这种方法需要进行 n! 次求和以及判断，时间复杂度很高。

其实，认真研究一下上面的公式，发现可以改写成如下形式：

$$total=nT_1+(n-1)T_2+(n-2)T_3+\cdots+2T_{n-1}+T_n=\sum_{i=1}^{n}(n+1-i)T_i$$

这个公式何时取最小值呢？对于任意一种排列 $k_1,k_2,k_3,\cdots,k_n$，当 $T_{k_1}\leqslant T_{k_2}\leqslant T_{k_3}\leqslant\cdots\leqslant T_{k_n}$ 时，total 取到最小值。证明方法如下：

因为

$$total=nT_{k_1}+(n-1)T_{k_2}+\cdots+(n-i+1)T_{k_i}+\cdots+(n-j+1)T_{k_j}+\cdots+T_{k_n}$$

假设 $i<j$，而 $T_{k_i}<T_{k_j}$，这时的和为 $total_1$，而把 k_i 和 k_j 互换位置，设新的和为 $total_2$，则

$$\begin{aligned}\Delta total&=total_2-total_1\\&=(n-i+1)T_{k_j}+(n-j+1)T_{k_i}-((n-i+1)T_{k_i}+(n-j+1)T_{k_j})\\&=(n-i+1)(T_{k_j}-T_{k_i})-(n-j+1)(T_{k_j}-T_{k_i})\\&=(j-i)(T_{k_j}-T_{k_i})\end{aligned}$$

可以发现上述 Δ total 恒大于 0，所以也说明了任何次序的改变，都会导致等待时间的增加。从而证明了我们的猜想。

既然如此，就得到了一种最优贪心策略：把接水时间少的人尽可能排在前面。这样一来，问题的本质就变成：把 n 个等待时间按非递减顺序排列，输出这种排列，并求出这种排列下的平均等待时间。

```
//p9-6-6
#include<bits/stdc++.h>
#define MAXN 1000
using namespace std;
int n,total;
struct num{
    int t,b;
}a[MAXN+1];

bool cmp(num x,num y){return x.t < y.t;}
```

```
int main(){
    freopen("water.in","r",stdin);
    freopen("water.out","w",stdout);
    cin >> n;
    for(int i = 1; i <= n; i++){cin >> a[i].t; a[i].b = i;}
    sort(a+1,a+n+1,cmp);
    for(int i = 1; i < n; ++i){
        cout << a[i].b << " ";
        total += a[i].t * (n - i);
    }
    cout << a[n].b << endl;
    cout << fixed << setprecision(2) << total*1.0/n <<endl;
    return 0;
}
```

3. 贪心的应用举例

例 7 餐巾。(napkin,1s,64MB)

【问题描述】

一个餐厅在相继的 n 天里,第 i 天需要 r_i 块餐巾(i=1,2, …,n)。餐厅可以从三种途径获得餐巾。

(1) 购买新的餐巾,每块需要 p 分。

(2) 把用过的餐巾送到快洗部,洗一块需要 m 天,费用需要 f 分(f<p)。如 m=1 时,第一天送到快洗部的餐巾第二天就可以使用了,送慢洗的情况也如此。

(3) 把餐巾送到慢洗部,洗一块需 n 天(n>m),费用需 s 分(s<f)。

在每天结束时,餐厅必须决定多少块用过的餐巾送到快洗部,多少块送慢洗部。在每天开始时,餐厅必须决定是否购买新餐巾及多少,使洗好的和新购的餐巾之和满足当天的需求量 r_i,并使 n 天总的费用最小。

【输入格式】

输入文件共 3 行,第 1 行为总天数,最多 100 天。

第 2 行为每天所需的餐巾块数。

第 3 行为每块餐巾的新购费用 p,快洗所需天数 m,快洗所需费用 f,慢洗所需天数 n,慢洗所需费用 s。

【输出格式】

输出文件共 n+1 行。第 1 行为最小的费用。

下面的 n 行,表示从第 1 天开始每天需要的总餐巾数、需要购买的新餐巾数、结束时往快、慢洗部送洗的餐巾数以及用到的来自快洗的餐巾数和来自慢洗的餐巾数。

【输入样例 1】

3

3 2 4

10 1 6 2 3

【输出样例 1】

64
3 3 1 2 0 0
2 1 2 0 1 0
4 0 0 0 2 2

【输入样例 2】

15
4 0 24 0 0 10 2 9 8 1 15 12 13 5 6
10 2 3 3 2

【输出样例 2】

452
4 4 1 3 0 0
0 0 0 0 0 0
24 23 0 24 1 0
0 0 0 0 0 0
0 0 0 0 0 0
10 0 0 10 0 10
2 0 0 2 0 2
9 0 0 9 0 9
8 0 0 8 0 8
1 0 1 0 0 1
15 0 13 2 0 15
12 0 3 6 1 11
13 0 0 0 13 0
5 0 0 0 3 2
6 0 0 0 0 6

【问题分析】

思考这个问题时,比较容易想到从“洗”的角度去思考,这就必然要对每天的餐巾来源进行分类穷举。当天数较长、每天需求量较大时,穷举的数量级至少为每天的餐巾数之积,算法很难在规定时间内运行出最优解。如果从“买”的角度去思考这个问题,则该问题就变得十分简单。在确定要买的餐巾数之后,显然这些餐巾购买得越早,被反复利用的可能就越大。也就是说,这些餐巾必须在最早的几天中购买,余下的缺口用洗出来的餐巾来递补,对每天用下来的餐巾,假设全部都送洗,但送洗时不确定其状态,即它们有可能被快洗,有可能被慢洗,也可能不用洗,其状态在今后被选用时再确定。在确定每天的需求时,除去买的,剩下的首先要选用慢洗好的。这种餐巾有多少应用多少,不够再选用快洗出来的餐巾。选用快洗出来的餐巾时,应选用最近的若干天中才快洗出来的餐巾,这样可以保证有更多的餐巾被慢洗出来。这就是我们的贪心思想。

程序中对所要购买的餐巾数进行穷举,开始时其值为所需用餐巾数之和,当购买量太少而周转不过来时,程序结束。在确定了购买的餐巾总数后,按上述算法构造出最小费用方案,所有的最小费用方案中的最优解即为问题的解。程序中数组 need 存放每天需用的餐巾数,数组 fromslow 记录每天来自慢洗的餐巾数,数组 fromfast 记录每天来自快洗的餐巾数,数组 buy 记录每天购买的餐巾数。变量 restslow 存储当天可供选用的已经慢洗好的餐巾数。这个算法的时间复杂度为 O(n),其中 n 为所有天中需用的餐巾数之总和。

```
//p9-6-7
#include<bits/stdc++.h>
using namespace std;
const long long bignum = 1000000000000000000LL;
const int maxday = 101;
int totday,buy,fd,fc,sd,sc,ans;
struct{int need,buy,fwash,swash,fuse,suse;} cnt[maxday];
struct{int date,store;} que[maxday];

long long getval(int totbuy){
    long long totprice = totbuy;
    totprice *= buy;
    cnt[0].buy = cnt[0].need;
    totbuy -= cnt[0].need;
    cnt[0].fwash = cnt[0].swash = 0;
    int head = 0,tail = -1;
    for(int i = 1; i < totday; i++){
        if(i >= fd){
            que[++tail].date = i - fd;
            que[tail].store = cnt[i-fd].need;
        }
        cnt[i].fwash = cnt[i].swash = cnt[i].fuse = cnt[i].suse = 0;
        int remain;
        if(totbuy >= cnt[i].need){
            totbuy -= cnt[i].need;
            cnt[i].buy = cnt[i].need;
            remain = 0;
            continue;
        }
        remain = cnt[i].need - totbuy;
        cnt[i].buy = totbuy;
        totbuy = 0;
        while(remain && head <= tail && que[head].date <= i - sd){
            int use = remain;
            if(use > que[head].store) use = que[head].store;
            cnt[que[head].date].swash += use;
            cnt[i].suse += use;
            totprice += use * sc;
            remain -= use;
            que[head].store -= use;
            if(!que[head].store) head++;
        }
```

```
        while(remain && tail >= head){
            int use = remain;
            if(use > que[tail].store) use = que[tail].store;
            cnt[que[tail].date].fwash += use;
            cnt[i].fuse += use;
            totprice += use * fc;
            remain -= use;
            que[tail].store -= use;
            if(!que[tail].store) tail--;
        }
        if(remain) return bignum;
    }
    return totprice;
}

int main(){
    freopen("napkin.in","r",stdin);
    freopen("napkin.out","w",stdout);
    scanf("%d",&totday);
    int base = 0,sum = 0;
    memset(cnt,0,sizeof (cnt));
    for(int i = 0; i < totday; i++){
        scanf("%d",&cnt[i].need);
        if (cnt[i].need > base) base = cnt[i].need;
        sum += cnt[i].need;
    }
    scanf("%d %d %d %d %d",&buy,&fd,&fc,&sd,&sc);
    int l = base,r = sum;
    long long left = getval(l),right = getval(r);
    while(r - l >= 3) {
        int delta = (r - l) / 3;
        int a = l + delta,b = r - delta;
        long long x = getval(a);
        long long y = getval(b);
        if(left <= x && x <= y || left >= x && y >= x){
            r = b; right = y;
        }else{
            l = a; left = x;
        }
    }
    long long min = left;
    ans = l;
    for(int i = l + 1; i <= r; i++){
        long long tmp = getval(i);
        if(tmp < min) { min = tmp; ans = i; }
    }
```

```
    printf("%lld\n",getval(ans));
    for(int i = 0; i < totday; i ++)
        printf("%d %d %d %d %d %d\n",cnt[i].need,cnt[i].buy,cnt[i].
        fwash,cnt[i].swash,cnt[i].fuse,cnt[i].suse);
    return 0;
}
```

例 8 大神排队。(queue,1s,256MB)

【问题描述】

现在共有 n 个同学要排成一列,每个同学有两个属性:影响力和承受能力。给一个同学造成的心理创伤指数等于所有在他前面同学的影响力之和减去他的承受能力。

请安排一下排队顺序,尽量使受到心理创伤最大的同学少受创伤。

【输入格式】

第 1 行是整数 n,表示同学人数。

第 2~n+1 行,每行两个自然数,分别是该同学的影响力和承受能力。

【输出格式】

输出 1 行 1 个整数,为你安排的顺序中受到心理创伤最大的同学受到的创伤。

【输入样例】

3

10 3

2 5

3 3

【输出样例】

2

【数据规模】

对于 100%的数据满足:$1 \leqslant n \leqslant 50000$,$1 \leqslant$ 影响力 $\leqslant 10000$,$1 \leqslant$ 承受能力 $\leqslant 10^9$。

【问题分析】

本题是经典的贪心问题。

首先,定义 i 号人的影响力为 a_i,承受力为 b_i。假定之前所有人都已用最优策略确定了顺序,考虑最后两个人 i 和 j 的顺序。若为 i、j,那么 i 所受伤害为 $sum-b_i$,j 所受伤害为 $sum+a_i-b_j$;若为 j、i,那么 i 所受伤害为 $sum-b_j$,j 所受伤害为 $sum+a_j-b_i$。其中,sum 为之前所有人的影响力之和。

比较 $\max(sum-b_i, sum+a_i-b_j)$ 和 $\max(sum-b_j, sum+a_j-b_i)$ 的大小。明显,$sum-b_i<sum+a_j-b_i$,$sum-b_j<sum+a_i-b_j$。所以,只需要比较 $sum+a_i-b_j$ 和 $sum+a_j-b_i$ 的大小。假定 $sum+a_i-b_j<sum+a_j-b_i$,那么,我们可以得到 $a_i+b_i<a_j+b_j$。

从上面的分析可以看出,如果 i 比 j 放在前面更优,就一定有 $a_i+b_i<a_j+b_j$。那么,只需要按 a+b 为关键字升序排序,即可得到最优排列,计算出最大的伤害值,即为答案。

```
//p9-6-8
#include<bits/stdc++.h>
#define REP(i,n) for(int i = 1; i <= n; i++)
using namespace std;
```

```
int n;
struct demo{
    int x,y;
}s[50050];

bool cmp(demo x,demo y){
    if(x.x + x.y < y.x + y.y) return 1;
    if(x.x + x.y > y.x + y.y) return 0;
    if(x.x < y.x) return 1;
    return 0;
}

int main(){
    freopen("queue.in","r",stdin);
    freopen("queue.out","w",stdout);
    scanf("%d",&n);
    REP(i,n){
        int x,y;
        scanf("%d %d",&x,&y);
        s[i].x = x; s[i].y = y;
    }
    sort(s+1,s+n+1,cmp);
    int tot = 0,ans = -2100000000;
    REP(i,n){
        ans = max(ans,tot-s[i].y);
        tot += s[i].x;
    }
    printf("%d\n",ans);
    return 0;
}
```

例 9　最大的子序列和。(maxsum,1s,64MB)

【问题描述】

给出一串整数 a [1],a [2],a [3],…,a [n],求出它最大的子序列和,即找出 1≤i≤j≤n,使 a [i]+a [i+1]+…+a [j]最大。

【输入格式】

第 1 行 1 个整数 n,表示整数序列的个数。

第 2 行有 n 个整数,表示 a [i],1≤i≤n。

【输出格式】

输出一行一个数,表示最大的子序列和。

【输入样例】

10

3 1 -6 1 7 5 -2 5 -100 10

【输出样例】

16

【数据规模】

对于 30% 的数据满足：$n \leqslant 10^2$。

对于 50% 的数据满足：$n \leqslant 10^4$。

对于 80% 的数据满足：$n \leqslant 10^6$。

对于 100% 的数据满足：$n \leqslant 10^8$。

【问题分析】

本题可以用多种方法求解。

方法 1　穷举法。按照题意穷举 i 和 j，再穷举计算 a[i]+a[i+1]+…+a[j]，每次打擂台保留最大值，时间复杂度为 $O(n^3)$，可以拿 30% 的分数。

方法 2　穷举优化。对于方法 1，如何快速计算出 a[i]+a[i+1]+…+a[j]呢？可以采用预处理“部分和”的方法。

记 s[i]=a[1]+a[2]+…+a[i]，s[0]=0，则可以在 O(n) 的时间内计算出 s[1]，s[2]，…s[n]。而 a[i]+a[i+1]+…+a[j]=(a[1]+a[2]+…+a[j])−(a[1]+a[2]+…+a[i−1])=s[j]−s[i−1]，所以，总的时间复杂度为 $O(n^2)$，可以拿 50% 的分数。

方法 3　分治法。因为最大子序列的位置有三种可能：完全处于序列的左半边，即 $j \leqslant n/2$；完全处于序列的右半边，即 $i \geqslant n/2$；跨越序列中间，即 $i<n/2<j$。因此，考虑用递归的思路解决。

设 max(i,j) 为序列 a[i]…a[j]的最大子序列，设 mid=(i+j)/2，即区间的中点。最大的第一种序列为 max(i,mid)；最大的第二种序列为 max(mid+1,j)；最大的第三种序列为越过中点的一段和。前两种情况都直接递归，对于第三种情况，既然跨越中点，把序列 a[i]…a[j]划分为 a[i]…a[mid]和 a[mid+1]…a[j]两部分。对于前者，最大序列用“扫描法”在 O(n/2) 时间内找到，一共只有 mid−1=n/2 种可能序列，一一比较即可。对于 a[mid+1]…a[j]也同理可求，一共花费时间为 j−i+1，时间复杂度为 $O(n\log_2 n)$，可以拿 80% 的分数。

方法 4　贪心法。方法 2 的实质是求出 $i \leqslant j$，让 s[j]−s[i−1]最大。对于给定的 j，能否直接找到在 j 之前的最小 s 值呢？其实，只要采用以下贪心思想即可快速求出：从小到大扫描 j，j=1 时，只有一个合法的 i，即 i=1，s[1−1]=0；如果 s[j]变大，则最小的 s 值和上次一样；如果 s[j]再创新低，则应该让 s[j]作为今后的最优 s 值。这样，只要扫描一遍即可求出解，时间复杂度为 O(n)。

```
//p9-6-9
#include<bits/stdc++.h>
using namespace std;
int n,x,f = 0,mx,ans = 0;
bool qf = true;

int read(){
    int x = 0,f = 1;
    char c = getchar();
    while(c < '0' || c >'9'){
        if(c == '-') f = -1;
        c = getchar();
```

```
    }
    while(c >= '0' && c <='9'){
        x = x * 10 + int(c) - int('0');
        c = getchar();
    }
    return x * f;
}

int main(){
    freopen("maxsum.in","r",stdin);
    freopen("maxsum.out","w",stdout);
    cin >> n >> x;
    if(x >= 0) qf = false;
    else mx = x;
    for(int i = 1; i < n; ++i){
        x = read();
        if(x >= 0) qf = false; else mx = max(mx,x);
        f = max(0,f+x);
        ans = max(ans,f);
    }
    if(qf) cout << mx; else cout << ans;
    return 0;
}
```

实践巩固

1. 两人过河。(bridge,1s,64MB)

【问题描述】

有 n 个人希望在晚上通过一座桥。在任何时刻,最多只能有两个人在桥上,并且必须要带着手电筒才能通过桥。现在的麻烦是只有一个手电筒,所以必须安排某种顺序,使得手电筒可以被带回去让更多的人过桥(手电筒必须由人带回,不可以从对岸扔过去)。

每个人都有不同的过桥时间,两个人一起过桥所用的时间等于其中较慢的一个。本题的任务是找出能在最短时间内使所有人都过桥的方案。

【输入格式】

第 1 行 1 个整数 n。

接下来的 n 行,每行给出一个人的过桥时间(整数,单位:秒)。

每个人的过桥时间不超过 100 秒。

【输出格式】

输出一行一个数,表示所有人过桥的最短时间。

【输入样例】

4

1

2

5

10

【输出样例】

17

【样例说明】

可以先让 1 和 2 过桥，然后 1 回来，让 5 和 10 过桥，然后 2 再回来带 1 一起过桥，时间为 2+1+10+2+2=17。

【数据规模】

对于 40% 的数据满足：n≤100。

对于 100% 的数据满足：n≤1000。

2. 智力大冲浪。(riddle，1s，64MB)

【问题描述】

小伟报名参加电视台的智力大冲浪节目。本次挑战赛吸引了众多参赛者，主持人为了表彰大家的勇气，先奖励每个参赛者 m 元。接下来主持人宣布了比赛规则：

首先，比赛时间分为 n 个时段（n≤500），他又给出了很多小游戏，每个小游戏都必须在规定期限 t_i 前完成，$1 \le t_i \le n$，如果一个游戏没能在规定期限前完成，则要从奖励费 m 元中扣去一部分钱 w_i，w_i 为自然数，不同的游戏扣去的钱是不一样的。当然，每个游戏本身都很简单，并保证每个参赛者都能在一个时段内完成，而且都必须从整时段开始。主持人只是想考考每个参赛者如何安排组织自己做游戏的顺序。作为参赛者，小伟很想赢得冠军，当然更想赢取最多的钱！注意：比赛绝对不会让参赛者赔钱。

【输入格式】

第 1 行为 m，表示一开始奖励给每位参赛者的钱。

第 2 行为 n，表示有 n 个小游戏。

第 3 行有 n 个数，分别表示游戏 1~n 的规定完成期限。

第 4 行有 n 个数，分别表示游戏 1~n 不能在规定期限前完成的扣款数。

【输出格式】

一行一个数，表示小伟能赢取最多的钱。

【输入样例】

10000

7

4 2 4 3 1 4 6

70 60 50 40 30 20 10

【输出样例】

9950

3. 飞行员。(piloti，3s，64MB)

【问题描述】

查理获得了一家运输公司的定期航线。为了赢利，他必须尽可能地降低成本。他的公司有 N（N 是偶数）个飞行员组成 N/2 个机组，每个机组包括两个飞行员——机长和他的助手，机长必须比他的助手年长。每个飞行员有两个可能的工资合同——作为机长或作为助手。同一个飞行员当机长的工资要高于当助手的工资，然而就同一个机组而言，一个助手的工资可能高于他的机长。

编程帮助查理计算将飞行员按最佳组合编组后，所需支付给飞行员的最少工资总额。

【输入格式】

第 1 行 1 个偶数 N，2≤N≤10000，表示查理公司所用的飞行员数量。

接下来的 N 行，包含每个飞行员的工资，按飞行员的年龄排序，最年轻的飞行员的工资排在第一个。每行包含两个整数 X 和 Y，由一个空格隔开，1≤Y<X≤100000，X 表示该飞行员当机长的工资，Y 表示当助手的工资。

【输出格式】

一行一个数，表示查理所需支付给飞行员的最少工资总额。

【输入样例】

6
5000 3000
4000 1000
9000 7000
11000 5000
7000 3000
8000 6000

【输出样例】

33000

4. 最少的操作次数。(minimum，1s，256MB)

【问题描述】

给出两个整数 a 和 b，每次操作可以把 a 变成 a+1 或者 a×k。问至少多少次操作可以使得 a=b。

【输入格式】

一行三个数 a、b 和 k。

【输出格式】

一行一个数 ans，表示至少多少次操作可以使得 a=b。

【输入样例】

2 10 2

【输出样例】

3

【数据规模】

对于 30% 的数据满足：$1\leq a\leq b\leq 100$。

对于 60% 的数据满足：$1\leq a\leq b\leq 10^6$。

对于 100% 的数据满足：$1\leq a\leq b\leq 10^{18}$，$0\leq k\leq 10^{18}$。

5. 立方体。(cubes,1s,256MB)

【问题描述】

小林有 N 个相同尺寸的立方体,它们的每个面都被染成几种颜色。假设有两个立方体 A 和 B,A 通过适当的旋转后,A 和 B 两个立方体的每个相应的面都是同一种颜色,则可认为 A 和 B 是两个"等价"的立方体,如图 9.6–5 所示。

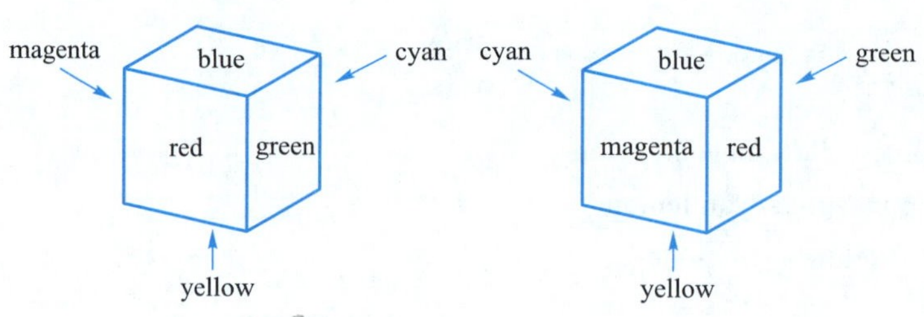

图 9.6–5 等价立方体

对于给定的 N 个立方体,如果它们不全是"等价"的,可以通过重新染色,使它们都是等价的,当然最好是用最少的染色次数。如图 9.6–6 所示,3 个立方体至少要重新染色 4 次才能使它们都"等价"。

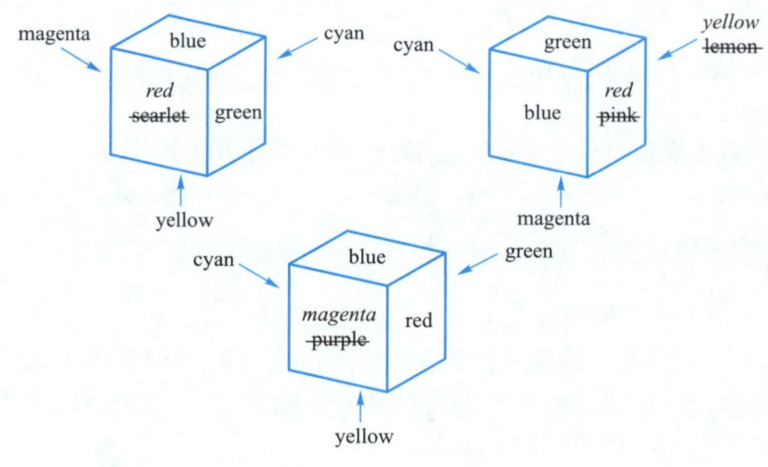

图 9.6–6 立方体染色

小林想知道对给定的 N 个立方体,计算出最少要重新染色几次,才能使它们都"等价"。

【输入格式】

多组测试数据,对于每组格式如下(当 N 为 0 时表示结束)。

第 1 行 1 个整数 N。

下面的 N 行,每行有 6 个单词(color1 color2 color3 color4 color5 color6),表示一个立方体的六个面对应的颜色,每个颜色单词之间用一个空格分隔,6 个颜色依次对应的面如图 9.6–7 所示。

【输出格式】

对应每组数据,输出一行一个整数。

【输入样例】

3

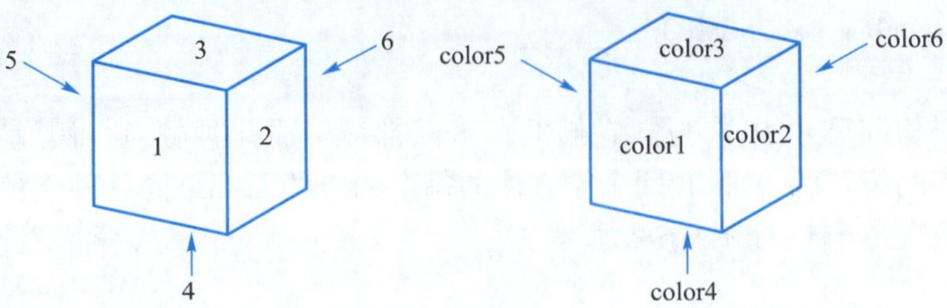

图 9.6–7 颜色的标记

scarlet green blue yellow magenta cyan

blue pink green magenta cyan lemon

purple red blue yellow cyan green

2

red green blue yellow magenta cyan

cyan green blue yellow magenta red

0

【输出样例】

4

2

【数据规模】

每个输入文件最多有 10 组数据。

对于 50% 的数据满足:N=2。

对于 100% 的数据满足:1≤N≤4,颜色名称长度不超过 100 个字符。

6. 赶飞机。(airport,3s,256MB)

【问题描述】

假设在机场要乘坐的飞机快起飞了,必须立刻赶到登机口。幸运的是,从现在的位置到登机口是一条直线,所以只需要一直跑就行了。不过,因为拿了很多行李,所以最多只能跑 t 秒,可以连续不停地跑 t 秒,也可以先跑一段时间再休息一会儿然后再接着跑,甚至可以一直走着一秒都不跑,但是不管怎样,跑步的总时间不能超过 t 秒。

假设现在位于数轴上 0 的位置,登机口位于 X 的位置,每秒能跑 r 个单位长度,而走路每秒只能走 s 个单位长度。机场里还有一些传送带,第 i 个传送带以固定的每秒 w_i 个单位运行着,当站到上面时速度会加上 w_i(即如果是走路,则速度变为 $s+w_i$,如果是跑步,速度就变为 $r+w_i$)。现在的问题是:至少需要多长时间才能到达登机口?

【输入格式】

第 1 行 1 个整数 test,表示测试数据的组数。

对于每组测试数据,第 1 行输入 5 个整数 x、s、r、t 和 n。x、s、r、t 的意义见问题描述,n 表示机场里一共有多少个传送带。

以下 n 行,每行 3 个整数,B_i、E_i 和 W_i,分别表示每个传送带的起始位置、结束位置和运行速度。保证任何两个传送带都没有重叠部分。

【输出格式】

对于每组数据,输出一行“Case #x:y”。其中,x 是测试数据的编号,y 是你到达登机口的最少时间，精确到小数点后 9 位，字符串严格匹配。

【输入样例】

3
10 1 4 1 2
4 6 1
6 9 2
12 1 2 4 1
6 12 1
20 1 3 20 5
0 4 5
4 8 4
8 12 3
12 16 2
16 20 1

【输出样例】

Case #1：4.000000000
Case #2：5.500000000
Case #3：3.538095238

【数据规模】

对于 100% 的数据满足：$1 \leqslant test \leqslant 4$，$1 \leqslant s < r \leqslant 100$，$1 \leqslant W_i \leqslant 100$，$0 \leqslant B_i < E_i \leqslant x$，$E_i \leqslant B_i+1$，$1 \leqslant t \leqslant 10^6$，$1 \leqslant x \leqslant 10^6$，$1 \leqslant n \leqslant 1000$。

7. 砖块。(brick，1s，128MB)

【问题描述】

小林有一排砖，每块要么是白色的(0)，要么是黑色的(1)。他想把这排砖分成若干非空段，使得每段白砖和黑砖块数的比例相同。

当然，他可以直接把整排砖作为一段，那就太简单了。为了增加难度，他想知道最多能分成多少段，例如：

100011 = 10 + 0011(即样例 1，最多分成 2 段，比例为 1 : 1)；

0001110000000001 = 0001 + 11000000 + 0001(即样例 2，最多分成 3 段，比例为 3 : 1)。

【输入格式】

第 1 行包含 1 个整数 N。将用 N 行来描述这排砖，初始时这排砖为空。

接下来的 N 行，每行包含用一个空格隔开的两个整数 K_i 和 C_i，C_i 只可能是 0 或 1，表示在上一行描述完后尾部又有了 K_i 块颜色为 C_i 的砖。

注意：可能有连续行的 C_i 为同一个数。

【输出格式】

一行一个整数，表示最多能分成的段数。

【输入样例 1】

3
1 1
3 0

2 1

【输出样例 1】

2

【输入样例 2】

4

3 0

3 1

9 0

1 1

【输出样例 2】

3

【数据规模】

对于 30% 的数据满足：N=1。

对于 60% 的数据满足：所有的 K_i 均相等。

对于 100% 的数据满足：$1 \leqslant N \leqslant 10^5$，$1 \leqslant K_i \leqslant 10^9$，砖的总块数不超过 10^9。

第 7 课　穷举

学习目标

1. 熟练应用穷举算法解决一些实际问题。
2. 掌握穷举算法的常用优化方法。
3. 体会二进制穷举思想及其应用。

知识讲解

计算机的特点之一就是运算速度快，善于重复做一件事。“穷举”正是基于这一特点的最古老的算法。它一般是在一时找不出解决问题的更好途径，即从数学上找不到求解的公式或规则时，根据问题中的“约束条件”，将解的所有可能情况一一列举出来，然后再逐个验证是否符合整个问题的求解要求，从而求得问题的可行解或者最优解。

1. 穷举算法的应用举例

例 1　楼层编号。(floor，1s，128MB)

【问题描述】

小林在 NOIP 比赛期间住在“新世界”酒店。和其他酒店不一样的是，这个酒店每天都有一个高能的数字 t，这个数字在楼层中是不会出现的，以 t=3 为例，则 3、13、31、33 等楼层是不存在的，楼层编号为 1,2,4,5，…所以实际上的 4 楼才是 3 楼。

已知小林预订了编号为 m 层的房间，并且当天高能数字是 t，现在他想知道房间所在的真实楼层是多少。

【输入格式】

一行两个整数 m 和 t，1≤m≤100000，0≤t≤9，保证 m 对 t 合法。

【输出格式】

一行一个整数，表示真实楼层。

【输入样例】

14 3

【输出样例】

12

【问题分析】

根据题意，只要从 1~m 穷举楼层编号，将所有含高能数字 t 的楼层计数存储在 ans 中，最后的答案就是 m−ans。

```
//p9-7-1
#include<bits/stdc++.h>
using namespace std;
int main(){
    freopen("floor.in","r",stdin);
    freopen("floor.out","w",stdout);
    int m,t,x,ans = 0;
    scanf("%d%d",&m,&t);
    bool flag;
    for(int i = 1;i <= m;++i){
        x = i;
        flag = true;
        while((x > 0) && (flag)){
            if(x % 10 == t) flag = false;
            x = x / 10;
        }
        if(flag) ans++;
    }
    printf("%d\n",ans);
    return 0;
}
```

例 2 火柴棒等式。(matches，1s，64MB)

【问题描述】

给出 n 根火柴棒，可以拼出多少个形如"A+B=C"的等式？

等式中的 A、B、C 是用火柴棒拼出的整数(若该数非零，则最高位不能是 0)。用火柴棒拼数字 0~9 的拼法如图 9.7−1 所示。

图 9.7–1　火柴棒数字

需要注意以下几点：

(1) 加号与等号各自需要两根火柴棒。

(2) 如果 A ≠ B，则 A+B=C 与 B+A=C 视为不同的等式（A、B、C 均大于或等于 0）。

(3) n 根火柴棒必须全部用上（n≤24）。

【输入样例】

14

【输出样例】

2

【样例说明】

两个等式分别为：0+1=1 和 1+0=1。

【问题分析】

首先，预处理每个数字（0~9）需要用几根火柴棒，存储在数组 f 中。然后，穷举 a 和 b，算出它们的和 c，再判断下列约束条件是否成立：f(a)+f(b)+f(c)=n–4。现在的问题是：a 和 b 的范围有多大？可以发现尽量用数字 1 拼成的数比较大，分析可知最多不会超过 1111。程序实现时，分别用三个循环语句预处理好所有两位数、三位数、四位数构成所需要的火柴棒数量。

```
//p9-7-2
#include<bits/stdc++.h>
using namespace std;
int f[10000];
int main(){
    freopen("matches.in","r",stdin);
    freopen("matches.out","w",stdout);
    f[0] = 6; f[1] = 2; f[2] = 5; f[3] = 5; f[4] = 4;
    f[5] = 5; f[6] = 6; f[7] = 3; f[8] = 7; f[9] = 6;
    for(int i = 10; i <= 99; i++)
        f[i] = f[i/10] + f[i%10];
    for(int i = 100; i <= 999; i++)
        f[i] = f[i/100] + f[(i-(i/100)*100)/10] + f[i%10];
    for(int i = 1000; i <= 9999; i++)
        f[i] = f[i/1000] + f[(i-(i/1000)*1000)/100] + f[(i-(i/100)*100)/10] +
        f[i%10];
    int n,total = 0;
    scanf("%d",&n);
    for(int a = 0; a <= 1111; a++)
        for(int b = 0; b <= 1111; b++){
            int c = a + b;
            if(f[a] + f[b] + f[c] == n-4) total++;
        }
```

```
    printf("%d\n",total);
    return 0;
}
```

例 3 比例简化。(NOIP2014 普及组复赛,ratio,1s,128MB)

【问题描述】

在社交媒体上,经常会看到针对某一个观点同意与否的民意调查以及结果。例如,对某一观点表示支持的有 1498 人,反对的有 902 人,那么赞同与反对的比例可以简单地记为 1498 : 902。

不过,如果把调查结果就以这种方式呈现出来,大多数人肯定不会满意。因为这个比例的数值太大,难以一眼看出它们的关系。对于上面这个例子,如果把比例记为 5 : 3,虽然与真实结果有一定的误差,但依然能够较为准确地反映调查结果,同时也显得比较直观。

现给出支持人数 A 和反对人数 B,以及一个上限 L,请将 A 比 B 化简为 A′ 比 B′,要求在 A′ 和 B′ 均不大于 L,且 A′ 和 B′ 互质(两个整数的最大公约数为 1)的前提下,A′/B′≥ A/B 且 A′/B′−A/B 的值尽可能小。

【输入格式】

一行三个整数 A,B,L,每两个整数之间用一个空格隔开,分别表示支持人数、反对人数以及上限。

【输出格式】

一行两个整数 A′ 和 B′,中间用一个空格隔开,表示化简后的比例。

【输入样例】

1498 902 10

【输出样例】

5 3

【数据规模】

对于 100% 的数据满足:$1\leq A\leq 10^6$,$1\leq B\leq 10^6$,$1\leq L\leq 100$,$A/B\leq L$。

【问题分析】

首先,答案为一个分数,而且分子,分母都小于或等于 L。所以,可以直接穷举分子 i(对应题目中的 A′)和分母 j(对应题目中的 B′)。结合题目的具体要求分析:

(1) i,j≤L,这个可以作为穷举的范围。

(2) i/j≥A/B,且 i/j−A/B 的值尽量小。前者只要转换成 i*B≥j*A,后者可以“打擂台”实现。假设用 K1/K2 表示最后的答案,初值设置为 1000000/1,min=abs(k1*B−k2*A)。如果 abs(i/j−A/B)<abs(K1/K2−A/B),即如果 abs(i*B−j*A)<abs(k1*B−k2*A),则更新 K1、K2 和 min。

(3) 答案的分子、分母要互质,这个只要从小到大穷举 i、从大到小穷举 j,第一个符合条件的答案肯定就是最简分数。假设 L=10,如果先穷举到 1/5 得到一个答案,后面的 2/10 是不会更新答案的。

```
//p9-7-3
#include<bits/stdc++.h>
using namespace std;
```

```
int main(){
    freopen("ratio.in","r",stdin);
    freopen("ratio.out","w",stdout);
    int a,b,l;
    scanf("%d %d %d",&a,&b,&l);
    int k1 = 1000000;
    int k2 = 1;
    int min = abs(k1 * b - k2 * a);
    for(int i = 1; i <= l; i++)
        for(int j = l; j >= 1; j--)
            if((i*b >= j*a) && (abs(i * b - j * a) < abs(k1 * b - k2 * a))){
                k1 = i;
                k2 = j;
                min = abs(i * b - j * a);
            }
    printf("%d %d\n",k1,k2);
    return 0;
}
```

例 4 奶牛碑文。(cow,1s,256MB)

【问题描述】

小伟暑假期间到大草原旅游,在一块石头上发现了一些有趣的碑文。碑文似乎是一个神秘古老的语言,只包括三个大写字母 C、O 和 W。尽管小伟看不懂,但是令他高兴的是,C、O、W 的顺序形式构成了一句他最喜欢的奶牛单词“COW”。现在,他想知道有多少次 COW 出现在文本中。

如果 COW 内穿插了其他字符,只要 COW 字符出现在正确的顺序,小伟也不介意。甚至,他也不介意出现不同的 COW 共享一些字母。例如,CWOW 出现了 1 次 COW,CCOW 算出现了 2 次 COW,CCOOWW 算出现了 8 次 COW。

【输入格式】

第 1 行为 1 个整数 N。

第 2 行为 N 个字符的一个字符串,每个字符是一个 C、O 或 W。

【输出格式】

输出 COW 作为输入字符串的字串出现的次数(不一定是连续的)。

提示:答案会很大,建议用 64 位整数(long long)。

【输入样例】

6

COOWWW

【输出样例】

6

【数据规模】

对于 50% 的数据满足:N≤60。

对于 100% 的数据满足：$N \leq 10^5$。

【问题分析】

因为只有 3 个字母，所以可以穷举字符串中的每一个“O”，假设位置 i，然后分别计算其左边“C”的个数 l [i]和右边“W”的个数 r [i]，再利用乘法原理进行计数 l [i]*r [i]，每次把答案累加到 ans 中。

```
//p9-7-4
#include<bits/stdc++.h>
using namespace std;
int l,sum,a[100010];
long long ans;
string st;
int main(){
    freopen("cow.in","r",stdin);
    freopen("cow.out","w",stdout);
    cin >> l;
    getchar();
    l--;
    getline(cin,st);
    sum = 0;
    for(int i = l; i >= 0; i--){
        if(st[i] == 'W') ++sum;
        if(st[i] == 'O') a[i] = sum;
    }
    ans = 0; sum = 0;
    for(int i = l; i >= 0; i--){
        if(a[i]) sum += a[i];
        if(st[i] == 'C') ans += sum;
    }
    cout << ans << endl;
    return 0;
}
```

2. 穷举算法的优化

穷举算法的特点是算法设计、实现都相对简单，但时间复杂度和空间复杂度往往较大。因此，用穷举算法解决问题时，往往需要尽量优化算法，从而减少穷举的次数，提高穷举的效率。穷举算法优化的思路主要有：结合约束条件，通过数学推导，减少穷举的范围和数量；通过预处理（如部分和、是否素数等），以空间换时间，避免在穷举过程中重复计算或判断，等等。

例 5 三角形个数。(triangle，1s，64MB)

【问题描述】

输入一根木棒的长度 n，$1 \leq n \leq 10000$，将该木棒分成三段，每段的长度为正整数，输出由该三段小木棒组成的不一样的三角形个数。

【输入样例】

10

【输出样例】

2

【样例说明】

两个能组成的三角形边长分别为 2、4、4 和 3、3、4。

【问题分析】

穷举三角形三条边长(假设为 a、b、c)的可能值,判断能否构成一个三角形,若能则计数,最后输出计数器的值。为了保证组成的三角形不重复,只要在穷举时设定 1≤a≤b≤c≤n-2。优化思想很简单但很重要,"能算不举",穷举两条边,根据木棒长度直接计算出第三条边长。

```
//p9-7-5
#include<cstdio>
using namespace std;
int main(){
    freopen("triangle.in","r",stdin);
    freopen("triangle.out","w",stdout);
    int n,total = 0;
    scanf("%d",&n);
    for(int a = 1; a <= n-2; a++)
        for(int b = a; b <= n-2; b++){
            int c = n-a-b;
            if((c >= b) && (a+b > c)) total++;
        }
    printf("%d\n",total);
    return 0;
}
```

例 6　阿姆斯特朗数。(armstrong,1s,64MB)

【问题描述】

编程找出所有的三位数到七位数中的阿姆斯特朗数。阿姆斯特朗数也叫水仙花数,它的定义如下:若一个 n 位自然数的各位数字的 n 次方之和等于它本身,则称这个自然数为阿姆斯特朗数。例如,153(153=1×1×1+3×3×3+5×5×5)是一个三位的阿姆斯特朗数,8208 则是一个四位的阿姆斯特朗数。

【问题分析】

由于阿姆斯特朗数是没有规律的,只能采用穷举法一一验证 100~9999999 内的所有数是否是阿姆斯特朗数,若是,则打印之。但是,如果对任意一个数 K,都去求它的各位的若干次方,再求和判断是否等于 K,效率比较差。注意到,每个位只可能是 0~9,而且只会算到 3~7 次方。所以,为了使得程序尽快运行出正确结果,采用"以空间换时间"的策略,使用一个数组 p 预处理出所有数字的各次幂之值，p［i,j］表示 i 的 j 次方。另外，为了避免每次都对一个数进行逐位分解操作，直接用数组 a［8］存储一个数的每一位，穷举 100~9999999。

```
//p9-7-6
#include<bits/stdc++.h>
using namespace std;
int a[9],p[9][7];
int main(){
    for(int i = 0; i <= 8; i++) a[i] = 0;
    for(int i = 0; i <= 9; i++) p[i][1] = i;
    for(int j = 2; j <= 7; j++)
        for(int i = 0; i <= 9; i++)
            p[i][j] = p[i][j-1] * i;
        int len = 3,count = 0;
        a[3] = 1;
        while(a[8] == 0){
            int total = 0;
            for(int i = 1; i <= len; i++)
                total = total + p[a[i]][len];
            int num = 0;
            for(int i = len; i >= 1; i--) num = num * 10 + a[i];
            if(total == num){
                count++;
                printf("Ans.%d: %d\n",count,num);
            }
            int i = 1;
            while(a[i] == 9) i++;
            a[i]++;
            for(int j = 1; j <= i-1; j++) a[j] = 0;
            if(i == len + 1) len++;
    }
    return 0;
}
```

例 7 金币。(coin，1s，64MB)

【问题描述】

国王将金币作为工资，发放给忠诚的骑士。第一天，骑士收到一枚金币；之后两天（第二天和第三天）里，每天收到两枚金币；之后三天(第四、五、六天）里，每天收到三枚金币；之后四天(第七、八、九、十天）里，每天收到四枚金币……这种工资发放模式会一直这样延续下去。当连续 n 天每天收到 n 枚金币后，骑士会在之后的连续 n+1 天里，每天收到 n+1 枚金币（n 为正整数)。

请编程确定从第一天开始的给定天数内，骑士一共获得了多少金币。

【输入格式】

输入包含至少一行，但不多于 1000 行。

除最后一行外，输入的每行是一组输入数据，包含一个正整数 n，表示天数。

输入的最后一行为 0，表示输入结束。

【输出格式】

对每个数据输出一行一个整数，表示该数据对应总金币数。

【输入样例】

10
6
7
11
15
16
100
10000
1000
21
22
0

【输出样例】

30
14
18
35
55
61
945
942820
29820
91
98

【数据规模】

对于 60% 的数据满足：$n \leqslant 10^3$；

对于 80% 的数据满足：$n \leqslant 10^6$；

对于 100% 的数据满足：$n \leqslant 10^{12}$。

【问题分析】

每次穷举每天获得的金币数，或者将答案保存在数组中直接输出，可以获得部分分。下面利用数学推导进行优化。

因为：$1^2+2^2+3^2+\cdots+k^2=k\times(k+1)\times(2k+1)/6$，假设前 n 个数为 1，2，2，3，3，3，…，k，k，k，k，如何求 k 呢？根据 $1+2+3+\cdots+k=n$，即 $k^2+k-2n=0$，把 k 看成未知数，解方程可求出 k=(−1+sqrt(1+8n))/2=sqrt(2n+0.25)−0.5，另一个负数解不合法舍去。

```
//p9-7-7
```

```
#include<bits/stdc++.h>
using namespace std;
long long x,n,ans;
int main(){
    freopen("coin.in","r",stdin);
    freopen("coin.out","w",stdout);
    scanf("%lld",&x);
    while(x){
        n = (long long)(sqrt(x*2+0.25)-0.5);
        ans = (x - n*(n+1)/2)*(n+1) + n*(n+1)*(2*n+1)/6;
        printf("%lld\n",ans);
        scanf("%lld",&x);
    }
    return 0;
}
```

3. 二进制穷举思想

对于二进制数 00000,00001,00010, …,11111,它们是严格递增有序的,如何生成类似的二进制数字序列,就是“二进制穷举”思想,其应用非常广泛。“二进制穷举”的实现代码如下。

```
#include<cstdio>
using namespace std;
int main(){
    int n;
    int b[100];
    scanf("%d",&n);
    for(int i = 0; i <= n; i++) b[i] = 0;
    while(b[0] == 0){
        for(int i = 1; i <= n; i++) printf("%d",b[i]);
        printf("\n");
        int j = n;
        while(b[j] == 1) j--;
        b[j]++;
        for(int i = j + 1; i <= n; i++) b[i] = 0;
    }
    return 0;
}
```

例 8　0-1 背包问题。(pack01,1s,64MB)

【问题描述】

有 n 件物品,每件物品有一个重量和一个价值,分别记为 W_1,W_2, …,W_n 和 C_1,C_2, …,C_n。现在有一个背包,其容量为 WK,要从 n 件物品种任取若干件,要求:

(1) 重量之和小于或等于 WK。

(2) 价值之和最大。

【输入格式】

第1行2个整数,表示n和WK,$1 \leqslant n \leqslant 20, 1 \leqslant WK \leqslant 10^6$。

第2行n个整数,表示每一个物品的重量,$1 \leqslant W_i \leqslant 10^4$。

第3行n个整数,表示每一个物品的价值,$1 \leqslant C_i \leqslant 10^8$。

【输出格式】

一行一个数,表示符合背包容量的最大价值。

【输入样例】

8 200

79 58 86 11 28 62 15 68

83 14 54 79 72 52 48 62

【输出样例】

334

【问题分析】

背包问题有很多类型,本题是最简单的一种模型"0-1背包",即每件物品只有不取和取两种情况,对应着二进制中的0和1。0-1背包有多种解决算法,具体在第13课详细讲解。这里采用二进制穷举思想,从000…00穷举到111…11,即定义一个数组b,元素b[i]=0或者1,表示第i件物品不取或者取,每次判断背包能否装的下,同时对于价值打擂台取最大值。

```
//p9-7-8
#include<bits/stdc++.h>
using namespace std;
int w[20],c[20],b[20];
int main(){
    freopen("pack01.in","r",stdin);
    freopen("pack01.out","w",stdout);
    int n,wk;
    scanf("%d %d",&n,&wk);// 物品数和背包容量
    for(int i = 1; i <= n; i++) scanf("%d",&w[i]);// 每个物品的重量
    for(int i = 1; i <= n; i++) scanf("%d",&c[i]);// 每个物品的价值
    int cmax = 0;// 最大价值的答案
    for(int i = 0; i <= n; i++) b[i] = 0;
    b[n] = 1;// 初始化第一种穷举方案 0...01
    while(b[0] == 0){// 结束循环的促发条件 ,1...11 下一个状态
        int s = 0,t = 0;
        for(int i = 1; i <= n; i++){// 累计当前状态的总量和价值
            s += b[i] * w[i];
            t += b[i] * c[i];
            if((s <= wk) && (t > cmax)) cmax = t;
            // 检查当前状态是否合法 , 是否优于当前保存的答案
        }
        int j = n;// 穷举下一种状态
```

```
        while(b[j] == 1) j--;
        b[j]++;
        for(int i = j + 1; i <= n; i++) b[i] = 0;
    }
    printf("%d\n",cmax);
    return 0;
}
```

例 9 组合数的生成。(comb,1s,64MB)

【问题描述】

从 1、2、3、4、5、6 这 6 个数字中任取 4 个数的组合有:1 2 3 4、1 2 3 5、1 2 3 6、1 2 4 5、1 2 4 6、1 2 5 6、1 3 4 5、1 3 4 6、1 3 5 6、1 4 5 6、2 3 4 5、2 3 4 6、2 3 5 6、2 4 5 6、3 4 5 6,共 15 种。如果把它们看成 4 位数,发现是递增的。

编程,输入 n 和 r,1≤r≤n≤20,按照以上顺序,输出从 n 个数字(1~n)中任取 r 个数的所有组合。

【输入样例】

3 2

【输出样例】

1 2

1 3

2 3

【问题分析】

观察第一个数到最后一个数的变化规律,可以看出最后一位先变化(加 1),变到 n 就要“进位”到上一位;对于倒数第二位,变化到 n-1 就要产生“进位” ……每次“进位”后,本位及以后的所有位都要重新置成一个递增的序列。这个算法的思路就是二进制穷举思想,不过不是固定的“n 进制”。

```
//p9-7-9
#include<bits/stdc++.h>
using namespace std;
int main(){
    freopen("comb.in","r",stdin);
    freopen("comb.out","w",stdout);
    int n,r;
    int b[100];
    scanf("%d %d",&n,&r);
    for(int i = 1; i <= n; i++) b[i] = i;
    b[0] = -1;
    while(b[0] == -1){
        for(int i = 1; i <= r; i++) printf("%d ",b[i]);
        printf("\n");
        int j = r;
        while(b[j] == n - r + j) j--;
```

```
        b[j]++;
        for(int i = j + 1; i <= r; i++) b[i] = b[i-1] + 1;
    }
    return 0;
}
```

实践巩固

1. 方格填数。(square, 1s, 64MB)

【问题描述】

如图 9.7–2(a)所示的 8 个格子 b1~b8 中放入 1~8 这 8 个数字，使得相邻的和对角线的数字之差不为 1。编程输出所有放法，如图 9.7–2(b)所示就是一种放法。

	b1	
b2	b3	b4
b5	b6	b7
	b8	

(a)

	2	
5	8	6
3	1	4
	7	

(b)

图 9.7–2 方格图

【输出格式】

若干行，每行 8 个数字代表 b1~b8 的值，每 2 个数之间用 1 个空格隔开。

2. 一元三次方程的解。(solution, 1s, 64MB)

【问题描述】

设一元三次方程 $ax^3+bx^2+cx+d=0$，给出该方程中各项系数 a、b、c、d（均为实数），并假设该方程一定存在 3 个不同的实数解（范围在 –100~100 之间），且解与解之差的绝对值大于或等于 1，请编程求出这 3 个解。

提示：记方程 $f(x)=0$，若存在 2 个数 x_1 和 x_2，且 $x_1<x_2$，若 $f(x_1)f(x_2)<0$，则在 x_1~x_2 之间一定有一个解。

【输入格式】

1 行 4 个数，依次表示 a、b、c、d 的值。

【输出格式】

1 行 3 个数，表示方程的 3 个解，之间用 1 个空格隔开。请从小到大输出，精确到小数点后 2 位。

【输入样例】

1 –5 –4 20

【输出样例】

–2.00 2.00 5.00

3. 飞行路线。(cowroute, 1s, 256MB)

【问题描述】

贝茜想到一个更温暖的地方去度过这个寒冷的冬天。不幸的是，她发现只有一家名叫 AB 的航空公司愿意把票卖给奶牛，而且这些票的构成有些奇怪。AB 拥有 N 架飞机，每架都有一个特定的飞行路线，这个飞行路线包含 2 个或更多的城市。例如，一架飞机的路线可能是从城市 1

开始,然后飞到城市 5,再飞到城市 2,最后飞到城市 8。没有城市会在一条路线上出现多次。如果贝茜决定使用这个路线,她可以在一条路线的任意一个城市上飞机,然后在路线上任意一个城市下飞机。她不用一定在第一个城市上飞机,在最后一个城市下飞机。每条路线会有一个价格,不管贝茜沿途经过多少城市,她都要付这么多钱。

贝茜想找到最近的从城市 A 到城市 B 的距离。由于她不想被复杂的行程困惑,她想只使用一条单独的路线。请帮她决定她最少应该付多少钱。

【输入格式】

第 1 行包含 3 个数字 A、B 和 N。

下面的 2N 行,描述可用的路线,每条路线的描述占两行。第一条路线包含路线费用,以及沿途有多少个城市(不超过 500 个)。第 2 行包含一个按顺序的城市的列表。

【输出格式】

输出贝茜用一条飞行路线从城市 A 飞到城市 B 的最小费用。如果没有这样的路线,输出“-1”。

【输入样例】

```
1 2 3
3 3
3 2 1
4 4
2 1 4 3
8 5
4 1 7 8 2
```

【输出样例】

```
8
```

【样例解释】

尽管这里有一个更便宜的用两条线路的方案(用路线 2 从城市 1 到城市 3,再用路线 1 从城市 3 到城市 2),贝茜只被允许用一条线路,所以她必须花到城市 8 的费用使用 3 号线路。

【数据规模】

对于 20% 的数据满足:N≤10。

对于 40% 的数据满足:N≤100。

对于 100% 的数据满足:N≤10000。

4. 飞行路线 2。(cowroute2,1s,256MB)

【问题描述】

贝茜想到一个更温暖的地方去度过这个寒冷的冬天。不幸地是,她发现只有一家名叫 AB 的航空公司愿意把票卖给奶牛,而且这些票的构成有些奇怪。AB 拥有 N 架飞机,每架都有一个特定的飞行路线,这个飞行路线包含 2 个或更多的城市。例如,一架飞机的路线可能是从城市 1 开始,然后飞到城市 5,再飞到城市 2,最后飞到城市 8。没有城市会在一条路线上出现多次。如果贝茜决定使用这条路线,她可以在一条路线的任意一个城市上飞机,然后在路线上任意一个城市下飞机。她不用一定在第一个城市上飞机,在最后一个城市下飞机。每条路线会有一个价格,不管贝茜沿途经过多少城市,她都要付这么多钱。

贝茜想找到最近的从城市 A 到城市 B 的距离。由于她不想被复杂的行程困惑,她想只使用最多两条路线。请帮她决定她最少应该付多少钱。

【输入格式】

第 1 行包含 3 个数字 A、B 和 N。

下面的 2N 行描述可用的路线,每条路线的描述占 2 行。第 1 条路线包含路线费用,以及沿途有多少个城市(不超过 500 个)。第 2 行包含 1 个按顺序的城市的列表。

【输出格式】

输出贝茜用一条飞行路线从城市 A 飞到城市 B 的最小费用。如果没有这样的路线,输出“-1”。

【输入样例】

1 2 3
3 3
3 2 1
4 4
2 1 4 3
8 5
4 1 7 8 2

【输出样例】

7

【样例解释】

用路线 2 从城市 1 到城市 3,再用路线 1 从城市 3 到城市 2。

【数据规模】

对于 40% 的数据满足:N≤5。

对于 60% 的数据满足:N≤75。

对于 100% 的数据满足:N≤10000。

5. 数列元素的交换。(array,1s,64MB)

【问题描述】

小林在数学课上看到一个数列 a_i。他不喜欢这个数列,于是决定随机交换其中两个数。小林想知道,交换后的数列与原数列对应位置相同的数有多少个,请求出所有可能的值。

【输入格式】

第 1 行 1 个正整数 n,表示数列的长度。

第 2 行有 n 个正整数,第 i 个数表示 a_i,即交换前数列的第 i 项,每两个数之间用一个空格隔开。

【输出格式】

一行,若干严格递增的正整数,用一个空格隔开,表示交换后的数列与原数列对应位置相同的数的个数。

【输入样例】

3
2 3 3

【输出样例】

3 1 1

【样例解释】

交换后可能的数列有 2 3 3,3 2 3,3 3 2,个数分别是 3、1、1。

【数据规模】

对于 100% 的数据满足：$1 \leqslant n \leqslant 100, 1 \leqslant a_i \leqslant 1000$。

6. 优雅数。(odometer, 1s, 256MB)

【问题描述】

给定两个数 L 和 R，求 L 到 R 之间(包括 L 和 R)有多少个数是“优雅”的。

称一个数是优雅的，当且仅当把这个数看成一个长度为 n 的字符串(没有前导零)，n 个字符中 n–1 个字符全相同，有且仅有一个字符不同。例如，33323、110 都是优雅的，而 9779、55555 都不是优雅的。

【输入格式】

一行两个数 L 和 R。

【输出格式】

一行一个数，表示 L 到 R 之间有多少个数是优雅的。

【输入样例】

110 133

【输出样例】

13

【样例解释】

13 个数是：110, 112, 113, 114, 115, 116, 117, 118, 119, 121, 122, 131, 133。

【数据规模】

对于 50% 的数据满足：$100 \leqslant L \leqslant R \leqslant 10^6$。

对于 100% 的数据满足：$100 \leqslant L \leqslant R \leqslant 10^{16}$。

7. 等式。(snarf, 2s, 64MB)

【问题描述】

输入一个整数 a，求出一个最小的 n 和 k($n>k \geqslant a$)，使得能在 1~n 之间能找到一个 k，且 1~k–1 的和等于 k+1~n 的和。

【输入格式】

一行一个正整数 a，$3 \leqslant a \leqslant 1940500$。

【输出格式】

一行两个数，表示最小的正整数 k 和 n，之间用一个空格隔开。

【输入样例】

3

【输出样例】

6 8

【样例解释】

当 n=8, k=6 时，1+2+3+4+5=15=7+8。

8. 组合取数。(combprime, 1s, 64MB)

【问题描述】

给出 n 个正整数 $x_1, x_2, \cdots, x_n$，在这 n 个数中任取 r 个，请你计算 r 个数的和为质数的个数。

【输入格式】

第1行两个正整数，表示n和r，$1 \leq r \leq n \leq 30$。

第2行n个正整数，表示x_i，$x_i \leq 10^5$。

【输出格式】

一行一个数，表示答案。

【输入样例】

5 3

8 13 7 12 9

【输出样例】

2

【样例解释】

从5个数中任取3个的组合有10种。其中，只有8+12+9和13+7+9的和为质数29，所以答案为2。

第8课 算法评价

学习目标

1. 学会从时间复杂度、空间复杂度等方面评价一个算法。
2. 体会一题多解，学会对不同解题算法进行对比分析。
3. 能根据题目的时间、空间限制，设计算法并进行必要的优化。

知识讲解

前面已经学习了一些“算法”方面的知识。结构化程序设计的先驱Niklaus Wirth提出过一个著名的公式：程序 = 算法 + 数据结构。可见，算法对于程序设计的重要性。计算机程序设计和信息学竞赛的任务往往都是应用型、开放型的，解题算法具有多样性、创新性，考验人的思维品质和创新精神。一个算法的好坏直接决定了相应程序的各项性能指标。例如，对于排序问题，前面已经学习过选择排序、冒泡排序、插入排序、桶排序、快速排序等，这些排序算法各有什么优劣，值得深入研究。

对问题求解算法优劣的评定称为“算法评价”。算法评价的目的在于从解决同一问题的不同算法中选择较为合适的一种算法，或者对原有算法进行改造、加工，使其更加完善。算法评价主要集中在四个方面。

1. 算法的正确性

正确性是设计和评价一个算法的首要条件，如果一个算法不正确，其他方面就无从谈起。一个正确的算法是指在任何合理的数据输入下，总能在有限的运行时间内得到正确的结果。一般，要通过对数据输入的所有可能情况的分析和上机调试，才能证明算法是否正确。有时，也可以通过数学方法进行正确性证明。

2. 算法的简单性(编程复杂度)

算法简单有利于阅读，也使得证明算法正确性比较容易，同时有利于程序的编写、修改和调试，编程难度较低。但是算法简单往往并不意味着最有效。因此，对于问题的求解，往往更加注重有效性。有效性比简单性更重要。

3. 算法所消耗的时间(时间复杂度)

算法所消耗的时间是指依据此算法编制的程序在计算机上实现后，运算出结果所花费的时间。它大致等于计算机执行一个简单操作(如赋值操作、比较操作、加法运算)所需要的时间与算法中进行简单操作次数的乘积。这里假设计算机硬件环境相同，因此影响运行时间的主要因素在于算法中进行简单操作的次数。通常把算法中包含简单操作次数的多少叫作算法的“时间复杂度”，它是一个算法运行时间的相对度量，一般用数量级的形式给出。度量一个算法的运行时间通常有以下两种方法。

(1) “事后统计”的方法

因为计算机内部都有计时功能，往往可以精确到毫秒级，不同算法的程序可以通过一组或若干组相同的统计数据以分辨优劣。但是这种方法有两个缺陷：一是必须先运行依据此算法编制的程序；二是所得时间的统计量依赖于计算机的硬件、软件等环境因素，有时容易掩盖算法本身的优劣。因此，一般采用另一种“事前分析估算”的方法。

(2) “事前分析估算”的方法

这种方法基于一个用高级程序设计语言编写的程序，在计算机上运行时所消耗的时间，主要取决于下列几个因素：依据的算法策略、问题的数据规模、编程语言、编译程序所产生的机器代码的质量、机器执行指令的速度等。显然，同一个算法用不同的语言实现，或者用不同的编译程序进行编译，或者在不同软硬件配置的计算机上运行时，效率均不相同。这表明使用绝对的时间单位衡量算法的效率是不合适的。撇开这些与计算机硬、软件有关的因素，可以认为一个特定算法“运行工作量”的大小，只依赖于问题的数据规模(通常用整数量 n 表示)，或者说它是与“数据规模”相关的一个函数。

一个算法是由控制结构(包括顺序、分支和循环三种)和元操作(指固有数据类型的操作)构成的，算法时间取决于两者的综合效果。为了便于比较同一问题的不同算法，通常的做法是，从算法中选取一种对于所研究的问题(或算法类型)来说是基本运算的元操作，以该基本操作重复执行的次数作为算法的时间度量。

例如，在下面的“两个 $n\times n$ 矩阵相乘”的算法中，“乘法”运算便是矩阵相乘问题的基本操作。整个算法的执行时间与乘法重复执行的次数 n^3 成正比，记作：$T(n)=O(n^3)$。

```
for(i = 1; i <= n; i++){
    for(j = 1; j <= n; j++){
        c[i][j] = 0;
        for(k = 1; k <= n; k++){
```

```
                c[i][j] = c[i][j] + a[i][k] * b[k][j];
            }
        }
    }
```

一般情况下,算法中基本操作重复执行的次数是问题规模 n 的某个函数 f(n),算法的时间量度记作:

$$T(n)=O(f(n))$$

它表示随着问题规模 n 的增大,算法执行时间的增长率和 f(n) 的增长率相同,称作算法的"渐进时间复杂度"。

显然,被称作问题基本操作的元操作应是其重复执行次数和算法的执行时间成正比的元操作,多数情况下它是最深层循环内的语句中的元操作,它的执行次数和包含它的语句的频度相同。语句的频度指的是该语句重复执行的次数。例如,在下列三个程序段中:

```
1) x = x+1;
2) for(i = 1; i <= n; i++)x = x + 1;
3) for(j = 1; j <= n; j++)
     for(k = 1; k <= n; k++)
        x = x + 1;
```

含基本操作"x 增加 1"的语句"x=x+1;"的频度分别为 1、n 和 n^2,则这三个程序段的时间复杂度分别为 O(1)、O(n)、$O(n^2)$,通常称之为常量阶、线性阶和平方阶。算法还可能呈现的时间复杂度有对数阶 $O(\log_2 n)$、指数阶 $O(2^n)$、开根阶 $O(\sqrt{n})$ 等。在 n 很大时,不同数量级的时间复杂度显然有 $O(1)>O(\log_2 n)>O(n)>O(n\log_2 n)>O(n^2)>O(n^3)>O(2^n)$,其中的大于号表示优于。在算法设计时,应该尽可能选用多项式阶的算法,而不要采用指数阶的算法。

一般情况下,对一个问题(或一类算法)只需选择一种基本操作来讨论算法的时间复杂度即可,有时也需要同时考虑几种基本操作,甚至可以对不同的操作赋以不同权值,以反映执行不同操作所需的相对时间。这种做法便于综合比较解决同一问题的两种完全不同的算法。

由于算法的时间复杂度考虑的只是对于问题规模 n 的增长率,在难以计算基本操作执行次数(或语句频度)的情况下,只需要求出它关于 n 的增长率(或阶)即可,一般可忽略常数项、低阶项甚至系数。例如,在下列程序段中:

```
for(i = 2; i <= n; i++)
    for(j = 2; j <= i-1; j++)
        x = x + 1;
```

语句"x=x+1;"执行次数关于 n 的增长率为 n^2。它是语句频度表达式 (n−1)(n−2)/2 中增长最快的一项。

4. 算法所占用的存储空间(空间复杂度)

算法在运行过程中所需占用的存储空间的大小被定义为算法的空间复杂度。空间复杂度包括主程序中的全局变量及子程序中的局部变量所占用的存储空间，以及系统为了实现递归所使用的堆栈空间两部分。算法的空间复杂度与时间复杂度一样，一般也是以数量级的形式进行评价。

在计算时间复杂度和空间复杂度时，一般只从数量级的角度去衡量，遇到固定常数或低数量级的项都忽略不计，甚至在要求不是很精确的情况下，连系数都不考虑。如果一个算法的复杂度为 $O(n(n+1)/2+1000)$，则一般直接写成 $O(n^2)$。

例 1　多项式求值。(poly，1s，64MB)

【问题描述】

输入 x 和系数 $a_0,a_1,a_2,\cdots,a_n$，计算 $a_nx^n+a_{n-1}x^{n-1}+a_{n-2}x^{n-2}+\cdots+a_1x+a_0$ 的值。

【输入格式】

第 1 行两个整数，表示 n 和 x 的值，$1\leqslant n\leqslant 10$，$-5\leqslant x\leqslant 5$。

第 2 行 n+1 个整数，表示 $a_0,a_1,\cdots,a_n$ 的值，每两个数之间有一个空格，$-10\leqslant a_i\leqslant 10$。

【输出格式】

一行一个整数，表示多项式的结果。

【输入样例】

3 2

1 2 3 4

【输出样例】

49

【问题分析】

对于本题，很明显的是，n 越大占用的存储空间也就越大，乘积和累加的次数也越多，计算量也越大，时间开销也就越多，这里的 n 就是问题的规模。下面分别讨论三种解题算法及其时间复杂度、空间复杂度。

算法 1　暴力计算每一项，累加求和。

```
y = a[0];
for(k = 1; k <= n; k++){
  s = a[k];
  for(j = 1; j <= k; j++)s = s * x;
  y = y + s;
}
```

该算法(程序)所用存储空间为 a[0]，a[1]，…，a[n]和几个简单变量，即所需空间与问题规模 n 成正比，所以它的空间复杂度为 $O(n)$。而算法的时间主要花费在求 x 的 n 次方(内层循环)和 s 的累加上(外层循环)。对于某个 k，内层循环做了 k 次乘法，而 k 从 1~n，所以计算 y 所用的乘法次数共为 $1+2+3+\cdots+n=n(n+1)/2$，另外还做了 n 次累加(加法)。但是，当 n 很大时，相对于 $n(n+1)/2$ 次乘法，n 次加法微不足道，所以该算法的时间规模为 $O(n(n+1)/2)=O(n^2/2+n/2)$，而 $n/2$ 相对于 $n^2/2$ 来说也可以忽略，因此该算法的时间复杂度为 $O(n^2/2)$，有时干脆连系数 1/2 也省略，直接认为是 $O(n^2)$ 的。

算法 2 预处理求 x^k 存储到 b 数组中。

```
b[0] = 1;
for(j = 1; j <= n; j++) b[j] = b[j-1] * x;
y = a[0];
for(j = 1; j <= n; j++) y = y + a[j] * b[j];
```

此算法用了两次单循环命令，每个循环内都只做了一次乘法运算，所以时间复杂度为 O(2n)，空间复杂度为 O(2n)。当 n=100 时，算法 1 的简单操作次数为 100×100/2=5000 次左右，而算法 2 的简单操作次数为 2×100=200 次左右。

算法 3 利用数学中“提取公因式”的方法（其实叫“秦九绍公式”），将 y 的计算公式改写为 $y=(((a_nx+a_{n-1})x+a_{n-2})\cdots+a_1)x+a_0$。

```
y = a[n];
for(j = n-1; j >= 0; j--)  y = y * x + a[j];
```

算法 3 中的存储空间为 n 个单元，所以空间复杂度为 O(n)，而时间只花在了 n 次乘法与 n 次加法运算上，所以时间复杂度为 O(n)。

在设计算法时，应尽可能使时间复杂度和空间复杂度的值都比较小。但有时要使这两个参数值都小，是比较困难的。应当根据问题的具体需求，选择适当的算法以达到尽可能好的效果。对于有些问题运算的时间复杂度较大，而对空间没有特别的要求，此时可以用牺牲空间的方法去以换取时间，以使算法运行得更快。

例 2 和为 n 的子序列。(subsequence，1s，64MB)

【问题描述】

输入 n，从 1，2，3，…，n 的数列中，找出最前面的总和为 n 的连续子数列。

【输入格式】

一行一个整数 n。

【输出格式】

一行若干个数，表示和为 n 的连续子序列，每两个数之间有一个空格。

【输入样例 1】

5

【输出样例 1】

2 3

【输入样例 2】

4

【输出样例 2】

4

【问题分析】

先假设以下几种算法中用到的关键变量：s 是目标子数列的第一个元素，k 是目标子数列的长度，那么目标子数列可以表示为(s,k)。

方法1 穷举法。穷举所有的子数列(序列的头和尾)，其时间复杂度为 n+(n−1)+(n−2)+(n−3)+⋯=n(n−1)/2，也就是 $O(n^2)$。

```
for(s = 1; s <= n; s++){
    for(k = 1; k <= n-s+1; k++){
        if(sum(s,k) == n) output(s,k);
    }
}
```

方法2 二分法。充分利用输入的特性，原始数列的一个很明显的特点就是有序，而利用有序数列提高效率的最常用方法就是二分法。注意到，针对某个子数列起始点 s，没有必要逐个长度地去求和判断，利用其有序的性质，先求(s，(n+s)/2)的和。如果等于 n，则输出；如果大于 n，则数列结尾在前半段，否则在后半段。很明显，此算法的复杂度为 $O(n\log_2 n)$。

```
for(s = 1; s <= n; s++){
    low = s; high = n;
    while(low < high){
        mid = (low + high) / 2;
        sum = sum(s,mid);
        if(sum == n) output(s,mid);
        else if(sum > n) high = mid;
        else low = mid;
    }
}
```

方法3 利用规律“s×k≤n”而设计的算法。因为 s 是目标子数列的第一个元素，也是最小的元素，所以必然有 sum(s,k)≥s×k，也就是 n≥s×k，即 k≤n/s，于是算法1可以优化写成：

```
for(s = 1; s <= n; s++){
    for(k = 1; k <= n/s; k++){
        if(sum(s,k) == n) output(s,k);
    }
}
```

此处的复杂度并不明显，具体等于 n+n/2+n/3+⋯+n/n=n(1+1/2+1/3+⋯+1/n)，括号中的部分是一个调和级数，其和为 $\log_e n$。于是，整个算法的复杂度为 $O(n\log_e n)$，比算法2稍佳，因为 $\log_e n$ 的底数要稍大些。

方法4 利用规律“s×k=n−k×(k−1)/2”而设计的算法。我们知道，对于子数列求和，其公式为 n=k×(s+(s+k−1))/2=s×k+k×(k−1)/2，得出 s×k=n−k×(k−1)/2。由这个公式可以得到两点信息：

(1) k≤s×k=n−k×(k−1)/2，推出 n−k×(k−1)/2≥k。

(2) 如果 n−k×(k−1)/2 能够整除 k，则 k 是目标子数列的长度，而起始点可以由公式算出：s=(n−k×(k−1)/2)/k。

于是，算法就可以 k 为变量递增，以 n−k×(k−1)/2≥k 为限制条件：

```
k = 1;
v = n - k * (k - 1) / 2;
while(v >= k){
    if(v % k == 0) output(v/k,k);
    // 如果能整除，则找到解，并且起始点为 v/k
    k++;
    v = n - k * (k - 1) / 2;
}
```

分析一下此算法的时间复杂度：只需要关注 k 的变化，k 是从 1 递增到某个数结束，关键是如何求这个截止的 k。循环结束条件是：$n-k\times(k-1)/2\geq k$，化简得到 $k^2+k\leq 2n$，即 $k^2\leq 2n-k$。因为 $k>0$，于是有 $k^2<2n$，即 k<sqrt(2n)。所以，这个截止的 k 就应该是 sqrt(2n) 或者略小于它，略去常数因子和低阶函数，就是 O(sqrt(n))。

例 3　数的变化。(dis，1s，64MB)

【问题描述】

给出两个整数 a 和 b，每次操作可以 a+1 或 a×2，问至少进行多少次操作可以使得 a=b。

【输入格式】

一行两个整数 a 和 b，之间有一个空格。

【输出格式】

一行一个整数 ans，表示至少进行多少次操作可以使得 a=b。

【输入样例】

2 10

【输出样例】

3

【数据规模】

对于 30% 的数据满足：$1\leq a\leq b\leq 100$

对于 60% 的数据满足：$1\leq a\leq b\leq 10^6$

对于 100% 的数据满足：$1\leq a\leq b\leq 10^9$

【问题分析】

对于 30% 的数据，从 a 开始每次扩展出 2 个新的数，存储到一个数组中，直到出现 b。时间复杂度为 O(2^ans)，ans 表示答案。

对于 60% 的数据，设 f(i) 表示从 a 变化到 i 的最少操作步数。如果 i 是奇数，则 f(i)=f(i−1)+1；如果 i 是偶数，则 f(i)=min{f(i−1)+1，f(i/2)+1}。时间复杂度为 O(b)。

对于 100% 的数据，我们采用贪心思想，每次不断把 b/2，直到 a>b/2 为止。时间复杂度为 $O(\log_2 b)$。

```
//p9-8-3
#include <bits/stdc++.h>
```

```
using namespace std;

int getin(){
    char ch;
    while(!isdigit(ch = getchar()) && ch != '-');
    int x = ch == '-' ? 0 : ch - '0';
    int opt = ch == '-' ? -1 : 1;
    while(isdigit(ch = getchar())) x = x * 10 + ch - '0';
    return x * opt;
}

int main(){
    freopen("dis.in","r",stdin);
    freopen("dis.out","w",stdout);
    int a = getin();
    int b = getin();
    int ans = 0;
    while(a <= b/2){
        if(b & 1) ans += 2;
        else ans += 1;
        b >>= 1;
    }
    ans += b - a;
    printf("%d\n",ans);
    return 0;
}
```

算法的复杂度分析不仅可以对算法的优劣作出客观的评价，同时对算法设计本身也有着指导性作用，因为在解决实际问题时，算法设计者在判断所想出的算法是否可行时，通过对算法作事先评估能够大致得知这个算法的优劣，进而作出决定是否采纳该算法，这样就能避免把大量的精力投入到低效算法的实现中去，特别是现在各级各类信息学奥林匹克竞赛都对程序运行的时间和空间有着严格的限制，因此掌握好算法复杂度的评价方法就显得犹为重要。

实践巩固

1. 设某算法的计算时间表示为递推关系式 T(n)=T(n−1)+n（n 为正整数）及 T(0)=1，则该算法的时间复杂度为（　　）。（NOIP2015 普及组初赛）

A. $O(\log_2 n)$　　B. $O(n\log_2 n)$　　C. $O(n)$　　D. $O(n^2)$

2. 假设某算法的计算时间表示为递推关系式：

$$T(n)=2T\left(\frac{n}{4}\right)+\sqrt{n}$$

$$T(1)=1$$

则算法的时间复杂度为（　　）。(NOIP2016 提高组初赛)

A. $O(n)$　　B. $O(\sqrt{n})$　　C. $O(\sqrt{n}\log_2 n)$　　D. $O(n^2)$

3. 螺旋矩阵。(NOIP2014 普及组复赛，matrix，1s，128MB)

【问题描述】

一个 n 行 n 列的螺旋矩阵可按如下方法生成：从矩阵的左上角（第 1 行第 1 列）出发，初始时向右移动；如果前方是未曾经过的格子，则继续前进；否则右转。重复上述操作，直至经过矩阵中的所有格子。根据经过顺序，在格子中依次填入 1，2，3，…，n^2，便构成了一个螺旋矩阵。图 9.8-1 是一个 n=4 时的螺旋矩阵。

1	2	3	4
12	13	14	5
11	16	15	6
10	9	8	7

图 9.8-1　螺旋矩阵

现给出矩阵大小 n 以及 i 和 j，请求出该矩阵中第 i 行第 j 列的数是多少。

【输入格式】

1 行 3 个整数 n、i 和 j，每两个整数之间用一个空格隔开，分别表示矩阵大小、待求的数所在的行号和列号。

【输出格式】

一行一个整数，表示相应矩阵中第 i 行第 j 列的数。

【输入样例】

4 2 3

【输出样例】

14

【数据规模】

对于 50% 的数据满足：1≤n≤100。

对于 100% 的数据满足：1≤n≤30000，1≤i≤n，1≤j≤n。

4. 字母组合。(charcom，1s，128MB)

【问题描述】

字母 A、B、C 的所有可能的组合（按字典顺序排序）是：A，AB，ABC，AC，B，BC，C。每个组合都对应一个字典顺序的序号，如下所示：

1　　A
2　　AB
3　　ABC
4　　AC
5　　B
6　　BC
7　　C

找出编号为 K 的字母组合。例如，上例中编号为 4 的组合为 AC。

注：假设某个字母组合为 $X_1X_2X_3\cdots X_K$，必须保证 $X_1<X_2<X_3<\cdots<X_K$。

【输入格式】

第 1 行：N，表示字母组合由字母表中前 N（N≤26）个字母组成。

第 2 行：K，求编号为 K 的字母组合。

【输出格式】

一行,表示该字母组合,均为大写字母。

【输入样例】

3

2

【输出样例】

AB

5. 旅行家问题。(traveller,1s,128MB)

【问题描述】

一个旅行家想驾驶汽车以最少的费用从一个城市到另一个城市(假设出发时油箱是空的)。给定两个城市之间的距离 D、汽车油箱的容量 C(以升为单位)。每升汽油能行使距离 D_0、出发点的每升汽油价格 P 和沿途加油站数(N 可以是 0)、加油站 i 离出发点的距离 D_i、加油站 i 每升汽油价格 P_i(i=1,2,3, …,N)。编程找出一种加油方案,使费用最少,输出这个最少的费用值。

【输入格式】

第 1 行 4 个实数,依次为 D、C、D_0 和 P。

第 2 行为 n。

以下的 n 行,每行为一个加油站信息,包括 2 个实数 D_i 和 P_i。

【输出格式】

一行一个实数,表示最小费用,计算结果四舍五入至小数点后两位。如果无法到达目的地,则输出“No Solution”。

【输入样例】

275.60 11.90 27.40 2.80

2

102.00 2.90

220.00 2.20

【输出样例】

26.95

第 9 课　宽度优先搜索

学习目标

1. 理解与体会搜索算法中的相关概念。
2. 掌握宽度优先搜索的基本思想和算法框架。
3. 熟练应用宽度优先搜索求解一些实际问题。

知识讲解

搜索是计算机程序设计中一种最基本、最常用的算法。当面对一个程序设计问题时，如果能够找到数学类的方法，如递推法、构造法，或者类似贪心、动态规划求最优值的方法，那么对于该题而言，已经基本解决。如果没有找到行之有效的方法，搜索便成了一个经常性的选择。

搜索算法是直接基于计算机高速运算的特点而使用的计算机求解方法。它是从问题的初始状态出发，根据其中的约束条件，按照一定的策略，有序推进，不断深入，对于达到的所有目标状态(解空间)，一一验证，找到符合条件的解(可行解)，或者找出所有可行解中的最优解。按照推进的控制策略，搜索一般分为宽度优先搜索和深度优先搜索。

1. 状态

状态一般是指客观世界现场信息的描述，通常用T表示。一般用T0表示初始状态，Tn表示目标状态。状态空间是指所有合理状态的集合，可以表示成{T}。

例1 分油。(oil,1s,64MB)

【问题描述】

有3个没有刻度的油瓶，容量分别为10斤、7斤、3斤。开始时，10斤的瓶子中装满了油，其余油瓶为空。现在通过在这3个瓶子之间倒来倒去，将10斤油分成两个5斤的。请编程输出一种最快的倒油方案。例如：

```
10  0  0
3   7  0
3   4  3
6   4  0
6   1  3
9   1  0
9   0  1
2   7  1
2   5  3
5   5  0
```

【问题分析】

用一个“三元组”T(x10,x7,x3)来表示一种状态，其中x10、x7、x3分别表示10斤瓶、7斤瓶、3斤瓶中的油量。初始状态T0=(10,0,0)，目标状态Tn=(5,5,0)。约束条件有：$x10+x7+x3=10$，$0\leqslant x10\leqslant 10$，$0\leqslant x7\leqslant 7$，$0\leqslant x3\leqslant 3$。状态空间为所有满足上述约束条件的状态所构成的集合{T(x10,x7,x3)}，如T(3,7,0)，T(4,4,2)。

2. 产生式系统

产生式系统由一个综合数据库、一组产生式规则和一个控制系统三个基本要素组成。其中，综合数据库是产生式系统所用的主要数据结构，常见的有集合、数组、树、队列、栈等，它主要用来表示问题的状态（初始状态、目标状态、中间状态）及状态之间的关系。

产生式规则是对数据库进行操作的一系列规则，其一般形式就是 if 语句，它实现了状态之间的转移和关联，一般也称为状态变化（转移）规则。

对于例 1 的分油问题，有 6 种倒油的可能性，即 6 条产生式规则。

1）10 斤的瓶子往 7 斤的瓶子里倒，规则为：

```
if((x10 > 0) && (x7 < 7)) {x10 = x10 + x7 - 7; x7 = 7;}
```

2）10 斤的瓶子往 3 斤的瓶子里倒，规则为：

```
if((x10 > 0) && (x3 < 3)) {x10 = x10 + x3 - 3; x3 = 3;}
```

3）7 斤的瓶子往 3 斤的瓶子里倒，规则为：

```
if((x7 > 0) && (x3 < 3)){
    if(x7 + x3 > 3){
        x7 = x7 + x3 - 3; x3 = 3;
    }else{x3 = x7 + x3; x7 = 0;}
}
```

4）7 斤的瓶子往 10 斤的瓶子里倒，规则为：

```
if(x7 > 0){x10 = x10 + x7; x7 = 0;}
```

5）3 斤的瓶子往 7 斤的瓶子里倒，规则为：

```
if((x3 > 0) && (x7 < 7)){
    if(x3 + x7 > 7){
        x3 = x3 + x7 - 7; x7 = 7;
    }else{x7 = x3 + x7; x3 = 0;}
}
```

6）3 斤的瓶子往 10 斤的瓶子里倒，规则为：

```
if(x3 > 0){x10 = x10 + x3; x3 = 0;}
```

控制策略规定了操作的顺序，即在什么条件下用什么规则进行操作，什么条件下停止运行，它规定了问题求解的搜索策略和路线。控制策略一般分为不可撤回方式和可撤回方式（回溯法）两类。另外，如果状态的总数不太大时，可采用全部枚举（宽度优先搜索）的办法得到最优解。对于状态比较大时，可采用深度优先搜索，有时还要设计“启发式”搜索或者进行必要的“剪枝”优化。对于状态非常大时，可采用一些贪心思想，先得到一个较优解，以此作为“剪枝”或“分支定界”的依据,来尽快取得最优解。

搜索问题一般有两种情况:一种是给出初始结点,要求寻找符合约束条件的目标结点;另一种是给出初始结点和目标结点,要求找到从初始结点到目标结点的一条路径。对于解的要求也不尽相同,有的问题要求出一个可行解,有的则要求出最优解,还有的问题要找出全部解,有时还要按照一定的顺序输出。

搜索问题中的数据结构一般要求表达要合理,有助于计算机的处理;信息要完整,能反应出状态的本质和状态之间的关系;还要节省存储空间,尽可能地提高搜索速度。比如分油问题本来用一个三元组(x10,x7,x3)即可,但是为了输出方便,我们增加一个d,用来表示该结点的父结点(由谁拓展而来),即变成一个四元组(x10,x7,x3,d)。另外,还会用到队列来实现控制策略。当然,不能忘记状态变化过程中的重复性检查,比如哈希表。因为大多数情况下,出现重复状态是毫无意义的,会造成死循环和空间的浪费。

3. 宽度优先搜索的基本思想

宽度优先搜索(Breadth First Search,BFS),简称宽搜,又称广度优先搜索。它是从初始结点开始,应用产生式规则和控制策略生成第一层结点,同时检查目标结点是否在这些生成的结点中。若没有,再用产生式规则将所有第一层结点逐一拓展,得到第二层结点,并逐一检查第二层结点是否包含目标结点。若没有,再用产生式规则拓展第二层结点。如此依次拓展,检查下去,直至发现目标结点为止。如果拓展完所有结点,都没有发现目标结点,则问题无解。

在搜索的过程中,宽度优先搜索对于结点是沿着深度的断层拓展的。如果要拓展第n+1层结点,必须先全部拓展完第n层结点。对于同一层结点来说,它们对于问题的解的价值是相同的。所以,这种搜索方法一定能保证找到最短的解序列。也就是说,第一个找到的目标结点,一定是应用产生式规则最少的。因此,宽度优先搜索算法适合求最少步骤或者最短解序列这类最优解问题。

例如,对于图9.9-1所示的“无向图”,从顶点V0开始进行宽度优先搜索,得到的一个序列为V0,V1,V2,V3,V4,V6,V5。

宽度优先搜索是一种“盲目”搜索,所有结点的拓展都遵循“先进先出”的原则,所以采用“队列”来存储这些状态。宽度优先搜索的算法框架如下:

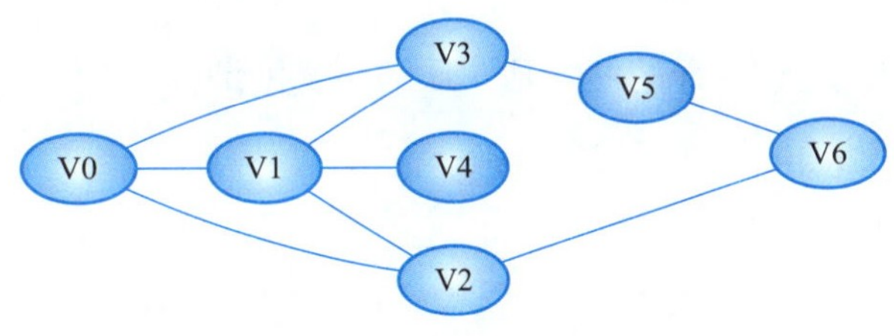

图9.9-1 无向图的宽度优先搜索

```
void BFS{
    while(front <= rear){
    // 当队列非空时做，其中 front 和 rear 分别表示队列的头指针和尾指针
        if(找到目标状态)
            做相应处理（如退出循环输出解、输出当前解、比较解的优劣）;
        else{
            拓展头结点;
            if(拓展出的新结点没出现过){
                rear++;
                将新结点插到队尾;
            }
```

```
        }
        front++;// 取下一个结点
    }
}
```

如果只要求任意一个解,也可以写成以下的结构:

```
void BFS2{
    p = true;
    while(p){
        if( 头结点是目标状态 ) p = false;
        else{
            拓展头结点 ;
            if( 拓展出的新结点没出现过 ){
                rear++;
                将新结点插到队尾 ;
            }
            front++;
            if(front > rear)p = false;
        }
    }
}
```

对于例 1 的分油问题,队列的每个元素均为一个四元组(x10,x7,x3,d),宽度优先搜索的状态变化如下:

1	2	3	4	5	6	7	8	9	10	11	12	13	14	15	16	17
10	3	7	0	3	7	6	4	6	4	9	1	9	1	2	2	5
0	7	0	7	4	3	4	3	1	6	1	6	0	7	7	5	5
0	0	3	3	3	0	0	3	3	0	0	3	1	2	1	3	0
0	1	1	2	2	3	5	6	7	8	9	10	11	12	13	15	16

参考程序如下:

```
//p9-9-1
#include<bits/stdc++.h>
using namespace std;
int q[1000][5];
int front,rear;

bool check(int x,int y,int z){
    bool flag = true;
    for(int i = 1; i <= rear; i++)
        if((q[i][1] == x)&&(q[i][2] == y)&&(q[i][3] == z)) flag = false;
```

```
    return flag;
}

void add(int x,int y,int z){
    rear++;
    q[rear][1] = x;
    q[rear][2] = y;
    q[rear][3] = z;
    q[rear][4] = front;
}

void pr(int f){
    int ans[1000][5];
    int r = 0;
    while(q[f][4] != 0){
        r++;
        ans[r][1] = q[f][1];
        ans[r][2] = q[f][2];
        ans[r][3] = q[f][3];
        f = q[f][4];
    }
    for(int i = r; i >= 1; i--)
        printf("%d %d %d\n",ans[i][1],ans[i][2],ans[i][3]);
}

int main(){
    q[1][1] = 10; q[1][2] = 0; q[1][3] = 0; q[1][4] = 0;
    front = 1; rear = 1;
    int x10,x7,x3;
    while(front <= rear){
        if((q[front][1] == 5) && (q[front][2] == 5)){
            pr(front);
            exit(0);
        }else{
            if((q[front][1] > 0) && (q[front][2] < 7)){//10->7
                x10 = q[front][1]+q[front][2]-7;
                x7 = 7;
                x3 = q[front][3];
                if(check(x10,x7,x3)) add(x10,x7,x3);
            }
            if((q[front][1] > 0) && (q[front][3] < 3)){//10->3
                x10 = q[front][1] + q[front][3] - 3;
                x3 = 3;
                x7 = q[front][2];
                if(check(x10,x7,x3)) add(x10,x7,x3);
```

```
            }
            if((q[front][2] > 0) && (q[front][3] < 3)){//7->3
                if(q[front][2] + q[front][3] > 3){
                x7 = q[front][2] + q[front][3] - 3;
                x3 = 3;
                }else{
                x3 = q[front][2] + q[front][3];
                x7 = 0;
                }
                x10 = q[front][1];
                if(check(x10,x7,x3)) add(x10,x7,x3);
            }
            if(q[front][2] > 0){//7->10
                x10 = q[front][1] + q[front][2];
                x7 = 0;
                x3 = q[front][3];
                if(check(x10,x7,x3)) add(x10,x7,x3);
            }
            if((q[front][3] > 0) && (q[front][2] < 7)){//3->7
                if(q[front][3] + q[front][2] > 7){
                x3 = q[front][3] + q[front][2] - 7;
                x7 = 7;
            }else{
                x7 = q[front][3] + q[front][2];
                x3 = 0;
                }
                x10 = q[front][1];
                if(check(x10,x7,x3)) add(x10,x7,x3);
            }
            if(q[front][3] > 0){//3->10
                x10 = q[front][1] + q[front][3];
                x3 = 0;
                x7 = q[front][2];
                if(check(x10,x7,x3)) add(x10,x7,x3);
            }
        }
        front++;
    }
    return 0;
}
```

4. 宽度优先搜索应用举例

例 2 瓷砖。(tile,1s,64MB)

【问题描述】

在一个 w×h 的矩形广场上,每一块 1×1 的地面都铺设了红色或黑色的瓷砖。小林同学站在某一块黑色的瓷砖上,他可以从此处出发,移动到上、下、左、右四个相邻的且是黑色的瓷砖上。现在,他想知道,通过重复上述移动所能经过的黑色瓷砖数。

【输入格式】

第 1 行为 h、w,2≤w、h≤50,之间由一个空格隔开;

以下为一个 w 行 h 列的二维字符矩阵,每个字符为“.”“#”“@”,分别表示该位置为黑色的瓷砖、红色的瓷砖、小林的初始位置。

【输出格式】

输出一行一个整数,表示小林从初始位置出发经过的黑色瓷砖数。

【输入样例】

```
11 9
. # . . . . . . . . .
. # . # # # # # # # .
. # . # . . . . . # .
. # . # . # # # . # .
. # . # . . @ # . # .
. # . # # # # # . # .
. # . . . . . . . # .
. # # # # # # # # # .
. . . . . . . . . . .
```

【输出样例】

59

【问题分析】

读入字符数组,找到小林的初始位置“@”,并把坐标入队,作为队头元素。宽度优先搜索,检查队头元素的上、下、左、右四个位置是否是黑色瓷砖“.”,是则入队, ……不断取出队头元素进行四个方向的拓展,直到队列为空。为了避免一个位置被多次重复走到,定义一个布尔型数组 a [i,j]用来判重,位置(i,j)为黑色瓷砖设置为 true,红色的或者走过的瓷砖设置为 false。最后,队列的尾指针即为答案。本题是搜索的一个重要应用,所谓的求“联通块”问题。

```
//p9-9-2
#include<bits/stdc++.h>
using namespace std;
bool a[52][52];
int dx[5],dy[5];
int q[3][2501];
```

```
int h,w,front,rear,x,y;
int main(){
    freopen("tile.in","r",stdin);
    freopen("tile.out","w",stdout);
    scanf("%d %d",&h,&w);
    char c;
    for(int i = 1;i <= w + 1;i++){
      for(int j = 1;j <= h + 1;j++){
        scanf("%c",&c);
        if(c == '.') a[i][j] = true;
        else if(c == '@'){
            x = i; y = j;
            a[i][j] = false;
          }
      }
      scanf("*");
}
dx[1] = 1; dx[2] = -1; dx[3] = 0; dx[4] = 0;
dy[1] = 0; dy[2] = 0; dy[3] = 1; dy[4] = -1;
q[1][1] = x;q[2][1] = y;
front = 1; rear = 1;
while(front <= rear){
    for(int i = 1; i <= 4; i++){
        x = q[1][front] + dx[i];
        y = q[2][front] + dy[i];
        if(a[x][y]){
            rear++;
            q[1][rear] = x;
            q[2][rear] = y;
            a[x][y] = false;
            }
        }
        front++;
    }
    printf("%d\n",rear);
    return 0;
}
```

例 3 最大黑区域。(area,1s,64MB)

【问题描述】

二值图像是由黑和白两种像素组成的矩形点阵,图像识别的一个操作是求出图像中最大黑区域的面积。请设计一个程序完成二值图像的这个操作。黑区域由黑像素组成,一个黑区域中的每像素至少与该区域中的另一像素相邻,规定一个像素仅与其上、下、左、右的像素相邻。两个不同的黑区域没有相邻的像素。一个黑区域的面积是其所包含的像素数。

【输入格式】

第1行含两个整数n和m,1≤n、m≤100,分别表示二值图像的行数与列数。

后面n行,每行含m个整数0或1,其中第i行表示图像的第i行的m个像素,0表示白像素,1表示黑像素。每行中的两个数之间用一个空格分隔。

【输出格式】

输出一行一个数,表示相应的图像中最大黑区域的面积。

【输入样例】

5 6
0 1 1 0 0 1
1 1 0 1 0 1
0 1 0 0 1 0
0 0 0 1 1 1
1 0 1 1 1 0

【输出样例】

7

【问题分析】

如果先找到一个黑点,那么问题就和例2一样了。所以,本题只要从左上角开始,利用一个两重循环穷举找到一个黑点(a[i,j]=1),然后做一遍宽搜,并且记下此黑色区域(联通块)的大小,再通过打擂台记录最大值作为答案ans。如果题目要求的是有几个黑区域,则只要每次宽搜时"计数器"加一。

```
//p9-9-3
#include<bits/stdc++.h>
using namespace std;
int a[102][102];
int dx[5],dy[5];
int q[3][10001];
int n,m,ans,s,front,rear;

void bfs(int i,int j){
    front = 1; rear = 1;
    q[1][1] = i; q[2][1] = j; a[i][j] = 0;
    while(front <= rear){
        for(int w = 1; w <= 4; w++)
            if(a[q[1][front] + dx[w]][q[2][front] + dy[w]] == 1){
                rear++;
                q[1][rear] = q[1][front] + dx[w];
                q[2][rear] = q[2][front] + dy[w];
                a[q[1][front] + dx[w]][q[2][front] + dy[w]] = 0;
            }
        front++;
    }
```

```
}

int main(){
    freopen("area.in","r",stdin);
    freopen("area.out","w",stdout);
    cin >> n >> m;
    for(int i = 1; i <= n; i++)
      for(int j = 1; j <= m; j++)cin >> a[i][j];
    dx[1] = 1; dy[1] = 0;
    dx[2] = 0; dy[2] = 1;
    dx[3] = -1; dy[3] = 0;
    dx[4] = 0; dy[4] = -1;
    for(int i = 1; i <= n; i++)
        for(int j = 1; j <= m; j++)
            if(a[i][j] == 1){
                bfs(i,j);
                if(rear > ans)ans = rear;
            }
    cout << ans << endl;
    return 0;
}
```

例 4 飞越原野。(escape,1s,64MB)

【问题描述】

在一片广阔的土地上有一个鸟人,他需要从这里穿过原野回到基地。这片原野上有平地(P)、有湖泊(L)。因为鸟人可以飞,所以有的时候,他可以飞越湖泊。现在,鸟人需要用最快的时间回到基地。

假设原野是一个 m×n 的矩阵,有两种地形,用 P 和 L 表示。鸟人只能停留在平地上。他目前处在(1,1)这个位置,而目的地是(m,n)。他可以向上、下、左、右四个方向移动,或者飞行。每移动一格需要 1 个单位时间。而飞行无论飞多远,都只需要 1 个单位时间。飞行的途中不可以改变方向。也就是说,飞行也只能是上、下、左、右四个方向,并且一次飞行最终必须降落在平地上。当然,受到能量的限制,鸟人不能无限制地飞行,他总共最多可以飞行的距离为 D。

【输入格式】

第 1 行是 3 个整数 m、n 和 D,3 个数都不超过 100。

下面是一个 m×n 的字符矩阵,表示原野。

【输出格式】

输出一行一个整数表示最短时间。如果无法到达,输出“impossible”。

【输入样例】

```
4 4 2
PLLP
PPLP
PPPP
```

PLLP

【输出样例】

5

【问题分析】

先不考虑“飞行”，那么只有一种运动方式，就是最基本的宽搜。可以设状态 F [i,j]表示到达位置(i,j)的最短时间。搜索记录的队列如下：

	1	2	3	4	5	6	7	8	9	10	11
i	1	2	3	2	4	3	3	3	4		
j	1	1	1	2	1	2	3	4	4		
到达(i,j)的最短时间	0	1	2	2	3	3	4	5	6		

如何处理“飞行”运动呢？可以设 F [i,j,r]表示到达位置(i,j)、还剩 r 的飞行时间的最短时间。状态的拓展就是从当前位置可以步行 1 步或者飞行 r，r 从 2 穷举到 D，因为飞行距离为 1 是没有意义的，则搜索记录的队列如下：

	1	2	3	4	5	6	7	8	9	10	11	12	13	14
i	1	2	3	3	4	3	3	4	3	3	3	3	4	
j	1	1	1	1	1	2	2	1	3	3	4	4	4	
d	2	2	0	2	0	0	2	2	0	2	0	2	0	
到达(i,j)的最短时间	0	1	1	2	2	2	3	3	3	4	4	5	5	

```
//p9-9-4
#include<bits/stdc++.h>
using namespace std;
const int k1[4] = {1,-1,0,0},k2[4] = {0,0,1,-1};
int n,m,k,d,i,j,l,r,xx,yy,x,y;
int g[105][105],h[5][1000005];
char ch; bool v[105][105][105];
int main(){
    freopen("escape.in","r",stdin);
    freopen("escape.out","w",stdout);
    cin >> n >> m >> k;
    memset(g,0,sizeof(g));
    for(i = 1; i <= n; ++i){
        for(j = 1; j <= m; ++j){
            cin >> ch;
            if(ch == 'P') g[i][j] = 1; else g[i][j] = 2;
        }
    }
    if(!(g[1][1] == 1 && g[n][m] == 1)){
        cout << "impossible" << endl;
        return 0;
    }
```

```
    l = 0; r = 1;
    h[1][1] = 1; h[2][1] = 1; h[3][1] = 0; h[4][1] = k;
    v[1][1][k] = true;
    while(l<r){
        ++l;
        x = h[1][l]; y = h[2][l]; d = h[4][l];
        for(i = 0; i < 4; ++i){
            xx = x + k1[i];
            yy = y + k2[i];
            if((g[xx][yy] == 1) && (!v[xx][yy][d])){
                v[xx][yy][d] = true;
                ++r;
                h[1][r] = xx;
                h[2][r] = yy;
                h[3][r] = h[3][l] + 1;
                h[4][r] = d;
                if(xx == n && yy == m){
                   cout << h[3][r] << endl;
                   return 0;
                }
            }
            if(g[xx][yy] != 0)
                for(j = 2; j <= 100; ++j){
                xx = xx + k1[i];
                yy = yy + k2[i];
                if(g[xx][yy] == 0 || j > d)break;
                if(g[xx][yy] == 1 && (!v[xx][yy][d-j])){
                       v[xx][yy][d-j] = true;
                       ++r;
                       h[1][r] = xx;
                       h[2][r] = yy;
                       h[3][r] = h[3][l] + 1;
                       h[4][r] = d-j;
                       if(xx == n && yy == m){
                          cout << h[3][r] << endl;
                          return 0;
                       }
                 }
                }
            }
        }
        cout << "impossible" << endl;
        return 0;
}
```

例 5 关系网络。(relationship，1s，64MB)

【问题描述】

有 n 个人，编号为 1~n。其中有一些人相互认识，现在 x 想要认识 y，可以通过他所认识的人来认识更多的人（如果 a 认识 b、b 认识 c，那么 a 可以通过 b 来认识 c)，求出 x 最少需要通过多少人才能认识 y。

【输入格式】

第 1 行 3 个正整数 n、x、y，其中：n≤100，1≤x、y≤n。

接下来是一个 n×n 的邻接矩阵，a[i,j]=1 表示 i 认识 j，a[i,j]=0 表示 i 不认识 j。

保证 i=j 时，a[i,j]=0，并且 a[i,j]=a[j,i]，一行中的两个数之间有一个空格。

【输出格式】

输出一行一个数，表示 x 认识 y 最少需要通过的人数。

【输入样例】

5 1 5
0 1 0 0 0
1 0 1 1 0
0 1 0 1 0
0 1 1 0 1
0 0 0 1 0

【输出样例】

2

【问题分析】

本题是宽度优先搜索的一个重要应用“求最优值问题”。先设答案 ans=0。把 x 加入队列并设置为队头元素，从队头开始进行宽搜，穷举邻接矩阵的第 x 行，看 x 认识谁（判断 a[x,j]=1)，认识的人(j) 全部依次入队，并且 ans++，如果出现了 y，则输出 ans，结束搜索，否则，取出队头元素继续宽搜。

本题如果要输出 x 是通过什么关系(哪些人)认识 y 的呢？可以再设一个数据域(或者数组)，记录当前结点是从哪个结点拓展得到的。

```
//p9-9-5
#include<bits/stdc++.h>
using namespace std;
int a[101][101];
int b[101],f[101],k[101];
int n,x,y,front,rear,tx;
int main(){
    freopen("relationship.in","r",stdin);
    freopen("relationship.out","w",stdout);
    scanf("%d %d %d",&n,&x,&y);
    for(int i = 1; i <= n; i++){
        for(int j = 1; j <= n; j++) scanf("%d",&a[i][j]);
        scanf("\n");
```

```
    }
    front = 1; rear = 1;
    f[1] = x; k[1] = 0; b[x] = 1;
    while(front <= rear){
        tx = f[front];
        if(tx == y){
            printf("%d\n",k[front] - 1);
            break;
        }
        for(int i = 1; i <= n; i++)
            if((a[i][tx] == 1) && (b[i] == 0)){
                rear++;
                f[rear] = i;
                b[i] = 1;
                k[rear] = k[front] + 1;
            }
        front++;
    }
    return 0;
}
```

宽度优先搜索一般应用在求“联通块”或者“最优值”这类问题中，其算法思路清晰，程序实现简单。宽度优先搜索需要储存搜索过程中产生的所有结点，因此空间复杂度较高，既要考虑队列定义的足够大以避免内存溢出，也要精心设计状态以节省内存空间。同时，宽度优先搜索会产生大量的相同结点(状态)，因此入队之前必须进行“判重”操作。当结点到根结点的费用(代价)和结点的深度成正比时，特别是当这个费用等于结点深度时，宽度优先搜索能找到最优解。由于宽度优先搜索没有回溯的操作，因此搜索速度比较快。

实践巩固

1. 猴群。(monkey，1s，64MB)

【问题描述】

如图 9.9-2 所示的数字矩阵是由数字 0~9 组成，其中数字 0 代表树，1~9 代表猴子，凡是由 0 或矩形边围起来的区域表示有一群猴子在这一带。给出一个数字矩阵，求其中有多少群猴子。

0	2	3	4	5	0	0	0	6	7
1	0	3	4	5	6	0	5	0	0
2	0	4	5	6	0	0	6	7	1
0	0	0	0	0	0	0	0	8	9

图 9.9-2 猴群示意图

【输入格式】

第 1 行为矩形的行数 m、列数 n。

下面的 m 行为一个 m × n 的数字矩阵。

【输出格式】

一行一个数，表示猴群的数目。

【输入样例】

4 10

0234500067

1034560500

2045600671

0000000089

【输出样例】

4

【数据范围】

对于 100% 的数据满足：n，m≤100。

2. 奇怪的电梯。(lift，1s，64MB)

【问题描述】

某栋大楼有一种很奇怪的电梯。大楼的每一层楼都可以停电梯，而且第 i 层楼（1≤i≤N）上有一个数字 K_i（0≤K_i≤N）。电梯只有四个按钮：开、关、上、下。上、下的层数等于当前楼层上的那个数字。当然，如果不能满足要求，相应的按钮就会失灵。例如：3 3 1 2 5 代表了 K_i（K_1=3，K_2=3，…），从一层开始。在一层按“上”可以到 4 层，按“下”是不起作用的，因为没有 –2 层。那么，从 A 层到 B 层至少要按几次按钮呢？

【输入格式】

第 1 行为 3 个用 1 个空格隔开的正整数，表示 N、A、B（1≤N≤200，1≤A，B≤N）。

第 2 行为 N 个用 1 个空格隔开的正整数，表示 K_i。

【输出格式】

一行一个数，表示最少按键次数。若无法到达，则输出“–1”。

【输入样例】

5 1 5

3 3 1 2 5

【输出样例】

3

3. 龙 & 虫。(dragon，1s，256MB)

【问题描述】

给出一张 N × M 的地图，在地图上有一只虫，样子却很像龙，而且嘴能快速地喷（直射）出一种毒液，瞬间杀死敌人。

现在假设虫的初始位置在（X_1，Y_1），另外在（X_2，Y_2）处有一个敌人。假设虫移动一步需要单位 1 的时间，而杀死敌人不需要时间，并且虫的毒液射程无穷大，但毒液不能穿透阻碍物，虫只能攻击上、下、左、右、左上、右上、左下、右下八个方向。

请求出虫最少需要用多少时间才能消灭敌人。

【输入格式】

第 1 行为 2 个数 N 和 M，表示矩阵的规模（N 为高，M 为宽）。

接下来是 N × M 的矩阵，O 表示空地，X 表示障碍物。

下面是若干行数据，每行为一对数据，分别是敌人的位置和虫的位置。显然，敌人和虫都不可能在障碍物上。

以“0 0 0 0”为输入结束标志。

【输出格式】

输出第 1 行为虫能消灭掉敌人的最短时间。

显然，若能直接打到敌人，则时间为 0；若无法消灭，则第 2 行再输出“Impossible!”。

【输入样例】

3 4
OXXO
XXOO
XOOO
3 2 2 4
3 3 1 1
0 0 0 0

【输出样例】

1
Impossible!

【数据规模】

对于 30% 的数据满足：$N \times M \leq 5000$。

对于 50% 的数据满足：$N \times M \leq 10000$。

对于 100% 的数据满足：$N \times M \leq 20000$。

4. 警察找车。(search，1s，256MB)

【问题描述】

年轻的拉尔夫开玩笑地从一个小镇上偷走了一辆车，但他没想到的是那辆车属于警察局，并且车上装有用于发射车子移动路线的装置。

那个装置太旧了，以至于只能发射关于那辆车的移动路线的方向信息。

编写程序，通过使用一张小镇的地图帮助警察局找到那辆车。程序必须能表示出该车最终所有可能的位置。

小镇的地图是矩形的，上面的符号用来标明哪儿可以行车和哪儿不行。“.”表示小镇上那块地方是可以行车的，而符号“X”表示此处不能行车。拉尔夫所开小车的初始位置用字符的“*”表示，且汽车能从初始位置通过。

汽车能向四个方向移动：向北（向上）、向南（向下）、向西（向左）、向东（向右）。

拉尔夫所开小车的行动路线是通过一组给定的方向来描述的。在每个给定的方向，拉尔夫驾驶小车通过小镇上一个或更多的可行车地点。

【输入格式】

第 1 行包含两个自然数 R 和 C，之间用 1 个空格隔开，$1 \leq R \leq 50$，$1 \leq C \leq 50$，分别表示小镇地图中的行数和列数。

以下的 R 行中每行都包含一组 C 个符号（“.”或“X”或“*”）用来描述地图上相应的部位。

接下来的第 R+2 行包含 1 个自然数 N，$1 \leq N \leq 1000$，表示一组方向的长度。

接下来的 N 行，每行包含单词 NORTH(北)、SOUTH(南)、WEST(西)和 EAST(东)中的任一个，它们表示汽车移动的方向，任何两个连续的方向都不相同。

【输出格式】

输出文件应包含用 R 行表示的小镇的地图(像输入文件中一样),字符“*”应该仅用来表示汽车最终可能出现的位置。

【输入样例】

```
4 5
. . . . .
. X . . .
. . . * X
X . X . .
3
NORTH
WEST
SOUTH
```

【输出样例】

```
. . . . .
* X * . .
* . * . X
X . X . .
```

5. 奇怪的电视。(tv,1s,256MB)

【问题描述】

小明过年的时候去姥姥家,除夕之夜,大家都想看春节联欢晚会,而可以依赖的就是一台旧电视。

那一台旧电视不是遥控器控制的,上面有许多按钮。按下某一按钮,其他按钮都将被释放,只有被按的按钮工作(如果其他按钮本来就是释放状态,那么它们保持不变,这对下文依旧适用)。可是当小明到来的那一天,上面的许多按钮突然无法正常工作,现在按下某个按钮后,有一些按钮将被释放,而另外的一些按钮将不改变原状态。

经过一番惨无人道的折腾,小明知道按下每一个按钮会产生什么样的效果。现在他只需要第 3 个按钮正常工作。

编写程序帮助小明计算,从给定的状态到只有按钮 3 工作而其他按钮都被释放这个最终状态所需按下的按钮序列的最短长度。

【输入格式】

第 1 行包含 1 个整数 N,表示电视机的按钮数。

第 2 行包含用 1 个空格隔开的 N 个二进制数,表示各按钮的初始状态,0 表示相应的按钮是释放的,1 表示相应的按钮是按下的。

接下来的 N 行,表示按下某个按钮时将有哪些按钮被释放。第 M+2 行由数字 K 开头,紧跟着 K 个数字(按升序排列),表示当按下按钮 M 时被释放的按钮数及按钮号码(按钮号码用数字 1~M 表示)。每个按钮不能释放其本身,也可能不释放任何按钮。

输入数据保证有解。

【输出格式】

输出一行一个数,必须包含从给定的状态到只有按钮 3 工作而其他按钮都被释放这个最终状态所需按下的按钮序列的最短长度。

【输入样例】

5

1 1 0 0 1

4 2 3 4 5

4 1 3 4 5

2 2 4

0

4 1 2 3 4

【输出样例】

3

【数据范围】

对于 30% 的数据满足：n≤10。

对于 100% 的数据满足：3≤n≤20。

6. 勇士。(man，1s，256MB)

【问题描述】

勇士被困在了一张 m×n 的地图上。可以控制勇士每秒向上、下、左、右任意方向移动一格，之后怪兽会朝着勇士方向移动至多两格。注意怪兽会优先横向走，勇士和怪兽都不会穿墙。勇士的目的地是桥头，但是千万不能被怪兽吃掉。陷阱是很有用的东西(一格)，勇士是不能进入陷阱的，但是可以把怪兽引入陷阱，在接下来的三次移动中，怪兽将无法移动，3 秒后恢复正常。现在给出地图的信息，请用最少的步数走到桥上。

【输入格式】

第 1 行是 2 个正整数 m 和 n，m、n≤20，表示地图的大小为 m×n。

接下来的 n 行，每行 m 个整数，表示一个格子周围墙的信息。其中："1" 表示上方有墙；"2" 表示左方有墙；"4" 表示右方有墙；"8" 表示下方有墙。例如，一个格子的左、上、右都有墙，那么代表这个格子的整数是 2+1+4=7。

接下来 n 行，每行 m 个字符，表示一个格子里的其他信息，其中："." 表示 nothing；"S" 表示勇士的初始位置；"W"表示陷阱；"M"表示怪兽的初始位置；"E"表示目的地，即桥头。其中 S、M、E 均保证只出现一次。

【输出格式】

输出若干行，前 r 行为最少步数走到桥头的走法，每行为 up、down、left、right 中的一个，表示勇士的走法。

最后一行输出最少步数 r，格式见样例输出。

若存在多解，按照上、左、右、下的优先顺序行走。

若无法走到桥头，只输出一行 "impossible"。

【样例输入】

6 6

0 8 8 8 8 0

4 3 1 1 5 2

4 2 0 4 6 2

4 2 0 4 6 2

4 10 8 8 12 2
0 1 1 1 1 0

```
. . . . . . .
. S . . W .
. . . . M .
. . . . . . .
. . . E . .
. . . . . . .
```

【样例输出】

right
right
down
down
down
total steps:5

【数据范围】

对于 30% 的数据满足:n≤5,且没有墙。

对于 60% 的数据满足:n≤10,且没有陷阱。

对于 100% 的数据满足:n≤20。

【友情提醒】

1) 怪物掉进了陷阱后,如果时间到,则不会接着再掉进去。

2) 怪物掉进了陷阱,时间到了,如果没动,则不算再掉入。

3) 一旦勇士到达桥头,那么他就胜利了,不需要再计算怪兽。

4) 怪兽在不能横着走的情况下会竖着走,如果不能竖着走就不动(即如果勇士在它左上角,则它只会向左或向上)。

7. 棋盘。(NOIP2017 普及组复赛,chess,1s,256MB)

【问题描述】

有一个 m×m 的棋盘,棋盘上每一个格子可能是红色、黄色或没有任何颜色。任何一个时刻,你所站在的位置必须是有颜色的(不能是无色的),且只能向上、下、左、右四个方向前进。当从一个格子走向另一个格子时,如果两个格子的颜色相同,则不需要花费金币;如果不同,则需要花费 1 个金币。

另外,可以花费 2 个金币施展魔法让下一个无色格子暂时变为指定的颜色。但这个魔法不能连续使用,而且这个魔法的持续时间很短,也就是说,如果使用了这个魔法,走到了这个暂时有颜色的格子上,就不能继续使用魔法;只有当离开这个位置,走到一个本来就有颜色的格子上的时候,才能继续使用这个魔法,而当离开了这个位置(施展魔法使得变为有颜色的格子)时,这个格子恢复为无色。

现在要从棋盘的最左上角走到棋盘的最右下角,求花费的最少金币是多少?

【输入格式】

第一行包含两个正整数 m 和 n,以一个空格分开,分别代表棋盘的大小,棋盘上有颜色的格子的数量。

接下来的 n 行,每行三个正整数 x、y 和 c,分别表示坐标为(x,y)的格子有颜色 c。其中,c=1

代表黄色，c=0 代表红色。相邻两个数之间用一个空格隔开。棋盘左上角的坐标为(1,1)，右下角的坐标为(m,m)。棋盘上其余的格子都是无色。保证棋盘的左上角，也就是(1,1)一定是有颜色的。

【输出格式】

输出一行一个整数，表示花费的金币的最小值。如果无法到达，输出“-1”。

【样例输入】

```
5 7
1 1 0
1 2 0
2 2 1
3 3 1
3 4 0
4 4 1
5 5 0
```

【样例输出】

```
8
```

【样例解释】

从(1,1)开始走到(1,2)不花费金币；从(1,2)向下走到(2,2)花费 1 枚金币；从(2,2)施展魔法，将(2,3)变为黄色，花费 2 枚金币；从(2,2)走到(2,3)不花费金币；从(2,3)走到(3,3)不花费金币；从(3,3)走到(3,4)花费 1 枚金币；从(3,4)走到(4,4)花费 1 枚金币；从(4,4)施展魔法，将(4,5)变为黄色，花费 2 枚金币；从(4,4)走到(4,5)不花费金币；从(4,5)走到(5,5)花费 1 枚金币。共花费 8 枚金币。

【数据范围】

对于 30% 的数据满足：$1 \leqslant m \leqslant 5, 1 \leqslant n \leqslant 10$。

对于 60% 的数据满足：$1 \leqslant m \leqslant 20, 1 \leqslant n \leqslant 200$。

对于 100% 的数据满足：$1 \leqslant m \leqslant 100, 1 \leqslant n \leqslant 1000$。

第 10 课　深度优先搜索

学习目标

1. 掌握深度优先搜索的基本思想和算法框架。
2. 熟练应用深度优先搜索求解一些实际问题。
3. 初步了解深度优先搜索中的剪枝优化。

知识讲解

宽度优先搜索是每次将当前状态能够一步拓展出的所有状态，全部拓展出来依次存入队列。而深度优先搜索是将当前状态按照一定的规则顺序，先拓展一步得到一个新状态，再对这个新状态递归拓展下去。如果无法拓展，则退回一步到上一个状态，再按照原先设定的规则顺序重新寻找一个状态拓展。如此搜索，直至找到目标状态，或者遍历完所有状态。所以，深度优先搜索也是一种“盲目”搜索。

例如，对于图 9.10-1 所示的一个“无向图”，从顶点 V0 开始进行深度优先搜索，得到的一个序列为 V0,V1,V2,V6,V5,V3,V4。

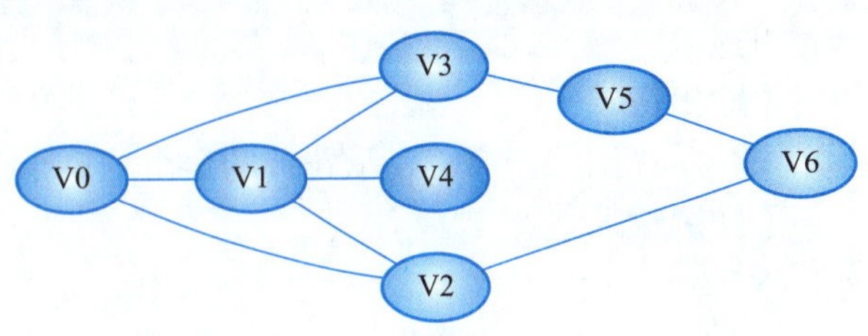

图 9.10-1　无向图的深度优先搜索

1. 深度优先搜索的算法框架

深度优先搜索（Depth First Search，DFS），简称深搜，其状态“退回一步”的顺序符合“后进先出”的特点，所以采用“栈”存储状态。深搜的空间复杂度较小，因为它只存储了从初始状态到当前状态的一条搜索路径。但是，深搜找到的第一个解不一定是最优解，要找最优解必须搜索整棵“搜索树”。所以，深搜适用于要求所有解方案的题目。

深搜可以采用直接递归的方法实现，其算法框架如下：

```
void dfs(int dep, 参数表){
    自定义参数；
    if(当前是目标状态){
        输出解或者作计数、评价处理；
    }else
        for(i = 1; i <= 状态的拓展可能数； i++)
            if(第 i 种状态拓展可行){
                维护自定义参数；
                dfs(dep+1, 参数表);
            }
}
```

例 1　体积。(volume，1s，64MB)

【问题描述】

给出 n 件物品，每件物品有一个体积 V_i，求从中取出若干件物品能够组成的不同的体积和有多少种可能。例如，n=3，V_i=(1,3,4)，那么输出 6，6 种不同体积和具体为 1、3、4、5、7、8。

【输入格式】

第 1 行 1 个正整数，表示 n。

第 2 行 n 个正整数，表示 V_i，每两个数之间用一个空格隔开。

【输出格式】

一行一个数，表示不同的体积和有多少种可能。

【输入样例】

3

1 3 4

【输出样例】

6

【数据规模】

对于 30% 的数据满足：$n \leqslant 5, V_i \leqslant 10$。

对于 60% 的数据满足：$n \leqslant 10, V_i \leqslant 20$。

对于 100% 的数据满足：$n \leqslant 20, 1 \leqslant V_i \leqslant 50$。

【问题分析】

对于每一件物品只有取和不取两种情况，现假设 V 表示目前方案的体积和，初始化为 0。设计一个哈希表 hash [i]，表示体积 i 是否出现过，初始化为 false。先考虑取第一件物品，等到这个情况处理完，再退回到这一步处理不取第一件物品。所以，对于样例来说，这时 V=1；然后再递归处理第二件物品，同样先处理取的情况，处理完再回来处理不取的情况，所以此时 V=4；再递归处理第三件物品，同样先处理取的情况，此时 V=8，三件物品已经处理完毕，得到一个体积 8，hash [8]=true。再考虑不取第三件物品的情况，此时得到一个体积 4，hash [4]=true。处理完第三件物品的两种状态，退回到上一步处理第二件物品不取的情况，此时体积 V=1。再往前递归一步，考虑第三件物品的取与不取，此时分别得到 2 个体积和 V=5、V=1，hash [5]=true，hash [1]=true。再连续退回二次，回到第一件物品不取的情况，分别处理……最后，统计 hash [i]为 true 的个数。

以上深度优先搜索的算法思想，本质上就是有序穷举出 2^n 种可能，去掉重复的体积和，一种方案本质上对应着一个二进制数，如图 9.10-2 所示，一个结点的左分支代表取当前物品、右分支代表不取当前物品。

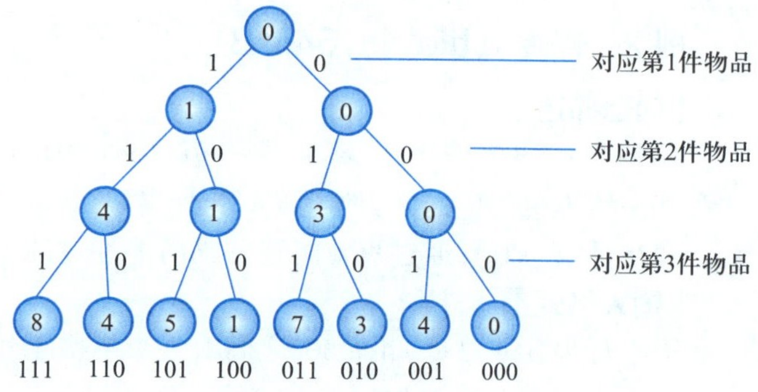

图 9.10-2 不同体积和的搜索树

```
//p9-10-1
#include<bits/stdc++.h>
using namespace std;
int v[21];
bool hash[1001];
int n;

void dfs(int dep,int sum){
    if(dep > n){
        hash[sum] = true;
        return;
    }
    dfs(dep+1,sum+v[dep]);
    dfs(dep+1,sum);
```

```
}
int main(){
    freopen("volume.in","r",stdin);
    freopen("volume.out","w",stdout);
    cin >> n;
    for(int i = 1; i <= n; i++)cin >> v[i];
    dfs(1,0);
    int ans = 0;
    for(int i = 1; i <= 1000; i++)
        if(hash[i]) ans++;
    cout << ans << endl;
    return 0;
}
```

2. 深度优先搜索应用举例

例2 瓷砖。(tile,1s,64MB)

【问题描述】

在一个 w×h 的矩形广场上,每一块 1×1 的地面都铺设了红色或黑色的瓷砖。小林同学站在某一块黑色的瓷砖上,他可以从此处出发,移动到上、下、左、右四个相邻的且是黑色的瓷砖上。现在,他想知道,通过重复上述移动所能经过的黑色瓷砖数。

【输入格式】

第1行为 h、w,2≤w、h≤50,之间有一个空格隔开。

以下为1个w行h列的二维字符矩阵,每个字符为“.”“#”“@”,分别表示该位置为黑色的瓷砖、红色的瓷砖、小林的初始位置。

【输出格式】

输出一行一个整数,表示小林从初始位置出发可以经过的黑色瓷砖数。

【输入样例】

```
11 9
. # . . . . . . . . .
. # . # # # # # # # .
. # . # . . . . . # .
. # . # . # # # . # .
. # . # . . @ # . # .
. # . # # # # # . # .
. # . . . . . . . # .
. # # # # # # # # # .
. . . . . . . . . . .
```

【输出样例】

```
59
```

【问题分析】

设 ans 表示小林从初始位置出发可以经过的黑色瓷砖数,初始值为 0,从小林的初始位置“@”开始深度优先搜索,ans++,再把该位置设置为红色(已走过),然后穷举其上、下、左、右四个位置是否是黑色瓷砖。是,则递归搜索。

```
//p9-10-2
#include<bits/stdc++.h>
using namespace std;
bool a[52][52];
int ans;

void dfs(int x,int y){
    ans++;
    a[x][y] = false;
    if(a[x-1][y]) dfs(x-1,y);
    if(a[x][y+1]) dfs(x,y+1);
    if(a[x+1][y]) dfs(x+1,y);
    if(a[x][y-1]) dfs(x,y-1);
}

int main(){
    freopen("tile.in","r",stdin);
    freopen("tile.out","w",stdout);
    int h,w,bx,by;
    scanf("%d %d",&h,&w);
    char c;
    for(int i = 1; i <= w+1; i++){
        for(int j = 1; j <= h+1; j++){
            scanf("%c",&c);
            if(c == '.') a[i][j] = true;
            else if(c == '@'){
                bx = i; by = j;
                a[i][j] = true;
            }
        }
        scanf("*");
    }
    dfs(bx,by);
    printf("%d\n",ans);
    return 0;
}
```

例3 最大黑区域。(area,1s,64MB)

【问题描述】

二值图像是由黑白两种像素组成的矩形点阵,图像识别的一个操作是求出图像中最大黑区域的面积。请设计一个程序完成二值图像的这个操作。黑区域由黑像素组成,一个黑区域中的每像素至少与该区域中的另一像素相邻,规定一个像素仅与其上、下、左、右的像素相邻。两个不同的黑区域没有相邻的像素。一个黑区域的面积是其所包含的像素数。

【输入格式】

第1行含两个正整数n和m,1≤n、m≤100,分别表示二值图像的行数与列数,后面紧跟着n行,每行含m个整数0或1,其中第i行表示图像的第i行的m个像素,0表示白像素,1表示黑像素。

【输出格式】

输出一个数,表示相应的图像中最大黑区域的面积。

【输入样例】

```
5 6
0 1 1 0 0 1
1 1 0 1 0 1
0 1 0 0 1 0
0 0 0 1 1 1
1 0 1 1 1 0
```

【输出样例】

```
7
```

【问题分析】

从左上角开始,利用一个两重循环穷举找到一个黑点(a[i,j]=1),然后dfs(i,j),dfs到的点置为0,一次dfs完毕得到一个返回值s,就是这个黑区域的面积,再通过打擂台,记录每一个黑区域的s最大值作为答案ans。

```
//p9-10-3
#include<bits/stdc++.h>
using namespace std;
int a[102][102];
int dx[5],dy[5];
int n,m,ans,s;

void dfs(int i,int j){
    s += 1;
    a[i][j] = 0;
    for(int w = 1; w <= 4; w++)
        if(a[i+dx[w]][j+dy[w]] == 1) dfs(i+dx[w],j+dy[w]);
}

int main(){
```

```
    freopen("area.in","r",stdin);
    freopen("area.out","w",stdout);
    cin >> n >> m;
    for(int i = 1; i <= n; i++)
        for(int j = 1; j <= m; j++)cin >> a[i][j];
    dx[1] = 1; dy[1] = 0;
    dx[2] = 0; dy[2] = 1;
    dx[3] = -1; dy[3] = 0;
    dx[4] = 0; dy[4] = -1;
    for(int i = 1; i <= n; i++)
        for(int j = 1; j <= m; j++)
            if(a[i][j] == 1){
                s = 0;
                dfs(i,j);
                if(s > ans) ans = s;
            }
    cout << ans << endl;
    return 0;
}
```

例4 数的拆分。(decompose,1s,64MB)

【问题描述】

输入一个整数n,输出n拆分成若干正整数和的所有方案,即 $n=S_1+S_2+\cdots+S_k$ 的形式,且 $S_1\leqslant S_2\leqslant\cdots\leqslant S_k$,$n\leqslant 20$,请按照字典序输出。

【输入格式】

一行一个整数n。

【输出格式】

所有拆分方案,具体格式参见输出样例。

【输入样例】

4

【输出样例】

1+1+1+1

1+1+2

1+3

2+2

4

total=5

【问题分析】

5的拆分如下:

1+1+1+1+1

1+1+1+2

1+1+3

1+2+2

1+4

5

可以发现，阴影部分就是4的拆分。所以，对于n>m，n的拆分和m的拆分本质上是一样的，可以把n的拆分看成先拆出一个数i(1<i<n)，然后再对剩下的n−i递归拆分。

设rest表示拆分后的余数，s数组用来存储拆分的方案。显然，当rest=0的时候，就应该输出当前的一种拆分方案。题目规定$S_1 \leqslant S_2 \leqslant \cdots \leqslant S_k$。显然，$S_{k+1}$的范围应该从$S_k$到rest。

```
//p9-10-4
#include<bits/stdc++.h>
using namespace std;
int s[21];
int n,total;

void pr(int d){
    total += 1;
    for(int i = 1; i <= d-1; i++) printf("%d+",s[i]);
    printf("%d\n",s[d]);
}

void dfs(int dep,int rest){
    if(rest == 0){
        if(dep > 1) pr(dep-1);
    }else for(int i = s[dep-1]; i <= rest; i++){
        s[dep] = i;
        dfs(dep+1,rest-i);
    }
}

int main(){
    freopen("decompose.in","r",stdin);
    freopen("decompose.out","w",stdout);
    scanf("%d",&n);
    s[0] = 1;
    dfs(1,n);
    printf("total=%d\n",total);
    return 0;
}
```

例5 背包问题。(pack,1s,256MB)

【问题描述】

小明就要去春游了。妈妈给他买了很多好吃的。小明想把这些吃的都放进他的书包，但他很快发现，妈妈买的东西实在太多了，他必须放弃一些，但又希望能带尽可能多的好吃的。

已知小明的书包最多可以装入总重量为 s 的物品，同时也知道小明妈妈给他买的每样东西的重量。请从这些好吃的中选出若干装入小明的书包中，使得装入物品的总重量正好为 s。找到任意一组解输出即可。

【输入数据】

第 1 行包含两个正整数 n（1≤n≤100）和 s（1≤s≤10 000），分别代表有 n 件物品和书包的最大承重 s；

第 2 行包含 n 个正整数，代表每件物品的重量 W_i（1≤W_i≤1 000）。同行的两个数字之间用一个空格隔开。

【输出数据】

一行包含有若干用一个空格隔开的正整数，代表被放入书包的若干物品各自的重量。若无可行解，则输出“No Answer！”。

【输入样例】

8 14

1 3 2 5 9 4 7 6

【输出样例】

1 3 4 6

【输入样例】

3 12

2 8 5

【输出样例】

No Answer!

【问题分析】

本题是最简单的“0-1 背包问题”。只要从第一件物品开始，考虑取和不取两种情况，进行递归深搜，一旦发现装入物品的总重量等于背包的容量，就输出答案。此算法的时间复杂度为 $O(2^n)$，对于 n=100，显然会超时。我们将在后面专门讨论解决 0-1 背包问题的其他算法。

```
//p9-10-5
#include<bits/stdc++.h>
using namespace std;
int w[102],b[102];
int n,s,t;

void dfs(int dep,int x,int y){
    if(y == s){
        for(int i = 1; i <= x-1; i++)printf("%d ",b[i]);
        printf("%d\n",b[x]);
        t++;
        exit(0);
    }else if(y > s) return;
        else if(dep > n) return;
            else{
                b[x+1] = w[dep];
```

```
                dfs(dep+1,x+1,y+w[dep]);
                dfs(dep+1,x,y);
            }
    }

    int main(){
        freopen("pack.in","r",stdin);
        freopen("pack.out","w",stdout);
        scanf("%d %d",&n,&s);
        for(int i = 1; i <= n; i++) scanf("%d",&w[i]);
        dfs(1,0,0);
        if(t == 0) printf("No Answer!");
        return 0;
    }
```

3. 深度优先搜索中的剪枝优化

在深度优先搜索的过程中，如果发现以当前状态往下搜索，不可能得到解或者最优解，那么就应该及时“后退”，避免搜索当前结点（状态）下面的“子搜索树”，以减少搜索时间，提高搜索效率。这种思想称为搜索“剪枝”。这跟走迷宫时提前判断出“死胡同”，不走冤枉路一个意思。

例 6　门票问题。(ticket，1s，128MB)

【问题描述】

有很多人在门口排队，每个人将会被发到一个有效的通行密码作为门票。一个有效的密码由 L(3≤L≤15) 个小写英文字母组成，至少有一个元音（a、e、i、o 或 u）和两个辅音（除去元音以外的音节），并且是按字母表顺序出现的（例如 abc 是有效的，而 bac 不是）。

现在给定一个期望长度为 L 和 C(1≤C≤26) 个小写字母，写一个程序，输出所有的长度为 L、能由所给定的 C 个字母组成的有效密码。密码必须按字母表顺序打印出来，一行一个。

【输入格式】

第 1 行是两个由一个空格分开的正整数，L 和 C，3≤L≤15，1≤C≤26。

第 2 行是 C 个由一个空格隔开的小写字母，密码是由这个字母集中的字母来构建的。

【输出格式】

若干行，每行输出一个长度为 L 个字符的密码（没有空格）。输出行必须按照字母顺序排列。程序只需要输出前 25 000 个有效密码，即使后面还存在有效密码。

【输入样例】

4 6

a t c i s w

【输出样例】

acis

acit

aciw

acst

acsw

actw

aist

aisw

aitw

astw

cist

cisw

citw

istw

【问题分析】

设 len 表示读入(要生成)的串长,num 表示字符的总个数。因为所有的密码都要按字典序输出,所以对读入的所有字符 a[i]按升序排列。为了处理方便,再设 b[i]表示数组 a 中位置 i 及之后还有几个元音。

采用深度优先搜索,设 dfs(x,y,n1,n2,s)表示搜到第 x 个字符,即将生成的字符串长度为 y,至少还要 n1 个元音和 n2 个辅音,生成的字符串为 s,则可以得到以下代码:

```
void dfs(int x,y,n1,n2; string s){
    if(y == len+1){
        输出 s;
        计数器加 1, 如果等于 25000 就中止程序 ;
    }
    else if(a[i] 是元音 ) dfs(x+1,y+1,n1-1,n2,s+a[x]);
    else dfs(x+1,y+1,n1,n2-1,s+a[x]);
}
```

直接调用 dfs(1,1,1,2,'')即可。但是,运行程序发现超时严重。下面考虑对递归代码(斜体部分)进行适当的剪枝优化。

(1) 如果接下来的字母全用上但长度也不够,则剪枝,也就是 num-x<len-(y-1)。

(2) 如果接下来没有元音且之前没有用过元音,则剪枝,也就是(b[x+1]=0)且(n1=1),或者简化成 b[x+1]<n1。

(3) 如果接下来的辅音全取完再加上之前取的辅音也不够 2 个,则剪枝,也就是(num-x-b[x+1])+(2-n2)<2,化简为 num-x-b[x+1]<n2。

这样,斜体部分的递归代码就可以优化成:

```
if(a[x] 是元音 ){
    if((len-y >= n2) && (num-x-b[x+1] >= n2))
        dfs(x+1,y+1,n1-1,n2,s+a[x]);
}else if((len-y >= n1) && (b[x+1] >= n1))
        dfs(x+1,y+1,n1,n2-1,s+a[x]);
```

```
    if((num-x >= len-y+1) && (b[x+1] >= n1) && (num-x-b[x+1] >= n2))
        dfs(x+1,y,n1,n2,s);

//p9-10-6
#include<bits/stdc++.h>
using namespace std;
const int maxn=25000;
char a[101];
bool has[26];
int b[101],l,c,num,total;

void dfs(int x,int y,int n1,int n2,string s){
    if(y == l + 1){
        total++; cout << s << endl;
        if(total == maxn) exit(0);
    }
    else{
        if(has[a[x]-97]){
            if((l-y >= n2) && (num-x-b[x+1] >= n2))
             dfs(x+1,y+1,n1-1,n2,s+a[x]);
        }
        else{
            if((l-y >= n1) && (b[x+1] >= n1))
                dfs(x+1,y+1,n1,n2-1,s+a[x]);
        }
        if((num-x >= l-y+1) && (b[x+1] >= n1) && (num-x-b[x+1] >= n2))
            dfs(x+1,y,n1,n2,s);
    }
}

int main(){
    freopen("ticket.in","r",stdin);
    freopen("ticket.out","w",stdout);
    scanf("%d %d\n",&l,&c);
    has[0] = true; has[4] = true;
    has[8] = true; has[14] = true; has[20] = true;
    for(int i = 1; i <= c; ++i)scanf(" %c",&a[i]);
    for(int i = 1; i < c; ++i){
        for(int j = i+1; j <= c; ++j){
            if(a[j] < a[i]){
                a[0] = a[i]; a[i] = a[j]; a[j] = a[0];
            }
        }
    }
    num = 1;
```

```
    for(int i = 2; i <= c; ++i)
        if(a[i] != a[i-1]){num++; a[num] = a[i];}
    b[num+1] = 0;
    for(int i = num; i >= 1; --i)
        if(has[a[i]-97]) b[i] = b[i+1] + 1;
        else b[i] = b[i+1];
    total = 0;
    dfs(1,1,1,2,"");
    return 0;
}
```

实践巩固

1. 验证四色原理。(fourcolor, 1s, 64MB)

【问题描述】

编程验证四色原理。

如图 9.10-3 所示，表示一个地图有 6 个地区，它对应着一个 6×6 的邻接矩阵(见输出样例)，输出一种合理的着色方案，要求任意两个相邻的地区都不能同色。

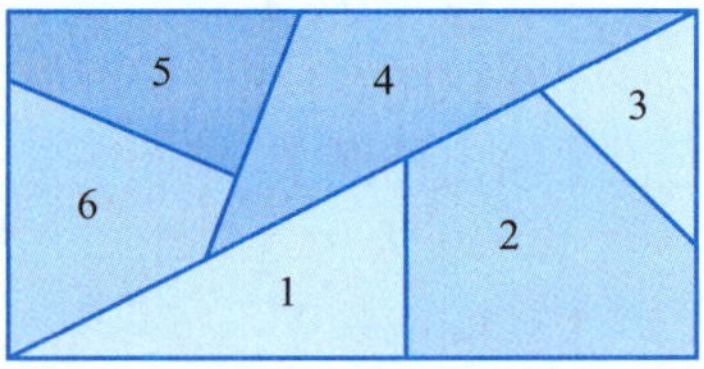

图 9.10-3 地图示意图

【输入格式】

第 1 行为 n，表示地区个数，n≤20。

以下为 n×n 的邻接矩阵，a [i,j]=0 表示地区 i 与地区 j 不相邻，a [i,j]=1 表示地区 i 与地区 j 相邻。

【输出格式】

一行 n 个数，表示一种这色方案，每两个数之间用一个空格隔开。

答案不唯一，输出任意一个解即可。

【输入样例】

```
6
0 1 0 1 0 1
1 0 1 1 0 0
0 1 0 1 0 0
1 1 1 0 1 1
0 0 0 1 0 1
1 0 0 1 1 0
```

【输出样例】

```
1 2 1 3 4 2
```

2. 图的遍历。(travel, 1s, 64MB)

【问题描述】

读入一个用邻接矩阵存储的无向图，输出它的深度优先遍历序列。

【输入格式】

第 1 行为 n，表示图的顶点个数，n≤20。

以下为 n×n 的邻接矩阵，a [i,j]=0 表示顶点 i 与顶点 j 不存在边，a [i,j]=1 表示顶点 i 与顶点 j 之间有边连接。

【输出格式】

从顶点 1 开始的深度优先搜索序列，具体格式参加输出样例。

【输入样例】

8
0 1 1 0 0 0 0 0
1 0 0 1 1 0 0 0
1 0 0 0 0 0 1 1
0 1 0 0 0 1 0 0
0 1 0 0 0 1 0 0
0 0 0 1 1 0 0 0
0 0 1 0 0 0 0 1
0 0 1 0 0 0 1 0

【输出样例】

1–2–4–6–5–3–7–8

【样例解释】

如图 9.10–4 所示。

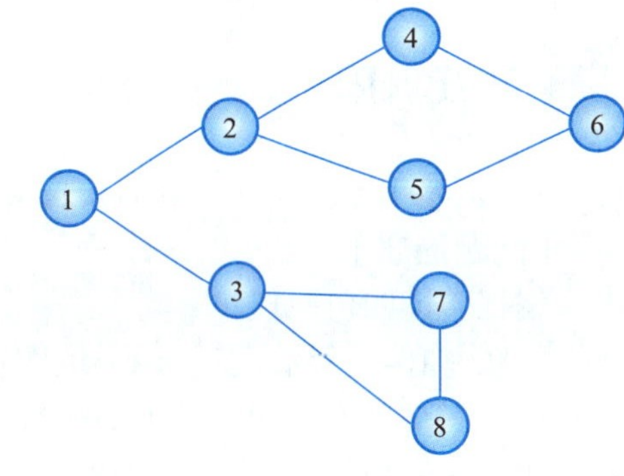

图 9.10–4 无向图

3. 速算游戏。(point24，1s，64MB)

【问题描述】

“算 24 点”的游戏规则如下：每局游戏随机抽出 4 张牌，每张牌的点数代表相应数字(其中 A 表示 1，J 代表 11，Q 代表 12，K 代表 13，无 Joker)。而游戏者必须通过 +、–、*、/ 四种运算和括号(除法必须能够除尽，例如 6/3 是允许的，而 6/4 是不允许的)合理地安排运算的顺序，最终得出 24，如 (7+5) (7–5)=24，2K–6/3=24 等。

有一次，小明和小强算 24 点，结果小明每一次都输，他感到很郁闷，于是新加了一条规则：除了 +、–、*、/ 四种运算以外，还允许使用位运算 (&、| 和 ^)。但是加了这个规则以后，小明还是每次都输。请写一个程序，在新的规则下帮小明在 1s 内算出 24 点的答案。

【输入格式】

1 行 4 个字符，用 1 个空格分开，分别为 4 张牌的点数，其中 A、T、J、Q、K 分别表示 1、10、11、12 和 13。输入数据保证有解。

【输出格式】

输出一行，表示 24 点的解法。输出时请用圆括号补齐每一步的运算。例如，3+4+5 表示为 ((3+4)+5)，3×(4+5) 表示为 (3*(4+5))。如果有多组解，输出所有解中字典顺序最小的一个。

【输入样例】

T J Q K

【输出样例】

(((J*T)&K)+Q)

4. 生日。(bday,1s,64MB)

【问题描述】

小林的朋友苏苏要过生日,正好小林有两张价值不菲的商场购物券,所以他决定买N件礼物送给苏苏。小林选好了N件礼物,并且它们的价格之和恰好为两张购物券的面额之和。当小林去结账时,突然发现商场对购物券的使用有非常严格的规定:一次只允许使用一张、不找零、不与现金混用。小林身上根本没有现金,并且他不愿意放弃挑选好的礼物。这就意味着,他只能通过这两张购物券结账,而且每一张购物券所购买的物品的总价格,必须精确地等于这张购物券的面额。

怎样才能顺利地买回这N件礼物呢?本题的任务就是帮助小林确定是否存在一个购买方案。现已知其中一张购物券的面额以及所有商品的价格,只需要确定能否找到一种方案使得选出来的物品的价格总和正好是这张购物券的面额即可。

【输入格式】

输入多组数据。

每组数据的第一行为两个正整数N和M,分别表示一共挑选了N件物品以及一张购物券的面额为M。接下来一行,有N个用空格隔开的正整数,第i个数表示第i个物品的价格。

【输出格式】

输出若干行,每行一个单词"YES"或者"NO",分别代表存在一个购买方案和不存在一个购买方案。

【输入样例】

10 2000

1000 100 200 300 400 500 700 600 900 800

10 2290

1000 100 200 300 400 500 700 600 900 800

【输出样例】

YES

NO

【数据规模】

对于30%的输入文件:所有的N≤20。

对于100%的输入文件:所有的N≤40,并且M和物品的总价值不超过$2^{31}-1$,测试组数不超过10组,不少于5组。

5. 相遇问题。(meeting,1s,256MB)

【问题描述】

贝丽斯和她的姐姐艾丽斯想从谷仓走到她们最喜爱的牧场。她们在同一时间离开谷仓,也在同一时间到达最喜爱的牧场。

整个农场是一个有N个牧场,1号牧场就是谷仓,N号牧场是她们最喜爱的牧场。整个农场是建在一个山坡上的,如果X<Y,则代表X号牧场比Y牧场要高。有M条路径连接一堆牧场。然而,由于每条路径都很陡,每条路只能向下山的方向走。比如,一条连接5号和8号农场的路只能从5走到8而不能反过来,因为那样就是向山上走了。每对牧场之间最多有一条路径,故M≤N(N-1)/2。

贝丽斯和艾丽斯可能需要不同的时间来走过一条路径。例如,贝丽斯可能花10个单位的时间，而艾丽斯会花 20 个单位，而且她们只在路径上花时间，在牧场上是不花时间的。

请帮助决定贝丽斯和艾丽斯至少要花多少时间，使她们能同时到达她们最喜爱的农场。

【输入格式】

第 1 行是 N 和 M，用一个空格分开。

接下来的 M 行，每行有 4 个整数 A、B、C、D，表示 A 牧场和 B 牧场是被连接的，C 是贝丽斯经过这条路要花的时间，D 是艾丽斯经过这条路要花的时间。C 和 D 的范围是 1~1000。

【输出格式】

一行一个整数，表示贝丽斯和艾丽斯至少要花多少时间使她们能同时到达她们最喜爱的农场。如果这是不可能的，或者根本就没有路径使她们能到达她们最喜爱的农场，在一行输出“IMPOSSIBLE”。

【输入样例】

```
3 3
1 3 1 2
1 2 1 2
2 3 1 2
```

【输出样例】

```
2
```

【样例解释】

贝丽斯在每条路径上都比艾丽斯走得速度快 1 倍；但是如果贝丽斯采用路径 1 → 2 → 3，艾丽斯采用路径 1 → 3，那么她们将在同一时间到达。

【数据范围】

对于 20% 的数据满足：N≤5。

对于 60% 的数据满足：M≤90。

对于 100% 的数据满足：1≤N≤16，M≤N（N−1）/2。

6. 奶酪问题。（NOIP2017 提高组复赛，cheese，1s，256M）

【问题描述】

现有一块大奶酪，它的高度为 h，长度和宽度可以被认为是无限大的，奶酪中间有许多半径相同的球形空洞。可以在这块奶酪中建立空间坐标系，在坐标系中，奶酪的下表面为 z=0，奶酪的上表面为 z=h。

现在，奶酪的下表面有一只小老鼠，它知道奶酪中所有空洞的球心所在的坐标。如果两个空洞相切或是相交，则小老鼠可以从其中一个空洞跑到另一个空洞，特别地，如果一个空洞与下表面相切或是相交，则小老鼠可以从奶酪下表面跑进空洞；如果一个空洞与上表面相切或是相交，则小老鼠可以从空洞跑到奶酪上表面。

位于奶酪下表面的小老鼠想知道，在不破坏奶酪的情况下，能否利用已有的空洞跑到奶酪的上表面去？

空间内两点 $P_1(x_1,y_1,z_1)$、$P_2(x_2,y_2,z_2)$ 的距离公式为

$$\text{dist}(P_1,P_2)=\sqrt{(x_1-x_2)^2+(y_1-y_2)^2+(z_1-z_2)^2}$$

【输入格式】

输入文件包含多组数据。第 1 行 1 个正整数 T，代表该输入文件中所含的数据组数。接下来是 T 组数据，每组数据的格式如下：

第 1 行包含 3 个正整数 n、h 和 r，两个数之间以一个空格分开，分别代表奶酪中空洞的数量奶酪的高度和空洞的半径。

接下来的 n 行，每行包含 3 个整数 x、y、z，两个数之间以一个空格分开，表示空洞球心坐标为 (x,y,z)。

【输出格式】

输出文件包含 T 行，分别对应 T 组数据的答案。如果在第 i 组数据中，小老鼠能从下表面跑到上表面，则输出“Yes”；如果不能，则输出“No”。

【输入样例】

3
2 4 1
0 0 1
1 1 3
2 5 1
0 0 1
0 0 4
2 5 2
0 0 2
2 0 4

【输出样例】

Yes
No
Yes

【样例说明】

第一组数据，由奶酪的剖面图 9.10-5 (a) 可见，第一个空洞在 (0,0,0) 与下表面相切；第二个空洞在 (0,0,4) 与上表面相切。两个空洞在 (0,0,2) 相切，输出“Yes”。

第二组数据，由奶酪的剖面图 9.10-5 (b) 可见，两个空洞既不相交也不相切，输出“No”。

第三组数据，由奶酪的剖面图 9.10-5 (c) 可见，两个空洞相交，且与上下表面相切或相交，输出“Yes”。

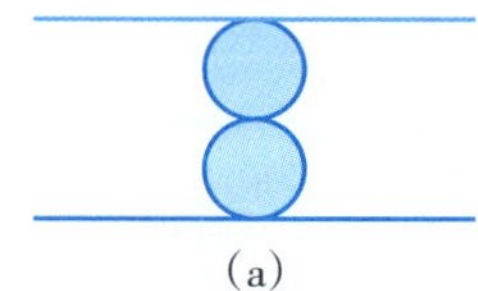
(a)

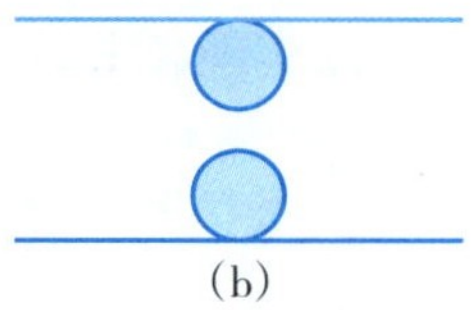
(b)

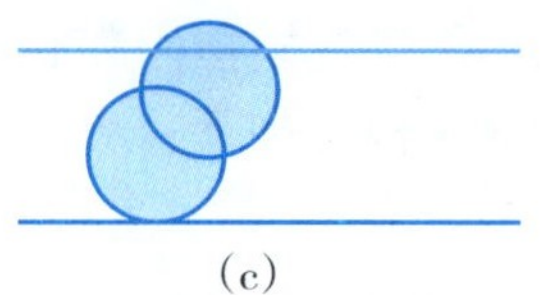
(c)

图 9.10-5　样例示意图

【数据规模与约定】

对于 20% 的数据满足：n=1，1≤h，r≤10000，坐标的绝对值不超过 10000。

对于 40% 的数据满足：1≤n≤8，1≤h，r≤10000，坐标的绝对值不超过 10000。

对于 80% 的数据满足：1≤n≤1000，1≤h，r≤10000，坐标的绝对值不超过 10000。

对于 100% 的数据满足：1≤n≤1000，1≤h，r≤10^9，T≤20，坐标的绝对值不超过 10^9。

第11课 回溯法

学习目标

1. 体会回溯法的基本思想。
2. 了解回溯法与深度优先搜索的关系。
3. 熟练应用回溯法求解一些实际问题。

知识讲解

“回溯法”也称“试探法”。它是从问题的某一状态出发，不断“试探”着往前走一步，当一条路走到“尽头”，不能再前进（拓展出新状态）的时候，再倒回一步或者若干步，从另一种可能的状态出发，继续搜索，直到所有的“路径（状态）”都一一试探过。这种不断前进、不断回溯，寻找解的方法，称为“回溯法”。

深度优先搜索求解时，当找到目标结点之后，还要回头寻找初始结点到目标结点的解路径。而回溯法则不同，找到目标结点之后，搜索路径就是一条从初始结点到目标结点的解路径。回溯法实际上是状态空间搜索中，深度优先搜索的一种改进，是更实用的一种搜索求解方法。

深度优先搜索与回溯法的关系可以从以下几点来说明：

1）深度优先搜索包含回溯，或者说回溯法是深度优先搜索的一种。

2）深度优先搜索需要控制如何实现状态之间的转移（拓展），回溯法就是深度优先搜索的一种控制策略。

3）回溯的过程中，并不需要记录整棵“搜索树”，而只需记录从初始状态到当前状态的一条搜索路径，是“线性链状”的，其最大优点是占用空间少。

4）深度优先搜索可以采用递归（系统栈）和非递归（手工栈）两种方法实现。递归搜索是系统栈实现一部分的回溯（如果需要记录一些特殊信息或较多的信息，还需要另外手工记录），而非递归是自己用手工栈模拟回溯的过程，所以实现起来略为复杂一点。

回溯法的算法框架如下：

```
void search(int dep){
    自定义参数；
    if( 当前是目标状态 ){
        输出解或者作计数和评价处理；
    }else
        for(i = 1; i <= 状态的拓展可能数 ; i++)
            if( 第 i 种状态拓展可行 ){
                保存现场 ( 断点 ), 维护自定义参数；
                search(dep+1);
                恢复现场 , 回溯到上一个断点继续执行；
```

```
        }
}
```

回溯法也可以写成以下形式:

```
void search(dep:integer){
    自定义参数;
    for(i = 1;i <= 状态的拓展可能数;i++)
        if(第 i 种状态拓展可行){
            保存现场(断点),维护自定义参数;
            if(当前是目标状态){
                输出解或者作计数和评价处理;
            }else search(dep+1);
            恢复现场,回溯到上一个断点继续执行;
        }
}
```

例 1 数的拆分。(decompose,1s,64MB)

【问题描述】

输入 n,输出将 n 拆分成若干正整数和的所有方案,即 $n=S_1+S_2+\cdots+S_k$ 的形式,且 $S_1 \leqslant S_2 \leqslant \cdots \leqslant S_k$,$n \leqslant 20$,请按照字典序输出。

【输入格式】

一行一个整数 n。

【输出格式】

所有拆分方案,具体格式参见输出样例。

【输入样例】

4

【输出样例】

1+1+1+1

1+1+2

1+3

2+2

4

total=5

【问题分析】

与深度优先搜索的方法类似,从 dep=1 开始,每次 dfs(dep)先拆出一个数 i,记录下来,并且修改余数 rest=rest−i,然后 dfs(dep+1)去递归拆分下去,只是每次递归结束后需要做回溯操作,即 rest=rest+i。

```
//p9-11-1
#include<bits/stdc++.h>
```

```
using namespace std;
int s[21];
int n,rest,total;

void pr(int d){
    total += 1;
    for(int i = 1; i <= d-1; i++) printf("%d+",s[i]);
    printf("%d\n",s[d]);
}

void dfs(int dep){
    if(rest == 0) pr(dep-1);
    else for(int i = s[dep-1]; i <= rest; i++){
            s[dep] = i;
            rest -= i;
            dfs(dep+1);
            rest += i;
        }
}

int main(){
    freopen("decompose.in","r",stdin);
    freopen("decompose.out","w",stdout);
    scanf("%d",&n);
    s[0] = 1;
    rest = n;
    dfs(1);
    printf("total=%d\n",total);
    return 0;
}
```

例2 选排列的生成。(pnr,1s,64MB)

【问题描述】

设有 n 个整数的集合 {1,2,3, …,n},从中取出任意 r 个数进行排列(0<r<n<20),编程输出所有的排列方案。请按照字典序输出。

【输入格式】

一行两个整数 n 和 r,之间用一个空格隔开。

【输出格式】

所有排列方案,具体格式参见输出样例。

【输入样例】

4 2

【输出样例】

1 2

1 3
1 4
2 1
2 3
2 4
3 1
3 2
3 4
4 1
4 2
4 3
total=12

【问题分析】

复述一下题意就是:r 个位置,每个位置放一个 1~n 之间的整数,要求每个数不能重复,输出所有的排列方案。

可以从第 1 个位置开始,每个位置放置数 k,k 从 1 开始不断尝试直到 n,如果能放(没用过)就放,放好后再尝试下一个位置,如果第 r 个位置也放好了,则说明一种方案已经形成,则输出一种方案、计数,继续寻找下一种方案(回溯)。如果不能放置(该数已用过)就换放下一个数,如果 k 大于 n 了,表示不能继续放下去了,则回溯。一个数有没有用过,只要开一个哈希表判断即可。

```
//p9-11-2a
#include<bits/stdc++.h>
using namespace std;
int s[21],hash[21];
int n,r,total;

void pr(int d){
    total += 1;
    for(int i = 1;i <= d-1;i++) printf("%d ",s[i]);
    printf("%d\n",s[d]);
}

void dfs(int dep){
    for(int i = 1; i <= n; i++)
        if(hash[i] == false){
            s[dep] = i;
            hash[i] = true;
                if(dep == r) pr(dep);
                else dfs(dep+1);
                hash[i] = false;
        }
}
```

```
int main(){
    freopen("pnr.in","r",stdin);
    freopen("pnr.out","w",stdout);
    scanf("%d%d",&n,&r);
    dfs(1);
    printf("total=%d\n",total);
    return 0;
}
```

也可以开一个“手工栈”，模拟实现递归、回溯操作。

```
//p9-11-2b
#include<bits/stdc++.h>
using namespace std;
int st[21],hash[21];
int n,r,total,k,top;

void pr(int d){
    total += 1;
    for(int i = 1; i <= d-1; i++) printf("%d ",st[i]);
    printf("%d\n",st[d]);
}

int main(){
    freopen("pnr.in","r",stdin);
    freopen("pnr.out","w",stdout);
    scanf("%d%d",&n,&r);
    while(top >= 0){
        k++;
        if(k > n){
            k = st[top];
            top--;
            hash[k] = false;
        }else if(hash[k] == false){
            top++;
            st[top] = k;
            hash[k] = true;
            k = 0;
            if(top == r) pr(r);
        }
    }
    printf("total=%d\n",total);
    return 0;
}
```

例 3 N 皇后问题。(queen,1s,64MB)

【问题描述】

要在 N×N(N≤8)的国际象棋棋盘中放 N 个皇后,使得任意两个皇后都不能互相吃(提示:皇后能吃同一行、同一列、同一对角线的其他皇后)。

请问有多少种方案,并按字典序输出所有的方案。每种方案输出每一行皇后的纵坐标(场宽为 5),如果无解,则输出“no solute!”。

【输入格式】

一行一个整数 N。

【输出格式】

每行对应一种方案,具体格式参见输出样例。

【输入样例】

4

【输出样例】

2 4 1 3

3 1 4 2

【问题分析】

显然,每一行上都只有一个皇后,问题就是求出每行上皇后的列坐标。因此,N 皇后问题可以转换为求一个 N 元组(x_1,x_2, …,x_n),其中 x_i 是放置第 i 行皇后的列坐标(j 值),并且这个问题的约束条件是:所有皇后都必须在不同的列上,从左上到右下方向上各条对角线最多只能有一个皇后,从右上到左下方向上各条对角线最多只能有一个皇后。图 9.11-1a 所示为八皇后问题的一个解,可以表示为一个八元组(3,6,4,2,8,5,7,1)。

可以从第 1 行(i=1)开始,逐行尝试放皇后(穷举 j=1~N),如果能放就放,然后继续递归搜索(i+1),直到 N 个皇后都放好就输出一个解,继续回溯搜索下一个解。如果不能放就换下一个位置(j+1),如果本行 N 个位置都不能放,则回溯到上一行(i−1)换位置放。问题的关键在于如何判定某个皇后所在的列、两条斜线上是否有别的皇后。

观察图 9.11-1b,可以找到规律:如果在同一列上,则列号相同;如果在同一条“/”斜线上,则行、列值之和相同;如果在同一条“\”斜线上,则行、列值之差相同。具体实现时,一种方法是放一个皇后就把这个皇后控制的列、两条斜线都做上标记,也就是设置 3 个标志数组;另一种方法

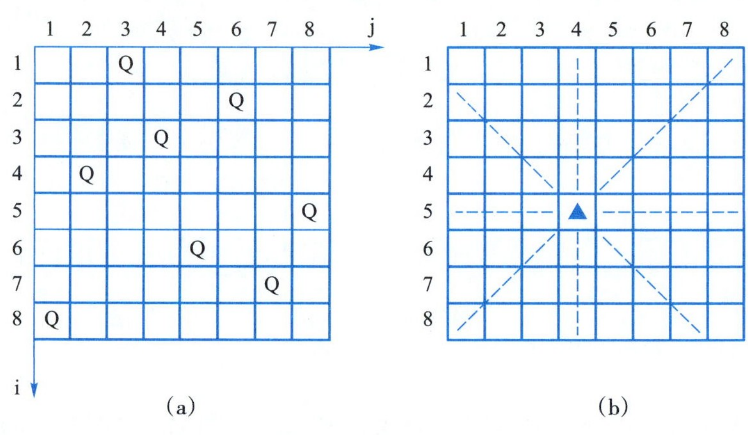

图 9.11-1 N 皇后问题

就是尝试放置第i行的皇后时,检查这个位置与前面已经放置的i-1个皇后是否冲突(穷举)。

```
//p9-11-3
#include<bits/stdc++.h>
using namespace std;
int n,s[21];
bool u[21],f1[41],f2[41];
bool flag;

void pr(int d){
    flag = true;
    for(int i = 1; i <= n-1; i++) printf("%d ",s[i]);
    printf("%d\n",s[n]);
}

void dfs(int dep){
    if(dep > n)pr(dep-1);
    else{
        for(int i = 1; i <= n; i++){
            if((u[i] == false) && (f1[dep+i] == false) && (f2[dep-i+20] == false)){
                u[i] = true; f1[dep+i] = true; f2[dep-i+20] = true;
                s[dep] = i;
                dfs(dep+1);
                u[i] = false; f1[dep+i] = false; f2[dep-i+20] = false;
            }
        }
    }
}

int main(){
    freopen("queen.in","r",stdin);
    freopen("queen.out","w",stdout);
    scanf("%d",&n);
    dfs(1);
    if(flag == false) printf("no solute!");
    return 0;
}
```

实践巩固

1. 数的划分。(divide,1s,64MB)

【问题描述】

将整数n分成k份,且每份不能为空,任意两种分法不能相同(不考虑顺序)。例如,n=7,k=3,下面三种分法被认为是相同的:1、1、5;1、5、1;5、1、1。问有多少种不同的分法。

【输入格式】

一行两个整数 n 和 k,之间用一个空格隔开。

【输出格式】

一行一个整数,即不同的分法。

【输入样例】

7 3

【输出样例】

4

【数据规模】

对于 100% 的数据满足:7≤n≤200,2≤k≤6。

2. 分书问题。(book,1s,64MB)

【问题描述】

有 n 本书(编号为 1~n)和 n 个人(编号为 1~n),每个人都有一个自己喜爱的书的列表。请编写一个程序,设计一种分书方案,使得每个人都能获得一本书,且这本书一定要在他的喜爱列表中。

【输入数据】

第 1 行为 1 个正整数 n(n≤20)。

第 2~n+1 行,每行由 n 个 0 或 1 组成,第 k 行表示编号为 k-1 的人对这 n 本书的喜好列表,0 表示不喜欢,1 表示喜欢。

【输出数据】

一行一个整数,表示符合条件的分配方案的总数。

【输入样例】

```
5
00110
11001
01100
00010
01001
```

【输出样例】

1

3. 传教士。(bishop,1s,64MB)

【问题描述】

某王国的疆土恰好是一个矩形,为了管理方便,国王将整个疆土划分成 n×m 块大小相同的区域。由于国王非常信教,因此他希望他的子民也能信教爱教,所以他想安排一些传教士到全国各地去传教。但这些传教士的传教形式非常怪异,他们只在自己据点周围特定的区域内传教且领地意识极其强烈(即任意一个传教士的据点都不能在其他传教士的传教区域内,否则就会发生冲突)。

			X	
X		X		
	A			
X		X		

图 9.11-2 传教士的传教区域

已知传教士的传教区域为以其据点为中心的两条斜对角线上(如图 9.11-2 所示)。请找出一个合理的安置方案,使得可以在全国范围内安置尽可能多的传教士而又不至于任意两个传教士会发出冲突。若A为某传教士的据点,则其传教范围为所有标有X的格子。为不产生冲突,则第二个传教士的据点只能放在图中的空格子中。

【输入数据】

一行两个正整数n和m(1≤n,m≤20),代表国土的大小。

【输出数据】

一行一个正整数,即最多可以安置的传教士的数目。

【样例输入】

3 4

【样例输出】

6

【样例说明】

样例安置方案如下所示(X表示为某传教士的据点):

XXX
OOO
OOO
XXX

4. 排列。(mas,1s,256MB)

【问题描述】

请考虑一些序列,这些序列要满足以下条件:

(1) 序列的长度是u;

(2) 序列的元素是1~9范围内的数字;

(3) 同一个序列的元素没有重复。

把满足上述条件的单个序列叫作"排列"。

现有两个排列,用两个数字来说明这两个排列的一致性。其中,第一个数(图9.11-3中所示例子中的A列)是两个排列中位置相同且数值也相同的数字的总和,而另一个数字(图9.11-3中所示例子中的B列)则是都出现在两个排列中但位置不相同的数字的总和。

A	B			
4	0	4	9	7
0	10	6	7	4
0	5	9	4	1

未知的排列:	4	1	6

图9.11-3 排列一致性的举例

现有u个排列,并且已知它们同某个未知的排列的一致性的具体数据,要求出未知的排列。图9.11-3中所示是举例用的数据和u=3的结果。

【输入数据】

第1行1个正整数u,1≤u≤9。

接下来的u行,描述所给的数字排列和它们与要求的未知排列的一致性,每一行这样的描述由u+2个用1个空格隔开的正整数表示。第1和第2个数字是评价该排列与未知排列的一致性,最后u个数字是由数字1~9构成的一个排列。

【输出数据】

输出一行包含u个不同的数字,表示要求的未知排列,这些数字由1~9构成,且相邻两数之间严格用一个空隔分开。

对于输入数据至少有一种解法。如果对输入数据来说存在多个合适的排列,程序应该写出其中的任意一个。

【样例输入】

3

4 0 4 9 7

0 10 6 7 4

0 5 9 4 1

【样例输出】

4 1 6

第 12 课　动态规划

学习目标

1. 体会动态规划算法的基本思想。
2. 了解动态规划算法中的一些基本概念。
3. 初步应用动态规划算法求解一些实际问题。

知识讲解

动态规划（Dynamic Programming，DP）是运筹学的一个分支，是求解“决策过程最优值”问题的一种重要算法。1951 年，美国数学家贝尔曼(R.Bellman)提出了解决这类问题的“最优化原则”。1957 年，他发表了名著《动态规划》，该书是动态规划方面的第一本著作。动态规划问世以来，在工农业生产、经济、军事、工程技术等许多方面都得到了广泛的应用，取得了显著的效果。动态规划出现在信息学竞赛中是在 20 世纪 90 年代初期，它以独特的优点获得了出题者的青睐。此后，它就成为了信息学竞赛中的一种重要题型。

1. 动态规划的基本思想

和分治法一样，动态规划也是把一个复杂问题分解成相对简单的“子问题”的方式求解，再组合出答案的方法。不过，分治法是将问题划分成一些“独立”的子问题，递归地求解各子问题，然后再合并子问题的解而得到原问题的解，如二分查找、快速排序等问题。与此不同，动态规划适用于子问题不是独立的情况，也就是子问题包含公共的“子子问题”。比如求解 fibnacci 数列第 n 项时，需要调用求解第 n–1 和第 n–2 项，而求解第 n–1 项时又要调用求解第 n–2 项，此处公共子子问题就是求解第 n–2 项。这种情况下，采用传统的递归分治法会做很多不必要的“冗余”计算，即重复地求解公共的子子问题，所以效率比较低。而动态规划算法对每个子子问题只求解一次，并且立刻将其结果保存到一张“表”中，从而避免后面每次遇到子子问题时重复去计算。

动态规划通常应用于最优化问题。此类问题可能有多个可行解，每个解有一个评价值，而我们希望找出一个最优解(评价值最大或最小)。有时,还需要输出最优解的具体方案。

例 1 城市交通。(traffic,1s,64MB)

【问题描述】

有 n 个城市,编号 1~n,有些城市之间有路相连,有些则没有,有路则会有一个距离。图 9.12-1 所示为一个含有 11 个城市的交通图,连线上的数(权)表示距离。现在规定只能从编号小的城市到编号大的城市。问:从编号为 1 的城市到编号为 n 的城市之间的最短距离是多少?

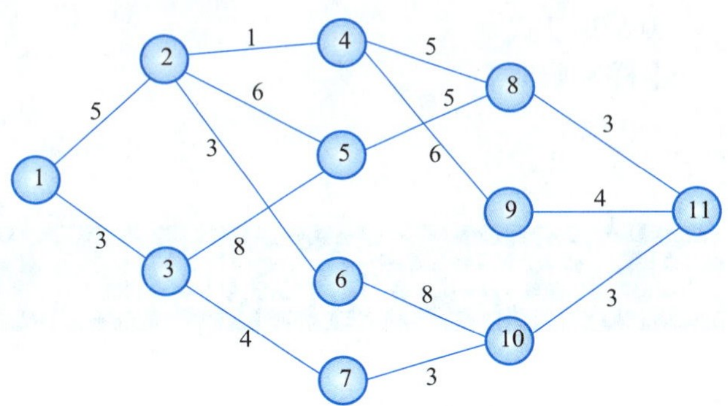

图 9.12-1 一个城市交通网络示意图

【输入格式】

第 1 行为 n,表示城市数,n≤100。

下面的 n 行是一个 n×n 的邻接矩阵 map[i,j],其中 map[i,j]=0 表示城市 i 和城市 j 之间没有路相连,否则为两者之间的距离。

【输出格式】

一行一个数,表示最短距离。数据保证一定可以从城市 1 到城市 n。

【输入样例】

```
11
0 5 3 0 0 0 0 0 0 0 0
5 0 0 1 6 3 0 0 0 0 0
3 0 0 0 8 0 4 0 0 0 0
0 1 0 0 0 0 0 5 6 0 0
0 6 8 0 0 0 0 5 0 0 0
0 3 0 0 0 0 0 0 0 8 0
0 0 4 0 0 0 0 0 0 3 0
0 0 0 5 5 0 0 0 0 0 3
0 0 0 6 0 0 0 0 0 0 4
0 0 0 0 0 8 3 0 0 0 3
0 0 0 0 0 0 0 3 4 3 0
```

【输出样例】

```
13
```

【问题分析】

逆向思考:现在想要从城市 1 到达城市 11,则只能从城市 8、9 或 10 中转过去,如果知道了从城市 1 到城市 8、9 和 10 的最短距离,那么只要把这 3 个最短距离分别加上这 3 个城市与城市 11 之间的距离,再从中取一个最小值即可。这样一来,问题就变成了求城市 1 到城市 8、9、10 的最短距离,而这 3 个子问题与原问题是完全一致的,只是问题的规模缩小了一点。如何求城市 1 到城市 8 的最短距离呢?想法与刚才一样,如果知道了城市 1 到城市 4 和 5 的最短距离,那么到城市 8 的最短距离就是到城市 4 的最短距离加上 5 以及到城市 5 的最短距离加上5当中较小的那个值。而如何求城市4和5的最短距离呢？……如此下去，直到求城市1到城市2和3的最短距离，而这个值是已知的(因为城市1和2、3之间有直接的边相连)。这种解题思想就是“动态规划”。

假设dis［i］表示从城市1到城市i的最短距离，求解过程可以用下列式子归纳：

dis［1］=0

dis［i］=min{dis［j］+map［j,i］}(i>1,j从1到i-1且map［j,i］不等于0)

最后，只要输出dis［n］。请结合下面的参考程序体会动态规划的思想。

```
//p9-12-1
#include<bits/stdc++.h>
using namespace std;
const int N = 110,INF = 1 << 30;//INF 表示 2^30
int a[N][N],dp[N],n;
int main(){
    freopen("traffic.in","r",stdin);
    freopen("traffic.out","w",stdout);
    scanf("%d",&n);
    for(int i = 1; i <= n;++i)
        for(int j = 1; j <= n; ++j)
            scanf("%d",&a[i][j]);
    for(int i = 2; i <= n; ++i) dp[i] = INF;
    // 打擂台取最小值，所以初值赋一个很大的数 INF
    for(int i = 2; i <= n; ++i)
        for(int j = 1; j < i; ++j)
            if(a[i][j]) dp[i] = min(dp[i],dp[j] + a[i][j]);
    printf("%d\n",dp[n]);
    return 0;
}
```

例2 拦截导弹。(missile,1s,64MB)

【问题描述】

某国为了防御敌国的导弹袭击，研究出一种导弹拦截系统。但是这种导弹拦截系统有一个缺陷：虽然它的第一发炮弹能够到达任意高度，但是以后每一发炮弹都不能高于前一发的高度。某天，雷达捕捉到敌国的导弹来袭。由于该系统还在试用阶段，所以只有一套系统，因此有可能不能拦截所有的导弹。

输入导弹的枚数和导弹依次飞来的高度，计算这套系统最多能拦截多少导弹，以及如果要拦截所有导弹最少要配备多少套这种导弹拦截系统。

【输入格式】

第1行为正整数n，表示导弹的枚数。

第2行为n个正整数，表示依次飞来的导弹高度(不大于30000，单位：米)，每两个数据之间有一个空格。

【输出格式】

第 1 行 1 个正整数，表示一套系统最多能拦截多少导弹。

第 2 行 1 个正整数，表示要拦截所有导弹最少要配备多少套拦截系统。

【输入样例】

8

389 207 155 300 299 170 158 65

【输出样例】

6

2

【问题分析】

对于第一问，一套系统最多能拦多少导弹，跟它最后拦截的导弹高度有很大关系。假设 f［i］表示拦截的最后一枚导弹是第 i 枚时，系统能拦得的最大导弹数。例如，样例中 f［5］=3 表示：如果系统拦截的最后一枚导弹的高度是 299 米，最多可以拦截第 1 枚（389 米）、第 4 枚（300 米）、第 5 枚（299 米）三枚导弹。显然，f［1］~f［8］中的最大值就是第一问的答案，关键是怎样求得 f［1］~f［8］。

假设现在已经求得 f［1］~f［7］（在动态规划中，这样的假设往往是很必要的），那么，怎样求 f［8］呢？ f［8］要求系统拦截的最后 1 枚导弹的高度必须是 65 米，也就意味着倒数第 2 枚被拦截的导弹高度必须不小于 65 米，则符合要求的导弹高度有 389 米、207 米、155 米、300 米、299 米、170 米、158 米。假如拦截的倒数第 2 枚导弹的高度是 300 米，则 f［8］=f［4］+1；假如拦截的倒数第 2 枚导弹的高度是 299 米，则 f［8］=f［5］+1。类似地，f［8］还可能是 f［1］+1，f［2］+1，…因为要求的是以 65 结尾的最多导弹数目，因此，f［8］要取所有可能值的最大值，即 f［8］=max{f［1］+1，f［2］+1，…，f［7］+1}=max{f［i］}+1，其中 i=1~7。

类似地，可以假设 f［1］~f［6］已知去求 f［7］。同样，f［6］、f［5］、f［4］、f［3］、f［2］也是类似求法，而 f［1］就是 1，即如果系统拦截的最后 1 枚导弹高度是 389 米，则只能拦截第 1 枚。以上求解过程可以用下列式子归纳：

f［1］=1

f［i］=max{f［j］}+1　（i>1，j 从 1 到 i−1，且满足 h［j］≥h［i］）

因为任何一枚导弹都有可能是系统拦截的最后一枚导弹，所以最后的答案应该是 f［1］~f［8］中的最大值。其实，本题本质上就是求一个整数序列的“最长不上升子序列”。

对于第二问，由于它紧接着第一问，所以很容易受到前面算法的影响，多次应用第一问的算法求解，然后得出总次数，其实这是不对的。举个反例，长度为 7 的高度序列“7 5 4 1 6 3 2”，会得到答案 3，分别拦截“7 5 4 3 2”“1”和“6”。但其实只要 2 套，即分别击落“7 5 4 1”与“6 3 2”。所以不能用“动态规划”做。那么，正确的做法又是什么呢？

本题的目标是用最少的系统击落所有导弹，至于系统之间怎么分配导弹数目则无关紧要。上面错误的想法正是承袭了“一套系统尽量多拦截导弹”的思维定势，而忽视了最优解中各个系统拦截数较为平均的情况，本质上是一种贪心算法，但贪心的策略不对。如果从每套系统拦截的导弹方面来想行不通，就应该换一个思路，从拦截某个导弹所选的系统入手。

由题目可知，已有系统目前的瞄准高度必须不低于来犯导弹高度，所以，当已有的系统均无法拦截该导弹时，就不得不启用新系统。如果已有系统中有一个能拦截该导弹，是应该继续使用它，还是另起炉灶呢？事实是：无论用哪套系统，只要拦截了这枚导弹，那么系统的瞄准高度就等于该导弹高度，这一点对旧的或新的系统都适用。而新系统能拦截的导弹高度最高，即新系统的性能优于任意一套已使用的系统。既然如此，当然应该选择已有的系统。如果已有系统中有多个可以拦截该导弹，究竟选哪一个呢？当前瞄准高度较高的系统的“潜力”较大，而瞄准高度较低的系统则不同，它能打下的导弹别的系统也能打下，它够不到的导弹却未必是别的系统所够不到的。所以，当有多个系统供选择时，要选瞄准高度最低的使用，当然瞄准高度同时也要大于或等于来犯导弹高度。

解题时用一个数组 sys 记下当前已有系统的各个当前瞄准高度。该数组中实际元素的个数就是第二问的解答。

```
//p9-12-2
#include<bits/stdc++.h>
using namespace std;
const int N = 1010,INF = 1 << 30;
int h[N],f[N],d[N];
int n,ans1,ans2;
int main(){
    freopen("missile.in","r",stdin);
    freopen("missile.out","w",stdout);
    scanf("%d",&n);
    for(int i = 1; i <= n; ++i) scanf("%d",&h[i]);
    for(int i = 1; i <= n; ++i){
        for(int j = 1; j < i; ++j)
            if(h[j] >= h[i]) f[i] = max(f[i],f[j]);
        f[i]++;
    }
    for(int i = 1; i <= n; ++i) ans1 = max(ans1,f[i]);
    for(int i = 1; i <= n; ++i){
        int wh = 0,nowh = INF;
        for(int j = 1; j <= ans2; ++j)
            if(d[j] >= h[i] && d[j] < nowh) nowh = d[j],wh = j;
        if(wh)d[wh] = h[i];
        else d[++ans2] = h[i];
    }
    printf("%d\n%d\n",ans1,ans2);
    return 0;
}
```

2. 动态规划的相关概念

例 3　数字三角形。(digtriangle，1s，64MB)

【问题描述】

如下所示为一个数字三角形：

7
3 8
8 1 0
2 7 4 4
4 5 2 6 5

请编程计算从顶至底部某处的一条路径,使该路径所经过的数字的总和最大。约定:

(1) 每一步可沿直线向下或右斜线向下走;

(2) 1≤三角形行数≤100;

(3) 三角形中的数字为整数 0,1, …,99。

【输入格式】

第一行为一个自然数,表示数字三角形的行数 n;

接下来的 n 行,表示一个数字三角形。同一行的两数之间都有一个空格。

【输出格式】

输出一行一个整数,表示要求的最大总和。

【输入样例】

5
7
3 8
8 1 0
2 7 4 4
4 5 2 6 5

【输出样例】

30

【问题分析】

可以尝试用深度优先搜索算法解决本题。设计函数 dfs(x,y,sum),表示搜索到第 x 行、第 y 列的最大和存到 sum 中。调用 dfs(1,1,0),从左上角第一个数开始搜索,直到第 n 行,每次打擂台将最大值保存到全局变量 ans 中。

```
//p9-12-3a
void dfs(int x,y,sum){
    sum = sum + a[x][y];
    if(x == n){
        ans = max(ans,sum);
        exit;
    }
    dfs(x+1,y,sum);
    dfs(x+1,y+1,sum);
}
```

也可以采用“描述问题”式的深度优先搜索写法,从第 n 行开始,由下向上递归求最大和,直到(1,1),答案为 opt(1,1)。

```
//p9-12-3b
int opt(int x,y){
    if(x == n) opt = a[x][y];
    else opt = a[x][y] + max(opt(x+1,y),opt(x+1,y+1));
}
```

这种写法涉及两个非常重要的概念:状态和状态转移方程。

(1) 状态

程序中的 opt(x,y),是对问题的描述,称之为"状态"。在动态规划中,通常用一个数组对问题的状态进行描述,如例 1 中的 dis [i]、例 2 中的 f [i]等。当两个状态的出边完全相同时,它们可以被合并,称其为一类状态,此时某个状态可以完全取代另外一个状态。如果出现这样的情况,只需要找出这类状态中的最优状态,其他状态就可以被"抛弃"。在表示一类状态时,只需要记录最少的关键字,能够将其与其他状态完全区别开即可。所以,状态的维数要尽量少,以保证状态总数尽量少。

(2) 状态转移方程

程序中的 opt(x,y)= a [x] [y] + max(opt(x+1,y),opt(x+1,y+1)),是不同状态之间逻辑关系的描述,称之为"状态转移方程"。

状态转移方程类似于递归公式,一般形式为:F [状态 A] = min {F [状态 B] + w [B → A]},或者 F [状态 A] = max {F[状态 B] + w[B → A]},表示如何从状态 B 转移到状态 A。其中,w[B → A]表示转移代价;min 或者 max 表示从若干数中取最小值或者最大值,例如例 1 中的 dis[i]= min{dis [j]+map [j,i]} 和例 2 中的 f [i]=max{f [j]}+1。对于状态转移方程,还需要设置一个边界状态,例如例 1 中的 dis [1]=0 和例 2 中的 f [1]=1。

应用动态规划算法解题的难点就是状态的设计和状态转移方程的建立。

分析以上两种代码,发现效率都很低,时间复杂度为 $O(2^n)$。其中有很多的重复计算,这种重复计算同一个子问题的情况,称之为"冗余"计算。这种情况一般可以用"记忆化搜索"的方法来优化。

```
//p9-12-3c
int opt(int x,y){
    if(f[x][y] != -1)  //记忆数组,以空间换时间,-1 为初始值
        opt = f[x][y]; //直接查表,而不需要再去计算
    else if(x == n)
            opt = a[x][y];
    else{
            opt = a[x][y] + max(opt(x+1,y),opt(x+1,y+1));
            f[x][y] = opt;  //记忆
    }
}
```

下面,用标准的动态规划算法解题。定义状态 f[i][j],表示从第 i 行、第 j 列这个数到最后一行的路径上所有数之和的最大值。那么,状态转移方程为 f [i] [j] = a [i] [j] + max{f [i+1] [j],f[i+1][j+1]},1≤i≤n,1≤j≤i。程序实现时,先从下向上穷举行 i,对于每一行再穷举每一

个位置j,每次利用状态转移方程求最优值。

```
//p9-12-3d
void doit(){
    for(int i = n; i > 0; i--)
        for(int j = 1; j <= i; j++)
            if(i == n) f[i][j] = a[i][j];
            else f[i][j] = a[i][j] + max(f[i+1][j],f[i+1][j+1]);
}
```

最后的答案保存在f[1,1]中。如果需要打印具体的选择方案,则只需要把数组增加一维,记录最优值的来源。

```
//p9-12-3e
void doit(){
    for(int i = n; i > 0; i--)
        for(int j = 1; j <= i; j++)
            if(i == n) f[i][j][0] = a[i][j];
            else if(f[i+1][j][0] >= f[i+1][j+1][0]){
                f[i][j][0] = a[i][j] + f[i+1][j][0];
                f[i][j][1] = 0;  //由正下方求得
            }
            else{
                f[i][j][0] = a[i][j] + f[i+1][j+1][0];
                f[i][j][1] = 1;  //由右下方求得
            }
}
```

还可以这样定义状态:f[i][j]表示从左上角走到第i行、第j列这个位置所有数之和的最大值。状态转移方程为$f[i][j]=a[i][j]+\max\{f[i-1][j-1],f[i-1][j]\}$,$2\leqslant i\leqslant n$,$1\leqslant j\leqslant i$,边界$f[1][1]=a[1][1]$。但是答案还需要一遍打擂台求$\max\{f[n][j]\}$,$1\leqslant j\leqslant n$。

```
//p9-12-3f
f[1][1] = a[1][1];
for(int i = 2; i <= n; i++)
    for(int j = 1; j <= i; j++)
        if(f[i-1][j-1] > f[i-1][j]) f[i][j] = f[i-1][j-1] + a[i][j];
        else f[i][j] = f[i-1][j] + a[i][j];
int ans = 0;
for(int j = 1; j <= n; j++)
    if(f[n][j] > ans)ans = f[n][j];
```

动态规划处理的问题称为"多阶段决策"问题,一般根据时间、顺序、过程等划分阶段,这也决定了求值的顺序。动态规划所求解的问题不能相互依赖,也就是不能存在"有向无环图"类似的问题。适用动态规划的问题必须满足最优化原理、无后效性和重叠性。

（1）最优化原理

一个最优化策略具有这样的性质，不论过去状态和决策如何，对前面决策所形成的状态而言，余下的决策必须构成最优策略。简而言之，一个最优化策略的子策略总是最优的。一个问题满足“最优化原理”又称其具有“最优子结构”性质。

（2）状态的无后效性

将各阶段按照一定的次序排列好之后，对于某个给定的阶段状态，它以前各阶段的状态无法直接影响它未来的决策，而只能通过当前的这个状态去影响。换句话说，每个状态都是过去历史的一个完整总结。

（3）子问题的重叠性

动态规划将原来具有指数级时间复杂度的搜索算法改进成了具有多项式时间复杂度的算法，其中的关键在于解决冗余，这是动态规划算法的根本目的。动态规划实质上是一种以空间换时间的技术，在实现的过程中，不得不存储过程中产生的各种状态，所以空间复杂度要大于其他算法。

动态规划算法种类繁多。按照状态的维度，可分为线性 DP、二维 DP、多维 DP；按照状态的表示，可分为区间 DP、树形 DP、集合 DP 等。有时，DP 还需要使用状态压缩、单调队列、四边形不等式原理等方法和工具进行优化。

3. 动态规划的应用举例

例 4 摆花。(flower，1s，64MB)

【问题描述】

小明的花店新开张，为了吸引顾客，他想在花店的门口摆上一排花，共 m 盆。通过调查顾客的喜好，小明列出了顾客最喜欢的 n 种花，从 1 到 n 标号。为了在门口展示出更多种花，规定第 i 种花不能超过 a_i 盆，同一种花摆放在一起，且不同种类的花需按标号从小到大的顺序依次摆列。试编程计算，一共有多少种不同的摆花方案。

【输入格式】

第 1 行包含 2 个正整数 n 和 m，中间用一个空格隔开。

第 2 行有 n 个整数依次表示 a_i，每两个整数之间用一个空格隔开。

【输出格式】

输出一行一个整数，表示有多少种摆放方案。

注意：因为方案数可能很多，请输出方案数对 1000007 取模的结果。

【输入样例】

2 4

3 2

【输出样例】

2

【样例说明】

有两种摆花的方案，分别是(1，1，1，2)和(1，1，2，2)。括号里的 1 和 2 表示两种花，比如第一个方案是前三个位置摆第一种花，第四个位置摆第二种花。

【数据规模】

对于 20% 的数据满足：$1 \le n \le 8, 1 \le m \le 8, 0 \le a_i \le 8$。

对于 50% 的数据满足：$1 \le n \le 20, 1 \le m \le 20, 0 \le a_i \le 20$。

对于 100% 的数据满足：$1 \le n \le 100, 1 \le m \le 100, 0 \le a_i \le 100$。

【问题分析】

定义状态 f[i][j]，表示前 i 种花、摆前 j 个花盆的方案数。那么，只需要穷举这次摆了多少花（假设 k 个），就可以得到以下状态转移方程：

f[i][j]=f[i][j]+f[i−1][j−k][$0 \le k \le \min(a_i, j)$]

程序实现时，注意每次计算都要取模。

```
//p9-12-4
#include<bits/stdc++.h>
using namespace std;
int n,m,a[101],f[101][101];
const int MOD = 1000007;
int main(){
    freopen("flower.in","r",stdin);
    freopen("flower.out","w",stdout);
    scanf("%d%d",&n,&m);
    for(int i = 1; i <= n; ++i) scanf("%d",&a[i]);
    f[0][0] = 1;
    for(int i = 1; i <= n; ++i)
        for(int j = 0; j <= m; ++j)
            for(int k = 0; k <= min(a[i],j); ++k)
                f[i][j] =(f[i][j] + f[i-1][j-k])% MOD;
    printf("%d\n",f[n][m]);
    return 0;
}
```

例 5　最长公共子序列。（lcs，1s，64MB）

【问题描述】

给定两个字符串序列 X、Y，长度不超过 5000，求出两个序列的最长公共子序列长度。注意：子序列不是子串，不要求连续，例如两个字符串 cnblogs 和 belong 的公共子序列为 blog。可以发现，最长公共子序列是不唯一的，但是长度一定是唯一的。

【输入样例】

cnblogs

belong

【输出样例】

4

【问题分析】

定义状态 f[i][j]，表示序列 X 的前 i 个元素和序列 Y 的前 j 个元素的最长公共子序列长度。状态转移方程为

$$F[i][j]=\begin{cases}0, & 若\ i=0\ 或\ j=0 \\ F[i-1][j-1]+1, & 若\ i,j>0, x_i=y_j \\ \max\{F[i][j-1],F[i-1][j]\}, & 若\ i,j>0, x_i\neq y_j\end{cases}$$

```
//p9-12-5a
#include<bits/stdc++.h>
using namespace std;
const int N = 5010;
char s1[N],s2[N];
int len1,len2,c[N][N];
int main(){
    freopen("lcs.in","r",stdin);
    freopen("lcs.out","w",stdout);
    scanf("%s%s",s1 + 1,s2 + 1);
    len1 = strlen(s1 + 1);len2 = strlen(s2 + 1);
    for(int i = 1; i <= len1; ++i)
        for(int j = 1; j <= len2; ++j)
            if(s1[i] == s2[j]) c[i][j] = c[i - 1][j - 1] + 1;
            else c[i][j] = max(c[i - 1][j],c[i][j - 1]);
    printf("%d\n",c[len1][len2]);
    return 0;
    }
```

以上算法时间复杂度为 O(len1 × len2),已经比较优了。空间复杂度可不可以优化呢?可以采用类似于杨辉三角形的做法,采用“滚动”数组,利用两个一维数组分别存放当前行和上一行,进行迭代存储。

```
//p9-12-5b
#include<bits/stdc++.h>
using namespace std;
const int N = 5010;
char s1[N],s2[N];
int len1,len2,t,c[2][N];
int main(){
    freopen("lcs.in","r",stdin);
    freopen("lcs.out","w",stdout);
    scanf("%s%s",s1 + 1,s2 + 1);
    len1 = strlen(s1 + 1);len2 = strlen(s2 + 1);
    for(int i = 1; i <= len1; ++i){
        for(int j = 1; j <= len2; ++j)
            if(s1[i] == s2[j]) c[t][j] = c[t ^ 1][j - 1] + 1;
            else c[t][j] = max(c[t ^ 1][j],c[t][j - 1]);
            // ^ 表示位运算的异或
        for(int j = 1; j <= len2; ++j) c[t ^ 1][j] = c[t][j];
```

```
        t ^= 1;
    }
    printf("%d\n",c[t ^ 1][len2]);
    return 0;
}
```

例 6 合唱队形。(chorus，1s，64MB)

【问题描述】

N 位同学站成一排，音乐老师要请其中的(N−K)位同学出列，使得剩下的 K 位同学排成合唱队形。

合唱队形是指这样的一种队形：设 K 位同学从左到右依次编号为 1，2，…，K，他们的身高分别为 T_1，T_2，…，T_K，则他们的身高满足 $T_1<T_2<\cdots<T_i$，且 $T_i>T_{i+1}>\cdots>T_K(1\leqslant i\leqslant K)$。

本题的任务是，已知所有 N 位同学的身高，计算最少需要几位同学出列，可以使得剩下的同学排成合唱队形。

【输入文件】

第 1 行是 1 个正整数 N，表示同学的总数。

第 2 行有 n 个正整数，之间用一个空格分隔，第 i 个整数 $T_i(130\leqslant T_i\leqslant 230)$ 是第 i 位同学的身高(厘米)。

【输出文件】

一行一个整数，表示最少需要几位同学出列。

【样例输入】

8

186 186 150 200 160 130 197 220

【样例输出】

4

【数据规模】

对于 50% 的数据满足：n≤20。

对于 100% 的数据满足：n≤1000。

【问题分析】

最后的合唱队形一定是什么情况？必然是一个递增序列加上一个递减序列。那么，中间那个最高的是哪一位同学呢？可以先枚举中间最高的那个人，接着对他的左边求最长上升序列，对右边求最长下降序列，总的时间复杂度为 $O(n^3)$，对于 100% 的数据规模还是比较危险的。其实，只需要先求好最长上升 DP1[1..n]和最长下降序列 DP2[1..n]，然后再枚举中间最高的那个同学，每一种合唱队形的长度为 DP1[i]+DP2[i]−1，打擂台取最大值 ans，答案为 n−ans。这样做的时间复杂度为 $O(n^2)$。

```
//p9-12-6
#include<bits/stdc++.h>
using namespace std;
const int N = 2010;
int h[N],f[N],g[N];
```

```
int n,ans;
int main(){
    freopen("chorus.in","r",stdin);
    freopen("chorus.out","w",stdout);
    scanf("%d",&n);
    for(int i = 1; i <= n; ++i) scanf("%d",&h[i]);
    for(int i = 1; i <= n; ++i){
        for(int j = 1; j < i; ++j)
            if(h[j] < h[i]) f[i] = max(f[i],f[j]);
        f[i]++;
    }
    for(int i = n; i; --i){
        for(int j = n; j > i; --j)
            if(h[j] < h[i]) g[i] = max(g[i],g[j]);
        g[i]++;
    }
    for(int i = 1; i <= n; ++i) ans = max(ans,f[i] + g[i] - 1);
    printf("%d\n",n - ans);
    return 0;
}
```

例 7 方格取数。(getnum,1s,64MB)

【问题描述】

有一个 N×N 的方格图,如图 9.12–2 所示。某些方格中放入了正整数,而其他的方格中则放入了数字 0。某人从图的左上角(A 点)出发,可以向下行走,也可以向右走,直到到达右下角(B 点)。在走过的路上,他可以取走方格中的数(取走后的方格中数字将变为 0)。

此人从 A 点到 B 点共走两次,试找出 2 条这样的路径,使得取得的数之和为最大。

A	1	2	3	4	5	6	7	8
1	0	0	0	0	0	0	0	0
2	0	0	13	0	0	6	0	0
3	0	0	0	0	7	0	0	0
4	0	0	0	14	0	0	0	0
5	0	21	0	0	0	4	0	0
6	0	0	15	0	0	0	0	0
7	0	14	0	0	0	0	0	0
8	0	0	0	0	0	0	0	0

向右 向下 B

图 9.12–2 方格取数示意图

【输入格式】

第 1 行 1 个整数 N,表示 N×N 的方格图,N≤10。

接下来的每行有 3 个整数,前两个数表示位置,第 3 个数为该位置上所放的数。一行单独的 3 个 0 表示输入结束,每行的两个数之间有一个空格隔开。

【输出格式】

输出一行一个整数,表示 2 条路径上取得的最大的和。

【输入样例】

```
8
2 3 13
2 6 6
3 5 7
4 4 14
```

5 2 21

5 6 4

6 3 15

7 2 14

0 0 0

【输出样例】

67

【问题分析】

方法 1 两次搜索。搜索两条路径后,根据路径上经过的方格相加得出该种方案能取到的值的和,判断是否是最优解。时间复杂度为 $O(2^{4n})$。

方法 2 搜索结合动态规划。先搜索一条路径,相加经过的方格的值,并将经过的方格的值改成 0,然后在剩下的状态下利用动态规划求第二条路径的最优值,与第一条路径得到的值相加得到两条路径的和,判断是否是最优解。这种方法在处理第一条路径时比较费时间,处理第二条路径时比较快,时间复杂度为 $O(2^{2n} \times n^2)$。

方法 3 动态规划。可以设想从方格图中任取两个方格 X 和 Y(可以为同一个方格),从左上角分别到这两个方格(X 和 Y)的路径上的方格值的和的最优值可以通过比较判断这两个方格 X 和 Y 的前一步(设 X_1 和 X_2 是 X 的前一步,Y_1 和 Y_2 是 Y 的前一步)的组合(X_1Y_1 或 X_1Y_2 或 X_2Y_1 或 X_2Y_2)来得到。为了编程方便,作如下处理:

1) 将方格图中方格的位置从二维变成一维,即方格编号从左上角逐行编号,这样可以方便表示两个方格。

2) f[i][j]表示第一条线路从左上角到达 i 位置,第二条线路从上角到达 j 位置时,所能取得和的最大值。

3) 状态转移方程为:

$f[i][j] = \max\{f[i_1][j_1], f[i_1][j_2], f[i_2][j_1], f[i_2][j_2]\} + map[i] + map[j]\ (i \neq j)$

$f[i][j] = \max\{f[i_1][j_1], f[i_1][j_2], f[i_2][j_1], f[i_2][j_2]\} + map[i]\ (i = j)$

其中,i_1 和 i_2 是 i 方格的前一方格;j_1 和 j_2 是 j 方格的前一方格。

```
//p9-12-7
#include<bits/stdc++.h>
using namespace std;
const int N = 20;
const int xx[2] = {0,-1},yy[2] = {-1,0};
int f[N][N][N][N],a[N][N];
int x,y,z,nx1,ny1,nx2,ny2,n;
int main(){
    freopen("getnum.in","r",stdin);
    freopen("getnum.out","w",stdout);
    scanf("%d",&n);
    scanf("%d%d%d",&x,&y,&z);
    while(x){
        a[x][y] = z;
        scanf("%d%d%d",&x,&y,&z);
```

```
    }
    for(int x1 = 1; x1 <= n; ++x1)
        for(int y1 = 1; y1 <= n; ++y1)
            for(int x2 = 1; x2 <= n; ++x2)
                for(int y2 = 1; y2 <= n; ++y2){
                    for(int i = 0; i < 2; ++i)
                        for(int j = 0; j < 2; ++j){
                            nx1 = x1 + xx[i];
                            ny1 = y1 + yy[i];
                            nx2 = x2 + xx[j];
                            ny2 = y2 + yy[j];
                            f[x1][y1][x2][y2] = max(f[x1][y1][x2][y2],
f[nx1][ny1][nx2][ny2]);
                        }
                    f[x1][y1][x2][y2] += a[x1][y1] + a[x2][y2];
                    if(x1 == x2 && y1 == y2) f[x1][y1][x2][y2] -= a[x2][y2];
                }
    printf("%d\n",f[n][n][n][n]);
    return 0;
}
```

例 8 书的抄写。(book,1s,64MB)

【问题描述】

编辑部想要把 M 本书有顺序地分给 K 个人抄写,所有人的抄写速度相同,一本书不允许给两个(或以上)的人抄写,分给每一个人的书必须是连续的,比如不能把第一、第三、第四本数给同一个人抄写。现在请设计一种方案,使得抄写时间最短。抄写时间为抄写页数最多的人用去的时间。

【输入格式】

第 1 行 2 个整数 M 和 K,K≤M≤500,之间用一个空格隔开。

第 2 行 M 个整数,第 i 个整数表示第 i 本书的页数,之间用一个空格隔开。

【输出格式】

共 K 行,每行 2 个正整数,第 i 行表示第 i 个人抄写的书的起始编号和终止编号,每两个数之间用一个空格隔开。K 行的起始编号应该从小到大排列,如果有多解,则尽可能让前面的人少抄写。

【输入样例】

```
9 3
1 2 3 4 5 6 7 8 9
```

【输出样例】

```
1 5
6 7
8 9
```

【问题分析】

M 本书是顺序排列的,K 个抄写员选择书也是按顺序且连续的。所以,不管以书的编号,还是以抄写员编号作为参变量划分阶段，都符合策略的最优化原理和无后效性。考虑 K≤M，所以假设以抄写员编号来划分阶段。

定义状态 F[i][j]，表示前 i 个抄写员复制前 j 本书的“页数最大数”的最小值，那么，第 i 个人可以抄写哪些书呢？穷举即可。

转移方程如下：

F[i][j]=min{max{F[i-1][v],T[v+1][j]}}

其中，T[v+1][j]表示从第 v+1 本书到第 j 本书的页数和，1≤i≤K，因为 i 个人至少每人抄写 1 本，且后面还有 K-i 个人需要至少抄写 K-i 本，因此 i≤j≤M-K+i，i-1≤v≤j-1。边界条件为 F[1][j]=T[1][j]。

```
//p9-12-8
#include<bits/stdc++.h>
using namespace std;
const int N = 510;
int n,k,a[N],f[N][N],wh[N][N],ans[N][2];
int main(){
    freopen("book.in","r",stdin);
    freopen("book.out","w",stdout);
    scanf("%d%d",&n,&k);
    for(int i = 1; i <= n; ++i) scanf("%d",&a[i]);
    for(int i = 2; i <= n; ++i) a[i] += a[i - 1];
    for(int i = 1; i <= n; ++i) f[1][i] = a[i];
    for(int i = 2; i <= k; ++i)
        for(int j = 1; j <= n; ++j){
            f[i][j] = 1 << 30;
            for(int k = 0; k <= j; ++k)
                if(max(f[i - 1][k],a[j] - a[k])< f[i][j])
                f[i][j] = max(f[i - 1][k],a[j] - a[k]),wh[i][j] = k;
        }
    int now = n;
    for(int i = k; i; --i){
        ans[i][1] = now;
        ans[i][0] = wh[i][now] + 1;
        now = wh[i][now];
    }
    for(int i = 1; i <= k; ++i)
        printf("%d %d\n",ans[i][0],ans[i][1]);
    return 0;
}
```

例 9 乘积最大。(maxmin,1s,64MB)

【问题描述】

设有一个长度为 n 的数字字符串，要分成 k+1 个部分，使得 k+1 个部分的乘积最大。

例如 n=6,k=3,且数字字符串为"310143",此时可能有的情况如下:

3×1×0×143=0

3×1×01×43=129

3×1×014×3=126

3×10×1×43=1290

3×10×14×3=1260

3×101×4×3=3636

31×0×1×43=0

31×01×4×3=372

310×1×4×3=3720

从上面的结果可以看出,最大乘积为 310×1×4×3=3720。

【输入格式】

第 1 行为整数 n,n≤50。

第 2 行为整数 k,k≤10。

第 3 行为数字字符串。

【输出格式】

一行一个数,表示最大的乘积。

【输入样例】

6

3

310143

【输出样例】

3720

【问题分析】

本题属于"区间 DP",类似题目还有添加括号、石子合并、能量项链等经典问题。

基本方法是穷举最后一个"×"的位置。定义状态 f[i][j],表示前 i 个数字中插入 j 个"×"的最大乘积。显然:j=0 时,f[i][j]=$S_1 \cdots S_i$;i≤j 时,f[i][j]=0;对于其它情况,假设最后一个"×"插在第 k 个数字之后,这样前 k 个数字之间就要插入 j-1 个"×",而 $S_{k+1} \cdots S_i$ 组成最后一个数,状态转移方程为 f[i][j]=max{f[k][j-1]×$S_{k+1} \cdots S_i$}。其中,2≤i≤n;1≤j≤i-1;j≤k≤i-1。

需要说明的是,本题还需要高精度运算。

```
//p9-12-9
#include<bits/stdc++.h>
using namespace std;
int n,k;
const int N = 110;
char S[N];
struct bigNumber{
    int len,x[110];
    bigNumber(){len = 1;}
    void pint(){
        for(int i = len; i; i--)
```

```
            printf("%d",x[i]);
        puts("");
    }
} f[N][N],s[N][N];

bigNumber fix(bigNumber a){
    for(int i = 1; i < a.len; ++i){
        a.x[i + 1] += a.x[i] / 10;
        a.x[i] %= 10;
    }
    while(a.x[a.len] >= 10){
        a.x[a.len + 1] += a.x[a.len] / 10;
        a.x[a.len] %= 10;a.len++;
    }
    while(!a.x[a.len] && a.len > 1) a.len--;
    return a;
}

inline bigNumber operator *(bigNumber a,int b){
    for(int i = 1; i <= a.len; ++i) a.x[i] *= b;
    return fix(a);
}

inline bigNumber operator *(bigNumber a,bigNumber b){
    bigNumber c;
    for(int i = 0; i < 110; ++i) c.x[i] = 0;
    c.len = a.len + b.len - 1;
    for(int i = 1; i <= a.len; ++i)
        for(int j = 1; j <= b.len; ++j)
            c.x[i + j - 1] += a.x[i] * b.x[j];
    return fix(c);
}

inline bigNumber operator +(bigNumber a,int b){
    a.x[1] += b;
    return fix(a);
}

inline bool operator <(bigNumber a,bigNumber b){
    if(a.len != b.len) return a.len < b.len;
    for(int i = a.len; i; i--)
        if(a.x[i] != b.x[i]) return a.x[i] < b.x[i];
    return 0;
}
```

```
int main(){
    freopen("maxmin.in","r",stdin);
    freopen("maxmin.out","w",stdout);
    scanf("%d%d",&n,&k);
    scanf("%s",S + 1);
    for(int i = 1; i <= n; ++i)
        for(int j = i; j <= n; ++j)
            s[i][j] = s[i][j - 1] * 10 +(S[j] - '0');
    for(int i = 1; i <= n; ++i){
        f[i][0] = s[1][i];
        for(int j = 1; j <= k; ++j)
            for(int d = j; d < i; ++d)
                f[i][j] = max(f[i][j],f[d][j - 1] * s[d + 1][i]);
    }
    f[n][k].pint();
    return 0;
}
```

实践巩固

1. 最长不下降子序列。(lis,1s,64MB)

【问题描述】

输入一个数组 $a_1,a_2,\cdots,a_n$,找到最长的不下降子序列 $a_{b1}\leqslant a_{b2}\leqslant\cdots\leqslant a_{bk}$,其中 b1<b2<…<bk。程序只要输出最长的不下降子序列长度。

【输入样例】

5

9 3 6 2 7

【输出样例】

3

2. 最小乘车费用。(busses,1s,64MB)

【问题描述】

假设某条街上每一公里就有一个公共汽车站,并且乘车费用如下:

公里数	1	2	3	4	5	6	7	8	9	10
乘车费	12	21	31	40	49	58	69	79	90	101

而任意一辆汽车从不行驶超过10公里。某人想去n公里外的地方,假设他可以任意次换车,请你帮他找到一种乘车方案,使得总费用最小。

注意:10公里的费用比1公里小的情况是允许的。

【输入格式】

第1行为10个不超过200的整数,依次表示行驶1~10公里的费用,相邻两数间用一个空格隔开。

第 2 行为某人想要乘车的公里数(≤100)。

【输出格式】

一行一个整数,表示所需要的最小费用。

【输入样例】

12 21 31 40 49 58 69 79 90 101

15

【输出样例】

147

3. 数字三角形 2。(codevs2193,digtriangle2,1s,64MB)

【问题描述】

对例 3 加上一个限制条件:要求路径必须经过第 n/2 行、第 n/2 列这个位置。

【输入样例】

5

7

3 8

8 1 0

2 7 4 4

4 5 2 6 5

【输出样例】

28

4. 数字三角形 3。(codevs2189,digtriangle3,1s,64MB)

【问题描述】

同例 3,但是要求路径上的所有数之和模 100 的最大值。

【输入样例】

5

7

3 8

8 1 0

2 7 4 4

4 5 2 6 5

【输出样例】

30

5. 单词的划分(word,1s,64MB)

【问题描述】

有一个很长的由小写字母组成的字符串。为了便于对这个字符串进行分析,需要将它划分成若干部分,每部分称为一个单词。出于减少分析量的目的,希望划分出的单词数越少越好。

【输入格式】

第 1 行 1 个字符串，长度不超过 100。

第 2 行 1 个整数 n，表示单词的个数，n≤100。

第 3~n+2 行，每行列出 1 个单词。

【输出格式】

一行一个正整数，表示字符串可以被划分成的最少的单词数。

【输入样例】

realityour

5

real

reality

it

your

our

【输出样例】

2

【样例说明】

原字符串可拆成 real+it+your 或 reality+our，由于 reality+our 仅为两部分，因此最优解为 2。另外请注意，单词列表中的每个单词都可以重复使用多次，也可以不用。

6. 零件分组。(stick，1s，64MB)

【问题描述】

某工厂生产一批棍状零件，每个零件都有一定的长度(Li)和重量(Wi)。现在为了加工需要，要将它们分成若干组，使每一组的零件都能排成一个长度和重量都不下降(若 i<j，则 $L_i \leq L_j$，$W_i \leq W_j$)的序列。请问：至少要分成几组？

【输入格式】

第 1 行为 1 个正整数 N，N≤1000，表示零件的个数。

第 2 行有 N 对正整数，每对正整数表示这些零件的长度和重量，长度和重量均不超过 10000，每两个数之间用一个空格隔开。

【输出格式】

一行一个数，表示最少分成的组数。

【输入样例】

5

8 4 3 8 2 3 9 7 3 5

【输出样例】

2

7. 航线。(ship，1s，64MB)

【问题描述】

某国家被一条河划分为南北两部分，在南岸和北岸总共有 n 对城市，每对城市在对岸都有唯一的友好城市，任何两个城市都没有相同的友好城市。每一对友好城市都希望有一条航线来往，于是他们向政府提出了申请。由于河面上终年有雾，政府决定允许开通的航线互不交叉(如果两条航线交叉，将有很大机会撞船)。兴建哪些航线可以在安全条件下有最多航线可以开通。

【输入格式】

第 1 行 2 个正整数 x 和 y，表示河的长度和宽度。10≤x≤6000，10≤y≤100。

第 2 行 1 个正整数 n，表示分布在河两岸的城市对数，1≤n≤5000。

接下来的 n 行，每行两个整数 c 和 d，c、d≤x，描述每一对友好城市与河起点的距离，c 表示北岸城市的距离，d 表示南岸城市的距离。在河的同一边，任何两个城市的位置都是不同的。

每一行当中的两个数之间都用一个空格隔开。

【输出格式】

一行一个数，表示在安全条件下能够开通的最大航线数目。

【输入样例】

30 4

5

4 5

2 4

5 2

1 3

3 1

【输出样例】

3

8. 回文词。(palin，1s，64MB)

【问题描述】

回文词是一种对称的字符串。也就是说，一个回文词，从左往右读和从右往左读得到的结果是一样的。任意给定一个字符串，通过插入若干字符，都可以变成一个回文词。本题的任务是写一个程序，求出将给定字符串变成回文词所需插入的最少字符数。

比如字符串“Ab3bd”，在插入两个字符后可以变成一个回文词(“dAb3bAd”“Adb3bdA”)。然而，插入两个以下的字符无法使它变成一个回文词。

【输入格式】

第 1 行 1 个正整数 N，表示给定字符串的长度，3≤N≤5000。

第 2 行是一个长度为 N 的字符串。字符串仅由大写字母 A~Z，小写字母 a~z 和数字 0~9 构成。大写字母和小写字母将被认为是不同的。

【输出格式】

一行一个整数，表示需要插入的最少字符数。

【输入样例】

5

Ab3bd

【输出样例】

2

9. hack 大赛。(hack,3s,512MB)

【问题描述】

一场Codeforces比赛马上就要结束了。小林已经通过做题得到了C分,但他惊讶地发现,房间里的其他选手都解决了最难的题。小林根据经验断定,大多数的选手都会FST的(当然,除去rating最高的选手FailedSystemTest)。在此之前,小林想要hack他们,使自己的得分更高。

除了小林,房间里有n个选手,他们已经被按照rating从小到大排序了。当小林成功hack了第i个选手时,他会获得i分的收入。假设小林的hack技术十分高超,百发百中,可以hack除了FailedSystemTest和自己以外的所有选手,而且在此期间没有其他选手干扰。

由于小林有着谦虚的美德,他不想让自己的得分太高。小林想要知道,存在着多少种不同的选择一些人hack的方案,使得他的得分在L和R之间。显然,答案会很大,请输出答案对998244353取模后的结果。

【输入格式】

1行4个整数:n,C,L,R。其含义如题面所示。

【输出格式】

一行一个非负整数,表示方案数。

【输入样例】

5 13 14 17

【输出样例】

6

【数据规模】

对于20%的数据满足:n≤50。

对于50%的数据满足:n≤2000。

对于100%的数据满足:1≤n≤100000,1≤C≤1000000,C≤L≤R<C+n。

10. 乘法游戏。(mul,1s,256MB)

【问题描述】

乘法游戏是在一行牌上进行的。每一张牌包括了一个正整数。在每一个移动中,玩家拿出一张牌,得分是用它的数字乘以它左边和右边的数,所以不允许拿第1张和最后1张牌。最后一次移动后,这里只剩下两张牌。目标是使得分的和最小。

例如,如果数是10、1、50、20、5,依次拿1、20、50,总分是10×1×50+50×20×5+10×50×5=8000;而拿50、20、1,总分是1×50×20+1×20×5+10×1×5=1150。

【输入格式】

第1行1个整数n,表示牌数。

第2行包括n个1~100的整数,每两个数之间用一个空格分开。

【输出格式】

一行一个整数,表示最小得分。

【样例输入】

6

10 1 50 50 20 5

【样例输出】

3650

【数据规模】

对于 30% 的数据满足：$2 \leq n \leq 5$。

对于 60% 的数据满足：$2 \leq n \leq 20$。

对于 100% 的数据满足：$2 \leq n \leq 100$。

第 13 课　0-1 背包

学习目标

1. 理解 0-1 背包问题及其算法。
2. 体会 0-1 背包问题的优化策略。
3. 熟练应用 0-1 背包模型解决一些实际问题。

知识讲解

“背包”是程序设计和信息学竞赛中的一类重要问题。背包问题种类繁多，其中最简单的就是“0-1 背包”。背包问题的求解涉及计算机算法的灵活应用和优化策略。

例 1　0-1 背包（pack01，1s，64MB）

【问题描述】

有 N 件物品和一个容量为 V 的背包。放入第 i 件物品耗费的空间是 C_i，得到的价值是 W_i。求解在不超过容量的前提下，将哪些物品装入背包可使价值总和最大。

【输入格式】

第 1 行两个正整数，分别表示 N 和 V，中间用一个空格隔开。

第 2 行 N 个正整数，表示 C_i，中间用一个空格隔开。

第 3 行 N 个正整数，表示 W_i，中间用一个空格隔开。

其中：$1 \leq N \leq 100$，$1 \leq V \leq 10^6$，$1 \leq C_i \leq 10000$，$1 \leq W_i \leq 10000$。

【输出格式】

一行一个正整数，表示最大的价值总和。

【输入样例】

4 20

8 9 5 2

5 6 7 3

【输出样例】

16

【问题分析】

用动态规划算法来求解这类最优值问题。定义状态 F［i,v］,表示前 i 件物品放入一个容量为 v 的背包可以获得的最大价值,则状态转移方程为 $F[i,v]=\max\{F[i-1,v],F[i-1,v-C_i]+W_i\}$。

可以这样理解,依次考虑每一件物品,对于第 i 件物品要么不放、要么放,对应计算机中的 0 或者 1(所以才称为"0–1 背包"),那么就可以将一个规模为 i 的问题转化为一个只和前 i–1 件物品相关的子问题(规模为 i–1)。如果不放第 i 件物品,问题就转化为"前 i–1 件物品放入容量为 v 的背包",价值为 F［i–1,v］;如果放第 i 件物品,问题就转化为"前 i–1 件物品放入剩下的容量为 $v-C_i$ 的背包",此时能获得的最大价值就是 $F[i-1,v-C_i]$再加上通过放入第 i 件物品获得的价值 W_i。这个动态规划算法的时间和空间复杂度均为 O(NV)。

```
//p9-13-1a
#include<bits/stdc++.h>
using namespace std;
#define N 110
#define M 1000010
int n,V;
int c[N],w[N];
int f[N][M];

int main(){
    int i,j;
    scanf("%d %d",&n,&V);
    for(i = 1; i <= n; ++i) scanf("%d",&c[i]);
    for(i = 1; i <= n; ++i) scanf("%d",&w[i]);
    for(i = 1; i <= n; ++i){
        for(j = 0; j <= V; ++j)
            if(j >= c[i]) f[i][j] = max(f[i-1][j],f[i-1][j-c[i]] + w[i]);
            else f[i][j] = f[i-1][j];
    }
    printf("%d\n",f[n][V]);
    return 0;
}
```

结合样例跟踪以上代码,列表 9.13–1 跟踪 F［i,v］的值如下:

表 9.13–1 跟踪 0–1 背包的状态变化

0	1	2	3	4	5	6	7	8	9	10	11	12	13	14	15	16	17	18	19	20
0	0	0	0	0	0	0	0	0	0	0	0	0	0	0	0	0	0	0	0	0
								5	5	5	5	5	5	5	5	5	5	5	5	5
								5	6	6	6	6	6	6	6	6	11	11	11	11
					7	7	7	7	7	7	7	7	12	13	13	13	13	13	13	13
		3	3	3	7	7	10	10	10	10	10	10	12	13	15	16	16	16	16	16

可以看出,其中第 i 行的值只与第 i-1 行有关系。很自然地想到用"滚动数组"优化空间复杂度到 O(2N)。

```
//p9-13-1b
#include<bits/stdc++.h>
using namespace std;
#define N 110
#define M 1000010
int n,V;
int c[N],w[N];
int f[2][M];

int main(){
    int i,j,p = 0;
    scanf("%d %d",&n,&V);
    for(i = 1; i <= n; ++i) scanf("%d",&c[i]);
    for(i = 1; i <= n; ++i) scanf("%d",&w[i]);
    for(i = 1; i <= n; ++i){
        p ^= 1;
        memset(f[p],0,sizeof f[p]);
        for(j = 0; j <= V; ++j)
            if(j >= c[i]) f[p][j] = max(f[p^1][j],f[p^1][j-c[i]] + w[i]);
            else f[p][j] = f[p^1][j];
    }
    printf("%d\n",f[p][V]);
    return 0;
}
```

再仔细分析第一个程序,发现 F[i,v]是由 F[i-1,v]和 F[i-1,v-C_i]两个子问题递推而来。然而,能否保证在求 F[i,v]时(也即在第二个程序的第 i 次主循环中推 F[v]时)能够取用 F[i-1,v]和 F[i-1,v-C_i]的值呢?事实上,这要求我们在每次主循环中以 v = V~0 的递减顺序计算 F[v],这样就能保证在推 F[v]时 F[v-C_i]保存的是状态 F[i-1,v-C_i]的值。

```
//p9-13-1c
#include<bits/stdc++.h>
using namespace std;
#define N 110
#define M 1000010
int n,V;
int c[N],w[N];
int f[M];
int main(){
    int i,j;
    scanf("%d %d",&n,&V);
```

```
    for(i = 1; i <= n; ++i) scanf("%d",&c[i]);
    for(i = 1; i <= n; ++i) scanf("%d",&w[i]);
    for(i = 1; i <= n; ++i){
        for(j = V; j >= c[i]; --j)
            f[j] = max(f[j],f[j-c[i]] + w[i]);
    }
    printf("%d\n",f[V]);
    return 0;
}
```

程序中的 $F[v]=\max\{F[v],F[v-C_i]+W_i\}$ 就对应于原来的转移方程，因为现在的 $F[v-C_i]$ 就相当于原来的 $F[i-1,v-C_i]$。

以上代码还可以做一个“常数优化”，将第二重循环的下限 C_i 改为：$\max(V-\sum_i^N W_i, C_i)$。

例 2　采药。(NOIP2005 初中组复赛，medic，1s，64MB)

【问题描述】

辰辰的梦想是成为世界上最伟大的医师。为此，他想拜附近最有威望的医师为师。医师为了判断他的资质，给他出了一个难题。医师把他带到一个到处都是草药的山洞里对他说：“这个山洞里有一些不同的草药，采每一株都需要一些时间，每一株也都有它自身的价值。给你一段时间，在这段时间里，你可以采到一些草药。如果你是一个聪明的孩子，应该可以让采到的草药的总价值最大。”

请帮助辰辰完成这个任务。

【输入文件】

第 1 行 2 个正整数 $T(1\leqslant T\leqslant 1000)$ 和 $N(1\leqslant N\leqslant 100)$，用一个空格隔开，T 代表总共能够用来采药的时间，N 代表山洞里的草药的数目。

接下来的 N 行，每行包括两个在 1~100 之间（包括 1 和 100）的整数，分别表示采摘某株草药的时间 t_i 和这株草药的价值 V_i，中间用一个空格隔开。

【输出文件】

一行一个整数，表示在规定的时间内可以采到的草药的最大总价值。

【样例输入】

70 3

71 100

69 1

1 2

【样例输出】

3

【数据规模】

对于 30% 的数据满足：$N\leqslant 10$。

对于 100% 的数据满足：$N\leqslant 100$。

【问题分析】

0-1 背包还可以分为“0-1 有限背包”和“0-1 无限背包”。其中,有限是指每类物品有一件或者有限的若干件;无限是指每类物品都有无限件。本题属于 0-1 有限背包问题。我们以“草药”划分阶段,定义状态 f[j]表示使用了 j 个单位时间所能取到草药的最大价值,则转移方程为:f[j]=max(f[j],f[j-t[i]]+v[i]1≤i≤n,t[i]≤j≤T)。

```
//p9-13-2a
#include<bits/stdc++.h>
using namespace std;
#define MAXN 110
#define MAXT 1010
int n,T;
int t[MAXN],v[MAXN];
int f[M];
int main(){
    freopen("medic.in","r",stdin);
    freopen("medic.out","w",stdout);
    int i,j;
    scanf("%d %d",&T,&n);
    for(i = 1; i <= n; ++i) scanf("%d %d",&t[i],&v[i]);
    for(i = 1; i <= n; ++i){          //穷举草药
        for(j = T; j >= t[i]; --j)
            f[j] = max(f[j],f[j - t[i]] + v[i]);
    }
    printf("%d\n",f[T]);
    return 0;
}
```

本题也可以“时间”划分阶段,穷举时间 i,定义状态 f[j]表示使用了 j 个单位时间所能取到草药的最大价值,则转移方程为:f[j]=max(f[j],f[j-t[i]]+v[i])。此时,为了避免重复采取同一株草药,我们对每个时间点开一个集合(set)来记录该草药是否已被采摘。

```
//p9-13-2b
#include<bits/stdc++.h>
using namespace std;
#define MAXN 110
#define MAXT 1010
int n,T,ans,t[MAXN],v[MAXN],f[MAXT];
set<int> s[MAXT];
int main(){
    freopen("medic.in","r",stdin);
    freopen("medic.out","w",stdout);
```

```
    int i,j;
    scanf("%d %d",&T,&n);
    for(i = 1; i <= n; ++i) scanf("%d %d",&t[i],&v[i]);
    for(i = 0; i <= T; ++i){          //穷举时间
        for(j = 1; j <= n; ++j)
        if(i + t[j] <= T && s[i].find(j)== s[i].end()){
            if(f[i] + v[j] > f[i+t[j]]){
                f[i+t[j]] = f[i] + v[j];
                s[i+t[j]] = s[i];s[i+t[j]].insert(j);
            }
        }
        ans = max(ans,f[i]);
    }
    printf("%d\n",ans);
    return 0;
}
```

如果本题题意稍微修改一下，增加：保证每种草药的数量都足够多，样例输入不变，样例输出为140，则问题就变成了“0-1无限背包”。还是以“草药”划分阶段，定义状态f[j]，则转移方程为：f[j]= max(f[j],f[j-t[i]]+v[i])。

```
//p9-13-2c,medics
#include<bits/stdc++.h>
using namespace std;
#define MAXN 110
#define MAXT 1010
int n,T,t[MAXN],v[MAXN],f[MAXT];
int main(){
    freopen("medics.in","r",stdin);
    freopen("medics.out","w",stdout);
    int i,j;
    scanf("%d %d",&T,&n);
    for(i = 1; i <= n; ++i)scanf("%d %d",&t[i],&v[i]);
    for(i = 1; i <= n; ++i){
        for(j = t[i]; j <= T; ++j)
            f[j] = max(f[j],f[j - t[i]] + v[i]);
    }
    printf("%d\n",f[T]);
    return 0;
}
```

事实上,在求最优解的背包问题中,存在两种不同的问题类型。一种是求“恰好装满背包”时的最优解(本单元第 10 课的例 5);另一种是不必把背包装满(不超过背包容量,本题)。解决这两类问题的实现方法只是在初始化时有所不同。如果是第一种类型,要求恰好装满背包,那么在初始化时除了 F[0]为 0,其他 F[1..V]均设为负无穷大,这样就可以保证最终得到的 F[V]是一种恰好装满背包的最优解。如果并没有要求必须把背包装满,而是只希望价值尽量大,初始化时应该将 F[0..V]全部设为 0。这是为什么呢?可以这样理解:初始化的 F 数组事实上就是在没有任何物品放入背包时的合法状态,如果要求背包恰好装满,那么此时只有容量为 0 的背包可以在什么也不装且价值为 0 的情况下被“恰好装满”,其他容量的背包均没有合法的解,属于未定义的状态,应该被赋值为负无穷大。如果背包不必装满,那么任何容量的背包都有一个合法解“什么都不装”,这个解的价值为 0,所以初始状态的值也就全部为 0 了。这个处理方法也可以推广到其他类型的背包问题中。

“0–1 背包”是最基本的背包问题,它包含了背包问题中的状态设计、转移方程等基本思想。另外,其他类型的背包问题往往也可以转换成 0–1 背包问题求解。所以,一定要仔细体会 0–1 背包问题中的算法思想、状态表示、状态转移方程,以及时间、空间复杂度的优化策略。

实践巩固

1. 小毛的交易。(trade,1s,128MB)

【问题描述】

小毛准备了 M 磅的猫咪食物去和猫咪交易他最喜欢的食物——爪哇豆。

猫咪有 N 间仓库,其中第 i 间仓库包含着 S[i]磅的爪哇豆,但要花费 F[i]磅的猫咪食物去和它们交换。

小毛很聪明,经过他的各种交涉,发现自己没有必要把每一个仓库的食物全部买下,他可以偷偷地买下一部分。也就是说,他可以获得 S[i] × a% 磅的爪哇豆而只花费 F[i] × a% 磅的猫咪食物。

但是,他不知道该怎么买才能买到最多的爪哇豆,所以请编程来帮他计算一下。

【输入格式】

第 1 行 2 个整数 M 和 N,中间用一个空格隔开。

接下来的 N 行,每行 2 个非负整数 S[i]和 F[i],中间用一个空格隔开。

其中:所有整数不超过 1000。

【输出格式】

一行一个实数,精确到小数点后三位,表示小毛最多能买到多少磅的爪哇豆。

【输入样例】

```
5 3
7 2
4 3
5 2
```

【输出样例】

```
13.333
```

2. 开心的金明。(NOIP2006 普及组复赛,happy,1s,128MB)

【问题描述】

金明今天很开心,家里购置的新房就要领钥匙了,新房里有一间他自己专用的很宽敞的房间。更让他高兴的是,妈妈昨天对他说:“你的房间需要购买哪些物品,怎么布置,你说了算,只要不超过 N 元钱就行”。今天一早金明就开始做预算,但是他想买的东西太多了,肯定会超过妈妈限定的 N 元。于是,他把每件物品规定了一个重要度,分为 5 等:用整数 1~5 表示,第 5 等最重要。他还从因特网上查到了每件物品的价格(都是整数元)。他希望在不超过 N 元(可以等于 N 元)的前提下,使每件物品的价格与重要度的乘积的总和最大。

设第 j 件物品的价格为 v[j],重要度为 w[j],共选中了 k 件物品,编号依次为 $j_1,j_2,\cdots,j_k$,则所求的总和为:$v[j_1]\times w[j_1]+v[j_2]\times w[j_2]+\cdots+v[j_k]\times w[j_k]$。

请帮助金明设计一个满足要求的购物单。

【输入文件】

第 1 行 2 个正整数 n 和 m,用一个空格隔开,其中 n(n≤30000)表示总钱数,m(m≤25)为希望购买物品的个数。

从第 2 行到第 m+1 行,第 j 行给出了编号为 j–1 的物品的基本数据,每行有 2 个非负整数 v 和 p。其中,v 表示该物品的价格(v≤10000);p 表示该物品的重要度(1~5),中间用一个空格隔开。

【输出文件】

一行一个正整数,为不超过总钱数的物品的价格与重要度乘积的总和的最大值,一定不超过 10^8。

【输入样例】

```
1000 5
800 2
400 5
300 5
400 3
200 2
```

【输出样例】

```
3900
```

3. 猪猪储蓄罐。(piggy,1s,128MB)

【问题描述】

小林决定存钱准备买房。但是他平时花钱如流水,所以也存不出什么钱。因此,他决定从最小最小的零钱开始存。而小林为了不让自己乱用钱,决定用那种不砸破拿不出钱的猪猪储蓄罐。但是在砸碎储蓄罐之前,小林还是不能知道自己到底有多少钱。请帮他计算他储蓄罐里最少有多少钱。只要知道最少就好了,让它可以知道离渺茫的房子还差多少钱。

【输入格式】

第 1 行两个正整数 E 和 F(1≤E≤F≤10000),表示空的猪猪储蓄罐的重量和存满了钱的重量,中间用一个空格隔开。

接下来一行一个正整数 N(1≤N≤500),表示有 N 种硬币。

再接下来 N 行数据,每行有两个正整数 P、W(1≤P≤50000,1≤W≤10000),P 表示每种硬币的价值,W 是每种硬币的重量,中间用一个空格隔开。

【输出格式】

输出重量 F 的最小价格，如果能，则输出一行字符串“The minimum amount of money in the piggy-bank is X”，X 是最小的价值；否则，输出“This is impossible.”。注意字符串严格匹配。

【输入样例】

10 110
2
1 1
30 50

【输出样例】

The minimum amount of money in the piggy-bank is 60.

第10单元　位运算及标准模板库

第1课　位运算

学习目标

1. 理解与掌握 C++ 中的位运算。
2. 灵活应用位运算优化程序。

学习过程

任何信息在计算机中都是采用二进制表示的。数据在计算机中是以补码形式存储的。位运算就是直接对整数在内存中的二进制位进行运算。由于位运算直接对内存数据进行操作，不需要转换成十进制，因此处理速度非常快，在信息学竞赛中往往可以优化理论时间复杂度的系数。同时，一个整数的各个二进制位互不影响，利用位运算的一些技巧可以帮助简化程序代码。

1. 位运算符

C++ 提供了按位与(&)、按位或(|)、按位异或(^)、取反(~)、左移(<<)、右移(>>)这 6 种位运算符。这些运算符只能用于整型操作数，即只能用于带符号或无符号的 char、short、int 与 long 类型。

(1) 按位与(&)

"a&b"是指将参加运算的两个整数 a 和 b，按二进制位进行"与"运算。如果两个相应的二进制位数字都为 1，则该位的结果为 1；否则为 0。这里的 1 可以理解为逻辑中的 true，0 可以理解为逻辑中的 false。"按位与"其实与逻辑上"与"的运算规则一致。

例如，3&5 的结果是 1。因为 3 转换成二进制为 00000011，5 转换成二进制为 00000101，对应位做"与"运算的结果为 00000001。

"按位与"运算可以取出一个数中指定的二进制位。例如，要取出整数 84 从左边算起的第 3、4、5、7、8 位，只要执行 84&59，因为 84 对应的二进制数为 01010100，59 对应的二进制数为 00111011，01010100 与 00111011 按位"与"的结果为 00010000，可知 84 从左边算起的第 3、4、5、7、8 位分别是 0、1、0、0、0。

(2) 按位或(|)

"a|b"是指将参加运算的两个整数 a 和 b，按二进制位进行"或"运算。如果两个相应的二

进制位数字有一个为1,则该位的结果为1;否则为0。“按位或”其实与逻辑上“或”的运算规则一致。

例如,48|15的结果是63。因为48转换成二进制为00110000,15转换成二进制为00001111,对应位做“或”运算的结果为00111111。

“按位或”运算常用来对一个数的某些二进位设置为1。例如,想把整数a的低4位全部改为1,执行a|15即可。

(3) 按位异或(^)

“a^b”是指将参加运算的两个整数a和b,按二进制位进行“异或”运算。如果两个相应的二进制位数字不相同,则该位的结果为1;否则为0。

例如,52^15的结果是59。因为52转换成二进制为00110100,15转换成二进制为00001111,对应位做“异或”运算的结果为00111011。

(4) 取反(~)

“~a”是指将整数a的各个二进制位都取反,即1变为0,0变为1。“~”是一元运算符。

例如,~9的结果就是-10,因为9转换成二进制为00001001,所有位全部取反即为11110110。注意,这是补码。反码等于补码减1,所以反码为11110101,原码为符号位不变、其他位取反,所以原码为10001010,最高位的1表示这是负数,所以~9的结果为-10。

(5) 左移(<<)

“a<<b”是指将整数a的各个二进制位左移b位,高位丢弃,低位用0补齐。需要注意的是,b必须是非负整数。在高位没有1丢弃的情况下,a<<1相当于a*2。

例如,143<<2的结果就是60,因为143转换成二进制为10001111,左移2位得到00111100。

(6) 右移(>>)

“a>>b”是指将整数a的各个二进制位右移b位,低位丢弃。对于无符号数,高位补0;对于有符号数,某些机器将对左边空出的部分用符号位填补(即“算术移位”),而另一些机器则对左边空出的部分用0填补(即“逻辑移位”)。同样,b必须是非负整数。a>>1相当于a/2。

例如,15>>2的结果就是3,因为15转换成二进制为00001111,右移2位得到00000011。而-15>>2的结果为-4,因为-15转换成二进制(原码)为10001111,其反码为11110000,补码为11110001,右移2位(算数移位)为11111100,根据这个补码再转换成反码为11111011,原码就是10000100。

位运算符也可以与赋值运算符组成复合运算符。例如,a&=b相当于a=a&b,a<<=2相当于a=a<<2。

位运算符也是有优先级的。“~”的运算优先级高于“乘除”,而与“!”“++”“--”一致,“>>”和“<<”的运算优先级低于“加、减”,而“&”的运算优先级低于“关系运算”、高于“^”,但“^”的优先级高于“|”,而“|”的优先级高于“&&”和“||”。为了避免出错,增强程序的可读性,利于调试,建议在需要的地方添加括号来保证优先级的运算。比如1<<5-1,建议写成1<<(5-1),等价于1<<4。

2. 位运算应用举例

位运算的应用场合非常广泛,比如高效代替布尔型数组,表示集合、搜索算法中的状态判重(hash)、动态规划算法中的状态压缩,等等。

在使用位运算时，有一句常用的口诀：清零取反要用与，某位置一可用或；若要取反和交换，轻轻松松用异或。

例 1　阅读程序，写出程序的运行结果，体会位运算的思想。

```
//p10-1-1
#include<bits/stdc++.h>
using namespace std;
int main(){
    int x = 3,y = 8,z;
    x ^= y; y ^= x; x ^= y;
    cout << x << " " << y << endl;
    z = (x & y) + ((x ^ y) >> 1);
    cout << z << endl;
    return 0;
}
```

【问题分析】

运行程序，输出：

8 3

5

分析发现，语句组“x ^= y;y ^= x;x ^= y;”的作用是交换 x 和 y 的值。表达式“(x & y)+((x ^ y) >> 1)”的作用是求 x 和 y 的平均值。

例 2　整数幂。(power，1s，1MB)

判断一个数 n 是不是 2 的整数幂，比如 $64=2^6$，所以输出“yes”，而 65 无法表示成 2 的整数幂形式，所以输出“no”。n 在 int 范围以内。

【问题分析】

首先，可以使用简单的循环语句解决。

```
//p10-1-2a
#include<bits/stdc++.h>
using namespace std;
int main(){
    int n;
    cin >> n;
    while((n > 0) && (n %2 == 0)) n /= 2;
    if(n != 1) cout << "no" << endl;
    else cout << "yes" << endl;
    return 0;
}
```

然后，考虑一个数如果是 2 的整数幂会有什么特殊性。观察发现，64 转换成二进制为 01000000，只有一个位是 1。将这个数减去 1，就变成 00111111 的形式，将这 2 个数做按位与运算，发现结果为 0。分析发现，如果一个数不能表示成 2 的整数幂形式，则以上过程的运算结果一定不为 0。所以，可以利用位运算将算法的时间复杂度优化成 O(1)。

```
//p10-1-2b
#include<bits/stdc++.h>
using namespace std;
int main(){
    int n;
    cin >> n;
    if(n & (n - 1)) cout << "no" << endl;
    else cout << "yes" << endl;
    return 0;
}
```

例 3　找数。(find，1s，1MB)

【问题描述】

给出 n 个整数，n 为奇数，其中有且仅有一个数出现了奇数次，其余的数都出现了偶数次。用线性时间复杂度、常数空间复杂度找出出现了奇数次的那个数。

【输入格式】

第一行一个正整数 n，$1 \leqslant n \leqslant 5 \times 10^6$。

接下来的 n 行，每行一个数。

【输出格式】

输出一行一个整数，表示出现了奇数次的那一个数。

【输入样例】

9

3 3 1 2 4 2 5 5 4

【输出样例】

1

【问题分析】

从头到尾“异或”一遍，最后得到的那个数就是出现了奇数次的数。这是因为异或有一个神奇的性质：两次异或同一个数，结果不变。再考虑“异或”运算满足交换律，先异或、后异或都是一样的，因此这个算法显然正确。

```
//p10-1-3
#include<bits/stdc++.h>
using namespace std;
int main(){
    int n,i,ans,m;
    cin >> n;
```

```
    cin >> ans;
    for(int i = 2; i <= n; i++){
        cin >> m;
        ans ^= m;
    }
    cout << ans << endl;
    return 0;
}
```

实践巩固

1. 表达式“not 5”的结果为（　　）。

A. 0　　B. −6　　C. 250　　D. 122

2. 拔河比赛。(competition,1s,64MB)

【问题描述】

一个学校举行拔河比赛,要求将所有的人分成两组,每个人必须(且只能够)在其中的一组,且两个组内的所有人体重加起来尽可能地接近。

【输入格式】

第一行一个正整数 n,表示参加拔河比赛的总人数。

接下来的 n 行,每行一个正整数,表示第 1 到第 n 个人的体重 weight。

【输出格式】

一行两个正整数,分别是两个组的所有人的体重和,用一个空格隔开。注意如果这两个数不相等,则请把小的放在前面输出。

【输入样例】

3
100
90
200

【输出样例】

190 200

【数据范围】

60% 的数据保证:n≤100,1≤weight≤500。

100% 的数据保证:n≤500,1≤weight≤1000。

3. 起床困难综合症。(sleep,1s,256MB)

【问题描述】

21 世纪,许多人得了一种奇怪的病:起床困难综合症。其临床表现为:起床难,起床后精神不佳。作为一名青春阳光好少年,小云一直坚持与起床困难综合症作斗争。通过研究相关文献,他找到了该病的发病原因:在深邃的太平洋海底中,出现了一条名为 drd 的巨龙,它掌握着睡眠之精髓，能随意延长大家的睡眠时间。正是由于 drd 的活动，起床困难综合症愈演愈烈，以惊人的速度在世界上传播。为了彻底消灭这种病，小云决定前往海底，消灭这条恶龙。

历经千辛万苦，小云终于来到了 drd 所在的地方，准备与其展开艰苦卓绝的战斗。drd 有着十分特殊的技能，他的防御战线能够使用一定的运算来改变他受到的伤害。具体说来，drd 的防御战线由 n 扇防御门组成。每扇防御门包括一个运算 op 和一个参数 t，其中运算一定是 OR、XOR、AND 中的一种，参数则一定为非负整数。如果还未通过防御门时攻击力为 x，则其通过这扇防御门后攻击力将变为 x op t。最终 drd 受到的伤害为对方初始攻击力 x 依次经过所有 n 扇防御门后转变得到的攻击力。

由于小云水平有限，他的初始攻击力只能为 0~m 之间的一个整数（即他的初始攻击力只能在 0~m 中任选，但在通过防御门之后的攻击力不受 m 的限制）。为了节省体力，他希望通过选择合适的初始攻击力使得他的攻击能让 drd 受到最大的伤害，请帮他计算一下，他的一次攻击最多能使 drd 受到多少伤害。

【输入格式】

第 1 行包含 2 个整数，依次为 n 和 m，表示 drd 有 n 扇防御门，小云的初始攻击力为 0~m 之间的整数。接下来的 n 行，依次表示每一扇防御门，每行包括一个字符串 op 和一个非负整数 t，两者由一个空格隔开，且 op 在前，t 在后，op 表示该防御门所对应的操作，t 表示对应的参数。

【输出格式】

一行一个整数，表示小云的一次攻击最多使 drd 受到多少伤害。

【输入样例】

3 10
AND 5
OR 6
XOR 7

【输出样例】

1

【样例说明】

可以选择的初始攻击力为 0~10。假设初始攻击力为 4，最终攻击力经过了如下计算：

4 AND 5 = 4
4 OR 6 = 6
6 XOR 7 = 1

类似地，可以计算出初始攻击力为 1、3、5、7、9 时最终攻击力为 0，初始攻击力为 0、2、4、6、8、10 时最终攻击力为 1。因此，小云的一次攻击最多使 drd 受到的伤害值为 1。

【数据范围】

100% 的数据保证：$0 \leqslant m, t \leqslant 10^9$。

4. 乒乓游戏。（pingpong，1s，256MB）

【问题描述】

一条大街上住着 n 个乒乓球爱好者，经常组织比赛切磋技术。每个人都有一个不同的技能值 a_i。每场比赛需要 3 个人：两名选手和一名裁判。他们有一个奇怪的规定，即裁判必须住在两名选手的中间，并且技能值也在两名选手之间。问一共能组织多少场不同的比赛。

【输入格式】

第 1 行 1 个正整数 n。

第 2 行 n 个不同的整数 $a_1, a_2, \cdots, a_n$，为按照住处从左到右的顺序给出的每个乒乓球爱好者的技能值。

【输出格式】

一行一个整数，表示比赛的总场数。

【输入样例】

5

6 1 8 10 1

【输出样例】

3

【数据范围】

30% 的数据保证：$n \leqslant 3000$。

100% 的数据保证：$n, a_i \leqslant 10^5$。

第 2 课 vector

学习目标

1. 了解 C++ 的标准模板库。
2. 掌握 vector 容器的使用方法。

学习过程

C++ 功能强大，为开发者提供了标准模板库（Standard Template Library，STL），其中封装了很多实用的容器。容器可以理解成能够实现很多功能的系统函数，或者说是一种用来存放数据的对象，开发者可以根据接口规范（调用格式）直接调用，而不用关心其内部实现的原理和具体代码，十分方便快捷。常见的容器有 vector、stack、queue、map、set 等。

vector 直接翻译为“向量”，一般说成“变长数组”，也即“长度根据需要而自动改变的数组。在信息学竞赛中，有些题目需要定义很大的数组，这样会出现“超出内存限制”的错误。比如，如果一个图的顶点太多，使用邻接矩阵就会超出内存限制，使用指针实现邻接表又很容易出错，而使用 vector 实现简洁方便，还可以节省存储空间。

使用 vector，首先需要添加 vector 头文件，即 #include <vector>，同时，必须要有“using namespace std”。

1. vector 的定义

定义一个 vector 的方法如下：

```
vector<typename> name;
```

以上定义相当于定义了一个一维数组 name[size],只是 size 不确定,其长度可以根据需要而变化。其中,typename 可以是任何基本类型,如 int、double、char、结构体等,也可以是 STL 标准容器,如 vector、queue 等。例如:

```
vector<int> a;
vector<double> score;
vector<node> stu;//node 为已经定义了的结构体
```

但是,如果 typename 也是一个 STL 容器,那么定义时需要在两个“>”的符号之间加上一个空格,因为“>>”在 C++11 标准之前的编译器里会作为“移位”操作,从而导致编译错误。例如:

```
vector<vector<int> > a;
```

这个格式很容易让人想起二维数组的定义,即一个一维数组的每一个元素又是一个一维数组。对于多维数组,vector 操作的核心思想就是“高维向低维转化”。例如:

```
vector<int> v[100];// 定义一个一维长度已经固定为 100 的二维数组，另外一维长度不固定
vector<vector<int> > a;// 定义一个两个维度长度都可变的二维数组
```

2. vector 的访问

访问 vector 中的元素一般有两种方式。

第一种是通过“下标”访问。例如,对于容器 vector<int> v,可以使用 v[index]来访问它的第 index 个元素。其中,0≤index≤v.size( )-1,v.size( )表示 vector 中元素的个数。

第二种方式是通过“迭代器”访问。可以将迭代器(iterator)理解为一种类似指针的变量。其定义为:

```
vector<typename>::iterator it;
```

这样,it 就是一个 vector<typename>::iterator 型的变量。例如:

```
vector<int>::iterator it;
```

就是定义一个迭代器 it,并且可以通过“*it”来访问 int 类型的 vector 里的元素。例如:

```
vector<int>::iterator it= v.begin();//v.begin() 为取 v 的首元素地址，而 it 指向
这个地址，相当于 v[0]。v[i] 和 *(v.begin()+i) 是等价的
for(int i = 0; i <= 5; i++) printf("%d ",*(it + i));// 输出 v[i]
```

在常用的 STL 容器中，只有 vector 和 string 允许使用“v.begin( )+3”这种迭代器加上整数的写法。同时，迭代器也可以进行自加、自减操作，即 it++、++it、it-- 和 --it。例如：

```
for(vector<int>::iterator it = v.begin(); it != v.end();it++)
    printf("%d ",*it);// 输出 v[i]
```

需要注意的是：v.end( )并不是取 v 的尾元素地址，而是尾元素地址的下一个地址，作为迭代器末尾标志不存储任何元素。

3. vector 的常用函数

前面已经介绍了两个 vector 函数：begin( )和 end( )。需要注意的是，这是一种“左闭右开”的表示方法。下面介绍其他几个常用的 vector 函数。

(1) push_back( )

push_back(x)用来在 vector 后面添加一个元素 x，时间复杂度为 O(1)。

(2) size( )

如果是一维数组，size( )用来获得 vector 中元素的个数；如果是二维数组，size( )用来获得 vector 中第二维的元素个数，时间复杂度为 O(1)。同时，还可以使用 resize(n)重设数组的大小。例如，以下一段代码输出“12300”。

```
vector<int> v;
for(int i = 1; i <= 3; i++) v.push_back(i);
v.resize(5);
for(int i = 0; i < v.size(); i++) printf("%d",v[i]);
```

(3) pop_back( )

pop_back( )用来删除 vector 的尾元素，时间复杂度为 O(1)。例如，以下一段代码输出“12”。

```
vector<int> v;
for(int i = 1; i <= 3; i++) v.push_back(i);
v.pop_back();
for(int i = 0; i < v.size(); i++) printf("%d",v[i]);
```

(4) clear( )

clear( )用来清空 vector 中的所有元素，时间复杂度为 O(n)，其中 n 为 vector 中元素的个数。例如，以下一段代码输出“0”。

```
vector<int> v;
for(int i = 1; i <= 3; i++) v.push_back(i);
v.clear();
printf("%d",v.size());
```

(5) insert( )

insert(it,x)用来向 vector 任意迭代器 it 处插入一个元素 x,时间复杂度为 0(n)。例如,以下一段代码输出“1 2 -1 3 4 5”。

```
vector<int> v;
for(int i = 1; i <= 5; i++) v.push_back(i);
v.insert(v.begin() + 2,-1);// 将 -1 插入到 v[2] 处
for(int i = 0; i < v.size(); i++) printf("%d ",v[i]);
```

(6) erase( )

erase( )用来删除 vector 中的元素,有两种用法。一种是 erase(it),删除迭代器 it 处的元素;另一种是 erase(first,last),删除左闭右开区间[first,last)内的所有元素。例如,以下一段代码输出“1 5”。

```
vector<int> v;
for(int i = 1; i <= 5; i++) v.push_back(i);
v.erase(v.begin() + 1,v.begin() + 4);// 删除 v[1]、v[2]、v[3]
for(int i = 0; i < v.size(); i++) printf("%d ",v[i]);
```

4. vector 的应用举例

例 1 中间数。(mid,1s,64MB)

【问题描述】

依次读入若干正整数,如果是奇数个就输出最中间的那个数;否则,输出中间两个数的和。以 0 作为结束标志,但 0 不计数。

【问题分析】

```
//p10-2-1
#include<bits/stdc++.h>
#include<vector>// 有了上述头文件，此处可省略 vector 头文件，只是为了强调，本单元后面不再加专用头文件，或者不再注解
using namespace std;
int main(){
    vector<int> a;
    int t,i = 0;
    do{
        scanf("%d",&t);
        a.push_back(t);// 不断读入数，添加到数组 a 的末尾
    }while(t != 0);
    a.pop_back();// 读到 0 结束，删除末尾的 0
```

```
    if(a.size() % 2 == 1) printf("%d\n",a[a.size() / 2]);
    else printf("%d\n",a[(a.size()-1) / 2] + a[a.size() / 2]);
    return 0;
}
```

例 2　上网统计。(statistic,1s,256MB)

【问题描述】

在一个网络系统中有 N 个用户、M 次上网记录。每个用户可以自己注册一个用户名,每个用户名是一个只含小写字母且长度小于 1000 的字符串。每个上网的账号每次上网都会浏览网页,网页名是以一个只含小写字母且长度小于 1000 的字符串,每次上网日志里都会有记录,现在请统计每个用户每次浏览了多少个网页。

【输入格式】

第 1 行包含两个用 1 个空格隔开的正整数 N(1≤N≤1000)和 M(1≤M≤5000)。

第 2~M+1 行,每行包含 2 个用 1 个空格隔开的字符串,分别表示用户名和浏览的网页名。

【输出格式】

共 N 行,每行的第一个字符串是用户名,接下来的若干字符串是这个用户依次浏览的网页名(之间用一个空格隔开)。按照用户名出现的次序排序输出。

【输入样例】

```
5 7
goodstudyer bookshopa
likespacea spaceweb
goodstudyer bookshopb
likespaceb spaceweb
likespacec spaceweb
likespacea juiceshop
gameplayer gameweb
```

【输出样例】

```
goodstudyer bookshopa bookshopb
likespacea spaceweb juiceshop
likespaceb spaceweb
likespacec spaceweb
gameplayer gameweb
```

【问题分析】

由于用户名和浏览的网页名长度不固定,用 vector 解决比较方便。以下两个程序分别通过“下标”访问和“迭代器”访问。

```
//p10-2-2a,通过下标访问
#include<bits/stdc++.h>
using namespace std;
struct Node{
```

```
    string ID;
    vector<string> web;
};

int main(){
    freopen("statistic.in","r",stdin);
    freopen("statistic.out","w",stdout);
    vector<Node> V;
    int n,m;
    string ID,web;
    cin >> n >> m;
    for(int i = 1; i <= m; i++){
        cin >> ID >> web;
        bool flag = 0;
        for(int j = 0; j < V.size(); j++)
            if(V[j].ID == ID){
                V[j].web.push_back(web);
                flag = 1;
                break;
            }
        if(!flag){
            Node _new;
            _new.ID = ID;
            _new.web.clear();
            _new.web.push_back(web);
            V.push_back(_new);
        }
    }
    for(int i = 0; i < V.size(); i++){
        cout << V[i].ID;
        for(int j = 0; j < V[i].web.size(); j++)
            cout << " " << V[i].web[j];
        cout << endl;
    }
    return 0;
}

//p10-2-2b,通过迭代器访问
#include<bits/stdc++.h>
using namespace std;
struct Node{
    string ID;
    vector<string> web;
};
```

```
int main(){
    freopen("statistic.in","r",stdin);
    freopen("statistic.out","w",stdout);
    vector<Node> V;
    int n,m;
    string ID,web;
    cin >> n >> m;
    for(int i = 1; i <= m; i++){
        cin >> ID >> web;
        bool flag = 0;
        vector<Node>::iterator it = V.begin();
        for(int j = 0; j < V.size(); j++)
            if(V[j].ID == ID){
                (*(it+j)).web.push_back(web);
                flag = 1;
                break;
            }
        if(!flag){
            Node _new;
            _new.ID = ID;
            _new.web.clear();
            _new.web.push_back(web);
            V.push_back(_new);
        }
    }
    vector<Node>::iterator it1 = V.begin();
    for(int i = 0;i < V.size();i++){
        cout << (*(it1+i)).ID;
        vector<string>::iterator it2 = (*(it1+i)).web.begin();
        for(int j = 0; j < (*(it1+i)).web.size(); j++)
            cout << " " << (*(it2+j));
        cout << endl;
    }
    return 0;
}
```

例 3　蛇形方阵。(snake,1s,64MB)

【问题描述】

输入 n,n≤100,输出 n 阶蛇形方阵。例如 n=5 时,输出如下:

```
1    2    6    7    15
3    5    8    14   16
4    9    13   17   22
```

```
10    12    18    21    23
11    19    20    24    25
```

【问题分析】

定义一个二维数组,模拟蛇形方阵填数的过程。

```
//p10-2-3
#include<bits/stdc++.h>
#include<iomanip>//输出场宽的头文件
using namespace std;
vector<vector<int> >a;
int main(){
    int n,i = 0,j = 0,t = 0;
    cin >> n;
    a.resize(n);
    for(vector<vector<int> >::iterator it = a.begin();it != a.end();++it)
        (*it).resize(n);
    while(t < n*n){
        t++;
        a[i][j] = t;
        if((i % 2 == 0 && j % 2 == 0) || (i % 2 == 1 && j % 2 == 1)){
            if(j != n-1){i -= 1; j += 1;}
            else i += 1;
        }
        else if(((i % 2 == 0) && (j % 2 == 1)) || ((i % 2 == 1) && (j % 2 == 0))){
                if(i != n-1){i += 1;j -= 1;}
                else j += 1;
        }
        if(i < 0) i = 0;
        if(j < 0) j = 0;
    }
    for(i = 0; i < n; i++){
        for(j = 0; j < n; j++) cout << setw(5) << a[i][j];
        cout << endl;
    }
    return 0;
}
```

实践巩固

1. 钻石收集者。(diamond,1s,256MB)

【问题描述】

总是喜欢闪闪的东西的奶牛 Bessie 空闲时有挖掘钻石的爱好。她收集了 N 颗不同大小的钻石,并且她希望将其中一些钻石放在谷仓展览室的一个盒子里。由于 Bessie 希望盒子里的钻石在大小上相对接近,她不会将大小相差大于 K 的钻石放在盒子里。

现在给出 K,请帮助 Bessie 计算她最多能选出多少颗钻石放在盒子里。

【输入格式】

第 1 行 2 个正整数 N 和 K,之间用一个空格隔开。

接下来的 N 行,每行包括 1 个正整数 Si,描述第 i 颗钻石的大小。

【输出格式】

一行一个整数,表示 Bessie 最多能选出多少颗钻石在盒子里展览。

【输入样例】

```
5 3
1
6
4
3
1
```

【输出样例】

```
4
```

【数据规模】

对于 100% 的数据满足:1≤N≤1000,0≤K≤10000,0≤Si≤10000。

2. 图的邻接表存储方式。(tra,1s,256MB)

【问题描述】

用邻接表方式存储一个无向图,从指定顶点开始进行深度优先遍历,输出遍历结果。答案不唯一,输出任意一个解即可。

【输入格式】

第 1 行为边数 n 和起点 s,边数不超过 10^5 条。

以下 n 行,每行两个整数,表示一条边的两个顶点编号,顶点的编号小于或等于 10^5。

【输出格式】

输出一行若干数,表示从顶点 s 开始进行深度优先遍历得到的顶点序列,每两个数之间有一个空格。

【输入样例】

```
10 2
1 2
2 3
3 5
3 4
4 5
2 5
5 6
7 4
4 9
```

9 8

【输出样例】

2 1 3 5 4 7 9 8 6

3. 翻车。(rollover,1s,128MB)

【问题描述】

有一天,小武找到了翻车王,给了他 n 个整数 $a_1,a_2,a_3,\cdots,a_n$,翻车王需要选择其中的 k 个数,使得选出的 k 个数中任意两个的差都可以被 m 整除。选出的数可以重复,但不可以超过这 n 个数中该数的个数。

【输入格式】

第 1 行包括 3 个整数 n、k 和 m。

第 2 行包括 n 个数 $a_1,a_2,a_3,\cdots,a_n$。

【输出格式】

如果不可以选出 k 个数,使得选出这 k 个数中任意两个的差都可以被 m 整除,那么输出"No"。

否则,在第 1 行输出"Yes"。在第 2 行输出这 k 个整数 $b_1,b_2,\cdots,b_k$(所选的数字),每两个数之间有一个空格。如果有多种选择 k 个数字的方案,请输出任意一种。

【输入输出样例】

rollover.in	rollover.out
4 3 5 2 7 7 7	Yes 2 7 7

【数据规模】

对于 20% 的数据满足:$n \leqslant 15$。

对于 50% 的数据满足:$n \leqslant 1000$。

另外 20% 的数据满足:$m \leqslant 1000$。

对于 100% 的数据满足:$2 \leqslant k \leqslant n \leqslant 10^5, 1 \leqslant m \leqslant 10^5, 0 \leqslant a_i \leqslant 10^9$。

第 3 课 stack

学习目标

掌握 stack 容器的使用方法。

学习过程

stack 翻译为栈,是 STL 中实现的一个"后进先出"的容器,其只能通过函数 top( ) 和 pop( ) 来访问栈顶元素。在第七单元中,已经介绍过手工栈的定义和操作,它一般用来解决因为系统栈空间较小而导致的“函数递归层数过深”出现程序运行崩溃的问题。

使用 stack 前，要先添加 stack 头文件，即 #include <stack>，同时，必须要有“using namespace std”。

定义一个 stack 的方法如下：

```
stack<typename> name;
```

其中，typename 可以是任何基本类型或者容器，name 是栈的名字。

 1. stack 的常用函数

stack 的常用函数有 push、top、pop、empty、size 等。

(1) push( )

push(x)用来将 x 压栈，时间复杂度为 O(1)。

(2) top( )

top( )用来获得栈顶元素，时间复杂度为 O(1)。例如，以下一段代码输出“5”。

```
stack<int> st;
for(int i = 1; i <= 5; i++) st.push(i);
printf("%d\n",st.top());
```

(3) pop( )

pop( )用来弹出栈顶元素，时间复杂度为 O(1)。要注意 pop( )与 top( )的区别。例如，以下一段代码输出“2”。

```
stack<int> st;
for(int i = 1; i <= 5; i++) st.push(i);
for(int i = 1; i <= 3; i++) st.pop();
printf("%d\n",st.top());
```

(4) empty( )

empty( )用来检测 stack 是否为空，空返回 true，否则返回 false，时间复杂度为 O(1)。

(5) size( )

size( )用来返回 stack 内元素的个数，时间复杂度为 O(1)。例如，以下一段代码输出“5 5 4 3 2 1”。

```
stack<int> st;
for(int i = 1; i <= 5; i++) st.push(i);
printf("%d",st.size());
while(!st.empty()) printf("%d",st.pop());
```

2. stack 的应用举例

例1 括号的匹配。(match,1s,64MB)

【问题描述】

栈在计算机科学领域有着广泛的应用。比如在编译和运行计算机程序的过程中,就需要用栈进行语法检查,如检查 begin 和 end、{ 和 }、(和)等是否匹配。

假设一个表达式只由小写英文字母、运算符(+,-,*,/)和左、右小括号构成,以“@”作为表达式的结束符。

请编程检查表达式中的左、右小括号是否匹配,若匹配,则返回“YES”;否则返回“NO”,不必关心表达式中的其他错误。

【问题分析】

用一个栈存放表达式中从左往右的左小括号。从左往右按顺序扫描表达式的每个字符,若是“(”,则将它压栈;若是“)”,则执行一次出栈操作。当栈发生下溢(右括号多)或当表达式处理完毕而栈非空(左括号多)时,意味着表达式中的括号不匹配,则输出“NO”;否则,表示小括号完全匹配,就输出“YES”。

```
//p10-3-1
#include<bits/stdc++.h>
using namespace std;
int main(){
    freopen("match.in","r",stdin);
    freopen("match.out","w",stdout);
    stack<char> st;
    bool judge = true;
    char ch;
    do{
        ch = getchar();
        if(ch == '(') st.push(ch);
        else if(ch == ')'){
            if(!st.empty()) st.pop();
            else{
                judge = false;
                break;
                }
            }
    }while(ch != '@');
    if(!st.empty()) judge = false;
    if(judge) printf("YES\n");
    else printf("NO\n");
    return 0;
}
```

例 2 溶液模拟器。(simulator,1s,64MB)

【问题分析】

小 Y 虽然有很多溶液,但是还是没有办法配成想要的溶液,因为万一倒错了就没有办法挽回了。他从网上下载了一个溶液配置模拟器:模拟器在计算机中构造一种虚拟溶液,然后可以虚拟地向当前虚拟溶液中加入一定浓度、一定质量的这种溶液,模拟器会快速地算出倒入后虚拟溶液的浓度和质量。

模拟器的使用步骤如下:

(1) 为模拟器设置一个初始质量和浓度 V_0、C_0%($0 \leqslant C_0 \leqslant 100$)。

(2) 进行一系列操作,模拟器支持两种操作:一种是 P(v,c)操作,表示向当前的虚拟溶液中加入质量为 v、浓度为 c 的溶液;另一种是 Z 操作,即撤销上一步 P 操作。

【输入格式】

第 1 行两个整数 V_0、C_0。

第 2 行 1 个整数 n,$n \leqslant 10000$,表示操作数。

接下来的 n 行,每行一条操作,格式为:P_v_c 或 Z。其中"_"代表一个空格,当只剩初始溶液的时候,再撤销就没有用了。

任意时刻质量都不会超过 $2^{31}-1$。

【输出格式】

输出 n 行,每行两个数 V_i、C_i,之间用一个空格隔开,其中 V_i 为整数,C_i 为实数(保留 5 位小数)。其中,第 i 行表示第 i 次操作以后的溶液质量和浓度。

【输入样例】

100 100

2

P 100 0

Z

【输出样例】

200 50.000 00

100 100.000 00

【问题分析】

使用栈来模拟实现。读入撤销时,栈顶元素出栈;读入溶液时,把新的溶液的质量和浓度压栈。每次操作完,输出栈顶的质量和浓度。

```
//p10-3-2
#include<bits/stdc++.h>
using namespace std;
stack<int> stv;
stack<double> stc;
int main(){
    freopen("simulator.in","r",stdin);
    freopen("simulator.out","w",stdout);
```

```
    char ch;
    int v0,v,n;
    double c0,c;
    scanf("%d %lf\n",&v0,&c0);
    scanf("%d\n",&n);
    stv.push(v0); stc.push(c0);
    for(int i = 1; i <= n; i++){
        scanf("%c",&ch);
        if(ch == 'P'){
            scanf("%d %lf",&v,&c);
            v0 = stv.top();
            c0 = stc.top();
            stv.push(v0 + v);
            stc.push((v0 * c0 + v * c) / stv.top());
            printf("%d %.5f\n",stv.top(),stc.top());
        }else{
            if(stv.size() > 1){stv.pop();stc.pop();}
            printf("%d %.5f\n",stv.top(),stc.top());
        }
        scanf("\n");
    }
    return 0;
}
```

例 3　表达式求值。(NOIP2013 普及组复赛,expr,1s,64MB)

【题目描述】

给定一个只包含加法和乘法的算术表达式,请编程计算表达式的值。

【输入格式】

输入仅有一行,为计算所需要的表达式,表达式中只包含数字、加法运算符“+”和乘法运算符“*”,且没有括号,所有参与运算的数字均为 $0\sim2^{31}-1$ 之间的整数。

输入数据保证这一行只有 0~9、+、* 这 12 种字符。

【输出格式】

输出只有一行,包含一个整数,表示这个表达式的值。

注意:当答案长度多于 4 位时,请只输出最后 4 位,前导 0 不输出。

【输入输出样例】

输入	输出
1+1*3+4	8
1+1234567890*1	7891
1+1000000003*1	4

【样例解释】

样例 1 计算的结果为 8，直接输出 8。

样例 2 计算的结果为 1234567891，输出后 4 位，即 7891。

样例 3 计算的结果为 1000000004，输出后 4 位，即 4。

【数据规模】

对于 30% 的数据，0≤表达式中加法运算符和乘法运算符的总数≤100。

对于 80% 的数据，0≤表达式中加法运算符和乘法运算符的总数≤1000。

对于 100% 的数据，0≤表达式中加法运算符和乘法运算符的总数≤100000。

【问题分析】

由于只有加号和乘号，只要从左往右扫一遍，如果遇到乘号直接计算（做乘法）；如果遇到加号，若后面没有符号或者后面的一个符号也是加号，则直接计算（做加法），否则先把后面紧接着的连续的乘号算完，最后再加。

算法实现中，只要设置一个栈保存没有立即进行的加法，扫描结束后再一起处理栈中的加法运算。同时，因为把一个数字串转换成数也需要单独编写一个子程序。最后，还要注意在运算过程中及时对 10000 取模。

```
//p10-3-3
#include<bits/stdc++.h>
#define ll long long
using namespace std;
stack<ll> s;
char ch1;

ll ini(){
    ll temp = 0;
    char ch = getchar();
    while(('0' <= ch) && (ch <= '9')){
        temp = temp * 10 + ch - '0';
        ch = getchar();
    }
    temp %= 10000;
    ch1 = ch;
    return temp;
}

int main(){
    freopen("expr.in","r",stdin);
    freopen("expr.out","w",stdout);
    s.push(ini());
    while(ch1 != '\n'){
        if(ch1 == '*'){
```

```
            int x = ini() * s.top() % 10000;
            s.pop();
            s.push(x);
        }
        else s.push(ini());
    }
    ll sum = 0;
    while(!s.empty()){
        sum = (sum + s.top()) % 10000;
        s.pop();
    }
    printf("%d\n",sum);
    return 0;
}
```

实践巩固

1. 字符串匹配。(strs,1s,64MB)

【问题描述】

字符串中只含有( )、[ ]、〈 〉、{},判断输入的字符串中括号是否匹配。如果括号有互相包含的形式,从内到外必须是〈 〉、( )、[ ]、{}。例如,输入[( )],输出 YES,而输入([ ])、([ )]都应该输出 NO。

【输入格式】

第 1 行 1 个整数 n,表示以下有多少个由括号组成的字符串。

接下来的 n 行,每行都是一个由括号组成的长度不超过 255 的字符串。

【输出格式】

输出 n 行,每行都是一个字符串“YES”或“NO”。

【输入样例 1】

1
{}{}<><>( )( )[ ]

【输出样例 1】

YES

【输入样例 2】

2
{ [<>]}{( )}(<>)
<( )>

【输出样例 2】

YES
NO

2. 简单计算器。(cal,1s,128MB)

【问题描述】

读入一个只包含 +、-、*、/ 的非负整数计算表达式,计算该表达式的值。

【输入格式】

测试数据有多组,每组占一行。

每行不超过 200 个字符,整数和运算符之间用一个空格分隔。

没有非法表达式。

当一行中只有一个 0 时,表示输入结束,相应的结果不要输出。

【输出格式】

对于每组测试数据输出一行,即该表达式的值,精确到小数点后两位。

【输入样例】

30 / 90 - 26 + 97 - 5 - 6 - 13 / 88 * 6 + 51 / 29 + 79 * 87 + 57 * 92

0

【输出样例】

12178.21

3. 排队。(queue,1s,256MB)

【问题描述】

n 个人排成一条直线(一排),给出队伍中每个人的身高,每个人只能看到站在他右边且个头比他小没有被其他人挡住的人。请求出所有人可以看到的人数之和。

【输入格式】

第 1 行 1 个正整数 N,$1 \leqslant N \leqslant 80000$。

下面的 N 行,每行给出一个正整数 h_i,表示第 i 个人的身高。$1 \leqslant h_i \leqslant 10^9$。

【输出格式】

一行一个数,表示所有人可以看到的人数之和。

【输入样例】

6

10

3

7

4

12

2

【输出样例】

5

【样例解释】

第一个人可以看到第 2、3、4 三个人,第二个人看不到任何人,第三个人可以看到第 4 个人,第四个人看不到任何人,第五个人可以看到第 6 个人,第六个人也看不到任何人。所以,答案是:3+0+1+0+1+0=5。

第4课 queue和priority_queue

学习目标

1. 掌握 queue 容器的使用方法。
2. 初步掌握 priority_queue 容器的使用方法。

学习过程

queue 翻译为队列，是 STL 中实现的一个“先进先出”的容器，只能通过函数 front( ) 来访问队首元素，或通过函数 back( ) 来访问队尾元素。第七单元中已经介绍过队列的定义和使用，其一般应用在宽度优先搜索中。

要使用 queue，必须先添加 queue 头文件，即 #include <queue>，同时，必须要有“using namespace std”。

定义一个 queue 的方法为：

```
queue<typename> name;
```

其中，typename 可以是任何基本类型或者容器，name 为队列的名字。

1. queue 的常用函数

queue 的常用函数有 push、front、back、pop、empty、size 等。

(1) push( )

push(x) 用来将 x 入队，时间复杂度为 O(1)。

(2) front( ) 和 back( )

front( ) 和 back( ) 分别用来获得队首元素和队尾元素，时间复杂度为 O(1)。例如，以下一段代码输出“1 5”。

```
queue<int> q;
for(int i = 1; i <= 5; i++) q.push(i);
printf("%d %d\n",q.front(),q.back());
```

(3) pop( )

pop( ) 用来让队首元素出队，时间复杂度为 O(1)。

(4) empty( )

empty( ) 用来检测 queue 是否为空，返回 true 或者 false，时间复杂度为 O(1)。在使用 front( )

和 pop( )前,必须用 empty( )判断队列是否为空,否则可能因为队空而出现错误。

(5) size( )

size( )返回 queue 内元素的个数,时间复杂度为 O(1)。

2. queue 的应用举例

例 1　瓷砖。(tile,1s,64MB)

【问题描述】

在一个 w×h 的矩形广场上,每一块 1×1 的地面都铺设了红色或黑色的瓷砖。小林同学站在某一块黑色的瓷砖上,他可以从此处出发,移动到上、下、左、右四个相邻的且是黑色的瓷砖上。现在,他想知道,通过重复上述移动所能经过的黑色瓷砖数。

【输入格式】

第 1 行为 h、w,2≤w、h≤50,之间由一个空格隔开。

以下为一个 w 行 h 列的二维字符矩阵,每个字符为“.”“#”“@”,分别表示该位置为黑色的瓷砖、红色的瓷砖,以及小林的初始位置。

【输出格式】

输出一行一个整数,表示小林从初始位置出发可以到达的瓷砖数。

【输入输出样例】

tile.in	tile.out
11 9 . # . . . . # . # # # # # # # . . # . # . . . . . # . . # . # . # # # . # . . # . # . . @ # . # . . # . # # # # # . # . . # . . . . # . . # # # # # # # # #	59

【问题分析】

本题是典型的“求连通块”问题,可以采用经典的“宽度优先搜索”算法求解,使用队列维护。

```
//p10-4-1
#include<bits/stdc++.h>
#define maxn 50
using namespace std;
struct node{
```

```
    int x,y;
};
const int dx[4] = {0,0,1,-1};
const int dy[4] = {1,-1,0,0};
bool map1[maxn + 10][maxn + 10];
queue<node> q;
int main(){
    freopen("tile.in","r",stdin);
    freopen("tile.out","w",stdout);
    int m,n,ans = 1;
    cin >> m >> n;
    for(int i = 1; i <= n; ++i){
        for(int j = 1; j <= m; ++j){
            char ch = getchar();
            if(ch == 10) ch = getchar();
            map1[i][j] = ch == '.';
            if(ch == '@'){
                node tmp;
                tmp.x = i;tmp.y = j;
                q.push(tmp);
                map1[i][j] = 0;
            }
        }
    }
    while(!q.empty()){
        node now;
        for(int d = 0; d <= 3; ++d){
            now.x = q.front().x + dx[d];
            now.y = q.front().y + dy[d];
            if(map1[now.x][now.y]){
                ++ans;
                q.push(now);
                map1[now.x][now.y] = 0;
            }
        }
        q.pop();
    }
    cout << ans << endl;
    return 0;
}
```

例 2 关系网络。(relationship,1s,64MB)

【问题描述】

有 n 个人,他们的编号为 1~n,其中有一些人相互认识,现在 x 想要认识 y,可以通过他所认识的人来认识更多的人(如果 x 认识 y、y 认识 z,那么 x 可以通过 y 来认识 z),求出 x 最少需要通过多少人才能认识 y。

【输入格式】

第 1 行 3 个整数 n、x、y,n≤100,1≤x、y≤n。

接下来是一个 n×n 的邻接矩阵,a[i,j]=1 表示 i 认识 j,0 表示不认识。

保证 i=j 时,a[i,j]=0,并且 a[i,j]=a[j,i]。行中的每两个数之间用一个空格分开。

【输出格式】

输出一行一个数,表示 x 认识 y 最少需要通过的人数。

【样例输入】

5 1 5
0 1 0 0 0
1 0 1 1 0
0 1 0 1 0
0 1 1 0 1
0 0 0 1 0

【样例输出】

2

【问题分析】

本题是典型的“求最优值”问题,可以通过经典的“宽度优先搜索”算法解决,使用队列维护。

```
//p10-4-2
#include<bits/stdc++.h>
using namespace std;
int n,x,y,a[105][105];
queue<int> q;
queue<int> step;
int main(){
    freopen("relationship.in","r",stdin);
    freopen("relationship.out","w",stdout);
    scanf("%d %d %d",&n,&x,&y);
    for(int i = 1; i <= n; i++){
        for(int j = 1; j <= n; j++){
            scanf("%d",&a[i][j]);
        }
    }
    int b[105];
    memset(b,0,sizeof(b));
    b[x] = 1;
    q.push(x);
    step.push(0);
    while(!q.empty()){
        for(int i = 1; i <= n; i++){
```

```
            if(a[q.front()][i] != 0 && !b[i]){
                q.push(i);
                step.push(step.front() + 1);
                if(i == y){
                    printf("%d",step.front());
                    return 0;
                }
                b[i] = 1;
            }
        }
        q.pop();
        step.pop();
    }
    return 0;
}
```

3. priority_queue

STL 的容器中还有两种容器与队列有关，分别是双端队列（deque）和优先队列（priority_queue）。

priority_queue 翻译为优先队列，一般用来解决一些贪心问题，其底层是用“堆”来实现的。在优先队列中，任何时刻，队首元素一定是当前队列中优先级最高（优先值最大）的那一个（大根堆），也可以是最小的那一个（小根堆）。可以不断往优先队列中添加某个优先级的元素，也可以不断弹出优先级最高的那个元素，每次操作其会自动调整结构，始终保证队首元素的优先级最高。

（1）priority_queue 的定义和访问

定义和使用 priority_queue 前，也只要添加 queue 头文件。定义一个 priority_queue 的方法为：

```
priority_queue<typename> name;
```

其中，typename 可以是任何基本类型或者容器，name 为优先队列的名字。

和 queue 不一样的是，priority_queue 没有 front( ) 和 back( )，而只能通过 top( ) 或 pop( ) 访问队首元素（也称堆顶元素），也就是优先级最高的元素。

（2）priority_queue 的常用函数

priority_queue 的常用函数有 push、top、pop 等。

1）push( )。push(x) 是将 x 加入优先队列，时间复杂度为 $O(\log_2 n)$，n 为当前优先队列中的元素个数。加入后会自动调整 priority_queue 的内部结构，以保证队首元素（堆顶元素）的优先级最高。

2）top( )。top( ) 是获得队首元素（堆顶元素），时间复杂度为 $O(1)$。例如，以下一段代码输出“4”。

```
priority_queue<int> q;
q.push(3);
q.push(4);
q.push(1);
printf("%d\n",q.top());
```

需要注意的是,使用 top( )前,必须用 empty( )判断优先队列是否为空,否则有可能出错。

3) pop( )。pop( )是让队首元素(堆顶元素)出队,时间复杂度为 $O(\log_2 n)$,n 为当前优先队列中的元素个数。出队后会自动调整 priority_queue 的内部结构,以保证队首元素(堆顶元素)的优先级最高。

例如,以下一段代码输出“3 4 4 4”。

```
priority_queue<int> q;
q.push(3);
q.push(4);
q.push(1);
printf("%d ",q.size());// 返回优先队列中元素的个数
q.push(4);
printf("%d ",q.size());
printf("%d ",q.top());
q.pop();
printf("%d\n",q.top());
```

(3) priority_queue 内元素优先级的设置

如何定义 priority_queue 内元素的优先级是应用好优先队列的关键。对于可以直接使用的基本数据类型(int、double、char 等),优先队列对它们的优先级设置一般是数字越大的优先级越高(对于 char,则是字典序最大的)。

以下两种优先队列的定义是等价的:

```
priority_queue<int> q;
priority_queue<int,vector<int>,less<int> > q;
```

第二种定义方式的尖括号内多出了 2 个参数:一个是 vector<int>,表示的是承载底层数据结构——堆(heap)的容器,其类型要与第 1 个参数一致;另一个是 less<int>,是对第 1 个参数的比较类,less<int> 表示数字越大的优先级越大(大根堆),而如果用 greater<int>,则表示数字越小的优先级越大(小根堆)。

例如,以下一段代码输出“1”。

```
priority_queue<int,vector<int>,greater<int> > q;
q.push(3);
q.push(4);
q.push(1);
printf("%d\n",q.top());
```

如果 priority_queue 内的元素类型是结构体，则优先级的设置相对复杂，需要用到“重载”，有兴趣的读者可以阅读其他相关书籍或资料。

4. priority_queue 应用举例

例 3 有序表的最小和。(element，1s，256MB)

【问题描述】

给出两个长度为 n 的有序表 A 和 B，在 A 和 B 中各任取一个元素，可以得到 n^2 个和，求这些和中最小的 n 个。

【输入格式】

第 1 行包含 1 个整数正 n（n≤400000）。

第 2 行与第 3 行分别有 n 个整数，各代表有序表 A 和 B。一行中的每两个整数之间用一个空格隔开，大小在长整型范围内，数据保证有序表单调递增。

【输出格式】

输出共 n 行，每行一个整数，第 i 行为第 i 小的和。

数据保证在 long long 范围内。

【输入样例】

3

1 2 5

2 4 7

【输出样例】

3

4

5

【问题分析】

可以把这些和看成 n 个有序表：

```
A[1] + B[1] ≤A[1] + B[2] ≤A[1] + B[3] ≤…
A[2] + B[1] ≤A[2] + B[2] ≤A[2] + B[3] ≤…
…
A[n] + B[1] ≤A[n] + B[2] ≤A[n] + B[3] ≤…
```

然后用堆来维护，堆中始终保持 n 个元素，每次取出堆中最小的元素，把如上对应的有序表中后一个元素加入堆。一共输出 n 个元素，时间复杂度为 $O(n\log_2 n)$，空间复杂度为 $O(n)$。

```
//p10-4-3
#include<bits/stdc++.h>
#define maxn 400000
using namespace std;
```

```
struct num{
    int data,value;
    bool operator < (const num x) const {return value > x.value;}
};

priority_queue <num> q;
int a[maxn+1],b[maxn+1],n,c[maxn+1];

int main(){
    freopen("element.in","r",stdin);
    freopen("element.out","w",stdout);
    scanf("%d",&n);
    for(int i = 1; i <= n; ++i) scanf("%d",&a[i]);
    for(int i = 1; i <= n; ++i) scanf("%d",&b[i]);
    for(int i = 1; i <= n; ++i){
        c[i] = 2;
        num tmp;
        tmp.value = a[i] + b[1]; tmp.data = i;
        q.push(tmp);
    }
    for(int i = 1; i <= n; ++i){
        num tmp = q.top();
        q.pop();
        printf("%d\n",tmp.value);
        tmp.value = a[tmp.data] + b[ c[tmp.data]++ ];
        q.push(tmp);
    }
    return 0;
}
```

实践巩固

1. 桐桐的新闻系统。(argus，1s，256MB)

【问题描述】

桐桐为期末的计算机作业设计了一套新闻系统，他把这套系统称为 Argus。

使用这套系统的用户可以向这套系统注册，然后这套系统就会以用户要求发送新闻的时间间隔向用户发送一次新闻。

向 Argus 注册的指令具有以下格式：

```
Register Q_num Period
```

Q_num (0<Q_num≤3000) 是用户的 ID，Period (0<Period≤3000) 是间隔。注册后 Period 秒，结果会第一次到达。

所有的用户都有不同的 Q_num。桐桐测试了一段时间后，想知道系统前 K 次给谁发送新闻了。如果同一时间发送多个新闻，以 Q_num 的升序排列。

【输入格式】

第一部分是注册指令，每条一行。指令数不超过 1000，所有指令同时执行完。此部分以“#”结束。

第二部分仅一行一个正数 K，K≤10000。

【输出格式】

输出前 K 个新闻发送到的用户的 Q_num，每行一个。

【输入样例】

Register 2004 200
Register 2005 300
#
5

【输出样例】

2004
2005
2004
2004
2005

2. 木板。(frame，1s，64MB)

【问题描述】

有 n 个单位宽度的木板，每块木板的长度是 Li。每块木板中间都有一个空槽，空槽必须挂在 Pi 处的钉子上，如图 10.4-1 所示。

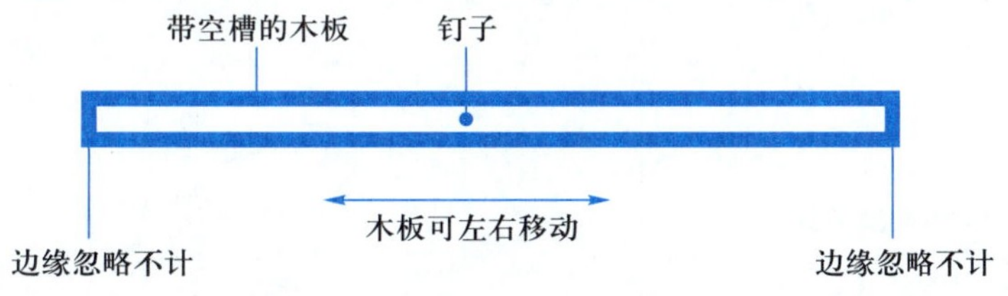

图 10.4-1 木板与钉子移动示意图

现在，要选出尽可能多的木板并且将他们安排在一个直线上，使得没有两块木板相交（一个包含另外一个当然也是禁止的，不过边界相碰是允许的）。空槽两端忽略不计，钉子也非常细，可以安置在木板的边界，就是说木板的左端点的可能位置是 Pi–Li 至 Pi。没有两颗钉子在同一个位置。

【输入格式】

第 1 行 1 个正整数 n，代表木板的数量（1≤n≤100000）。

接下来的每一行包含两个正整数 Li 和 Pi（1≤Li、Pi≤10000000），代表第 i 块木板的长度，以及相关的钉子的位置。

【输出格式】

输出一行一个整数，代表可以选择的最多的木板。

【输入样例】

7
5 9
2 17
6 10
3 11
2 16
4 13
5 6

【输出样例】

5

【数据限制】

对于 20% 的数据满足：n≤15。

对于 50% 的数据满足：n≤1000。

对于 100% 的数据满足：1≤n≤100000。

第 5 课　map 和 pair

学习目标

1. 掌握 map 容器的使用方法。
2. 掌握 pair 容器的使用方法。

学习过程

map 翻译为映射，是 STL 中的常用容器。其实，数组就是一种映射。比如，“int a[100];”定义了一个 int 到 int 的映射，而“a[5]=25;”是把 5 映射到 25。数组总是将 int 类型映射到其他基本类型（称为数组的基类型），这同时也带来了一个问题，有时候希望把 string 映射成一个 int，数组就不方便了。这时就可以使用 map。map 可以将任何基本类型（包括 STL 容器）映射到任何基本类型（包括 STL 容器）。

map 的用途至少有以下三种情形：

1）需要建立字符（串）与整数之间的映射，使用 map 可以减少代码量。

2）判断大整数（比如几千位）或者其他类型数据是否存在，可以把 map 当布尔型数组使用（哈希表）。

3）字符串与字符串之间的映射。

要使用 map，必须先添加 map 头文件，即 #include <map>，同时必须要有“using namespace std”。

定义一个 map 的方法如下：

```
map<typename1,typename2> name;
```

其中，typename1 是映射前的类型（键 key），typename2 是映射后的类型（值 value），name 为映射的名字。

普通 int 数组 a 就是“map<int，int> a”。而如果是字符串到整型的映射，就必须使用 string，而不能使用 char，即“map<string，int> a”。map 的键和值也可以是 STL 容器，比如“map<set<int>，string> mp”。当然，map 的键和值都是唯一的。

1. map 的访问

访问 map 的元素有两种方式，一种是通过下标访问；另一种是通过迭代器访问。

通过下标访问就像普通的数组元素访问，例如先定义“map<char，int> mp”，然后就可以通过 mp['c']的方式来访问它对应的元素，如 mp['c']=124。

通过迭代器访问，先作如下定义：

```
map<typename1,typename2>::iterator it;
```

因为 map 的每一对映射都有两个 typename，所以使用“it->first”来访问键，而使用“it->second”来访问值。例如：

```
map<char,int> mp;
mp['m']=20;
mp['r']=30;
mp['a']=40;
for(map<char,int>::iterator it = mp.begin(); it != mp.end(); it++)
    printf("%c %d\n",it->first,it->second);
```

程序输出如下：

a 40

m 20

r 30

可以看出，map 在建立映射的同时，会自动实现按照键从小到大排序。这是因为 map 内部是使用“红黑树”实现的（后面学习的 set 也是）。

2. map 的常用函数

map 的常用函数有 find、size、erase、clear 等。

(1) find( )和 size( )

find(key)是返回键为 key 的映射的迭代器，时间复杂度为 $O(\log_2 n)$，n 为 map 中映射的对数。size( )用来获得 map 中映射的对数,时间复杂度为 O(1)。例如,以下一段代码输出“3 b 30”。

```
map<char,int> mp;
mp['a']=20;
mp['b']=30;
mp['c']=40;
printf("%d ",mp.size());
map<char,int>::iterator it = mp.find('b');
printf("%c %d\n",it->first,it->second);
```

(2) erase( )

erase( )可以删除单个元素,也可以删除一个区间内的所有元素。删除单个元素可以用 erase(it),其中 it 为要删除的元素的迭代器,时间复杂度为 O(1)。也可以用 erase(key),其中 key 为要删除的映射的键,时间复杂度为 $O(\log_2 n)$。例如,以下一段代码输出“a 20 c 40”。

```
map<char,int> mp;
mp['a']=20;
mp['b']=30;
mp['c']=40;
map<char,int>::iterator it = mp.find('b');
mp.erase(it);//或把两个语句改成 mp.erase('b');总的复杂度一样
for(map<char,int>::iterator it = mp.begin(); it != mp.end(); it++)
    printf("%c %d",it->first,it->second);
```

删除一个区间内的所有元素用 erase(first,last)。其中,first 为区间的起始迭代器;last 为区间的末尾迭代器的下一个地址,也就是左闭右开的区间[first,last)。其时间复杂度为 O(last−first)。

例如,以下一段代码输出“a 20”。

```
map<char,int> mp;
mp['a']=20;
mp['b']=30;
mp['c']=40;
map<char,int>::iterator it = mp.find('b');
mp.erase(it,mp.end());
for(map<char,int>::iterator it = mp.begin(); it != mp.end(); it++)
    printf("%c %d\n",it->first,it->second);
```

(3) clear( )

clear( )用来清空 map,时间复杂度为 O(n)。

3. pair 的定义和使用

pair 是“二元结构体”的替代品，将两个元素捆绑在一起，节省编码时间。相当于以下定义：

```
struct pair{
    typename1 first;
    typename2 second;
}
```

要使用 pair，必须先添加头文件，即 #include <utility>，同时，必须要有“using namespace std”。因为 map 的内部实现中涉及 pair，因此添加 map 头文件时会自动添加 utility 头文件，此时可以省去 utility 头文件。

pair 有两个参数，分别对应 first 和 second 的数据类型，可以是任意基本数据类型或者容器。定义一个 pair 的方法为：

```
pair<typename1,typename2> name;
```

例如，要定义一个参数为 string 和 int 类型的 pair，并同时构建(初始化)，可以这样写：

```
pair<string,int> p; make_pair("haha",5);
```

或者在定义的同时初始化：

```
pair<string,int> p("haha",5);
```

例如，以下一段代码输出如下。

haha 5

xixi 55

heihei 555

```
pair<string,int> p;
p.first = "haha";
p.second = 5;
cout << p.first << " " << p.second << endl;
p = make_pair("xixi",55);
cout << p.first << " " << p.second << endl;
p = pair<string,int > ("heihei",555);
cout << p.first << " " << p.second << endl;
```

pair 可以直接做比较运算，比较的规则是先以 first 的大小作为标准，只有当 first 相等时才去判断 second 的大小。例如，以下一段代码输出“p1<p3 p1<=p3 p1<p2”。

```
pair<int,int> p1(5,10);
pair<int,int> p2(5,15);
pair<int,int> p3(10,5);
if(p1 < p3) printf("p1 < p3");
if(p1 <= p3) printf("p1 <= p3");
if(p1 < p2) printf("p1 < p2");
```

所以，pair 可以作为 map 的键值对来插入(排序)，例如，以下一段代码输出 “haha 10 heihei 5”。

```
map<string,int> mp;
mp.insert(make_pair("heihei",5));
mp.insert(pair<string,int>("haha",10));
for(map<string,int>::iterator it = mp.begin(); it != mp.end(); it++)
    cout << it -> first << " " << it -> second << " ";
```

4. map 和 pair 的应用举例

例 1 指数序列。(ivan，0.5s，256MB)

【问题描述】

伊凡在纸上写下了一个由 n 个非负整数组成的序列 $a_1, a_2, \cdots, a_n$。这个序列保证单调不降。

接着，伊凡又在纸上写下了另一个序列 $2^{a_1}, 2^{a_2}, \cdots, 2^{a_n}$。现在他想知道，最少要在这个序列中添加多少个形式为 2^x 的数(x 为非负整数)，才能使这个序列所有整数的和为 2^v-1，其中 v 为某个非负整数。

【输入格式】

第 1 行包括 1 个正整数 n($1 \leq n \leq 10^5$)。

第 2 行包括 n 个由空格隔开的整数 $a_1, a_2, \cdots, a_n$。其中，$0 \leq a_i \leq 2 \times 10^9$，保证 $a_1 \leq a_2 \leq \cdots \leq a_n$。

【输出格式】

输出一行一个整数，表示最少在序列中添加数的数量。

【输入样例 1】

4

0 1 1 1

【输出样例 1】

0

【输入样例 2】

1

3

【输出样例 2】

3

【样例解释】

在第一个样例中不需要添加任何数，因为 $2^0+2^1+2^1+2^1=1+2+2+2=7=2^3-1$。

在第二个样例中，需要至少添加 3 个数，分别为 $2^0,2^1,2^2$。

【问题分析】

如果问题中的序列 a_i 单调递增，则相当于已知一个 a_i 位为 1 的二进制数，只需在剩余的零位补上 1 即可。对于单调不降的序列大致一样，只是需要增加进位操作。由于进位是连续的，所以 0 的位置也是连续的。暴力统计 0 的数量即可。考虑到 $a_i \leq 2 \times 10^9$，可以使用 map 来进行优化。

```
//p10-5-1
#include<bits/stdc++.h>
#define INF 2147483647
#define ll long long
using namespace std;
int n,ans;
int a[100005];
map<int,int> b;

ll read(){
    ll x = 0,f = 1;
    char ch = getchar();
    while((ch < '0') || (ch > '9')){
        if(ch == '-') f = -1;
        ch = getchar();
    }
    while((ch >= '0') && (ch <= '9')){
        x = x * 10 + ch - '0';
        ch = getchar();
    }
    return x * f;
}

int main(){
    freopen("ivan.in","r",stdin);
    freopen("ivan.out","w",stdout);
    n = read();
    for(int i = 1; i <= n; i++) a[i] = read();
    ans = a[1]; a[n+1] = INF;
    for(int i = 1; i <= n+1; i++){
        if((a[i] != a[i-1]) && (i != 1))
            for(int j = a[i-1]; j < a[i]; j++){
                if(b[j] < 2){
                    if(i != n+1) ans += a[i] - j - 1;
                    break;
```

```
                }
                while(b[j] >= 2){b[j] -= 2; b[j+1]++;}
                if(!b[j]) ans++;
            }
        b[a[i]]++;
    }
    printf("%d\n",ans);
    return 0;
}
```

例 2 查字典。(scanwords,1s,128MB)

【问题描述】

小明正在复习全国英语四级考试,他手里有一本词典,现在有很多单词要查。请编写程序帮助他快速找到要查的单词所在的页码。

【输入格式】

第 1 行 1 个正整数 N,N≤10000,表示字典中一共有多少单词。

接下来每两行表示一个单词,其中:

第 1 行是一个长度小于或等于 100 的字符串,表示这个单词,全部小写字母,单词不会重复。

第 2 行是 1 个整数,表示这个单词在字典中的页码。

接下来的一行是 1 个整数 M,M≤10000,表示要查的单词数。

接下来的 M 行,每行一个字符串,表示要查的单词,保证在字典中存在。

【输出格式】

M 行,每行一个正整数,表示第 i 个单词在字典中的页码。

【输入样例】

```
2
scan
10
word
15
2
scan
word
```

【输出样例】

```
10
15
```

【问题分析】

由于单词各不相同,所以只要将单词映射到数字即可。

```
//p10-5-2
```

```
#include<bits/stdc++.h>
using namespace std;
map<string,int> dic;
int n,temp;
int main(){
    freopen("scanwords.in","r",stdin);
    freopen("scanwords.out","w",stdout);
    scanf("%d",&n);
    getchar();
    for(int i = 1; i <= n; i++){
        string ss;
        getline(cin,ss);
        scanf("%d",&temp);
        getchar();
        dic[ss] = temp;
    }
    scanf("%d",&n);
    getchar();
    for(int i = 1; i <= n; i++){
        string s1;
        getline(cin,s1);
        printf("%d\n",dic[s1]);
    }
    return 0;
}
```

实践巩固

1. 阅读以下三个程序,写出各自的运行结果,并比较和体会 map 的不同使用方法。

```
//x10-5-1a
#include<bits/stdc++.h>
using namespace std;
int main(){
    map<int,string>m;
    m.insert(pair<int,string>(1,"a"));
    m.insert(make_pair(1,"b"));
    cout << m[1] << '\n';
    return 0;
}
```

```
//x10-5-1b
#include<bits/stdc++.h>
```

```
using namespace std;
int main(){
    map<int,string>m;
    m.insert(map<int,string>::value_type(1,"a"));
    m.insert(map<int,string>::value_type(1,"b"));
    cout << m[1] << '\n';
    return 0;
}
```

```
//x10-5-1c
#include<bits/stdc++.h>
using namespace std;
int main(){
    map<int,string>m;
    m[1]="a";
    m[1]="b";
    cout << m[1] << '\n';
    return 0;
}
```

2. 最大收益。(maxbenefit,1s,32MB)

【问题描述】

商店里有 n 种商品和 k 个按顺序给出的订单。每种商品给定名称、收益和库存。每个订单给出需求商品和需求数量。编程判断是否能依序满足所有的订单,如果可以,输出收益;否则,输出“-X”,X 表示第一个无法满足的订单编号。

【输入格式】

第 1 行 2 个整数 n 和 k,$k \leq n \leq 10^5$。

下面的 n 行,每行表示一种商品的名称、收益和库存 3 种信息。

再下面的若干行,每行表示一个订单的需求商品和需求数量两种信息。

每种商品的个数保证在 int 范围内,保证每个订单中都不会出现没有的商品,商品名的长度≤20。

具体格式参见输入样例。

【输出格式】

一行一个整数,表示收益,或者“-X”,X 表示第一个无法满足的订单编号。

【输入样例】

3 5
apple 1 100
pear 5 90
football 30 10
pear 24
apple 18
football 4

pear 1

football 6

【输出样例】

443

3. 讲话模式。(speech，1s，32MB)

【问题描述】

每个人讲话都有口头禅。现在给出一个字符串，需要求出其中出现次数最多的单词。

【输入格式】

输入一行，一个长度小于或等于 1048576 的字符串。输入包含至少一个字母或数字，即一个来自于 0~9、A~Z、a~z 之间的字符。

【输出格式】

输出一行，为出现次数最多的单词和它出现的次数，以一个空格隔开。

如果出现次数最多的单词有多个，则输出字典序最小的那个。这个单词必须完全以小写的形式输出。在此所说的单词，是一个连续的，由非数字、非字母的字符或是行初、行末分隔开的字符串。注意，所说的单词不区分大小写字母。

【输入样例】

Can a can can a can?　It can！

【输出样例】

can 5

4. 重心在哪里。(focus，1s，32MB)

【问题描述】

自从牛顿发现万有引力后，人们用万有引力理论解决了非常多的问题。不仅如此，人们也知道了每个物体都有自己的重心。

现在，给出三角形三个顶点的坐标，请计算出三角形的重心。

三角形重心是三角形三边中点与对角连线的交点，如图 10.5-1 中的 O 点。

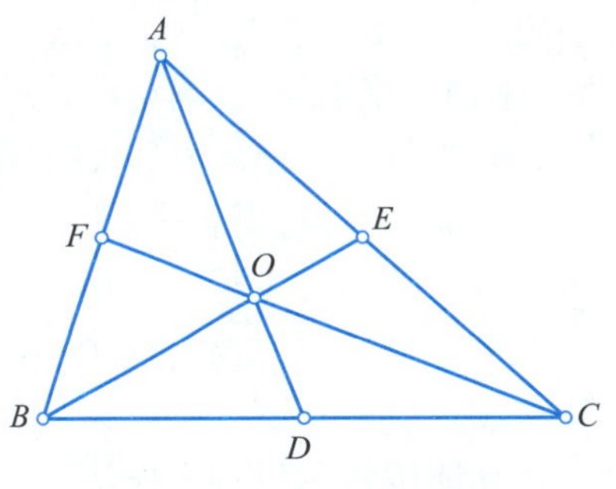

图 10.5-1　重心示意图

【输入格式】

题目包含多组测试数据。

第 1 行输入 1 个整数 n，表示测试数据的组数，当 n=0 时，输入结束。

接下来的 n 行，每行包含 6 个数字 x_1、y_1、x_2、y_2、x_3、y_3，表示三角形三个顶点的坐标。

【输出格式】

对于每组输入，输出重心的坐标，结果保留 1 位小数。

【输入样例】

2

1.0 2.0 3.0 4.0 5.0 2.0

1.0 1.0 4.0 1.0 1.0 5.0

0

【输出样例】

3.0 2.7

2.0 2.3

第 6 课　set

学习目标

掌握 set 容器的使用方法。

学习过程

set 翻译为集合，是一个内部自动有序且不含重复元素的容器。set 最主要的作用就是自动去重并按升序排序，因此遇到需要去重但是又不方便直接开数组的情况，比如元素比较大或者类型不是 int，可以尝试用 set 解决。set 中的元素是唯一的，其内部采用“红黑树”实现。

使用 set 前，必须先添加 set 头文件，即 #include <set>，同时，必须要有“using namespace std”。

定义一个 set 的方法如下：

```
set<typename> name;
```

其中，typename 可以是任何基本类型或者容器，name 是集合的名字。例如：

```
set<int> st;
```

也可以定义 set 数组。例如：

```
set<int> st[100];
```

这样 st[0]~st[99]中的每一个元素都是一个 set 容器。

需要注意的是，set 只能通过迭代器访问，即先定义一个迭代器：

```
set<typename>::iterator it;
```

然后使用“*it”来访问 set 中的元素。set 也不支持“*(it+i)”和“it < st.end( )”的访问方式(实际上除了 vector 和 string 之外的 STL 容器都不支持)。例如，以下一段代码输出“2 3 5”。

```
set<int>st;
st.insert(3);
st.insert(5);
st.insert(2);
st.insert(3);
for(set<int>::iterator it = st.begin(); it != st.end(); it++)
    printf("%d",*it);
```

1. set 的常用函数

set 的常用函数有 insert、size、find、clear 和 erase 等。

(1) insert( )和 size( )

insert(x)用来将 x 插入到 set 中,并自动递增排序和去重,时间复杂度为 $O(\log_2 n)$,n 为 set 中的元素个数。size( )用来获得 set 中的元素个数,时间复杂度为 $O(1)$。

(2) find( )

find(value)是返回 set 中对应值为 value 的迭代器,时间复杂度为 $O(\log_2 n)$。例如,以下一段代码输出"3 2"。

```
set<int> st;
for(int i = 1; i <= 3; i++) st.insert(i);
printf("%d",st.size());
printf("%d\n",*(st.find(2)));
```

(3) clear( )

clear( )用来清空 set 中的所有元素,时间复杂度为 $O(n)$。

(4) erase( )

erase( )可以删除单个元素,也可以删除一个区间内的所有元素。删除单个元素可以用 erase(it),其中 it 为要删除的元素的迭代器,时间复杂度为 $O(1)$。也可以用 erase(value),其中 value 为要删除的元素的值,时间复杂度为 $O(\log_2 n)$。例如,以下一段代码输出"1 3 200"。

```
set<int> st;
for(int i = 1; i <= 3; i++) st.insert(i);
st.erase(st.find(2));
for(set<int>::iterator it = st.begin(); it != st.end(); it++)
    printf("%d",*it);
st.clear();
st.insert(100);
st.insert(200);
st.erase(100);
for(set<int>::iterator it = st.begin(); it != st.end(); it++)
    printf("%d ",*it);
```

删除一个区间内的所有元素用 erase(first,last),其中 first 为区间的起始迭代器,last 为区间的末尾迭代器的下一个地址,也就是左闭右开的区间[first,last),时间复杂度为 O(last-first)。例如,以下一段代码输出“1 2 3 4 5 6 7 8 9”。

```
set<int> st;
for(int i = 1;i <= 100;i++) st.insert(i);
set<int>::iterator it = st.find(10);
st.erase(it,st.end());
for(it = st.begin();it != st.end();it++) printf("%d ",*it);
```

2. set 的应用举例

例 1 NOIP 题海战。(qk,1s,64MB)

【题目描述】

某信息学奥赛教练经验丰富,他的内部题库有 m 道题。他有 n 个学生,第 i 个学生完成了 p[i]道题。由于马上要进行 NOIP 的考试,该教练便举行了 k 场比赛和训练,每场比赛式训练都会有一些他的学生参加,但是如何选题令他非常烦恼。对于每场比赛,他要保证所出的题没有任何一道已有任何一个参赛学生做过;而对于每场训练,他要保证所出的所有题都被每一个参赛学生做过。

【输入格式】

第 1 行 2 个正整数 n 和 m,表示学生数和题库中的题目总量。

第 2~n+1 行,先是 1 个正整数 p,然后 p 个整数表示第 i 个学生的做题记录(可能重复做同一道题)。

第 n+2 行,1 个正整数 k,表示要举行的比赛和训练总数(可能有学生重复报名)。

接下来的 k 行,每行的第 1 个整数 type 表示是训练或者比赛(1 为训练,0 为比赛)。第 2 个数 q 表示参赛学生数,然后 q 个正整数表示参赛学生编号。每一行中的两个数之间有一个空格。

【输出格式】

共 k 行,每行表示本次训练或比赛可选的题目(由小到大排序,中间用一个空格隔开,如果没有输出一个空行)。

【样例输入】

5 10
2 3 7
1 3
2 4 7
3 3 6 10
7 1 2 3 4 7 8 9
6
0 3 3 4 5

0 3 1 3 4
1 2 1 3
0 1 5
1 1 2
1 2 3 5

【样例输出】

5
1 2 5 8 9
7
5 6 10
3
4 7

【问题分析】

本题只要使用 set 去重与查找，对于每一问维护一个答案集合。

```
//p10-6-1
#include<bits/stdc++.h>
using namespace std;
#define N 110
set<int> stu[N],quanji;
int main(){
    freopen("qk.in","r",stdin);
    freopen("qk.out","w",stdout);
    int n,m,k;
    cin >> n >> m;
    int num,z;
    for(int i = 1; i <= n; i++){
        stu[i].clear();
        cin >> num;
        for(int j = 0; j < num; j++){
            cin >> z;
            stu[i].insert(z);
        }
    }
    for(int i = 1; i <= m; i++)
        quanji.insert(i);
    cin >> k;
    int type,q;
    for(int i = 0; i < k; i++){
        set<int> ans = quanji;
        cin >> type >> q;
        if(type == 1){
            for(int j = 0; j < q; j++){
                cin >> z;
```

```
                for(set<int>::iterator it = ans.begin(); it != ans.end(); ){
                    if(stu[z].find(*it) == stu[z].end()){
                        ans.erase(it++);
                    }else
                    it++;
                }
            }
            for(set<int>::iterator it = ans.begin(); it != ans.end(); it++)
                cout << *it << ' ';
            cout << endl;
        }else{
            for(int j = 0; j < q; j++){
                cin >> z;
                for(set<int>::iterator it = ans.begin(); it != ans.end(); ){
                    if(stu[z].find(*it) != stu[z].end()){
                        ans.erase(it++);
                    }else
                    it++;
                }
            }
                for(set<int>::iterator it = ans.begin(); it != ans.end(); it++)
                    cout << *it << ' ';
                cout << endl;
        }
    }
    return 0;
}
```

例 2　列车调度。(train，1s，64MB)

【问题描述】

两端分别是一条入口(Entrance)轨道和一条出口(Exit)轨道，它们之间有 N 条平行的轨道，如图 10.6-1 所示。每趟列车从入口可以选择任意一条轨道进入，最后从出口离开。在图中有 9 趟列车，在入口处按照 {8,4,2,5,3,9,1,6,7} 的顺序排队等待进入。如果要求它们必须按序号递减的顺序从出口离开，则至少需要多少条平行铁轨用于调度？

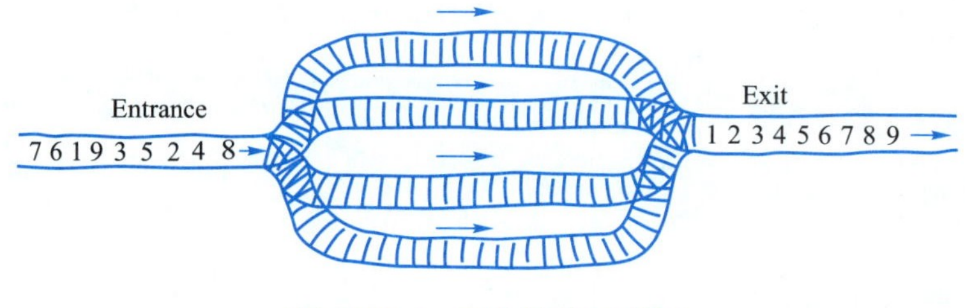

图 10.6-1　列车轨道示意图

【输入格式】

第1行给出1个正整数N，$2\leq N\leq 10^5$。

第2行给出从1~N的正整数序号的一个重排列，数字间以一个空格分隔。

【输出格式】

输出一行一个数，表示可以将输入的列车按序号递减的顺序调离所需要的最少的铁轨条数。

【输入样例】

9

8 4 2 5 3 9 1 6 7

【输出样例】

4

【问题分析】

因为调度结束后的序列是有序的，所以每一条铁轨也要是有序的。因为如果A与B同在一条中间铁轨上，且A在B前，那么驶离时A一定也在B前。对于这么多条有序的数列，只要使用一次类似“归并排序”的操作便可得到有序的解。这样，问题就变成了经典的导弹拦截的第二问，用贪心法解决即可。

程序中使用set维护单调的铁轨数列，使用lower_bound实现二分查找，lower_bound(x)是返回指向大于或等于x的第一个元素的迭代器。

```
//p10-6-2
#include<bits/stdc++.h>
using namespace std;
int main(){
    freopen("train.in","r",stdin);
    freopen("train.out","w",stdout);
    int i,j,k,n,x;
    set<int> s;
    while(cin >> n){
        for(int i = 0; i < n; i++){
            cin >> x;
            if(s.empty()) s.insert(x);
            else{
                set<int>::iterator it;
                it = s.lower_bound(x);
                if(it == s.end()) s.insert(x);
                else{
                    s.erase(it);
                    s.insert(x);
                }
            }
        }
        int t = s.size();
        cout << t << endl;
```

```
    }
    return 0;
}
```

实践巩固

1. 相似的数集。(similarity,1s,256MB)

【问题描述】

给出两个数集,它们的相似程度定义为 Nc/Nt × 100%。其中,Nc 表示两个数集中相等的、两两互不相同的元素个数,而 Nt 表示两个数集中总共的互不相同的元素个数。请计算任意两个给出数集的相似程度。

【输入格式】

第一行一个正整数 N(N≤50),表示数集的个数。

接下来的 N 行,每行首先给出一个正整数 M(M≤10000),之后给出的 M 个正整数为此数集中的元素(可能有重复,小于或等于 10^9)。

在这些数集之后,给出一行一个正整数 K(K≤2000)表示询问的个数。

之后的 K 行,每行两个正整数 x 和 y,表示询问 x 数集与 y 数集的相似程度。每一行中输入的各个整数之间由一个空格隔开。

【输出格式】

对于每一个询问,输出一行一个百分数,为两个数集的相似程度,保留一位小数。

【输入样例】

3
3 99 87 101
4 87 101 5 87
7 99 101 18 5 135 18 99
2
1 2
1 3

【输出样例】

50.0%
33.3%

2. 明明的随机数。(NOIP2016 普及组复赛,random,1s,256MB)

【问题描述】

明明想在学校中请一些同学一起做一项问卷调查,为了实验的客观性,他先用计算机生成了 N 个 1~1000 之间的随机正整数(N≤100),对于其中重复的数字,只保留一个,把其余相同的数去掉,不同的数对应着不同的学生的学号。然后再把这些数从小到大排序,按照排好的顺序去找同学做调查。请你协助明明完成"去重"与"排序"的工作。

【输入格式】

第 1 行为 1 个正整数,表示所生成的随机数的个数 N。

第2行有N个用一个空格隔开的正整数,为所产生的随机数。

【输出格式】

输出2行。

第1行为1个正整数M,表示不相同的随机数的个数。

第2行为M个从小到大排好序的不相同的随机数,每个数之间用一个空格隔开。

【输入样例】

10

20 40 32 67 40 20 89 300 400 15

【输出样例】

8

15 20 32 40 67 89 300 400

第7课 string

学习目标

掌握string容器的使用方法。

学习过程

在C语言中,一般使用字符数组char str[ ]来存放字符串,但是操作麻烦,容易出错。C++在STL中加入了string类型,对字符串常用的需求功能进行了封装,使得操作起来更方便,且不必担心内存是否足够、字符串的长度等问题。

使用string,需要添加string头文件,即#include <string>,同时必须要有"using namespace std"。

定义string的方法如下:

```
string name;
```

其中,name是字符串变量的名字。例如:"string str;"也可以在定义的同时初始化,即"string str="abcd""。

1. string的访问

一种访问string的方法,就像普通字符数组一样操作。例如:

```
string str="abcd";
for(int i = 0; i < str.length(); i++) printf("%c",str[i]); //输出abcd
```

如果要读入或者输出整个字符串，一般只能用 cin 和 cout。如果非要用 printf 输出 string，则需要用 c_str( )将 string 转换成字符数组。例如：

```
string str;
cin >> str;
cout << str << endl;
printf("%s\n",str.c_str());
```

另一种访问 string 的方法是通过迭代器，主要与函数 insert( )、erase( )等配合使用。先定义 string 迭代器：

```
string::iterator it;
```

然后就可以通过“*it”来访问 string 里的每一个字符了，而且 string 和 vector 一样，支持直接对迭代器进行加减某个数字，如 str.begin( )+3 等。例如：

```
string str="abcdefg";
for(string::iterator it = str.begin()+2; it != str.end(); it++)
    printf("%c",*it);// 输出 cdefg
```

2. string 的运算

字符串可以做“加法”运算。加法是把两个字符串直接拼接起来。例如：

```
string str1="abc",str2="xyz",str3;
str3 = str1 + str2;
str1 += str2;
cout << str1 << endl;// 输出 abcxyz
cout << str3 << endl;// 输出 abcxyz
```

字符串还可以做“关系”运算，是按照字典序比较两个 string 类型的大小。例如：

```
string str1="aa",str2="aaa",str3="abc";
if(str1 < str2) printf("OK1");// 输出 OK1
if(str1 < str3) printf("OK2");// 输出 OK2
```

3. string 的常用函数

string 的函数非常多，下面只介绍一些信息学竞赛中常用的。

(1) length( )和 size( )

length( )用来返回 string 的长度（字符个数），时间复杂度为 O(1)。size( )与 length( )一样。

(2) clear( )

clear( )用来清空 string 中的所有元素,时间复杂度为 O(1)。例如:

```
string str="abcxyz";
printf("%d",str.length());// 输出 6
str.clear();
printf("%d",str.size());// 输出 0
```

(3) substr( )

substr(pos,len)返回从 pos 号位置开始、长度为 len 的子串,时间复杂度为 O(n)。例如:

```
string str="hello world.";
cout << str.substr(0,5) << endl;// 输出 hello
cout << str.substr(6,5) << endl;// 输出 world
```

(4) insert( )

函数 insert( )有多种写法,时间复杂度都是 O(n)。

1) insert(pos,string)。该函数表示在 pos 号位置插入字符串 string。

```
string str="abcxyz",str2="opq";// 把 str2 插入 str 的 c 和 x 之间
str.insert(3,str2);
cout << str<<endl;// 输出 abcopqxyz
```

2) insert(it,it2,it3)。其中,it 为原字符串的欲插入位置;it2 和 it3 为待插入字符串的首尾迭代器(左闭右开区间)。

```
string str="abcxyz",str2="opq";// 把 str2 插入 str 的 c 和 x 之间
str.insert(str.begin()+3,str2.begin(),str2.end());
cout << str << endl;// 输出 abcopqxyz
```

(5) erase( )

erase( )可以删除单个元素,也可以删除一个区间内的所有元素,时间复杂度均为 O(n)。删除单个元素用 erase(it),其中 it 为要删除的元素的迭代器。例如:

```
string str="abcdefg";
str.erase(str.begin()+4);
cout<<str<<endl;// 输出 abcdfg
```

删除一个区间内的所有元素可以用两种方法。

1) erase(first,last)。其中,first 为区间的起始迭代器;last 为区间的末尾迭代器的下一个地址,也就是左闭右开的区间[first,last)。

2) erase(pos,length)。其中,pos 为需要删除的字符串起始位置;length 为要删除的字符个数。例如:

```
string str="abcdefghijklmn";
str.erase(8,7);
cout << str << endl;// 输出 abcdefgh
str.erase(str.begin()+2,str.end()-1);
cout << str << endl;// 输出 abh
```

(6) find( )

str.find(str2),当 str2 是 str 的子串时,返回其在 str 中第一次出现的位置;否则,返回 string::npos。string::npos 是一个常数,其本身的值等于 -1,但由于是 unsigned int 类型,因此也可以认为是 unsigned int 类型的最大值(4294967295)。str.find(str2,pos),是从 str 的 pos 号位开始匹配 str2,返回值同 str.find(str2)。以上两种写法的时间复杂度都是 $O(n \times m)$,其中 n 和 m 分别为 str 和 str2 的长度。例如,以下一段代码输出“614not”。

```
string str="Thank you for your smile.";
string str2="you";
string str3="me";
if(str.find(str2) != string::npos) cout << str.find(str2);
if(str.find(str2,7) != string::npos) cout << str.find(str2,7);
if(str.find(str3) != string::npos)
    cout << str.find(str3) << endl;
else
    cout << "not" << endl;
```

(7) replace( )

str.replace(pos,len,str2)表示把 str 从 pos 号位开始、长度为 len 的子串替换为 str2。也可以写成 str.replace(it1,it2,str2),表示把 str 的迭代器 it1~it2 范围内(左闭右开区间)的子串替换为 str2。时间复杂度都是 O(str.length)。例如代码:

```
string str="Maybe you will turn around.";
string str2="will not";
string str3="surely";
cout<<str.replace(10,4,str2)<<endl;
cout<<str.replace(str.begin(),str.begin()+5,str3)<<endl;
```

输出:

```
Maybe you will not turn around.
surely you will not turn around.
```

4. string 的应用举例

例 1 字符串匹配。(match,1s,256MB)

【问题描述】

现定义两个仅由大写字母组成的字符串的匹配程度如下:将某一字符串的首字符与另一字符串的某一字符对齐,然后后面的字符也一一对齐,直至某一字符串的串尾为止。对于每一组对齐的两个字符,若这两个字符相等,则计数。匹配程度为每种对齐方法的计数的最大值。最后计算这个匹配程度的 2 倍,与两串总长度的最大比值。

【输入格式】

多组数据,每组一行两个字符串,中间用一个空格隔开,以 -1 结束输入。

【输出格式】

对于每组数据,输出两个字符串的最大匹配数与两串总长度的比值,具体格式见输出样例。

【输入样例】

CAR CART
TURKEY CHICKEN
MONEY POVERTY
ROUGH PESKY
-1

【输出样例】

appx(CAR,CART) = 6/7
appx(TURKEY,CHICKEN) = 4/13
appx(MONEY,POVERTY) = 1/3
appx(ROUGH,PESKY) = 0

【问题分析】

本题是简单字符串处理,暴力枚举两串匹配的首字母,不断更新最大匹配值即可,最后的答案需要对最大匹配值和两串总长进行辗转相除。

```
//p10-7-1
#include <bits/stdc++.h>
#define M 10000
using namespace std;
string a,b;

int gcd(int a,int b){
    if(b == 0) return a;
    else return gcd(b,a % b);
}

int main(){
    freopen("match.in","r",stdin);
```

```
    freopen("match.out","w",stdout);
    while(!cin.eof()){
        cin >> a;
        if(a == "-1") break;
        cin >> b;
        int la = a.size();
        int lb = b.size();
        int max = 0;

        for(int i = 0;i < la;i++){//第二个字符串固定，移动第一个字符串
            int temp = 0;
            for(int j = 0,k = i; j < lb && k < la; j++,k++)
                if(a[k] == b[j]) temp++;
            if(max < temp) max = temp;
        }
        for(int i = 0; i < lb; i++){//第一个字符串固定，移动第二个字符串
            int temp = 0;
            for(int j = 0,k = i; j < la && k < lb; j++,k++)
                if(a[j] == b[k]) temp++;
            if(max < temp) max = temp;
        }

        max *= 2;
        printf("appx(%s,%s) = ",a.c_str(),b.c_str());
        if(max == 0){
            printf("0\n");
            continue;
        }
        if(max == la + lb){
            printf("1\n");
            continue;
        }
        int temp = gcd(la + lb,max);
        printf("%d/%d\n",max / temp,(la + lb) / temp);
    }
    return 0;
}
```

例 2　字符串乘方。(pow,1s,256MB)

【问题描述】

给定两个字符串 a 和 b，定义 a*b 为它们的连接。例如，如果 a="abc" 而 b="def"，则 a*b="abcdef"。如果将连接考虑成乘法，一个非负整数的乘方将用一种通常的方式定义：a^0=" "(空字符串)，a^(n+1)=a*(a^n)。

【输入格式】

每一个测试样例是一行可打印的字符,用 s 表示。s 的长度至少为 1,且不会超过 100 万。最后的测试样例后面将是一个点号作为一行。

【输出格式】

对于每一个 s,你应该打印最大的 n,使得存在一个 a,让 $s=a^n$。

【输入样例】

abcd

aaaa

ababab

.

【输出样例】

1

4

3

【问题分析】

分析题意可知,有循环节必定为字符串长度的约数,枚举约数判断即可。另外,由于本题输入量很大,如果需要请用 scanf 代替 cin,从而避免超时。

```
//p10-7-2
#include<bits/stdc++.h>
using namespace std;
int main(){
    freopen("pow.in","r",stdin);
    freopen("pow.out","w",stdout);
    string s;
    int i,j;
    while(cin >> s){
        if(s[0] == '.') return 0;
        bool flag;
        int len = s.size();
        for(i = 1; i <= len / 2; ++i)
            if(len % i == 0){
                flag = 1;
                for(j = i; j < len; ++j)
                    if(s[j] != s[j % i]) {flag = 0; break;}
                if(flag) break;
            }
        if(flag) printf("%d\n",len / i);
        else printf("1\n");
    }
    return 0;
}
```

实践巩固

1. 字符串处理。(palindrom,1s,32M)

【问题描述】

现在给出一个字符串 S,计算 S 中有多少连续子串是回文串。

【输入格式】

输入包含多组测试数据。每组输入是一个非空字符串,长度不超过 5000。

【输出格式】

对于每组输入,输出回文子串的个数。

【输入样例】

aba

aa

【输出样例】

4

3

2. 亲朋字符串。(http://noi.openjudge.cn/ch0107/05/,friend,1s,64MB)

【问题描述】

编写程序,求给定字符串 s 的亲朋字符串 s1。

亲朋字符串 s1 定义如下:给定字符串 s 的第一个字符的 ASCII 值加第二个字符的 ASCII 值,得到第一个亲朋字符; 给定字符串 s 的第二个字符的 ASCII 值加第三个字符的 ASCII 值,得到第二个亲朋字符;依此类推,直到给定字符串 s 的倒数第二个字符。亲朋字符串的最 后一个字符由给定字符串 s 的最后一个字符 ASCII 值加 s 的第一个字符的 ASCII 值。

【输入格式】

输入一行,一个长度大于等于 2、小于等于 100 的字符串。字符串中每个字符的 ASCII 值不大于 63。

【输出格式】

输出一行,为变换后的亲朋字符串。输入保证变换后的字符串只有一行。

【样例输入】

1234

【样例输出】

cege

3. 字符串移位包含。(http://noi.openjudge.cn/ch0107/19,move,1s,64MB)

【问题描述】

对于一个字符串来说,定义一次循环移位操作为:将字符串的第一个字符移动到末尾形成新的字符串。

给定两个字符串 s1 和 s2,要求判定其中一个字符串是否是另一字符串通过若干次循环移位后的新字符串的子串。例如,CDAA 是由 AABCD 两次移位后产生的新串 BCDAA 的子串,而 ABCD 与 ACBD 则不能通过多次移位来得到其中一个字符串是新串的子串。

【输入格式】

输入一行，包含两个字符串，中间由单个空格隔开。字符串只包含字母和数字，长度不超过 30。

【输出格式】

如果一个字符串是另一字符串通过若干次循环移位产生的新串的子串，则输出“true”，否则输出“false”。

【样例输入】

AABCD CDAA

【样例输出】

true

4. 税额返还。(relief，1s，32M)

【问题描述】

2001 年 6 月，IRS(美国国税局)向联邦政府的纳税人发布了一个通告，通报纳税人 2001 年经济增长与减免赋税的协调法案已由美国国会通过，并由时任总统布什正式签署。根据法案中直接减免的一部分，纳税人将收到一张支票，它的金额由 2000 年每个纳税人向联邦政府提交的纳税申报单上的金额决定。通告描述了支票金额的计算方法，如表 10.7–1 所示。支票的分配进程安排如表 10.7–2 所示。

表 10.7–1 返还金额

申报纳税身份:	支票金额不超过
单身或已婚但个人档案独立保存	\$300； 应税金额的 5%； 缴纳的所得税额
房主	\$500； 应税金额的 5%； 缴纳的所得税额
已婚且档案合存，或寡妇	\$600； 应税金额的 5%； 缴纳的所得税额

表 10.7–2 税额返还的安排表

社会保险号码的末尾两位	收到返还金额的日期(或该日期所在的一周)
00~09	July 23
10~19	July 30
20~29	August 6
30~39	August 13
40~49	August 20
50~59	August 27
60~69	September 3
70~79	September 10
80~89	September 17
90~99	September 24

请开发一个程序用于确定给每个纳税人返还的税额。

【输入格式】

输入文件由若干行组成。每一行都包含一个纳税人的社会保险号码、申报纳税身份、应税金额和应交纳的所得税额，中间用一个空格隔开。社会保险号码的格式是 ###-##-####（“#”是一个数字，介于 0~9 之间）。申报纳税身份是一个单独的数字，含义如下所示：

1 单身

2 已婚且档案合存

3 已婚但个人档案单独保存

4 房主

5 寡妇

应税金额和缴纳的所得税额都是一个整数。

【输出格式】

对于每个纳税人，输出他的社会保险号码（格式与输入数据完全相同）和返还税额（前面加上美元符号“$”，并保留两位小数），中间用一个空格隔开。每个纳税人各占一行。

在接下来的几行中，按时间顺序输出税额返还的安排。对于返还的税额的日期，均用一行输出支票数目、返还税额的总额（前面加上美元符号“$”，保留两位小数）和表 10.7-2 所示的日期。支票数目与返还税额总额之间用两个空格隔开，返还税额总额与日期之间用一个空格隔开。

【输入样例】

```
123-45-0001 1 40100 8200
890-12-3456 4 98910 24182
123-45-0002 4 6000 904
```

【输出样例】

```
123-45-0001 $300.00
890-12-3456 $500.00
123-45-0002 $300.00
2  $600.00 July 23
1  $500.00 August 27
```

第 8 课 algorithm

 学习目标

初步掌握 algorithm 的使用方法。

 学习过程

algorithm 翻译为算法，是 C++ 标准模版库中最重要的头文件之一，提供了大量基于迭代器

的非成员模板函数。要使用这些函数,需要添加 algorithm 头文件,即 #include <algorithm>,同时,必须要有“using namespace std”。

1. max( )、min( )、abs( )和 swap( )

max(x,y)和 min(x,y)分别返回 x 和 y 中的较大值和较小值,且参数必须是两个,可以是浮点数。如果要返回 3 个数 x、y、z 的最大值,可以使用 max(x,max(y,z))的方法。

abs(x)是返回 x 的绝对值,x 必须是整数。如果要求浮点数的绝对值,可以使用 math 头文件下的 fabs(x)。

swap(x,y)用来交换 x 和 y 的值。

```
int x,y,z;
cin >> x >> y >> z;                                             //输入1 8 -4
cout << max(x,y) << " " << min(x,z) << " " << abs(z) << endl;   //输出8 -4 4
swap(x,y);
cout << x << " " << y << endl;                                  //输出8 1
```

2. reverse( )

reverse(it,it2)可以将数组指针在 it~it2 之间的元素,或容器的迭代器在 it~it2 范围内的所有元素进行反转。注意:it~it2 是左闭右开区间。

```
int a[10] = {10,11,12,13,14,15};
reverse(a,a+4);                                     //将a[0]到a[3]这4个元素反转
for(int i = 0; i < 6; i++) printf("%d ",a[i]);      //输出13 12 11 10 14 15
string str = "abcdefghi";
reverse(str.begin()+2,str.begin()+6);
for(int i = 0; i < str.length(); i++) printf("%c",str[i]);//输出abfedcghi
```

3. next_permutation( )

next_permutation( )是求出一个序列在全排列中的下一个序列。例如,n=3 的全排列为 123,132,213,231,312,321,所以 231 的下一个排列就是 312。

```
int a[10] = {1,2,3};
do{
    printf("%d %d %d\n",a[0],a[1],a[2]);
}while(next_permutation(a,a+3));//a[0],a[1],a[2]三个元素的排列
//next_permutation在达到全排列的最后一个时会返回false
```

4. fill( )

fill( )可以把数组或容器的某一段区间赋为某个相同的值。和 memset 不同,这里的赋值可以是数组类型对应范围中的任意值。

```
int a[5];
fill(a,a+5,123);//将 a[0] 到 a[4] 均赋值为 123
for(int i = 0;i < 5;i++) printf("%d ",a[i]);
```

5. sort( )

sort( )是实现排序的函数。sort( )在具体实现中规避了经典快速排序(包括 C 语言中的 qsort 函数)可能出现的、会导致实际复杂度退化到 $O(n^2)$ 的极端情况。它根据具体情形使用不同的排序方法,效率极高。

sort( )函数的基本格式为:

```
sort(首元素地址,尾元素地址的下一个地址,比较函数);
```

可以看出,sort( )有三个参数,其中前两个是必填的,比较函数缺省表示对区间元素进行递增排序。对于数组基类型是基本数据类型的,如 int、double、char,可以直接比较大小,使用方便。例如:

```
int a[6] = {9,4,2,5,6,-1};
sort(a,a+4);
for(int i = 0; i < 6; i++) printf("%d ",a[i]);//输出 2 4 5 9 6 -1
char c[] = {'T','W','A','K'};
sort(c,c+4);
for(int i = 0;i < 4;i++) printf("%c ",c[i]);//输出 AKTW
```

如果需要实现递减排序,或者对结构体(本身没有大小关系)等进行排序,就需要用到比较函数,一般写成 cmp( )函数。例如:

```
bool cmp(int a,int b){//先定义 cmp 函数,double、char 类型均可
    return a > b;//可以理解成如果 a>b 就把 a 放在前面
}
```

下面调用 cmp( )函数实现递减排序:

```
int a[6] = {9,4,2,5,6,-1};
sort(a,a+6,cmp);
```

```
for(int i = 0; i < 6; i++) printf("%d ",a[i]);// 输出 9 6 5 4 2 -1
```

假设定义了以下结构体:

```
struct node{
    int x,y;
}s[10];
```

想要按照 x 从大到小排序,可以如下定义 cmp( )函数:

```
boolcmp(node a,node b){
    return a.x > b.x;// 按照 x 的值从大到小对结构体进行排序
}
```

如果想先按照 x 从大到小排序,在 x 相等的情况下,再按照 y 从小到大排序,即类似的双关键字排序,可以如下定义 cmp( )函数:

```
boolcmp(node a,node b){
    if(a.x != b.x) return a.x > b.x;
    else return a.y < b.y;
}
```

在 STL 标准容器中,只有 vector、string、deque 是可以使用 sort( )的。而其他类型像 set、map 等,其中的元素本身就是有序的,所以不允许使用 sort( )。例如,先定义如下 cmp( )函数:

```
bool cmp(int a,int b){
    return a > b;
}
```

然后定义一个 vector:

```
vector<int> vi;
```

这样,对整个 vector 进行排序的方法如下:

```
sort(vi.begin(),vi.end(),cmp);
```

再比如 string 的排序:

```
string str[5] = {"bbb","abc","cc","b","aaaa"};
sort(str,str+5);
```

```
for(int i = 0; i < 5; i++) cout << str[i] << endl;
// 依次输出 aaaa,abc,b,bbb,cc
```

但是,如果是想按照字符串的长度对 str 进行递增排序,则先定义 cmp 函数再调用。

```
bool cmp(string str1,string str2){
    return str1.length() < str2.length();
}
sort(str,str+5,cmp);
for(int i = 0; i < 5; i++) cout << str[i] << endl;
// 依次输出 b,cc,bbb,abc,aaaa
```

6. lower_bound( )和 upper_bound( )

lower_bound(first,last,val)用来寻找一个有序数组或者容器中 first~last 范围内(左闭右开区间),第一个值大于或等于 val 的元素的位置。如果是数组,则返回该位置的指针;如果是容器,则返回该位置的迭代器。

upper_bound(first,last,val)用来寻找一个有序数组或者容器中 first~last 范围内(左闭右开区间),第一个值大于 val 的元素的位置。如果是数组,则返回该位置的指针;如果是容器,则返回该位置的迭代器。

如果数组或者容器中没有需要寻找的元素,则上面两个函数的返回值均为可以插入该值的位置的指针或者迭代器,时间复杂度均为 $O(\log_2(last-first))$。

```
int a[10] = {1,2,2,3,3,3,4,4,4,4};
int* lowerpos = lower_bound(a,a+10,-1);
int* upperpos = upper_bound(a,a+10,-1);
printf("%d %d\n",lowerpos - a,upperpos - a);// 输出 0 0
int* lowerpos = lower_bound(a,a+10,1);
int* upperpos = upper_bound(a,a+10,1);
printf("%d %d\n",lowerpos - a,upperpos - a);// 输出 0 1
int* lowerpos = lower_bound(a,a+10,3);
int* upperpos = upper_bound(a,a+10,3);
printf("%d %d\n",lowerpos - a,upperpos - a);// 输出 3 6
int* lowerpos = lower_bound(a,a+10,4);
int* upperpos = upper_bound(a,a+10,4);
printf("%d %d\n",lowerpos - a,upperpos - a);// 输出 6 10
```

也可以不使用临时指针,直接令返回值减去数组首地址,例如:

```
printf("%d",lower_bound(a,a+10,3) - a);
```

7. algorithm 的应用举例

例 1 最长不下降子序列。(list,1s,32MB)

【问题描述】

给定长度为 N 的正整数序列 $x_1,x_2,\cdots,x_n$。寻找它的一个最长子序列，使得子序列是不下降的，输出此子序列的长度。

【输入样例】

8

1 3 1 5 9 7 4 8

【输出样例】

5

【问题分析】

定义 f[i]表示在取第 i 个数时，前 i 个数的最长不下降子序列的最大长度，状态转移方程为 $f[i]=\max\{f[j]\}+1\ (j<i$ 且 $a[j]\leqslant a[i])$，边界条件为 f[1]=1。

```
//p10-8-1
#include<bits/stdc++.h>
using namespace std;
int a[100001],top=0,n,x;
int main(){
    freopen("list.in","r",stdin);
    freopen("list.out","w",stdout);
    scanf("%d%d",&n,&x);
    a[++top] = x;
    for(int i = 2; i <= n; ++i){
        scanf("%d",&x);
        if(x >= a[top]) a[++top] = x;
        else{
            int p = upper_bound(a+1,a+top+1,x)-a;
            a[p] = x;  //查到第一个比 x大的数，替换为 x
        }
    }
    printf("%d",top);
    return 0;
}
```

例 2 排名。(paiming,1s,32MB)

【问题描述】

一年一度的江苏省小学生程序设计比赛结束后，组委会公布了所有学生的成绩，成绩按分数从高到低排名，成绩相同按年级从低到高排。现在主办单位想知道每一个排名的学生前，有几位学生的年级低于他。

【输入格式】

第 1 行 1 个正整数 n(1≤n≤200),表示参赛的学生人数。

第 2~n+1 行共 n 行,每行有 2 个正整数 s(0≤s≤400),g(1≤g≤6)。之间用一个空格隔开,其中第 i+1 行的第 1 个数 s 表示第 i 个学生的成绩,第 i+1 行的第 2 个数 g 表示第 i 个学生的年级。

【输出格式】

n 行,每行只有一个正整数,其中第 i 行的数 k 表示排第 i 名的学生前面有 k 个学生排名比他高,且年级比他低。

【输入样例】

5
300 5
200 6
350 4
400 6
250 5

【输出样例】

0
0
1
1
3

【问题分析】

本题考查了排序算法的一个变形,即两个“关键字”的排序问题。先按照成绩进行排序,在成绩相同的情况下,按年级排序,“成绩”和“年级”就称为“关键字”,前者一般叫“主关键字”,后者叫“次关键字”。

```
//p10-8-2
#include<bits/stdc++.h>
using namespace std;
static const int MaxN = 200;

struct student{
    int x,grade,mark;
}student_array[MaxN+1];

inline bool compare(student s1,student s2){
    return s1.mark > s2.mark || s1.mark == s2.mark && s1.grade < s2.grade;
}

int main(){
    freopen("paiming.in","r",stdin);
    freopen("paiming.out","w",stdout);
```

```
    int n,ans[MaxN+1];
    cin >> n;
    for(register int  i = 1;i <= n;++i){
        student_array[i].x = i;
        cin >> student_array[i].mark >> student_array[i].grade;
    }
    sort(student_array + 1,student_array + n + 1,compare);
    for(int i = 1; i <= n; ++i){
        ans[i] = 0;
        for(register int j = 1; j < i; ++j)
            if(compare(student_array[j],student_array[i]) && student_
array[j].grade < student_array[i].grade)
                ++ans[i];
    }
    for(register int i = 1; i <= n; ++i){
        cout << ans[i] << endl;
    }
    return 0;
}
```

实践巩固

1. 分数。(mark,1s,32MB)

【问题描述】

高考分数刚刚公布。共有 n 个人参加了考试。为了便于填报志愿,教育部把所有考生的成绩平均分为 m 档,保证 n 是 m 的倍数。考试成绩名次在(k−1)(n/m)+1 名到 k(n/m)名的考生被分在第 k 档(k=1,2,3, …,m);并列第 i 名的所有考生都算第 i 名。小林刚参加完高考,迫切想知道自己被分在了第几档。请编程帮助他。

【输入格式】

第 1 行两个正整数 n 和 m,n、m≤1000,保证 n 是 m 的倍数。

接下来的 n 行,每行一个整数 a_i,表示第 i 个考生的成绩。

最后一行一个正整数 x,1≤x≤n,表示询问第 x 个考生被分在哪一档。

【输出格式】

一行一个数,表示他被分在哪一档。

【输入样例 1】

```
3 3
632
651
624
3
```

【输出样例 1】

```
3
```

【输入样例 2】

3 3

632

624

624

3

【输出样例 2】

2

2. 高精度加法。(plus,1s,64MB)

【问题描述】

给出两个非常大的正整数,求出它们的和。

【输入格式】

输入共两行,每行一个正整数,长度均小于 300 位。

【输出格式】

一行一个数,表示它们的和。

【输入样例】

1

2

【输出样例】

3

3. 排列。(per,1s,64MB)

【问题描述】

将 1~9 组成三个三位数,使得这三个数满足 x:y:z 的关系。

【输入格式】

一行三个正整数,分别为 x,y,z。

【输出格式】

每行一组排列方式,具体格式见输出样例。

【输入样例】

1 2 3

【输出样例】

192 384 576

219 438 657

273 546 819

327 654 981

4. 图书管理员。(NOIP2017 普及组复赛,librarian,1s,256M)

【问题描述】

图书馆中每本书都有一个图书编码,可以用于快速检索图书,这个图书编码是一个正整数。每位借书的读者手中有一个需求码,这个需求码也是一个正整数。如果一本书的图书编码恰好以读者的需求码结尾，那么这本书就是这位读者所需要的。小 D 刚刚当上图书馆的管理员，她知道图书馆里所有书的图书编码，请帮她写一个程序，对于每一位读者，求出其所需要的书中图书编码最小的那本书，如果没有需要的书，请输出 -1。

【输入格式】

第 1 行包含 2 个正整数 n 和 q，以一个空格分开，分别代表图书馆里书的数量和读者的数量。

接下来的 n 行，每行包含 1 个正整数，代表图书馆里某本书的图书编码。

接下来的 q 行，每行包含 2 个正整数，以一个空格分开，第 1 个正整数代表图书馆里读者的需求码的长度，第 2 个正整数代表读者的需求码。

【输出格式】

输出 q 行，每行包含 1 个整数，如果存在第 i 个读者所需要的书，则在第 i 行输出第 i 个读者所需要的书中图书编码最小的那本书的图书编码，否则输出 -1。

【输入样例】

```
5 5
2123
1123
23
24
24
2 23
3 123
3 124
2 12
2 12
```

【输出样例】

```
23
1123
-1
-1
-1
```

【样例说明】

第 1 位读者需要的书有 2123、1123、23，其中 23 是最小的图书编码。第 2 位读者需要的书有 2123、1123，其中 1123 是最小的图书编码。对于第 3 位、第 4 位和第 5 位读者，没有书的图书编码以他们的需求码结尾，即没有他们需要的书，输出 -1。

【数据说明】

对于 20% 的数据满足：$1 \leq n \leq 2$。

另有 20% 的数据满足：$q=1$。

另有 20% 的数据满足：所有读者的需求码的长度均为 1。

另有 20% 的数据满足：所有的图书编码按从小到大的顺序给出。

对于 100% 的数据满足：$1 \leq n, q \leq 1000$，所有图书编码和需求码均不超过 10000000。

读者意见反馈

为收集对教材的意见建议，进一步完善教材编写并做好服务工作，读者可将对本教材的意见建议通过如下渠道反馈至我社。

咨询电话　400-810-0598

反馈邮箱　gjdzfwb@pub.hep.cn

通信地址　北京市朝阳区惠新东街4号富盛大厦1座
高等教育出版社总编辑办公室

邮政编码　100029